핵심정리

2판

관세법

CUSTOMS ACT

민주희

三英社

머리말 [2판]

관세법, 관세법시행령, 관세법시행규칙 및 관련 고시들로 구성된 관세법규는 국제적으로 물품이 자유롭게 이동할 수 있도록 보장하면서도 국내 산업을 보호하고 국민경제의 발전을 이루기 위해 제정되었다. 이러한 관세법규는 우선 납세의무의 성립을 위한 과세요건을 중심으로 하여 관세의 부과와 징수에 관하여 규정한다. 또한 수출입통관절차와 FTA 확산에 따른 쟁점으로서 원산지관리 및 지식재산권보호에 대한 규정을 두고 있다. 납세의무자의 권리를 보장하기 위하여 과세관청의 위법, 부당한 처분 등에 대하여 불복절차를 두고 있는 반면에 관세형벌과 관세질서벌의 규정을 통해 관세범을 제재하게 된다.

이와 같이 방대한 분량을 갖춘 관세법규에 대하여 본서는

첫째, 관세법규의 쟁점을 중심으로 서술하여 독자의 이해를 높이고자 하였다. 또한 각 장의 핵심쟁점을 확인하고 그 흐름을 이해할 수 있도록 각 장의 처음에 도표를 삽입하였다.

둘째, 핵심쟁점 및 용어에 대한 이해를 높이기 위하여 조세심판원의 심판결정을 인용하고, 실무상 활용도가 높은 고시와 관련 뉴스를 게재함으로써 실무적 감각 및 활용 능력을 고취하고자 하였다.

셋째, 최근 개정된 내용을 반영하였다. 전자상거래를 통한 해외직구 급증에 대응하기 위해 전자상거래물품 전용 통관절차가 마련되었고 무역금융 신청시 편의를 제공하기 위해 납세자의 과세정보 제공의 범위가 확대되었다. 또한 성실납세문화를 조성하기 위하여 체납자에 대한 사업 허가 등의 제한 규정이 신설되었고 보세판매장의 특허기간을 연장하여 경영의 불확실성을 해소하고자 하였다.

본서는 개정된 법령의 내용을 최대한 반영하려고 노력하였으나 관세법규의 방대한 분량을 충분히 고찰하지 못하고 개론의 수준으로 집필되었다는 한계가 있다. 물론 학부생들이 학습할 수 있는 정도의 깊이를 고려하였기 때문이지만 지속적인 연구를 통해 더욱 보완해 나가고자 한다. 마지막으로 본서의 출판을 적극적으로 도와주신 삼영사에 깊이 감사드린다.

2023년 2월

저자 씀

Contents

제 2 장 납세의무의 성립 / 35

Contents

Contents

제 4 장 관세감면 및 환급 등 / 165

Contents

Contents

Contents

Contents

1

관세법 총칙

제1절 통 칙

제2절 용어의 정의

제3절 서류의 송달 등

제4절 적용법령과 과세환율

관세법 총칙에 대한 개관

제1장 관세법 총칙은 관세법 전체의 개론에 해당하는 부분으로서 관세법의 목적, 성격 및 적용원칙 등 관세법의 해석에 필요한 기준을 제시하고 있다. 또한 관세법 전반에 언급되는 주요 용어들에 대하여 정의를 내려주고 있고, 기타 납세고지서의 송달과 신고서류의 보관기간에 대하여 규정하고 있다.

제1장은 다음과 같이 구성되어 있다.

제1절 통 칙
제2절 용어의 정의
제3절 서류의 송달 등
제4절 적용법령과 과세환율

- **관세법 통칙**
  - 관세법의 목적
  - 관세법의 성격 – 조세법, 통관법, 쟁송절차법, 형사법
  - 관세법의 적용원칙 – 소급과세 금지, 신의성실 원칙, 재량의 한계
- **용어의 정의**
  - 수입 – 외국물품
  - 수출 – 내국물품
  - 반송, 통관
  - 국제무역선(기)
  - 선박용품, 항공기용품
  - 환적, 복합환적
- **서류의 송달**
  - 납세고지서 송달
  - 신고서류 보관기간

1 관세법 총칙

제1절 통 칙

1 관세법의 목적

관세법은 관세의 부과·징수 및 수출입물품의 통관을 적정하게 하고 관세수입을 확보함으로써 국민경제의 발전에 이바지함을 목적으로 제정되었다(법 제1조). 수입물품에 관세를 부과·징수함으로써 국가는 관세수입을 통해 재정수입을 증대할 뿐만 아니라 국내 산업을 보호하고 교역조건을 개선할 수 있게 된다. 또한 수출입물품의 통관시 해당 물품에 대한 허가·승인 등의 요건확인을 통하여 물품의 적절한 이동을 보장함으로써 국민의 건강 및 안전을 확보하고 국가의 안전을 보장하는 등의 효과를 창출하게 된다. 따라서 관세법은 이러한 부차적 목적들을 달성함으로써 궁극적으로 국민경제 발전에 이바지하기 위하여 제정되었다.

2 관세법의 체계

관세법은 관세의 납세의무를 성립시키는 과세요건(과세물건, 과세표준, 납세의무자, 세율)과 확정된 조세의 부과·징수절차, 관세의 감면 등에 대하여 규정하는 조세법 중의 하나라고 할 수 있다. 조세법의 기본원칙인 조세법률주의에 의하면 법률의 근거없이 국가는 조세를 부과·징수할 수 없고 국민은 조세의 납부를 요구받지 않는다. 조세법률주의는 국민의 대표기관인 의회가 조세의 종류, 내용, 부과징수의 절차를 명확히 법률로 정하도록 함으로써 국가의 조세징수권의 행사와 국민의 조세부담의 한계를 명백히 하고 이를 토대로 국민이 경제생활을 영위하는데 법적안정성과 예측가능성을 보장한다.[1]

따라서 조세법 중 하나인 관세법은 조세법률주의 하에 관세의 납세의무 성립요건, 종류, 관세의 부과·징수절차 등을 규정하고, 하위법령으로 「관세법 시행령」과 「관세법 시행규칙」을 두고 있다. 또한 관세법령 이외에 고시·훈령·예규·지침·공고 등을 통하여 관세행정의 통일성을 기하고 있다.

3 관세법의 성격

1) 조세법적 성격

관세법은 세법으로서 관세의 부과와 징수에 대하여 규정하고 있다. 관세는 수입물품에 부과되는 조세로서 이러한 관세의 부과와 징수는 조세법의 기본원칙인 소급과세금지의 원칙과 신의성실의 원칙 등을 적용하고 과세의 형평과 합목적성을 실현함으로써 국가의 재정수입의 목적을 실현하게 된다. 관세법은 납세의무를 성립시키는 요건인 과세요건(과세물건, 과세표준, 납세의무자, 세율)과 확정된 조세의 징수절차, 관세의 감면 등에 대하여 규정함으로써 조세법적 성격을 나타낸다.

연도별 세수 실적

(단위 : 백만원)

구분 \ 연도	2015	2016	2017
관세	1,294,922	1,133,474	1,579,287
내국세	2,139,915	3,013,216	2,810,338
합계	3,434,837	4,146,690	4,389,625

출처 : 국세청

2) 통관법적 성격

관세법은 수출입물품의 통관을 적정하게 하기 위하여 보세구역과 보세운송제도를 통하여 수출입물품을 관리함과 동시에 수출입통관절차와 반송절차에 대하여 규정함으로써 통관법적 성격을 나타낸다.

1) 김기인, 한국관세법, 한국관세무역개발원, 2007, p. 39.

3) 쟁송절차법적 성격

관세법은 과세관청의 위법·부당한 처분이나 필요한 처분을 받지 못하여 권리 또는 이익을 침해당한 자가 이의신청, 심사청구, 심판청구 등을 통해 과세관청에 구제를 요청할 수 있는 불복절차를 규정함으로써 쟁송절차법적 성격을 나타낸다.

4) 형사법적 성격

관세법은 관세범의 조사에 대한 절차를 규정하고 관세범에 대하여 관세형벌과 관세질서벌로 구분하여 처벌함으로써 형사법적 성격을 나타낸다.

[중장기 조세정책] '재정수입 확보'서 '국경관리'로 관세 기능 재정립

무역구제조치제도 보완·신흥시장 FTA 확대 등 무역 다변화 실행

특혜관세 확대, 관세의 재정기여도 감소 등으로 '재정관세'라는 본래의 관세 기능이 변화하고 있다. 이에 정부는 위해물품 차단 등 국경관리 선진화를 통해 관세 기능 재정립을 추진한다. 기획재정부는 30일 고형권 1차관 주재로 중장기 조세정책심의위원회를 개최하고 이같은 내용이 담긴 '2017년 중장기 조세정책운용계획'을 확정했다.

국회예산정책처 '2016~2020년 국세수입 전망' 보고서에 따르면 지난해 국세수입은 237조원으로 이 중 관세 수입은 8조3000억원이다. 2015년 대비 2000억원이 줄어든 수치다. 정부는 국세수입 중 관세 비중이 지속적으로 줄어들 것이라는 전망에 따라 재정 수입의 확보라는 본래의 관세 기능 대신 통관·징수·안정성 검사·안보 위해물품 차단 등의 국경관리에 중점을 두고 관세 기능 재정립을 추진한다는 방침이다. 정부는 또 미국 트럼프 정부 출범 이후 강화되고 있는 보호무역주의에 대응해 우리나라 통상제도 보완이 필요하다고 보고 무역구제조치(반덤핑 등)제도를 보완하고, 신흥시장과의 FTA 확대 등 무역다변화를 적극 실행할 계획이다.

'2017년 중장기 조세정책운용계획'에 따르면 올 하반기 추진 과제로는 관세징수·체납방지 방안, 관세조사 시 납세자 권익보호, 관세·국세 사전조정제도 개선 등이다.

또 중장기 검토 과제로는 ▲수출입물품 안전성검사 제도 강화, 국민건강 유해·불법물품 차단 등 통관제도 선진화를 통한 관세국경관리 기능 제고 방안 ▲탄력관세제도의 역할 및 기능을 제고하고, 특혜관세율과 향후 FTA 협상 등을 감안한 기본관세율 체계 합리화 방안 ▲수출입기업의 FTA활용 극대화를 위한 수출입물품의 원산지 기준 및 원산지 증명제도 개선 방안 ▲신흥시장과의 FTA 협상을 통한 무역편중 해소 및 보호무역주의 등 새로운 통상질서 대응 방안 등이 선정됐다.

조세금융신문, 신경철 기자
등록 2017.8.30.

4 관세법의 적용원칙

1) 법 해석의 기준

관세법을 해석하고 적용할 때에는 과세의 형평과 해당 조항의 합목적성에 비추어 납세자의 재산권을 부당하게 침해하지 아니하도록 하여야 한다(법 제5조 제1항). 과세의 형평이란 조세평등주의에 기초한 것으로서 과세자와 납세자간 뿐만 아니라 서로 다른 납세자간에도 동등한 위치에서 동일한 조건하에 있다면 동일한 납세의무를 부담하도록 하여야 한다는 것이다.

또한 합목적성의 원칙이란 관세법을 적용함에 있어 법의 문구해석에만 집착하여 관세법이 추구하는 기본원칙이 저해되지 않아야 함을 의미하는 것이다. 따라서 과세관청은 과세의 형평과 합목적성의 원칙을 기반으로 하여 조세징수권을 행사할 때 납세자의 재산권을 부당하게 침해하지 않아야 한다.

2) 소급과세의 금지

관세법의 해석이나 관세행정의 관행이 일반적으로 납세자에게 받아들여진 후에는 그 해석이나 관행에 따른 행위 또는 계산은 정당한 것으로 보며, 새로운 해석이나 관행에 따라 소급하여 과세되지 아니한다(법 제5조 제2항). 과세관청의 잘못된 관세법의 해석이나 관행에 대하여 일반적으로 납세의무자가 믿고 그에 따라 행동하였다면 납세자의 행동은 신의성실의 원칙에 따라 보호를 받아야 한다. 즉, 과세관청의 과거의 관세법 해석이나 관행이 잘못되었다는 이유로 과세관청이 새로운 해석 또는 관행을 수립하는 경우, 새로 수립된 관세법에 대한 해석 또는 관행을 납세의무자에게 소급 적용할 수 없고 장래에 대하여만 효력을 발휘할 수 있다. 그러나 이 원칙을 적용함에 있어 엄격한 요건을 요구하고 있는데 우선 과세관청이 납세자에게 신뢰의 대상이 되는 공적인 견해를 표명하였을 것, 납세자가 그 견해 표명을 신뢰하고 이에 따라 행위하였을 것, 과세관청의 견해 표명이 정당하다고 신뢰하는데 납세자의 귀책사유가 없을 것, 과세관청이 위의 표명한 견해에 반대하는 새로운 처분을 함으로써 실제로 납세자 이익을 침해하는 것일 것 등이다.[2)]

2) 김기인, 전게서, p. 68; 대법원 1985. 4. 23. 선고 84누593; 대법원 1995. 6. 16. 선고 94누12159.

3) 신의성실의 원칙

납세자가 그 의무를 이행할 때에는 신의에 따라 성실하게 하여야 하며, 세관공무원이 그 직무를 수행할 때에도 또한 같다(법 제6조). 신의성실의 원칙이란 과세관청뿐만 아니라 납세의무자에게도 요구되는 원칙으로 납세의무자와 세관공무원은 자신의 권리를 행사하거나 의무를 이행함에 있어 신의와 성실에 따라 행동함으로써 신뢰를 저버리는 내용 또는 방법으로 권리를 행사하거나 의무를 이행하면 안 된다는 것을 의미한다.[3] 그러나 사실상 과세관청이 납세자보다도 우월한 지위에서 직무를 수행하기 때문에 신의성실의 원칙은 과세관청에 더욱 요구된다.

4) 세관공무원의 재량의 한계

세관공무원은 그 재량으로 직무를 수행할 때에는 과세의 형평과 관세법의 목적에 비추어 일반적으로 타당하다고 인정되는 한계를 엄수하여야 한다(법 제7조). 세관공무원이 직무를 수행함에 있어 재량을 허용하나 그의 행위가 사실오인, 비례·평등의 원칙 위배, 당해 행위의 목적 위반이나 부정한 동기 등에 근거하여 행해진 경우에는 재량권의 한계를 넘은 것으로 보아 위법한 것이 된다.[4]

조심 2018관0045 (2018.11.26)

– 신의성실원칙 및 소급과세금지원칙 위배 여부 등

청구법인은 1999년 또는 2000년경 처분청으로부터 관세조사를 받았는데, 당시 처분청이 생산지원비 신고누락 사실을 인지하였음에도 이를 과세하거나 추가적인 조치를 취하지 아니하였고, 이후 십수년간 통관지세관장이 생산지원비의 누락에 대하여 아무런 지적을 하지 아니한 채 청구법인의 수입신고를 수리하였음에도 처분청이 이에 반하여 과세한 처분은 신의성실원칙 및 소급과세금지원칙에 위배된다고 주장한다.

그러나 청구법인이 처분청 심리조사실 또는 심리과조사실에서 관세조사를 받았다는 1999년 또는 2000년에는 관세청 직제가 변경되어 심리과라는 명칭을 사용하지 아니하고 조사과라는 명칭을 사용하였던 것으로 확인되는 점, 청구법인이 관세조사 통지서 등 당시 관세조사를 받았다는 입증자료를 전혀 제시하지 못하고 있고, 관세청 전자통관시스템상 당시 청구법인에 대한 관세조사 이력이 확인되지 아니하는 점, 수입신고수리 행위는 사실행위에 불과하여 통관지세관장이 청구법인이 신고한

3) 대법원 2011. 2. 10. 선고 2009다68941.
4) 대법원 2001. 7. 27. 선고 99두2970.

> 대로 수입신고를 수리하였다고 하여 비과세관행이 성립되었다거나 이를 비과세하겠다는 묵시적 견해표명으로 보기 어려운 점, 달리 처분청 및 관세청장이 이러한 생산지원비에 대하여 비과세하겠다는 묵시적·명시적 견해표명을 하였다고 볼 만한 입증자료도 제시되지 아니한 점, 청구법인은 실질적으로 1970년부터 사업을 영위하고 있어 해외임가공 업체에게 무상으로 송부한 원재료가 생산지원비에 해당하는 점을 알고 있었을 것으로 보이는 점, 청구법인이 2013년도 결산을 통하여 쟁점원재료 가격이 신고누락된 사실을 인지하였음에도 종전에 저가신고된 쟁점물품에 대하여 수정신고를 하지 아니하였을 뿐만 아니라, 나아가 이 건 관세조사 이전까지 저가신고를 지속하여 온 점 등에 비추어 볼 때, 쟁점처분이 신의성실원칙 및 소급과세금지원칙을 위반하였다는 청구주장은 받아들이기 어려운 것으로 판단된다.

제2절 용어의 정의

1 수 입

1) 의의

"수입"이란

① 외국물품을 우리나라에 반입(보세구역을 경유하는 것은 보세구역으로부터 반입하는 것을 말한다)하거나

② 우리나라에서 소비 또는 사용하는 것(우리나라의 운송수단 안에서의 소비 또는 사용을 포함하며, 제239조 각 호의 어느 하나에 해당하는 소비 또는 사용[5]은 제외한다)을 말한다(법 제2조 제1호).

5) 외국물품의 소비나 사용이 다음 각 호의 어느 하나에 해당하는 경우에는 이를 수입으로 보지 아니한다.
1. 선용품·기용품 또는 차량용품을 운송수단 안에서 그 용도에 따라 소비하거나 사용하는 경우
2. 선용품·기용품 또는 차량용품을 세관장이 정하는 지정보세구역에서 「출입국관리법」에 따라 출국심사를 마치거나 우리나라에 입국하지 아니하고 우리나라를 경유하여 제3국으로 출발하려는 자에게 제공하여 그 용도에 따라 소비하거나 사용하는 경우
3. 여행자가 휴대품을 운송수단 또는 관세통로에서 소비하거나 사용하는 경우
4. 관세법에서 인정하는 바에 따라 소비하거나 사용하는 경우

2) 수입의 대상 – 외국물품(법 제2조 제4호)

① 외국으로부터 우리나라에 도착한 물품[외국의 선박 등이 공해[6](공해, 외국의 영해[7]가 아닌 경제수역[8]을 포함한다.)에서 채집하거나 포획한 수산물 등을 포함한다]으로서 수입의 신고가 수리(受理)되기 전의 것

② 수출의 신고가 수리된 물품

3) 수입의 의제

다음의 어느 하나에 해당하는 외국물품은 관세법에 따라 적법하게 수입된 것으로 보고 관세 등을 따로 징수하지 아니한다(법 제240조 제1항).

① 체신관서가 수취인에게 내준 우편물

② 관세법에 따라 매각된 물품

③ 관세법에 따라 몰수된 물품

④ 관세법에 따른 통고처분으로 납부된 물품

⑤ 법령에 따라 국고에 귀속된 물품

⑥ 몰수를 갈음하여 추징된 물품

2 수 출

1) 의의

"수출"이란 내국물품을 외국으로 반출하는 것을 말한다(법 제2조 제2호).

2) 수출의 대상 – 내국물품(법 제2조 제5호)

① 우리나라에 있는 물품으로서 외국물품이 아닌 것

---

6) 공해는 어느 한 나라의 주권에 속하지 않고 모든 나라에게 개방되어 이용할 수 있는 해양을 의미한다.

7) 영해는 기선(基線)으로부터 측정하여 그 바깥쪽 12해리의 선까지에 이르는 수역(水域)으로서 그 나라의 주권이 미치는 범위의 해양을 말한다(영해 및 접속수역법 제1조).

8) 배타적 경제수역(EEZ : Exclusive Economic Zone)이란 연안국이 영해가 시작되는 선으로부터 200해리 안에 있는 해양에서 해양 자원의 탐사, 개발 및 보존과 해양환경의 보존 등 경제적 권리를 행사하도록 인정하는 유엔국제해양법상의 해역을 의미한다.

② 우리나라의 선박 등이 공해에서 채집하거나 포획한 수산물 등
③ 입항전수입신고가 수리된 물품
④ 수입신고수리전 반출승인을 받아 반출된 물품
⑤ 수입신고전 즉시반출신고를 하고 반출된 물품

3) 수출의 의제

체신관서가 외국으로 발송한 우편물은 관세법에 따라 적법하게 수출되거나 반송된 것으로 본다(법 제240조 제2항).

3 반 송

"반송"이란 국내에 도착한 외국물품이 수입통관절차를 거치지 아니하고 다시 외국으로 반출되는 것을 말한다(법 제2조 제3호). 예를 들어, 외국물품을 우리나라에 수입하고자 보세구역에 반입하여 수입신고 하였으나 수입신고수리요건을 갖추지 못하여 다시 외국으로 반출되는 경우에 해당된다.

4 국제무역선과 국제무역기

"국제무역선"이란 무역을 위하여 우리나라와 외국 간을 운항하는 선박을 말하며, "국제무역기"란 무역을 위하여 우리나라와 외국 간을 운항하는 항공기를 말한다(법 제2조 제6·7호).

5 국내운항선과 국내운항기

"국내운항선"이란 국내에서만 운항하는 선박을 말하며, "국내운항기"란 국내에서만 운항하는 항공기를 말한다(법 제2조 제8·9호).

6 선박용품, 항공기용품, 차량용품(법 제2조 제10 · 11 · 12호)

"선박용품"이란 외음료, 식품, 연료, 소모품, 밧줄, 수리용 예비부분품 및 부속품, 집기, 그 밖에 이와 유사한 물품으로서 해당 선박에서만 사용되는 것을 말하고 "항공기용품"이란 선용품에 준하는 물품으로서 해당 항공기에서만 사용되는 것을 말한다. 또한 "차량용품"이란 선용품에 준하는 물품으로서 해당 차량에서만 사용되는 것을 말한다.

7 통 관

"통관"(通關)이란 관세법에 따른 절차를 이행하여 물품을 수출 · 수입 또는 반송하는 것을 말한다(법 제2조 제13호).

8 환적 및 복합환적

"환적"(換積)이란 동일한 세관의 관할구역에서 입국 또는 입항하는 운송수단에서 출국 또는 출항하는 운송수단으로 물품을 옮겨 싣는 것을 말하며, "복합환적"(複合換積)이란 입국 또는 입항하는 운송수단의 물품을 다른 세관의 관할구역으로 운송하여 출국 또는 출항하는 운송수단으로 옮겨 싣는 것을 말한다(법 제2조 제14 · 15호).

9 운영인

"운영인"이란 다음의 어느 하나에 해당하는 자를 말한다(법 제2조 제16호).

① 특허보세구역의 설치 · 운영에 관한 특허를 받은 자

② 종합보세사업장의 설치 · 운영에 관한 신고를 한 자

10 전자상거래물품

"전자상거래물품"이란 사이버몰(컴퓨터 등과 정보통신설비를 이용하여 재화를 거래할 수 있도록 설정된 가상의 영업장을 말한다.) 등을 통하여 전자적 방식으로 거래가 이루어지는 수출입물품을 말한다(법 제2조 제19호).

조심 2014관0415 (2015.03.25)

– 쟁점물품이 「관세법」 제2조에 따른 선용품에 해당하는지 여부 등

선용품 중 '수리용 예비부분품 및 부속품'에 해당하기 위해서는, 당해 선박에서만 사용되는 부속품 등으로 항해 도중 선원에 의하여 자체적으로 수리 또는 교체할 수 있는 것이어야 하나, 쟁점물품은 선박 OOO로서 중량이 도합OOO에 달하고 가격은 OOO에 달하는바, 사소한 소모성 부품으로 보기 어렵고, 일반적으로 선원에 의해서 자체적으로 간단하게 수리 또는 교체할 수 있는 물품으로도 보기 어려우며, 실제 해운사는 OOO 조선소에서 상당한 비용을 지불하고 쟁점물품을 수리·교체한 사실이 있는 점에 비추어 쟁점물품은 선원에 의해서 자체적으로 수리 또는 교체할 수 있는 선용품의 조건을 충족하지 못하여 사소한 소모성 부품으로 보기 어렵다.

쟁점물품은 선용품이 아니라 외국물품에 해당하므로 쟁점물품을 국내로 반입(보세구역으로부터 반입)하는 경우에는 수입신고를 하여야 하나, 청구법인은 쟁점물품을 보세창고에서 국내로 반입하였음에도 수입신고를 하지 않았으므로 과세물건 확정시기는 「관세법」 제16조 제11호에 따라 수입된 때(보세구역에서 국내로 반입된 시점)이고, 쟁점물품이 수입된 때의 소유자인 청구법인에게 쟁점물품에 대한 관세 등을 부과한 이 건 부과처분은 정당하다.

제3절 서류의 송달 등

1 납세고지서의 송달

1) 송달방법

관세의 납세고지서는 납세의무자에게 직접 발급하는 경우를 제외하고는 인편(人便), 우편 또는 전자송달의 방법으로 송달한다(법 제11조 제1항).

2) 공시송달

납부고지서를 송달받아야 할 자가 다음의 어느 하나에 해당하는 경우에는 납부고지사항을 공고한 날부터 14일이 지나면 납부고지서의 송달이 된 것으로 본다(법 제11조 제2항).

① 주소, 거소(居所), 영업소 또는 사무소가 국외에 있고 송달하기 곤란한 경우
② 주소, 거소, 영업소 또는 사무소가 분명하지 아니한 경우
③ 납세의무자가 송달할 장소에 없는 경우로서 등기우편으로 송달하였으나 수취인 부재로 반송되는 경우 등 대통령령으로 정하는 경우

3) 공시송달 방법

납부고지사항의 공고는 다음의 어느 하나에 해당하는 방법으로 게시하거나 게재하여야 하며 ①에 따라 공시송달을 하는 경우에는 다른 공시송달 방법과 함께 하여야 한다(법 제11조 제3항).

① 제327조의 국가관세종합정보망에 게시하는 방법
② 관세청 또는 세관의 홈페이지, 게시판이나 그 밖의 적절한 장소에 게시하는 방법
③ 해당 서류의 송달 장소를 관할하는 특별자치시・특별자치도・시・군・구(자치구를 말한다)의 홈페이지, 게시판이나 그 밖의 적절한 장소에 게시하는 방법
④ 관보 또는 일간신문에 게재하는 방법

조심 2016관0168 (2017.1.16.)

– 납세고지서가 적법하게 송달된 것인지의 여부

처분청이 제출한 심리자료에 따르면 처분청은 OOO 청구법인에게 관세 OOO원을 결정·고지하면서 청구법인이 아닌 쟁점물품 수입신고 및 수입신고 수리전 반출신청을 대리한 관세사 사무소의 직원에게 납세고지서를 교부(세관에서 수령)하였고, 같은 관세사 사무소의 다른 직원은 같은 날 납세고지서를 전자적으로 스캔하여 메신저 프로그램을 통하여 청구법인의 직원 OOO에게 전달한 것으로 나타난다.

이상의 사실관계 및 관련 법률 등을 종합하여 보면 처분청이 이 건 납세고지서를 청구법인이 아닌 쟁점물품 수입신고 등을 대리한 관세사 사무소의 직원에게 교부한 사실이 확인되는바, 동 관세사 사무소의 직원이 청구법인의 지배범위 내에 있거나 납세고지서의 수령권한을 위임받았는지 확인되지 아니하는 점 등에 비추어 위와 같은 납세고지서의 송달은 「관세법」 제11조 제1항에 어긋나는 부적법한 것으로 보인다. 따라서 처분청이 이 건 납세고지의 절차상 하자를 보완하여 다시 부과처분을 하는 것은 별론으로 하더라도 이 건 과세처분은 취소함이 타당하다고 판단된다.

2 신고 서류의 보관기간

가격신고, 납세신고, 수출입신고, 반송신고, 보세화물반출입신고, 보세운송신고를 하거나 적재화물목록을 제출한 자는 신고 또는 제출한 자료(신고필증을 포함한다)를 신고 또는 제출한 날부터 5년의 범위에서 보관하여야 한다(법 제12조, 영 제3조 제1항).

신고수리일로부터 5년 보관	신고수리일로부터 3년 보관	신고수리일로부터 2년 보관
• 수입신고필증 • 수입거래관련 계약서 또는 이에 갈음하는 서류 • 지식재산권의 거래에 관련된 계약서 또는 이에 갈음하는 서류 • 수입물품 가격결정에 관한 자료	• 수출신고필증 • 반송신고필증 • 수출물품·반송물품 가격결정에 관한 자료 • 수출거래·반송거래 관련 계약서 또는 이에 갈음하는 서류	• 보세화물반출입에 관한 자료 • 적재화물목록에 관한 자료 • 보세운송에 관한 자료

제4절 적용법령과 과세환율

1 원칙적 법령 적용 시기

관세는 법률이 정하는 바에 따라 부과되는데 법률은 지속적으로 개정되기 때문에 어느 시점에 시행되는 법률을 적용해야하는지 결정하는 것은 중요하다. 관세법 제17조에서는 관세는 수입신고 당시의 법령에 따라 부과한다고 규정하고 있다. 수입신고시는 과세물건이 확정되는 시기이므로 과세채무가 발생하는 시점에 시행되는 법률을 적용하는 것이 타당할 것이다.

2 예외적 법령 적용 시기

관세는 원칙적으로 수입신고시에 적용되는 법령에 따르지만 다음의 어느 하나에 해당하는 물품에 대하여는 각각의 규정된 날에 시행되는 법령에 따라 부과한다.

① 과세물건의 예외적인 확정시기에 해당하는 경우 – 그 사실이 발생한 날

② 보세건설장에 반입된 외국물품 – 사용 전 수입신고가 수리된 날

→ 보세건설장에 반입된 외국물품은 수입신고한 상태에서 사용되고 건설공사 완료보고 후 수입신고가 수리된다. 일반 화물의 수입과정과 달리 보세건설장의 경우, 수입신고시점과 수입신고수리시점간의 장기간 시간이 경과되므로 실제 과세되는 시점인 수입신고수리시에 시행되는 법령을 적용하는 것이 합리적이다.

3 과세환율

과세가격을 결정하는 경우 외국통화로 표시된 가격을 내국통화로 환산할 때에는 수입신고를 한 날(보세건설장에 반입된 물품의 경우에는 수입신고를 한 날을 말한다)이 속하는 주의 전주(前週)의 기준환율 또는 재정환율을 평균하여 관세청장이 그 율을 정한다(법 제18조).

2

납세의무의 성립

납세의무 성립에 대한 개관

제2장은 납세의무의 성립에 대한 규정으로서 납세의무가 성립되기 위하여 과세요건이 충족되었는지를 확인하게 된다. 과세요건은 과세물건, 납세의무자, 과세표준, 세율인데 이는 관세를 부과·징수하기 위한 가장 기본적인 요건이 되므로 각 요건에 대한 개념과 쟁점사안에 대하여 명확히 확인하여야 한다. 이러한 과세요건이 충족되면 추상적인 납세의무가 성립되고, 과세관청이 그 이행을 청구하거나 납세의무자가 관세채무의 내용을 구체적으로 확인하는 절차를 통하여 납세의무는 확정된다.

제2장은 다음과 같이 구성된다.

제1절 납세의무 성립의 일반적 고찰
제2절 과세물건
제3절 납세의무자
제4절 과세표준
제5절 세 율

- **과세물건**
  - 과세물건 확정시기
- **납세의무자**
  - 본래적 납세의무자
    - 원칙적 납세의무자
    - 특별납세의무자
  - 확장된 납세의무자
    - 연대납세의무자
    - 납세보증인
    - 제2차 납세의무자
    - 물적납세의무자
- **과세표준**
  - 제1방법 : 수입물품의 거래가격을 기초로 한 과세가격
  - 제2방법 : 동종·동질물품의 거래가격을 기초로 한 과세가격
  - 제3방법 : 유사물품의 거래가격을 기초로 한 과세가격
  - 제4방법 : 국내판매가격을 기초로 한 과세가격
  - 제5방법 : 산정가격을 기초로 한 과세가격
  - 제6방법 : 합리적 기준에 의한 과세가격
- **세 율**
  - 기본세율
  - 탄력세율
    - 덤핑방지관세, 상계관세, 보복관세
    - 긴급관세, 특정국물품 긴급관세, 농림축산물에 대한 특별긴급관세
    - 할당관세, 계절관세
  - 협정세율 – 국제협력관세, 편익관세, 일반특혜관세
  - 기타세율 – 간이세율, 용도세율

2 납세의무의 성립

제1절 납세의무 성립의 일반적 고찰

관세법상 납세의무는 과세요건이 충족되는 때 성립한다. 과세요건으로는 과세물건, 과세표준, 납세의무자, 세율을 의미하며 이러한 과세요건의 충족은 추상적인 개념의 납세의무를 성립시킨다. 과세물건은 납세의무가 부과되는 대상으로서 수입물품을 의미하며, 과세표준은 관세를 산출하기 위한 기준으로서 수입물품의 가격 또는 수량을 말한다. 납세의무자는 납세의무를 이행하여야 하는 당사자로서 수입화주가 원칙적인 납세의무자가 된다. 세율은 관세를 산출하기 위한 비율로서 별표 관세율표상의 세율을 의미한다.

과세요건이 충족되면 과세관청은 조세를 부과 징수할 수 있는 관세채권을 가지게 되며 납세의무자는 조세를 납부하여야 하는 관세채무를 부담하게 된다. 그러나 납세의무가 성립하였다고 하여 바로 과세관청이 관세채권을 행사할 수 있는 것은 아니고 추상적으로 성립한 납세의무에 대하여 과세관청이 그 이행을 청구하거나 납세의무자가 관세채무의 내용을 구체적으로 확인하는 절차를 통하여 납세의무를 확정하여야 한다.[1)]

납세의무의 성립, 확정, 소멸과정

납세의무의 성립
- 과세물건
- 납세의무자
- 과세표준
- 세율

➡

납세의무의 확정
- 신고납부방식
- 부과고지방식

➡

납세의무의 소멸
- 관세납부, 충당
- 부과취소
- 부과권 제척기간만료
- 징수권 소멸시효완성

1) 이종익 · 박병목, 관세법해설, 세경사, 2018, p. 80.

제2절 과세물건

1 의 의

과세물건이란 과세의 대상으로서 세원(稅源)이기에 납세의무의 성립을 위한 물적기초를 나타낸다. 관세법 제14조에서 수입물품에 관세를 부과한다고 규정하고 있어 관세법상 과세물건은 수입물품이고, 수출 및 반송물품은 관세법상 과세대상이 아니므로 관세를 부과하지 않는다.

2 과세물건 확정시기

1) 원칙적 과세물건 확정시기

관세의 과세물건인 수입물품은 수입신고수리전까지 성질이나 수량에 변화가 있을 수 있으므로 어느 시점의 수입물품의 상태를 기초로 하여 과세하여야 하는지가 문제가 된다. 관세법 제16조에서 관세는 수입신고(입항전수입신고 포함)를 하는 때의 물품의 성질과 그 수량에 따라 부과한다고 규정하고 있다. 수입신고시점을 과세물건 확정시기로 한 것은 이 시점이 화주가 수입통관을 하겠다는 의사표시를 한 시점이고 또한 세관이 수입물품에 대한 검사를 시행하는 가장 가까운 시점이므로 이를 가장 적절한 시점으로 보기 때문이다.[2)]

예를 들어, 곡물 100톤을 선적하였으나 운송 및 하역 중 2톤이 손실되었다면, 선하증권상의 100톤이 아니라 실제 하역 수량인 98톤으로 수입신고하여 과세하는 것이다.[3)]

2) 김기인, 전개서, p. 83.

3) 관세법 제100조에서는 수입신고한 물품이 수입신고가 수리되기 전에 변질되거나 손상되었을 때에는 그 가치의 감소분에 해당하는 만큼 그 관세를 경감할 수 있는 손상감세를 규정하고 있다. 수입신고한 물품이 수입신고수리되기 전에 변질 또는 손상에 의하여 가치가 감소된 경우 수입신고시의 물품의 가치를 기준으로 관세를 부과하는 것은 불합리하기 때문이다. 이와 마찬가지로 수입신고전에 물품이 변질되거나 혹은 손상되어 운송서류상의 명세와 다르다면 수입신고시의 물품의 성질과 수량을 기초로 하여 과세하는 것이 합리적일 것이다.

2) 예외적 과세물건 확정시기

과세물건의 원칙적인 확정시기는 수입신고를 하는 때이지만 다음의 어느 하나에 해당하는 물품에 대하여는 다음에 규정된 때의 물품의 성질과 그 수량에 따라 관세를 부과한다(법 제16조).

구 분	과세물건 확정시기
외국물품인 선박(항공기)용품과 국제무역선(기) 안에서 판매하는 외국물품이 하역 또는 환적허가의 내용대로 운송수단에 적재되지 아니하여 관세를 징수하는 물품	하역을 허가받은 때
보세구역 장치 물품의 보세구역 밖에서 보수작업시 승인기간이 경과하여 관세를 징수하는 물품	보세구역 밖에서 하는 보수작업을 승인받은 때
보세구역장치물품이 멸실되거나 폐기되어 관세를 징수하는 물품	해당 물품이 멸실되거나 폐기된 때[4]
보세공장 외 작업과 보세건설장 외 작업 허가를 받고 그리고 종합보세구역 외 작업 신고를 하고 허가 또는 신고된 기간을 경과하여 관세를 징수하는 물품	보세공장 외 작업, 보세건설장 외 작업 또는 종합보세구역 외 작업을 허가받거나 신고한 때
보세운송을 신고하거나 승인[5]을 받고 지정된 기간 내에 목적지에 도착하지 않아 관세를 징수하는 물품	보세운송을 신고하거나 승인받은 때
수입신고가 수리되기 전에 소비하거나 사용하는 물품(제239조에 따라 소비 또는 사용을 수입으로 보지 아니하는 물품은 제외)	해당 물품을 소비하거나 사용한 때
수입신고전 즉시반출신고를 하고 반출한 물품	수입신고전 즉시반출신고를 한 때
우편으로 수입되는 물품(수입신고대상인 우편물은 제외)	통관우체국에 도착한 때
도난물품 또는 분실물품	해당 물품이 도난되거나 분실된 때
관세법에 따라 매각되는 물품	해당 물품이 매각된 때
수입신고를 하지 아니하고 수입된 물품	수입된 때

4) 관세법 제160조에 의하면 부패·손상되거나 그 밖의 사유로 보세구역에 장치된 물품을 폐기하려는 자는 세관장의 승인을 받아야 하며, 승인을 받은 외국물품 중 폐기 후에 남아 있는 부분에 대하여는 폐기 후의 성질과 수량에 따라 관세를 부과한다.

5) 보세운송을 하려는 자는 관세청장이 정하는 바에 따라 세관장에게 보세운송의 신고를 하여야 하지만, 물품의 감시 등을 위하여 필요하다고 인정하는 경우에는 세관장의 승인을 받아야 한다(관세법 제213조 제2항).

제3절 납세의무자

1 의 의

납세의무자란 법률상 관세를 납부할 의무를 부담하는 자를 의미한다. 조세는 실질과세원칙에 따라 부과되므로 관세법상 과세의 대상이 되는 수입물품이 사실상 귀속되는 자가 납세의무자가 된다(국세기본법 제14조 제1항). 수입신고를 한 물품에 대하여는 수입신고하는 때의 화주에게 수입물품이 사실상 귀속되므로 수입신고하는 때의 화주는 본래적 납세의무자가 된다.

그러나 수입신고를 하지 않았지만 사실상 수입이 되는 경우의 예외적인 관세징수에 대하여는 실질적으로 책임 있는 자가 납세의무자가 된다. 관세의 납세의무를 지니는 본래적 납세의무자는 아니지만 본래적 납세의무자가 납세의무를 이행하지 않을 때 보충적 납세의무자가 납세의무를 부담한다.

구 분		내 용
본래적 납세의무자	원칙적 납세의무자	• 수입신고하는 때의 화주 • 수입신고하는 때의 화주가 불분명한 경우
	특별납세의무자	예외적 과세물건 확정시기에 해당하는 경우의 당사자
확장된 납세의무자	연대 납세의무자	수입신고인 등
	보충적 납세의무자	납세보증인
		제2차 납세의무자
		물적 납세의무자

2 본래적 납세의무자

1) 원칙적 납세의무자

관세법상 수입신고를 한 물품인 경우에는 그 물품을 수입신고하는 때의 화주[6)]

6) 2017년 12월 19일 '수입한 화주'는 '수입신고하는 때의 화주'로 개정되었다. 이는 수입을 통한 관세포탈

가 납세의무자가 된다. 다만 화주가 불분명할 때에는 다음의 어느 하나에 해당하는 자가 관세의 납세의무자가 된다(법 제19조 제1항).

① 수입을 위탁받아 수입업체가 대행수입한 물품인 경우 : 그 물품의 수입을 위탁한 자

② 수입을 위탁받아 수입업체가 대행수입한 물품이 아닌 경우 : 상업서류(송품장, 선하증권 또는 항공화물운송장)에 적힌 수하인(受荷人)

③ 수입물품을 수입신고 전에 양도한 경우 : 그 양수인

조심 2009관0116 (2010.7.14)

– 청구인을 쟁점물품의 실제 화주(실제 납세의무자)로 보아 과세한 처분의 당부

청구인은 인터넷상의 중고자동차 정보를 검색하는 과정에서 알게 된 수출자를 통하여 쟁점물품을 선정, 주문, 선적하는 역할만을 수행하였고, 쟁점물품에 대한 수입신고 및 관세 등 관련세금 납부자가 OOO이고, 부가가치세 환급자 및 쟁점물품 처분자도 OOO임에도, 청구인을 쟁점물품에 대한 납세의무자로 보아 과세한 이 건 처분은 부당하다고 주장하였다.

청구인이 쟁점물품의 선정, 주문, 선적 및 물품대금 송금에 관여한 사실은 확인되나, 통관업무 진행 및 관세 등 제비용을 누가 지불하였는지, 쟁점물품을 국내에서 누가 처분하였는지, 쟁점물품 수입으로 인한 수익을 누가 취하였는지 등에 대하여는 청구인과 OOO의 진술이 서로 배치되고, 쟁점물품 관련 송품장상의 수하인이 OOO인 점 및 「관세법」 제19조 제1항 제1호 나목 및 같은 법 시행령 제5조에서 수입신고물품에 대한 관세의 납세의무자를 그 물품을 수입한 화주로 규정하면서, 수입을 위탁받아 수입업체가 대행수입한 물품이 아닌 때에는 송품장, 선하증권 또는 항공화물운송장상에 기재된 수하인이 납세의무자가 된다고 규정하고 있는 점 등을 종합하여 볼 때, 「관세법」 제19조 제1항 제1호의 "그 물품을 수입한 화주"란 그 물품을 수입한 실제 소유자를 의미한다고 할 것이고, 다만 그 물품을 수입한 실제 소유자인지 여부는 구체적으로 쟁점물품에 대한 수출자와의 교섭, 신용장의 개설, 대금의 결제 등 수입절차의 관여 방법 및 주체, 쟁점물품의 수하인, 국내에서의 처분・판매 실태, 이익의 귀속관계 등을 재조사하여 그 결과에 따라 과세표준 및 세액을 경정하는 것이 타당하다고 판단된다.

의 이익을 향유하는 등 수입의 효과가 실질적으로 귀속됨에도 수입신고시 '수입한 화주'의 범위에 해당하지 않아 이를 악용하는 사례가 있었으므로 납세의무자의 범위를 확대하여 납세의무자를 바꿔치기하는 관세포탈 행위를 방지하여 관세채권을 확보하고, 성실납세신고를 유도하기 위함이다(이종익・박병목, 전게서, p. 94)

2) 특별납세의무자

수입신고를 한 물품은 그 물품이 사실상 수입신고하는 때의 화주에게 귀속되므로 수입신고하는 때의 화주가 원칙적 납세의무자가 되지만 수입신고를 하지 않았으나 납세의무가 발생하는 물품에 대하여는 실질적으로 책임 있는 자가 납세의무를 부담한다. 따라서 수입신고를 하지 않고도 관세를 징수하여야 하는 경우에 납세의무를 부담하는 자를 특별납세의무자라 하고 다음의 경우에 해당하는 자가 납세의무자가 된다(법 제19조 제1항).

구 분	납세의무자
외국물품인 선박(항공기)용품과 국제무역선(기) 안에서 판매하는 외국물품이 하역 또는 환적허가의 내용대로 운송수단에 적재되지 아니하여 관세를 징수하는 물품	하역허가를 받은 자
보세구역 장치 물품의 보세구역 밖에서 보수작업시 승인기간이 경과하여 관세를 징수하는 물품	보수작업을 승인받은 자
보세구역장치물품이 멸실되거나 폐기되어 관세를 징수하는 물품	운영인 또는 보관인
보세공장 외 작업과 보세건설장 외 작업 허가를 받고 그리고 종합보세구역 외 작업 신고를 하고 허가 또는 신고된 기간을 경과하여 관세를 징수하는 물품	보세공장 외 작업, 보세건설장 외 작업 또는 종합보세구역 외 작업을 허가받거나 신고한 자
보세운송을 신고하거나 승인을 받고 지정된 기간 내에 목적지에 도착하지 않아 관세를 징수하는 물품	보세운송을 신고하였거나 승인을 받은 자
수입신고가 수리되기 전에 소비하거나 사용하는 물품(제239조에 따라 소비 또는 사용을 수입으로 보지 아니하는 물품은 제외)	소비자 또는 사용자
수입신고전 즉시반출신고를 하고 반출한 물품	즉시 반출한 자
우편으로 수입되는 물품(수입신고대상인 우편물은 제외)	수취인
도난물품 또는 분실물품	• 보세구역의 장치물품 : 그 운영인 또는 화물관리인 • 보세운송물품 : 보세운송을 신고하거나 승인을 받은 자 • 그 밖의 물품 : 그 보관인 또는 취급인
관세법 또는 다른 법률에 따라 따로 납세의무자로 규정된 경우	납세의무자로 규정된 자
기타 물품인 경우	소유자 또는 점유자

3) 납세의무의 경합

원칙적 납세의무자인 수입신고하는 때의 화주 또는 연대납세의무자인 신고인과 특별납세의무자가 경합되는 경우에는 특별납세의무자를 납세의무자로 한다(법 제19조 제2항). 예를 들어, 부산항에서 반입된 물품을 보세 운송하여 인천의 보세창고에 장치한 후 수입신고를 하였으나 보세구역에 장치 중 분실된 경우라면 화주, 수입신고인인 관세사, 보세창고 운영인이 납세의무자로서 경합된다. 이 경우 특별납세의무자인 보세창고 운영인이 화물의 보관 책임을 부담하므로 화물의 관리 및 보관 책임을 다하지 못하여 화물이 분실되었다면 보세창고 운영인이 분실된 물품에 대하여 관세의 납세의무를 부담하는 것이 합리적이다.

3 확장된 납세의무자

1) 연대납세의무자

(1) 수입신고인

수입신고가 수리된 물품 또는 수입신고수리전 반출승인을 받아 반출된 물품에 대하여 납부하였거나 납부하여야 할 관세액이 부족한 경우 해당 물품을 수입신고하는 때의 화주의 주소 및 거소가 분명하지 아니하거나 수입신고인이 화주를 명백히 하지 못하는 경우에는 그 신고인이 해당 물품을 수입신고하는 때의 화주와 연대하여 해당 관세를 납부하여야 한다(법 제19조 제1항).

(2) 관세 · 가산세 및 강제징수비에 대한 연대납세의무자

① 법인이 합병하거나 상속이 개시된 경우에는 「국세기본법」 제23조 및 제24조를 준용하여 관세·가산세 및 강제징수비의 납세의무를 승계한다(법 제19조 제4항).

② 다음의 물품에 관계되는 관세·가산세 및 강제징수비에 대해서는 다음에 규정된 자가 연대하여 납부할 의무를 진다(법 제19조 제5항).

- 수입신고물품이 공유물이거나 공동사업에 속하는 물품인 경우 : 그 공유자 또는 공동사업자인 납세의무자
- 수입신고인이 수입신고를 하면서 수입신고하는 때의 화주가 아닌 자를 납세

의무자로 신고한 경우 : 수입신고인 또는 납세의무자로 신고된 자가 관세포탈 또는 부정감면의 범죄를 범하거나 관세포탈 또는 부정감면을 교사하거나 방조에 따른 범죄를 저질러 유죄의 확정판결을 받은 경우 그 수입신고인 및 납세의무자로 신고된 자와 해당 물품을 수입신고하는 때의 화주. 다만, 관세포탈 또는 부정감면으로 얻은 이득이 없는 수입신고인 또는 납세의무자로 신고된 자는 제외한다.

- 다음의 어느 하나를 업으로 하는 구매대행업자가 화주로부터 수입물품에 대하여 납부할 관세 등에 상당하는 금액을 수령하고, 수입신고인 등에게 과세가격 등의 정보를 거짓으로 제공한 경우: 구매대행업자와 수입신고하는 때의 화주
  - 자가사용물품을 수입하려는 화주의 위임에 따라 해외 판매자로부터 해당 수입물품의 구매를 대행하는 것
  - 사이버몰 등을 통하여 해외로부터 구매 가능한 물품의 정보를 제공하고 해당 물품을 자가사용물품으로 수입하려는 화주의 요청에 따라 그 물품을 구매해서 판매하는 것
- 특별납세의무자가 발생하는 물품에 대한 납세의무자가 2인 이상인 경우 : 그 2인 이상의 납세의무자

③ 다음 어느 하나에 해당되는 경우 「국세기본법」 제25조 제2항부터 제4항까지의 규정을 준용하여 분할되는 법인이나 분할 또는 분할합병으로 설립되는 법인, 존속하는 분할합병의 상대방 법인 및 신회사가 관세·가산금 및 강제징수비를 연대하여 납부할 의무를 진다(법 제19조 제6항).

- 법인이 분할되거나 분할합병되는 경우
- 법인이 분할 또는 분할합병으로 해산하는 경우
- 법인이 「채무자 회생 및 파산에 관한 법률」 제215조에 따라 신회사를 설립하는 경우

2) 납세보증자

관세법 또는 다른 법령, 조약, 협약 등에 따라 관세의 납부를 보증한 자는 보증액의 범위에서 납세의무를 진다(법 제19조 제3항). 세관장이 인정하는 보증인의 보증서는 은행, 신용보증기금, 신용보증재단, 기술보증기금이 발행하는 보증서

등이다(관세 등에 대한 담보제도 운영에 관한 고시 제11조 제3항). 이들 당사자들이 제공한 보험증권 또는 납세보증서는 본래적 납세의무자의 납세의무를 보증한 것으로 인정되어 보증액의 범위에서 이들은 확장된 납세의무자가 된다.

3) 제2차 납세의무자

제2차 납세의무자는 관세의 담보로 제공된 것이 없고 납세의무자와 관세의 납부를 보증한 자가 납세의무를 이행하지 아니하는 경우에 납세의무를 진다(법 제19조 제9항). 관세법상 제2차 납세의무자는 국세기본법 제38조부터 제41조까지 준용되는데 다음과 같다.

주된 납세의무자	제2차 납세의무자
해산한 법인	• 해산한 법인의 청산인 • 해산한 법인으로부터 잔여재산을 분배받거나 인도받은 자
법인	무한책임사원 주주 또는 유한책임사원 1명과 과점주주
무한책임사원 또는 과점주주	법인
사업양도인	사업양수인

4) 물적 납세의무자

납세의무자(관세의 납부를 보증한 자와 제2차 납세의무자 포함)가 관세·가산세 및 강제징수비를 체납한 경우 그 납세의무자에게 「국세기본법」 제42조 제3항에 따른 양도담보재산[7]이 있을 때에는 그 납세의무자의 다른 재산에 대하여 강제징수를 하여도 징수하여야 하는 금액에 미치지 못한 경우에만 「국세징수법」 제7조를 준용하여 그 양도담보재산으로써 납세의무자의 관세·가산세 및 강제징수비를 징수할 수 있다(법 제19조 제10항).

다만, 그 관세의 납세신고일(제39조에 따라 부과고지하는 경우에는 그 납세고지서의 발송일) 전에 담보의 목적이 된 양도담보재산에 대하여는 납세의무자의 관세·가

7) "양도담보재산"이란 당사자 간의 계약에 의하여 납세자가 그 재산을 양도하였을 때에 실질적으로 양도인에 대한 채권담보의 목적이 된 재산을 말한다.

산세 및 강제징수비를 징수할 수 없다(법 제19조 제10항).

채권자와 채무자 사이에 양도담보가 설정되면 그 재산의 소유권이 채권자에게 귀속되어 채무자의 관세 등의 체납을 이유로 하여 양도담보재산을 압류할 수 없는 상황이 발생하므로 납세의무자인 채무자가 관세 등의 납세의무를 회피하기 위하여 자신의 재산을 양도담보재산으로 설정하는 사례가 발생하게 된다.[8] 따라서 납세의무자가 납세의무를 회피하는 것을 방지하기 위하여 납세신고일 전에 양도한 양도담보재산을 제외하고 양도담보재산에 대하여도 납세의무를 부담하도록 도입된 것이 물적납세의무이다.

제4절 과세표준

1 의 의

관세의 과세표준은 수입물품의 가격 또는 수량으로 하여(법 제15조) 수입물품의 가격을 기초로 과세하는 종가세와 수입물품의 수량을 기초로 과세하는 종량세로 구분된다. 종가세는 "수입물품의 가격×실행세율"로, 종량세는 "수입물품의 수량×단위수량당 세액"으로 관세가 산출되는데 우리나라는 대부분 종가세로 과세된다. 관세를 부과하기 위한 기준으로서 수입물품의 가격을 과세가격이라 하고 수입물품의 과세가격을 결정하는 절차와 방법을 관세평가라 한다. 관세법상 과세가격을 결정하는 방법에는 6가지를 규정하고 있고, 적용순위에 따라 순차적으로 적용된다.

8) 김기인, 전게서, p. 91.

적용순위	과세가격 결정 방법
제1방법	해당 수입물품의 거래가격을 기초로 한 과세가격 결정
제2방법	동종·동질물품의 거래가격을 기초로 한 과세가격 결정
제3방법	유사물품의 거래가격을 기초로 한 과세가격 결정
제4방법	국내판매가격을 기초로 한 과세가격 결정
제5방법	산정가격을 기초로 한 과세가격 결정
제6방법	합리적 기준에 의한 과세가격 결정

2 제1방법

1) 의의

관세평가 제1방법에서 수입물품의 과세가격은 우리나라에 수출하기 위하여 판매되는 물품에 대하여 구매자가 실제로 지급하였거나 지급하여야 할 가격으로 한다(법 제30조 제1항).

제1방법으로 과세가격을 결정하기 위해서 우선 성립요건이 갖추어져 있는지 확인하여야 한다. 거래가격의 성립요건이 갖춰진 경우, 객관적이고 수량화할 수 있는 가산요소와 공제요소를 확인하여 '실제로 지급하였거나 지급하여야 할 가격'에 가산하거나 공제하여 거래가격을 조정한다. 제1방법에 의하여 결정된 가격을 과세가격으로 인정하기 곤란한 경우에는 제1방법의 적용을 배제하고 제2방법 내지 제6방법을 순차 적용하여 과세가격을 결정하게 된다.

제1방법의 과세가격 결정 방법

거래가격 성립요건 확인 → 가산요소, 공제요소 확인 → 합리적 의심있는 경우 세관장 확인

2) 거래가격 성립요건

(1) 우리나라에 수출하기 위하여 판매되는 물품일 것(법 제30조 제1항)

예외 (제1방법 적용 불가능)	다음의 물품은 우리나라에 수출하기 위하여 판매되는 물품에 포함되지 아니하는 것으로 한다(영 제17조). ① 무상으로 수입하는 물품 ② 수입 후 경매 등을 통하여 판매가격이 결정되는 위탁판매수입물품 ③ 수출자의 책임으로 국내에서 판매하기 위하여 수입하는 물품 ④ 별개의 독립된 법적 사업체가 아닌 지점 등에서 수입하는 물품 ⑤ 임대차계약에 따라 수입하는 물품 ⑥ 무상으로 임차하는 수입물품 ⑦ 산업쓰레기 등 수출자의 부담으로 국내에서 폐기하기 위하여 수입하는 물품

(2) 해당 물품의 처분 또는 사용에 제한이 없을 것(법 제30조 제3항 제1호)

제한이 있는 경우 (제1방법 적용 불가능)	물품의 처분 또는 사용에 제한이 있는 경우에는 다음의 경우가 포함되는 것으로 한다(영 제21조). ① 전시용 · 자선용 · 교육용 등 당해 물품을 특정용도로 사용하도록 하는 제한 ② 당해 물품을 특정인에게만 판매 또는 임대하도록 하는 제한 ③ 기타 당해 물품의 가격에 실질적으로 영향을 미치는 제한
거래가격에 영향을 미치지 않는 제한 (제1방법 적용 가능)	거래가격에 실질적으로 영향을 미치지 아니한다고 인정하는 제한이 있는 경우는 다음과 같다(영 제22조 제1항). ① 우리나라의 법령이나 법령에 의한 처분에 의하여 부과되거나 요구되는 제한 ② 수입물품이 판매될 수 있는 지역의 제한 ③ 그 밖에 해당 수입물품의 특성, 해당 산업부문의 관행 등을 고려하여 통상적으로 허용되는 제한으로서 수입가격에 실질적으로 영향을 미치지 않는다고 세관장이 인정하는 제한

(3) 해당 물품에 대한 거래의 성립 또는 가격의 결정이 금액으로 계산할 수 없는 조건 또는 사정에 따라 영향을 받지 않을 것(법 제30조 제3항 제2호)

거래의 독립성을 잃은 경우 (제1방법 적용 불가능)	금액으로 계산할 수 없는 조건 또는 사정에 의하여 영향을 받은 경우에는 다음의 경우가 포함되는 것으로 한다(영 제22조 제2항). ① 구매자가 판매자로부터 특정수량의 다른 물품을 구매하는 조건으로 당해 물품의 가격이 결정되는 경우 ② 구매자가 판매자에게 판매하는 다른 물품의 가격에 따라 당해 물품의 가격이 결정되는 경우 ③ 판매자가 반제품을 구매자에게 공급하고 그 대가로 그 완제품의 일정수량을 받는 조건으로 당해 물품의 가격이 결정되는 경우

(4) 해당 물품을 수입한 후에 전매・처분 또는 사용하여 생긴 수익[9]의 일부가 판매자에게 직접 또는 간접으로 귀속되지 않을 것(법 제30조 제3항 제3호)

다만, 해당 물품을 수입후 수익의 일부가 직접 또는 간접으로 귀속되더라도 객관적이고 수량화할 수 있는 자료에 근거하여 적절히 조정할 수 있는 경우는 제1방법에 의한 과세가격 결정이 가능하다.

(5) 구매자와 판매자 간에 다음과 같은 특수관계가 해당 물품의 가격에 영향을 미치지 않는 경우(법 제30조 제3항 제4호)[10]

① 구매자와 판매자가 상호 사업상의 임원 또는 관리자인 경우
② 구매자와 판매자가 상호 법률상의 동업자인 경우
③ 구매자와 판매자가 고용관계에 있는 경우
④ 특정인이 구매자 및 판매자의 의결권 있는 주식을 직접 또는 간접으로 5퍼센트 이상 소유하거나 관리하는 경우
⑤ 구매자 및 판매자 중 일방이 상대방에 대하여 법적으로 또는 사실상으로 지시나 통제를 할 수 있는 위치에 있는 등 일방이 상대방을 직접 또는 간접으로 지배하는 경우
⑥ 구매자 및 판매자가 동일한 제3자에 의하여 직접 또는 간접으로 지배를 받는 경우
⑦ 구매자 및 판매자가 동일한 제3자를 직접 또는 간접으로 공동지배하는 경우
⑧ 구매자와 판매자가 「국세기본법 시행령」 제1조의2 제1항 각 호의 어느 하나에 해당하는 친족관계에 있는 경우

9) 해당 수입물품의 판매, 사용 등에서 얻어지는 판매대금, 임대료, 가공임 등을 말한다(수입물품 과세가격 결정에 관한 고시 제18조 제2항).

10) 판매자와 구매자가 특수관계에 해당한다는 사실만으로 거래가격을 배제하여서는 아니된다(수입물품 과세가격 결정에 관한 고시 제17조 제3항). 즉, 판매자와 구매자가 특수관계이고 이러한 특수관계가 해당 물품의 가격에 영향을 미치는 경우에는 거래가격으로 인정될 수 없을 것이다. 그러나 판매자와 구매자가 특수관계에 해당하고 거래가격을 수용할 수 없는 의심의 근거가 있지만 수입자(납세의무자 포함)가 자료 제출 등을 통하여 특수관계가 수입물품의 거래가격에 영향을 미치지 않았음을 증명하는 경우에는 거래가격을 수용한다(수입물품 과세가격 결정에 관한 고시 제18조 제2항).

3) 구매자가 실제로 지급하였거나 지급하여야 할 가격

"구매자가 실제로 지급하였거나 지급하여야 할 가격"이란 해당 수입물품의 대가로서 구매자가 지급하였거나 지급하여야 할 총금액을 말하며, 구매자가 해당 수입물품의 대가와 판매자의 채무를 상계(相計)하는 금액, 구매자가 판매자의 채무를 변제하는 금액, 그 밖의 다음과 같은 간접적인 지급액을 포함한다(법 제30조 제2항, 영 제20조의2 제1항).

① 수입물품의 대가 중 전부 또는 일부를 판매자의 요청으로 제3자에게 지급하는 경우 그 금액

② 수입물품의 거래조건으로 판매자 또는 제3자가 수행하여야 하는 하자보증[11]을 구매자가 대신하고 그에 해당하는 금액을 할인받았거나[12] 하자보증비 중 전부 또는 일부를 별도로 지급하는 경우 그 금액[13]

③ 수입물품의 거래조건으로 구매자가 지급하는 외국훈련비, 외국교육비 또는 연구개발비 등을 지급하는 경우 그 금액

④ 그 밖에 일반적으로 판매자가 부담하는 금융비용 등을 구매자가 지급하는 경우 그 금액

---

11) 하자보증이란 자동차와 전기기기와 같은 물품에 대한 품질보증의 한 형태로서, 일정조건에 충족하는 경우 보증책임자가 하자보완(부분품 또는 용역)이나 대체에 필요한 비용을 부담하는 것이다(WCO 예해 20.1).

12) 판매자(또는 판매자가 지정하는 제3자)가 해당 물품에 대한 하자보증 책임이 있음에도 불구하고 해당 물품의 거래조건으로 구매자로 하여금 하자보증을 대신 이행하도록 하고 그에 상응하는 금액을 해당 물품의 가격에서 할인해 주었다면 이러한 할인금액은 간접적인 지급액으로 간주되어 해당물품의 실제지급금액에 포함된다(김태주·김준호, 관세평가강의, 도서출판원, 2018, p. 239). 이러한 금액은 구매자가 판매자에게 직접 지급한 금액은 아니지만 판매자의 하자보증 책임을 단지 구매자가 대신 수행하고 그에 따른 비용을 간접적으로 지급받은 것에 불과하므로 구매자가 실제로 지급하여야 할 금액의 일부를 구성하는 것이다.

13) 판매자(또는 판매자가 지정하는 제3자)가 해당 물품에 대한 하자보증 책임이 있음에도 불구하고 판매자가 하자보증비를 해당 물품의 실제지급가격에 포함시키지 아니하고 해당 물품의 거래조건으로 구매자로 하여금 그 비용을 지급하게 하는 경우, 하자보증비의 지급형태만 달라질 뿐 하자보증비가 해당 물품의 거래가격에 포함되는 경우와 거래의 실질이 다르지 않기 때문에 하자보증비는 간접적인 지급액으로 간주된다(김태주·김준호, 상게서, p. 238). 예를 들어 하자보증비를 송장상 해당 물품의 실제지급가격에 포함하여 물품의 가격을 책정한 경우와 하자보증비를 해당 물품의 실제지급가격에 포함하지 않고 물품의 가격을 책정한 경우 물품가격의 산정에 있어 하자보증비의 가감만 차이가 있을 뿐 거래의 실질은 변경되지 않는다. 따라서 판매자가 하자보증 책임이 있음에도 하자보증비를 실제지급금액에 포함하지 않은 경우 이는 구매자의 간접적인 지급액으로 간주하여 실제지급가격에 포함하는 것으로 본다.

4) 법정가산요소

제1방법에 의한 과세가격 결정에 있어서 '실제로 지급하였거나 지급하여야 할 가격'에는 다음의 금액을 가산하여야 한다. 다음의 금액을 더할 때에는 객관적이고 수량화할 수 있는 자료에 근거하여야 하며, 이러한 자료가 없는 경우에는 제1방법으로 과세가격을 결정하지 아니하고 제2방법 내지 제6방법으로 과세가격을 결정한다(법 제30조 제1항).

① 구매자가 부담하는 수수료[14)]와 중개료[15)](구매수수료[16)]는 제외)

구매수수료는 해당 수입물품의 구매와 관련하여 외국에서 구매자를 대리하여 행하는 용역의 대가로서 구매자가 구매대리인에게 지급하는 비용으로 한다(영 제17조의2 제1항). 구매자가 구매대리인에게 지급한 비용에 구매수수료 외의 비용이 포함된 경우에는 그 지급한 비용 중 구매수수료에 해당하는 금액이 따로 구분하여 산정될 수 있는 경우에만 해당 금액을 구매수수료로 한다(영 제17조의2 제2항).

② 해당 수입물품과 동일체로 취급되는 용기의 비용과 해당 수입물품의 포장에 드는 노무비와 자재비로서 구매자가 부담하는 비용

조심 2018관0060 (2018.9.4.)

– 수입맥주의 운송용기에 해당하는 케그 및 케그팔레트의 운임 전액을 맥주의 과세가격에 가산하여 청구법인에게 관세 등을 과세한 처분의 당부

청구법인은 2014.6.17.부터 2015.12.2.까지 수출자로부터 OOO를 반복사용이 가능한 철제 용기에 담아 수입하면서, OOO는 일반수입형태로 수입신고서 '1란'에, 쟁점물품은 재수출 조건면세 또는 일반수입형태로 '2란'·'3란'으로 각각 분리하고 운임 및 보험료도 각 '란'의 물품가격 비율로 안분한 후 각 '란'별 물품가격에 가산하여

14) 수수료는 해당 수입물품을 구매 또는 판매함에 있어서 구매자 또는 판매자를 대리하여 행하는 용역의 대가로 구매자 또는 판매자가 지급하는 비용을 말한다(관세평가 운영에 관한 고시 제17조).

15) 중개료는 판매자와 구매자를 위하여 거래알선 및 중개역할의 대가로 판매자 및 구매자가 지급하는 비용을 말한다(관세평가 운영에 관한 고시 제17조).

16) 구매자를 대리하여 행하는 용역은 구매자의 계산과 위험부담으로 공급자 물색, 구매관련 사항전달, 샘플수집, 물품검사, 보험·운송·보관 및 인도 등을 알선하는 용역으로 한다.(시행규칙 제3조의3). 다만, 구매대리인이 자기의 계산으로 용역을 수행하는 경우, 구매대리인이 해당 수입물품에 대하여 소유권 또는 그 밖의 이와 유사한 권리가 있는 경우, 구매대리인이 해당 거래나 가격을 통제하여 실질적인 결정권을 행사하는 경우에는 그러하지 아니하다.

신고하였다. 쟁점물품은 안정된 방식으로 물품을 지지할 수 있도록 납작한 형태의 구조물로 컨테이너 적입시에도 물품을 놓고 스크레치랩 또는 수출랩으로 적재물을 고정하여 운송하며, 이 건 OOO의 운송편의를 위해 사용되고 있고, 인보이스에 OOO로 기재되어 있다.

청구법인은 쟁점물품에 대하여 보증금을 지불하고 수입 후 이를 다시 수출자에게 반납하는 계약을 시행하고 있고, 쟁점물품을 효과적으로 반납하기 위하여 별도로 수입신고하고 있으며 반납이 안 되는 경우에는 보증금에서 해당 금액을 공제하고 있다.

청구법인은 쟁점물품의 수입거래가 수출판매가 아닌 경우에 해당하지 아니하고 OOO와 란을 달리하여 일반수입형태로 수입신고하고 있으므로 수입물품에 대하여 지급하는 운임 등을 가격 또는 중량에 해당하는 비율로 OOO와 쟁점물품에 안분하여 과세가격을 결정하여야 한다고 주장한다.

그러나 「관세법」 제30조 제1항에 수입물품의 과세가격은 우리나라에 수출하기 위하여 판매되는 물품에 대하여 구매자가 실제로 지급하였거나 지급하여야 할 가격에 수입항까지의 운임・보험료와 그 밖에 운송에 관련된 비용 등을 가산하여 조정한 거래가격으로 하도록 규정하고 있는바, 수출자가 발행한 송품장 및 보험증권에 따르면 청구법인과 수출자간의 거래대상인 수입물품은 OOO인 것으로 보이는 점,

쟁점물품은 OOO를 수입하기 위한 용기 및 운송도구로서 청구법인은 쟁점물품을 반환할 의무가 있고 이를 담보하기 위하여 반환보증금을 관리하고 있는바, 이러한 거래관계에서 쟁점물품을 우리나라에 수출하기 위하여 판매되는 물품으로 보기 어려운 점,

청구법인이 쟁점물품을 재수출 조건(면세)으로 신고하지 아니하고 OOO와 란을 달리하여 일반수입으로 신고한 것은 OOO의 국내 유통과정에서 쟁점물품이 분실 또는 미회수 되는 경우 재수출 의무를 이행하기 어려워 이를 방지하기 위한 것이지 쟁점물품을 별도의 거래대상으로 하여 수입하기 위한 것으로 보기 어려운 점 등에 비추어 볼 때, OOO를 수입하면서 지급하는 운임 등을 전액 OOO의 가격에 가산하여 과세가격을 산정하고 그 결과에 따라 관세 등을 과세한 처분은 달리 잘못이 없다고 판단된다.

③ 구매자가 해당 수입물품의 생산 및 수출거래를 위하여 대통령령으로 정하는 물품 및 용역[17]을 무료 또는 인하된 가격으로 직접 또는 간접으로 공급한 경

17) "대통령령으로 정하는 물품 및 용역"이란 구매자가 직접 또는 간접으로 공급하는 것으로서 다음 각 호의 어느 하나에 해당하는 것을 말한다(영 제18조).
1. 수입물품에 결합되는 재료・구성요소・부분품 및 그 밖에 이와 비슷한 물품
2. 수입물품의 생산에 사용되는 공구・금형・다이스 및 그 밖에 이와 비슷한 물품으로서 기획재정부령으로 정하는 것
3. 수입물품의 생산과정에 소비되는 물품

우에는 그 물품 및 용역의 가격 또는 인하차액을 해당 수입물품의 총생산량 등 대통령령으로 정하는 요소[18]를 고려하여 적절히 배분한 금액

④ 특허권, 실용신안권, 디자인권, 상표권 및 이와 유사한 권리[19]를 사용하는 대가로 지급하는 것으로서 대통령령으로 정하는 바에 따라 산출된 금액

<table>
<tr><td rowspan="2">관련성</td><td>물품에 대하여 구매자가 실제로 지급하였거나 지급하여야 할 가격에 가산하여야 하는 특허권·실용신안권·디자인권·상표권 및 이와 유사한 권리를 사용하는 대가(특정한 고안이나 창안이 구현되어 있는 수입물품을 이용하여 우리나라에서 그 고안이나 창안을 다른 물품에 재현하는 권리를 사용하는 대가를 제외)는 당해 물품에 관련되고 당해 물품의 거래조건으로 구매자가 직접 또는 간접으로 지급하는 금액으로 한다(영 제19조 제2항).</td></tr>
<tr><td>다음에 해당하는 경우에는 권리사용료가 당해 물품과 관련되는 것으로 본다(영 제19조 제3항).
① 권리사용료가 특허권에 대하여 지급되는 때에는 수입물품이 다음에 해당하는 물품인 경우
가. 특허발명품
나. 방법에 관한 특허에 의하여 생산된 물품
다. 국내에서 당해 특허에 의하여 생산될 물품의 부분품·원재료 또는 구성요소로서 그 자체에 당해 특허의 내용의 전부 또는 일부가 구현되어 있는 물품
라. 방법에 관한 특허를 실시하기에 적합하게 고안된 설비·기계 및 장치(그 주요특성을 갖춘 부분품 등을 포함한다)
② 권리사용료가 디자인권에 대하여 지급되는 때에는 수입물품이 당해 디자인을 표현하는 물품이거나 국내에서 당해 디자인권에 의하여 생산되는 물품의 부분품 또는 구성요소로서 그 자체에 당해 디자인의 전부 또는 일부가 표현되어 있는 경우</td></tr>
</table>

4. 수입물품의 생산에 필요한 기술·설계·고안·공예 및 디자인. 다만, 우리나라에서 개발된 것은 제외한다.

18) 무료 또는 인하된 가격으로 공급하는 물품 및 용역의 금액을 더하는 경우 다음 각 호의 요소를 고려하여 배분한다(영 제18조의2).
1. 해당 수입물품의 총생산량 대비 실제 수입된 물품의 비율
2. 공급하는 물품 및 용역이 해당 수입물품 외의 물품 생산과 함께 관련되어 있는 경우 각 생산 물품별 거래가격(해당 수입물품 외의 물품이 국내에서 생산되는 경우에는 거래가격에서 부가가치세를 제외한다) 합계액 대비 해당 수입물품 거래가격의 비율

19) "이와 유사한 권리"라 함은 다음 각호의 1에 해당하는 것을 말한다(영 제19조).
1. 저작권 등의 법적 권리
2. 법적 권리에는 속하지 아니하지만 경제적 가치를 가지는 것으로서 상당한 노력에 의하여 비밀로 유지된 생산방법·판매방법 기타 사업활동에 유용한 기술상 또는 경영상의 정보 등("영업비밀")

	③ 권리사용료가 상표권에 대하여 지급되는 때에는 수입물품에 상표가 부착되거나 희석·혼합·분류·단순조립·재포장 등의 경미한 가공후에 상표가 부착되는 경우 ④ 권리사용료가 저작권에 대하여 지급되는 때에는 수입물품에 가사·선율·영상·컴퓨터소프트웨어 등이 수록되어 있는 경우 ⑤ 권리사용료가 실용신안권 또는 영업비밀에 대하여 지급되는 때에는 당해 실용신안권 또는 영업비밀이 수입물품과 특허권의 규정에 준하는 관련이 있는 경우 ⑥ 권리사용료가 기타의 권리에 대하여 지급되는 때에는 당해 권리가 수입물품과 위의 ① 내지 ⑤의 규정 중 권리의 성격상 당해 권리와 가장 유사한 권리에 대한 규정에 준하는 관련이 있는 경우
거래조건	다음에 해당하는 경우에는 권리사용료가 당해 물품의 거래조건으로 지급되는 것으로 본다(영 제19조 제5항). ① 구매자가 수입물품을 구매하기 위하여 판매자에게 권리사용료를 지급하는 경우 ② 수입물품의 구매자와 판매자간의 약정에 따라 구매자가 수입물품을 구매하기 위하여 당해 판매자가 아닌 자에게 권리사용료를 지급하는 경우 ③ 구매자가 수입물품을 구매하기 위하여 판매자가 아닌 자로부터 특허권 등의 사용에 대한 허락을 받아 판매자에게 그 특허권 등을 사용하게 하고 당해 판매자가 아닌 자에게 권리사용료를 지급하는 경우

⑤ 해당 수입물품을 수입한 후 전매·처분 또는 사용하여 생긴 수익금액 중 판매자에게 직접 또는 간접으로 귀속되는 금액

⑥ 수입항(輸入港)까지의 운임·보험료와 그 밖에 운송과 관련되는 비용으로서 대통령령으로 정하는 바에 따라 결정된 금액

'수입항(輸入港)까지의 운임·보험료와 그 밖에 운송과 관련되는 금액'은 당해 수입물품이 수입항에 도착하여 본선하역준비가 완료될 때까지 발생하는 비용을 말한다(영 제20조 제5항). 운임 및 보험료는 당해 사업자가 발급한 운임명세서·보험료명세서 또는 이에 갈음할 수 있는 서류에 의하여 산출하고 서류에 의하여 운임 및 보험료를 산출할 수 없는 때에는 운송거리·운송방법 등을 고려하여 기획재정부령으로 정하는 바에 따라 산출한다(영 제20조 제1항, 제2항).

대법원 2016. 8. 30. 선고 2015두52098

– 국제마케팅비의 성격

甲 주식회사가 자신이 수입하는 스포츠용 의류 등에 부착된 상표의 상표권자인 乙 독일 법인에 권리사용료(royalties)와 별도로 국제마케팅비(IMF)를 지급하기로 하는 라이선스 계약을 체결한 후 乙 법인의 상표가 부착된 스포츠용 의류 등을 수입하면서 국제마케팅비를 수입물품의 과세가격에 가산하여 신고하지 않자, 관할 세관장이 국제마케팅비를 수입물품의 과세가격에 가산하여 관세 등 부과처분을 한 사안에서, 국제마케팅비는 甲 회사의 수입물품을 개별적으로 광고함으로써 판매를 촉진하기 위한 것이 아니라 주로 乙 법인이 유명 운동 선수나 팀 또는 국제적인 운동경기 등을 통하여 자신이 보유하는 상표의 명칭과 로고 등을 대중들에게 지속적으로 노출시키는 데 쓰인 비용의 일부인 점 등을 종합해 보면, 국제마케팅비는 명목에도 불구하고 실질이 수입물품의 구매자인 甲 회사가 상표권 등에 대한 권리자인 乙 법인에 권리사용의 대가로 지급한 금액이라고 볼 여지가 충분하므로, 국제마케팅비는 甲 회사가 乙 법인에 지급한 '상표권 및 이와 유사한 권리의 사용 대가'라고 보는 것이 거래의 실질에 부합하다.

따라서 구매자가 상표권자에게 지급한 금액이 수입물품 과세가격의 가산조정요소가 되는 '상표권 및 이와 유사한 권리의 사용 대가'에 해당하는지는 지급한 금액의 명목이 아니라 실질내용이 상표권 등 권리를 사용하는 대가로서의 성격을 갖는 것인지에 따라 판단하여야 한다.

대법원 2016. 10. 27. 선고 2014두13362

– 판매자가 아닌 자에게 지급된 권리사용료

관세법 시행령 제19조 제2항은 실제지급가격에 가산하여야 하는 권리사용료는 해당 물품에 관련되고 그 거래조건으로 구매자가 직접 또는 간접으로 지급하는 금액으로 한다고 규정하고 있고, 제5항은 권리사용료가 해당 물품의 거래조건으로 지급되는 것으로 보는 경우의 하나로 제2호에서 수입물품의 구매자와 판매자 간의 약정에 따라 구매자가 수입물품을 구매하기 위하여 판매자가 아닌 자에게 권리사용료를 지급하는 경우를 들고 있다.

구매자와 판매자 사이의 직접적인 약정에 따라 구매자가 판매자 아닌 자에게 권리사용료를 지급하는 경우가 아니더라도, 구매자, 판매자 및 권리보유자 사이의 관계와 그들 사이의 관련 약정의 내용 등에 비추어 볼 때 구매자가 판매자 아닌 자에게 권리사용료를 지급하지 않으면 판매자로부터 수입물품을 구매할 수 없는 경우에는 특별한 사정이 없는 한 권리사용료가 수입물품의 거래조건으로 지급되는 경우에 해당한다.

5) 공제요소

구매자가 지급하였거나 지급하여야 할 총금액은 다음의 어느 하나에 해당하는 금액을 명백히 구분할 수 있을 때에는 그 금액을 뺀 금액을 말한다(법 제30조 제2항).

① 수입 후에 하는 해당 수입물품의 건설, 설치, 조립, 정비, 유지 또는 해당 수입물품에 관한 기술지원에 필요한 비용
② 수입항에 도착한 후 해당 수입물품을 운송하는 데에 필요한 운임·보험료와 그 밖에 운송과 관련되는 비용
③ 우리나라에서 해당 수입물품에 부과된 관세 등의 세금과 그 밖의 공과금
④ 연불조건(延拂條件)의 수입인 경우에는 해당 수입물품에 대한 연불이자로 다음의 요건을 갖춘 것
  - 연불이자가 수입물품의 대가로 실제로 지급하였거나 지급하여야 할 금액과 구분될 것
  - 서면에 의한 계약서로 확인될 것
  - 해당 물품이 수입신고된 가격으로 판매되고, 그 이자율은 금융이 제공된 국가에서 당시 금융거래에 통용되는 수준의 이자율을 초과하지 아니할 것

6) 과세가격 불인정

(1) 의의

세관장은 납세의무자가 제1방법으로 신고한 과세가격을 인정할 수 없는 다음의 경우에는 제1방법으로 과세가격을 결정하지 아니하고 제2방법 내지 제6방법으로 과세가격을 결정한다. 이 경우 세관장은 빠른 시일 내에 과세가격 결정을 하기 위하여 납세의무자와 정보교환 등 적절한 협조가 이루어지도록 노력하여야 하고, 신고가격을 과세가격으로 인정하기 곤란한 사유와 과세가격 결정 내용을 해당 납세의무자에게 통보하여야 한다(법 제30조 제5항).

(2) 자료 제출하지 않는 경우

세관장은 납세의무자가 제1방법에 따른 거래가격으로 가격신고를 한 경우 해당 신고가격이 동종·동질물품 또는 유사물품의 거래가격과 현저한 차이가 있는 등 이를 과세가격으로 인정하기 곤란한 경우로서 다음의 경우에는 납세의무자에

게 신고가격이 사실과 같음을 증명할 수 있는 자료를 제출할 것을 요구할 수 있다(법 제30조 제4항).

① 납세의무자가 신고한 가격이 동종·동질물품 또는 유사물품의 가격과 현저한 차이가 있는 경우
② 납세의무자가 동일한 공급자로부터 계속하여 수입하고 있음에도 불구하고 신고한 가격에 현저한 변동이 있는 경우
③ 신고한 물품이 원유·광석·곡물 등 국제거래시세가 공표되는 물품인 경우 신고한 가격이 그 국제거래시세와 현저한 차이가 있는 경우
④ 신고한 물품이 원유·광석·곡물 등으로서 국제거래시세가 공표되지 않는 물품인 경우 관세청장 또는 관세청장이 지정하는 자가 조사한 수입물품의 산지 조사가격이 있는 때에는 신고한 가격이 그 조사가격과 현저한 차이가 있는 경우
⑤ 납세의무자가 거래선을 변경한 경우로서 신고한 가격이 종전의 가격과 현저한 차이가 있는 경우

(3) 세관장의 요구에 따라 제출한 자료가 일반적으로 인정된 회계원칙에 부합하지 아니하게 작성된 경우

(4) 그 밖에 다음의 사유에 해당하여 신고가격을 과세가격으로 인정하기 곤란한 경우

① 납세의무자가 제출한 자료가 수입물품의 거래관계를 구체적으로 나타내지 못하는 경우
② 그 밖에 납세의무자가 제출한 자료에 대한 사실관계를 확인할 수 없는 등 신고가격의 정확성이나 진실성을 의심할만한 합리적인 사유가 있는 경우

조심 2018관0212 (2019.02.08)

– 쟁점물품의 수입신고가격을 부인하고 유사물품의 거래가격을 기초로 과세가격을 결정하여 관세를 부과한 처분의 당부

청구인은 2018.2.2.부터 2018.4.9.까지 수출자로부터 OOO 외 5건으로 OOO관세율 377.3% 144톤을 톤당 OOO로 수입신고하고, 처분청으로부터 수입신고수리전 반출승인을 받았다.

처분청은 쟁점물품에 대하여 수입신고수리전 세액심사를 의뢰하였고, 사전세액심사를 실시하였다. 그 결과, 쟁점물품①의 신고가격은 「관세법」 제30조 제5항에서 규정한 '신고가격을 과세가격으로 인정할 수 없는 경우'에 해당하고, 쟁점물품②의

신고가격은 「관세법」 제30조 제3항 제2호에서 규정한 '금액으로 계산할 수 없는 조건 또는 사정에 따라 영향을 받은 경우'에 해당한다고 보아, 쟁점물품의 신고가격을 부인하고 「관세법」 제32조에 따라 쟁점물품의 선적일 전후 30일(최대 60일) 이내 가장 낮은 유사물품의 거래가격(톤당 OOO)을 쟁점물품의 과세가격으로 한다고 처분청 및 청구인에게 통지하였다.

쟁점물품①의 신고가격은 톤당 OOO 및 유사물품의 최저 수입가격 톤당 OOO에 비하여 현저한 가격 차이를 보이고 있는 점, 현저한 가격차이에 대하여 청구인은 쟁점물품①의 신고가격은 당해 수입물품이 품질 계약조건을 충족하지 못하여 수출자와 협상하여 조정된 거래가격이라고 주장하나 이를 입증하는 자료는 제시하지 못하고 있는 점 등에 비추어 청구주장을 받아들이기 어렵다고 판단된다.

쟁점물품②에 대하여 청구인은 이전에 수입신고번호 OOO로 수입한 물품이 계약품질조건을 충족하지 못하여 수출자에게 항의하였고 이에 대한 보상으로 수출자가 쟁점물품②의 계약가격으로 할인해 주었다고 주장하며 수출자의 원물구매영수증을 제시하였으나, 이는 기존 수입물품의 계약 품질조건 미충족에 따른 보상이라는 조건 또는 사정이 쟁점물품②의 가격 결정에 영향을 미친 경우에 해당하는 점, 원물구매영수증만으로는 이러한 조건 또는 사정을 금액으로 계산할 수 없어 쟁점물품②의 거래가격을 과세가격으로 인정하기 곤란한 것으로 나타나는 점 등에 비추어 처분청이 쟁점물품②의 신고가격을 부인하고 유사물품의 거래가격을 기초로 쟁점물품②의 과세가격을 결정하여 과세한 처분은 잘못이 없는 것으로 판단된다.

제1방법의 과세가격 결정 단계

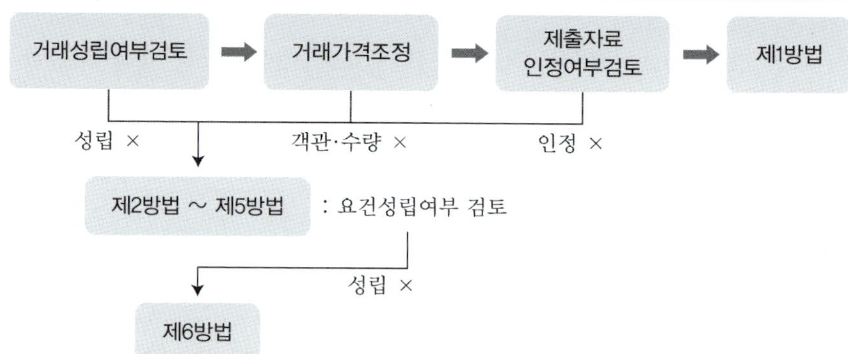

3 제2방법 및 제3방법

1) 의의

수입하고자 하는 물품이 제1방법에 의하여 과세가격을 결정할 수 없는 경우 순차적으로 제2방법(법 제31조 : 동종·동질물품의 거래가격을 기초로 한 과세가격의 결정)에 의하여 과세가격을 결정한다. 제2방법에 의하여도 과세가격을 결정할 수 없을 때 제3방법(법 제32조 : 유사물품의 거래가격을 기초로 한 과세가격의 결정)이 적용된다.

2) 동종·동질 물품 및 유사물품의 정의

(1) 동종·동질 물품

"동종·동질물품"이라 함은 당해 수입물품의 생산국에서 생산된 것으로서 물리적 특성, 품질 및 소비자 등의 평판을 포함한 모든 면에서 동일한 물품(외양에 경미한 차이가 있을 뿐 그 밖의 모든 면에서 동일한 물품을 포함한다)을 말한다(영 제25조 제1항).

(2) 유사물품

"유사물품"이라 함은 당해 수입물품의 생산국에서 생산된 것으로서 모든 면에서 동일하지는 아니하지만 동일한 기능을 수행하고 대체사용이 가능할 수 있을 만큼 비슷한 특성과 비슷한 구성요소를 가지고 있는 물품을 말한다(영 제26조).

3) 거래가격의 요건

제1방법에 의하여 과세가격을 결정할 수 없는 경우에는 과세가격으로 인정된 사실이 있는 동종·동질물품 및 유사물품의 거래가격으로서 다음의 요건을 갖춘 가격을 기초로 하여 과세가격을 결정한다(법 제31조 제1항, 제32조 제1항).

① 과세가격을 결정하려는 해당 물품의 생산국에서 생산된 것으로서 해당 물품의 선적일(船積日)[20]에 선적되거나 해당 물품의 선적일을 전후하여 가격에 영

20) 수입물품을 수출국에서 우리나라로 운송하기 위하여 선적하는 날을 말하며 선하증권, 송품장 등으로

향을 미치는 시장조건이나 상관행(商慣行)에 변동이 없는 기간[21] 중에 선적되어 우리나라에 수입된 것일 것

② 거래 단계, 거래 수량, 운송 거리, 운송 형태 등이 해당 물품과 같아야 하며, 두 물품 간에 차이가 있는 경우에는 그에 따른 가격차이를 조정한 가격일 것

4) 거래가격이 둘 이상 있는 경우

동종·동질물품 및 유사물품의 거래가격이 둘 이상 있는 경우에는 생산자, 거래 시기, 거래 단계, 거래 수량 등("거래내용 등"이라 함)이 해당 물품과 가장 유사한 것에 해당하는 물품의 가격을 기초로 하고, 거래내용 등이 같은 물품이 둘 이상이 있고 그 가격도 둘 이상이 있는 경우에는 가장 낮은 가격을 기초로 하여 과세가격을 결정한다(법 제31조 제3항, 제32조 제3항).

4 제4방법

1) 의의

제1방법부터 제3방법까지 순차 적용하여도 과세가격을 결정할 수 없는 경우에는 일정한 요건 하에서 수입물품의 국내판매가격을 기초로 과세가격을 결정할 수 있다. 다만, 납세의무자가 요청하면 제5방법에 따라 산정가격을 기초로 하여 과세가격을 결정하되 제5방법으로 결정할 수 없는 경우에는 제4방법, 제6방법인 합리적 기준에 따른 과세가격 결정방법의 순서에 따라 과세가격을 결정한다(법 제33조 제1항 단서).

2) 국내판매가격의 요건

(1) 수입된 것과 동일한 상태

해당 물품, 동종·동질물품 또는 유사물품이 수입된 것과 동일한 상태로 판매

확인한다(영 제25조 제2항).

21) 해당 물품의 선적일 전 60일과 선적일 후 50일을 합한 기간으로 한다. 다만, 농림축산물 등 계절에 따라 가격의 차이가 심한 물품의 경우에는 선적일 전 30일과 선적일 후 30일을 합한 기간으로 한다(영 제23조 제3항).

되어야 한다(법 제33조 제1항). 해당 물품, 동종·동질물품 또는 유사물품이 수입된 것과 동일한 상태라는 것은 수입 후 국내에서 판매될 때까지 물품의 가치가 변화되는 과정이 존재하지 않아야 한다는 것이다. 즉, 물품의 변질, 손상 또는 추가적인 가공공정 등을 통해 수입된 때와 국내에서 판매될 당시의 상태가 달라지지 않아야 한다. 제4방법에 따라 과세가격을 결정하는 경우에는 해당 물품, 동종·동질물품, 유사물품의 순서로 적용한다(수입물품 과세가격 결정에 관한 고시 제25조 제1항).

(2) 수입신고일 또는 수입신고일과 거의 동시 판매

국내판매가격은 수입신고일 또는 수입신고일과 거의 동시에 판매되는 가격이어야 한다. 수입신고일과 거의 동시에 판매되는 단위가격은 당해 물품의 종류와 특성에 따라 수입신고일의 가격과 가격변동이 거의 없다고 인정되는 기간 중의 판매가격으로 한다(영 제27조 제3항). 다만, 수입신고일부터 90일이 경과된 후에 판매되는 가격을 제외한다.

관세평가협정에서는 관세평가 대상 물품의 수입신고일 또는 수입신고일과 거의 동시에 판매되는 해당 물품, 동종·동질물품 또는 유사물품이 존재하지 아니하는 경우에는 당해 물품의 수입 후 90일 이내에 가장 빠른 날에 판매된 가격을 판매가격으로 하도록 규정하고 있다.[22]

(3) 특수 관계가 없는 자에게 판매

해당 물품, 동종·동질물품 또는 유사물품은 국내에서 특수 관계가 없는 자에게 판매되어야 한다. 국내의 구매자가 판매자 또는 수출자와 특수 관계에 있는지를 판단하는 기준은 제1방법에서 적용되는 기준으로 고려된다.

(4) 가장 많은 수량으로 국내에서 최초로 판매되는 가격

국내판매가격은 가장 많은 수량으로 국내에서 최초로 판매되는 단위가격을 기초로 하여 산출한 금액을 말한다. 여기서 '최초의 거래'는 수입 후 최초의 상업적 거래 단계를 의미한다.[23] 다만, 다음의 어느 하나에 해당하는 경우의 가격은 이를 국내에서 판매되는 단위가격으로 보지 아니한다(영 제27조).

22) WTO Valuation Agreement, Art. 5.1(b).
23) WTO Valuation Agreement, Art. 5.1.

① 최초거래의 구매자가 판매자 또는 수출자와 관세법상의 특수관계에 있는 경우
② 최초거래의 구매자가 판매자 또는 수출자에게 제1방법의 법정가산요소로서 물품 및 용역을 수입물품의 생산 또는 거래에 관련하여 사용하도록 무료 또는 인하된 가격으로 공급하는 경우

3) 공제요소

국내판매가격으로 과세가격을 결정하는 때에는 다음의 금액을 뺀 가격을 과세가격으로 한다(법 제33조 제1항).

(1) 수수료 또는 이윤 및 일반경비

국내판매와 관련하여 통상적으로 지급하였거나 지급하여야 할 것으로 합의된 수수료 또는 동종·동류의 수입물품이 국내에서 판매되는 때에 통상적으로 부가되는 이윤 및 일반경비에 해당하는 금액은 국내판매가격에서 공제된다. "수수료" 또는 "이윤 및 일반경비"가 공제된다고 규정한 것은 둘 중 하나만이 공제된다는 것이다. 이는 위판판매거래인 경우 위탁판매자는 국내 판매에 대한 대가로 수수료를 지급받게 되고, 일반 수출입으로서 수수료를 수반하지 아니하는 경우에는 수입물품의 국내 판매에 따른 이윤 및 일반경비가 지출되므로 "수수료"와 "이윤 및 일반경비"는 동시에 발생되지 않을 것이다.[24)]

여기서 "동종·동류의 수입물품"이라 함은 당해 수입물품이 제조되는 특정산업 또는 산업부문에서 생산되고 당해 수입물품과 일반적으로 동일한 범주에 속하는 물품(동종·동질물품 또는 유사물품을 포함)을 말하는 것으로 제2방법에서 규정하고 있는 동종·동질물품과 구별된다(영 제27조 제3항).

(2) 수입 후의 운임·보험료와 그 밖의 관련 비용

수입항에 도착한 후 국내에서 발생한 통상의 운임·보험료와 그 밖의 관련 비용은 국내판매가격에서 공제된다. 수입항에 도착한 후 발생한 통상의 운임은 제1방법에서 공제요소인 "수입항에 도착한 후 운임"과 동일한 취지하에서 규정되었다고 볼 수 있다. 그러나 "그 밖의 관련 비용"은 단순히 운송에만 국한되지 않고 확장된 범위에서 발생한 비용으로 해당 물품, 동종·동질물품 또는 유사물품의

24) WCO 예해 15.1.

하역, 검수, 검역, 검사, 통관 비용 등 수입과 관련하여 발생하는 비용을 말한다(영 제27조 제9항).

(3) 조세와 기타 공과금

해당 물품의 수입 및 국내판매와 관련하여 납부하였거나 납부하여야 하는 조세와 그 밖의 공과금은 국내판매가격에서 공제된다. 제1방법에서 공제요소인 "우리나라에서 해당 수입물품에 부과된 관세 등의 세금과 그 밖의 공과금"과 동일한 취지하에서 규정되었다고 볼 수 있다.

4) 수입 후 가공을 한 경우

(1) 의의

해당 물품, 동종·동질물품 또는 유사물품이 수입된 것과 동일한 상태로 국내에서 판매되는 사례가 없는 경우 납세의무자가 요청할 때에는 해당 물품이 국내에서 가공된 후 특수관계가 없는 자에게 가장 많은 수량으로 판매되는 단위가격을 기초로 하여 산출된 금액을 과세가격으로 한다(법 제33조 제3항).

그러나 이러한 과세가격 결정은 제4방법과는 적용상의 차이가 있는데 첫째, 수입물품이 추가 가공을 거친 후 국내 판매되는 가격을 기초로 하고, 둘째, 일반적인 제4방법을 적용할 수 없을 때 한하여 적용하고, 셋째, 납세의무자의 요청이 있는 경우에 한하여 적용되고, 넷째, 동종·동질물품 또는 유사물품의 추가 가공 후의 국내판매가격은 사용되지 않고, 다섯째, "최초의 거래단계" 또는 "수입시 또는 수입과 거의 동시"라는 요건이 규정되지 않았다는 것이다.[25)]

(2) 과세가격 결정

수입 후 국내에서 가공을 한 경우 특수관계가 없는 자에게 가장 많은 수량으로 판매되는 단위가격을 기초로 하여 산출된 금액에서 다음의 금액을 뺀 가격을 과세가격으로 한다(법 제33조 제3항).

① 제4방법의 공제요소에 해당하는 금액
② 국내 가공에 따른 부가가치

25) 김기인, 전게서, p. 372.

5 제5방법

1) 의의

제1방법부터 제4방법까지 순차 적용하여도 과세가격을 결정할 수 없는 경우에는 수입물품의 제조원가를 기초로 하는 즉, 산정가격[26)]을 기초로 하여 과세가격을 결정한다.

2) 과세가격 산정 금액

제1방법부터 제4방법까지 순차 적용하여도 과세가격을 결정할 수 없는 경우에는 다음의 금액을 합한 가격을 기초로 하여 과세가격을 결정한다(법 제34조).

① 해당 물품의 생산에 사용된 원자재 비용 및 조립이나 그 밖의 가공에 드는 비용 또는 그 가격[27)]

② 수출국 내에서 해당 물품과 동종·동류의 물품의 생산자가 우리나라에 수출하기 위하여 판매할 때 통상적으로 반영하는 이윤 및 일반 경비에 해당하는 금액

③ 해당 물품의 수입항까지의 운임·보험료와 그 밖에 운송과 관련된 비용으로서 제1방법의 가산요소로서 "수입항(輸入港)까지의 운임·보험료와 그 밖에 운송과 관련되는 비용"(제30조 제1항 제6호)에 따라 결정된 금액

3) 적용 배제

납세의무자가 위의 금액을 확인하는데 필요한 자료를 제출하지 않은 경우에는 제5방법을 적용하지 않을 수 있다(법 제34조 제2항). 또한 해당 물품의 생산자가 제공하는 회계장부 등 수입자가 제출하는 자료만으로 해당 금액을 확인할 수 없는 경우에는 제5방법을 적용하여 과세가격을 결정할 수 없다(관세평가 운영에 관

26) 해당 물품의 생산자가 생산국에서 일반적으로 인정된 회계원칙에 따라 작성하여 제공하는 회계장부 등 생산에 관한 자료를 근거로 하여 산정한 금액이다(영 제28조 제1항).

27) "조립 기타 가공에 소요되는 비용 또는 그 가격"에는 제1방법의 가산요소 중 "해당 수입물품과 동일체로 취급되는 용기의 비용과 해당 수입물품의 포장에 드는 노무비와 자재비로서 구매자가 부담하는 비용"이 포함되는 것으로 하며, 우리나라에서 개발된 기술·설계·고안·디자인 또는 공예에 소요되는 비용을 생산자가 부담하는 경우에는 당해 비용이 포함되는 것으로 한다(영 제28조 제2항).

한 고시 제35조).

6 제6방법

1) 의의

제1방법부터 제5방법으로 과세가격을 결정할 수 없을 때에는 제1방법부터 제5방법으로 과세가격을 결정하기 위해 규정된 원칙과 부합되는 합리적인 기준에 따라 과세가격을 결정한다(법 제35조). 합리적인 기준에 따라 과세가격을 결정한다는 것은 제1방법부터 제5방법의 과세가격을 결정하기 위한 기준을 신축적으로 적용하는 것을 의미한다.

2) 신축적 적용 방법

제6방법에 의하여 합리적으로 과세가격을 결정함에 있어서는 다음의 방법에 의한다.

(1) 제2방법 또는 제3방법의 신축적 적용

제2방법 또는 제3방법에 의하여 과세가격을 결정하는 규정을 적용함에 있어서 생산국 및 시간적 요건(법 제31조 제1항 제1호)을 신축적으로 해석·적용하는 방법은 다음과 같다(영 제29조 제1항, 시행규칙 제7조 제1항).

① 당해 물품의 생산국에서 생산된 것이라는 장소적 요건을 다른 생산국에서 생산된 것으로 확대하여 해석·적용하는 방법

② 당해 물품의 선적일 또는 선적일 전후라는 시간적 요건을 선적일 전후 90일로 확대하여 해석 적용하는 방법. 다만, 가격에 영향을 미치는 시장조건이나 상관행(商慣行)이 유사한 경우에는 90일을 초과하는 기간으로 확대하여 해석·적용할 수 있다.

(2) 제4방법의 신축적 적용

① 제4방법에 의하여 과세가격을 결정하는 규정을 적용함에 있어서 '수입된 것과 동일한 상태로 판매되어야 한다는 요건을 신축적으로 해석·적용한다는 것'은

국내에서 판매되는 단위가격이라 하더라도 그 가격의 정확성과 진실성을 의심할만한 합리적인 사유가 있는 경우에 납세의무자의 요청이 없더라도 제4방법을 적용하지 아니할 수 있다는 것이다(영 제29조 제1항, 시행규칙 제7조 제2항).

② 제4방법 또는 제5방법의 규정에 의하여 과세가격으로 인정된 바 있는 동종·동질물품 또는 유사물품의 과세가격을 기초로 과세가격 결정하는 방법을 신축적으로 적용한다(영 제29조 제1항).

③ 제4방법을 적용함에 있어 "수입신고일부터 90일이 경과된 후에 판매되는 가격을 제외한다"는 기준은 수입신고일부터 180일까지 판매되는 가격을 적용한다(시행규칙 제7조 제3항).

3) 관세평가의 일반원칙에 위배되는 가격

제6방법에 의하여 과세가격을 결정함에 있어서는 관세평가의 일반원칙에 위배되는 다음에 해당하는 가격을 기준으로 하여서는 아니된다(영 제29조 제2항).

① 우리나라에서 생산된 물품의 국내판매가격

② 선택가능한 가격 중 반드시 높은 가격을 과세가격으로 하여야 한다는 기준에 따라 결정하는 가격

③ 수출국의 국내판매가격

④ 동종·동질물품 또는 유사물품에 대하여 법 제34조의 규정에 의한 방법 외의 방법으로 생산비용을 기초로 하여 결정된 가격

⑤ 우리나라 외의 국가에 수출하는 물품의 가격

⑥ 특정수입물품에 대하여 미리 설정하여 둔 최저과세기준가격

⑦ 자의적 또는 가공적인 가격

조심 2013관0056 (2013.10.17.)

- **청구법인이 수입한 쟁점물품의 수입신고가격을 부인하고 산지수매가격을 기초로 관세법 제35조의 과세가격 산정방법을 적용하여 과세가격을 재산정하여 관세 등을 부과한 처분의 당부**

청구인은 수출자와 2011.10.8. 3건의 계약, 2011.12.8. 1건의 계약을 체결하여 팥(Dried Small Red Bean) 315톤(적두 242.48톤, 회색팥 9.72톤, 깐회색팥 63톤)을 14건으로 톤당 미화 OOO달러로 처분청에 수입신고하였다.

2012.8.16. OOO세관장은 쟁점물품에 대한 기획심사를 실시하였고, 청구인에게 기획심사결과 통지를 하면서 쟁점물품 수입가격이 유사물품 수입가격과 비교하여 현저한 저가로 그 신고가격에 합리적 의심이 있게 되자,「관세법」 제30조 제4항에 의거 쟁점물품 신고가격이 사실과 같다는 소명자료 제출을 청구인에게 요구하였고, 청구인의 소명자료 제출에도 불구하고 쟁점물품 수입가격은 시장가격이 적절하게 반영되지 않은 인위적인 가격으로 판단하여, 2013.2.1. 처분청은 쟁점물품 수입가격을「관세법」 제30조 제5항에 따라 부인하고,「관세법」 제35조에서 규정한 방법(이하 "제6방법"이라 한다)으로 OOO가 수입한 유사물품 수입가격에 기초하여 쟁점물품 과세가격을 톤당 미화 OOO달러로 결정하였다.

처분청은 쟁점물품의 과세가격을 결정할 때「관세법」 제31조 내지 제34조에 의한 방법 적용이 불가하다고 판단하고, 제6방법으로 과세가격을 결정하였는데, 과세가격의 기초로 사용할 유사물품 신고가격 중 쟁점물품의 가격에 영향을 미치지 않는 시장조건 등을 고려하여, OOO가 수입신고한 유사물품 중 쟁점물품과 비교하여 입항일 기준 30일 전후에 수입신고된 물품 중 가장 낮은 신고가격인 톤당 미화 OOO달러(수입신고번호 OOO, 입항일 2011.12.16)를 기준으로 동 가격에서 제반 요소(OOO의 입찰대리인수수료 등) 등을 합리적으로 조정(톤당 미화 OOO달러)하여 공제한 톤당 미화 OOO달러를 쟁점물품의 최종 과세가격으로 결정하였다. 그러나 처분청이 조세심판원에 제출한 유사물품 수입실적자료를 보면 OOO가 수입신고한 유사물품 중 쟁점물품 입항일과 비교하여 입항일 기준 90일 이내에 수입신고된 유사물품 중 가장 낮은 신고가격은 톤당 미화 OOO달러(수입신고번호 OOO, 입항일 2012.2.13)임이 확인된다.

청구인은 소규모 영세업체로서 일반적으로 인정된 회계원칙에 따라 작성된 신뢰할 수 있는 회계장부 기록이나 증빙도 충분하지 않아「관세법」 제33조에 따른 제4방법을 적용하기는 어려운 점 등으로 보아, 쟁점물품 과세가격은「관세법」 제33조에서 규정한 제4방법으로 결정하는 것은 적정하지 않은 것으로 판단된다.

쟁점물품 수입가격 톤당 OOO달러는 OOO의 적두 수입가격과 비교해보면 현저한 저가인 점, 쟁점물품은 정립률 95% 이상, 알곡크기는 4.5mm 이상으로 감정되어 OOO 수입물품과 성분차이가 없어 낮은 품질의 물품을 저가로 구매한 것으로 보기 어려운 점, 이 건 쟁점물품은 곡물로서 그 특성상 생산 및 수요 등의 요인으로 시기에 따라 거래가격이 변동함이 당연함에도 청구인의 신고가격은 2011년 이후 변함없는 단일가격으로 신고하였는데 이는 동 물품의 국제거래 동향, 일반 상관행에 반하는 것으로 보여지는 점 등으로 보아 이 건 쟁점물품의 신고가격을 부인하고 제2방법 이하로 과세가격을 결정하는 것은 타당하다고 판단된다. 그리고 쟁점물품 수입시기와 유사한 시기에 동종·동질물품이나 유사물품의 수입실적이 없어「관세법」 제31조 및 제32조로 과세가격을 결정할 수 없었고, 저가신고로 계상된 관세에 기초한 판매가격을 정상적인 판매가격이라고 볼 수 없음에 따라「관세법」 제33조에 의해서도 과세가격을 결정할 수 없어, 쟁점물품 과세가격을 제6방법으로 결정한 처분은 적정한 것으로 보여진다. 다만, 「관세법」 제35조에서 규정한 제6방법으로 과세가격을 결정할 때 「관세법 시행규칙」 제7조 제1항 2호에 따라 쟁점물품 선적일 전후 90일 이내의 유사물품 수입가격 중 가장 낮은 가격에 기초하여 과세가격을 결정하여야 함에도 불구하고, 쟁점물품 입항일 기준 30일 이내의 유사물품 신고가격에 기초하여 과세가격을 결정한 것은 처분청의 잘못이라고 보여진다. 따라서, 쟁점물품 입항일 기준 90일 이내에 수입신고된 OOO의 유사물품 신고가격 중 가장 낮은 가격인 톤당 미화 OOO달러(수입신고번호 OOO, 입항일 2012.2.13)에 기초하여 제반 조정요소(OOO의 입찰대리인 수수료 등 OOO달러)를 합리적으로 조정한 가격인 OOO달러를 쟁점물품의 과세가격으로 결정함이 합리적이라고 판단된다.

제5절 세 율

1 의 의

세율은 관세액를 결정하기 위하여 과세표준에 적용하는 비율을 의미하는 것으로, 종가세의 경우 과세표준에 세율을 곱하면 관세가 산출되는 것이다. 헌법 제59조의 조세의 종목과 세율은 법률로 정한다는 조세법률주의에 따라 관세율도 법률로 정하며 관세법의 별표 관세율표로 제정되어 있다. 그러나 국내산업보호와 물가안정 등의 이유로 법률상 일정한 범위 안에서 관세율을 조정할 수 있는 권한을 행정부에 위임하여 국회에서 법률로 정해진 관세율을 상황에 따라 인상 또는 인하함으로써 탄력적으로 운용할 수도 있다.

2 관세율의 종류

1) 기본세율

관세법 별표 관세율표상에 정해진 관세율을 기본세율이라 하며 국회의 의결을 거쳐 법률로 정한다.

2) 잠정세율

잠정세율도 국회의 의결을 거쳐 정해지나 기본세율에 대한 예외로서 잠정적으로 적용하는 세율을 의미한다. 별표 관세율표 중 잠정세율을 적용받는 물품에 대하여는 대통령령으로 정하는 바에 따라 그 물품의 전부 또는 일부에 대하여 잠정세율의 적용을 정지(기본세율 적용)하거나 기본세율과의 세율차를 좁히도록 잠정세율을 올리거나 내릴 수 있다(법 제50조 제4항).

3) 탄력세율

관세율은 국회의 의결을 거쳐 법률로 정하는 것이 원칙이지만 급변하는 국내외 경제상황에 신속히 대처하기 위하여 혹은 국내산업보호와 물가안정 등의 이유로 법률상 일정한 범위 내에서 행정부가 기본세율을 기초로 하여 관세율을 조정·변경함으로써 탄력적으로 운용할 수 있는 세율이 탄력세율이다. 관세법상 탄력세율은 덤핑방지관세(법 제51조), 상계관세(법 제57조), 보복관세(법 제63조), 긴급관세(법 제65조), 특정국물품 긴급관세(법 제67조의2), 농림축산물에 대한 특별긴급관세(법 제68조), 조정관세(법 제69조), 할당관세(법 제71조), 계절관세(법 제72조), 편익관세(법 제74조)이다.

4) 협정세율

정부는 우리나라의 대외무역 증진을 위하여 필요하다고 인정될 때에는 특정국가 또는 국제기구와 관세에 관한 협상을 할 수 있고 이러한 협상을 통해 양허한 세율을 협정세율이라 한다(법 제73조 제1항).

구분	협정세율	세계무역기구협정 등에 의한 양허관세 규정
세계무역기구협정 일반양허관세	공산품·수산물 및 단순 양허한 농림축산물에 대한 양허관세	[별표1]의 가
	국내외 가격차에 상당한 율로 양허하거나 국내시장 개방과 함께 기본세율보다 높은 세율로 양허한 농림축산물에 대한 양허관세	[별표1]의 나
세계무역기구협정 개발도상국간의 양허관세		[별표2]

아시아・태평양 무역협정에 따른 양허관세	일반양허관세	[별표3]의 가
	녹차와 누에고치의 일반양허관세	[별표3]의 나
	방글라데시에 대한 양허관세	[별표3]의 다
	라오스에 대한 양허관세	[별표3]의 라
유엔무역개발회의 개발도상국간 특혜무역제도에 관한 협정의 양허관세		[별표4]
자유무역협정관세		

5) 관세율 분류

관세율을 부과되는 원인에 따라 다음과 같이 분류할 수 있다.

불공정무역에 의해 적용되는 관세율	공정무역에 의해 적용되는 관세율	국제협력을 위해 부과되는 관세율
• 덤핑방지관세 • 상계관세 • 보복관세	• 긴급관세 • 특정국물품 긴급관세 • 농림축산물에 대한 특별긴급관세 • 할당관세 • 계절관세	• 국제협력관세 • 편익관세 • 일반특혜관세

3 세율적용 우선순위

1) 적용순위

기본세율과 잠정세율은 별표 관세율표에 따르되, 잠정세율을 기본세율에 우선하여 적용하며(법 제50조 제1항) 탄력세율 및 협력세율은 별표 관세율표의 세율에 우선하여 적용한다(법 제50조 제2항).

<table>
<tr><th>순위</th><th colspan="2">관세율</th></tr>
<tr><td rowspan="7">1순위</td><td colspan="2">덤핑방지관세 (법 제51조)</td></tr>
<tr><td colspan="2">상계관세 (법 제57조)</td></tr>
<tr><td colspan="2">보복관세 (법 제63조)</td></tr>
<tr><td colspan="2">긴급관세 (법 제65조)</td></tr>
<tr><td colspan="2">특정국물품 긴급관세 (법 제67조의2)</td></tr>
<tr><td colspan="2">농림축산물에 대한 특별긴급관세 (법 제68조)</td></tr>
<tr><td colspan="2">공중도덕 보호, 인간・동물・식물의 생명 및 건강 보호, 환경보전, 유한(有限) 천연자원 보존 및 국제평화와 안전보장 등을 위하여 필요한 경우에 부과되는 조정관세(법 제69조 제2호)</td></tr>
<tr><td rowspan="2">2순위</td><td colspan="2">국제협력관세 (법 제73조)</td></tr>
<tr><td colspan="2">편익관세 (법 제74조)</td></tr>
<tr><td rowspan="5">3순위</td><td rowspan="3">조정관세
(법 제69조
제1, 3, 4호)</td><td>산업구조의 변동 등으로 물품 간의 세율 불균형이 심하여 이를 시정할 필요가 있는 경우</td></tr>
<tr><td>국내에서 개발된 물품을 일정 기간 보호할 필요가 있는 경우</td></tr>
<tr><td>농림축수산물 등 국제경쟁력이 취약한 물품의 수입증가로 인하여 국내시장이 교란되거나 산업기반이 붕괴될 우려가 있어 이를 시정하거나 방지할 필요가 있는 경우</td></tr>
<tr><td colspan="2">할당관세 (법 제71조)</td></tr>
<tr><td colspan="2">계절관세 (법 제72조)</td></tr>
<tr><td>4순위</td><td colspan="2">일반특혜관세 (법 제76조)</td></tr>
<tr><td>5순위</td><td colspan="2">잠정세율</td></tr>
<tr><td>6순위</td><td colspan="2">기본세율</td></tr>
</table>

2) 적용시 고려사항(법 제50조 제3항, 제4항)

① 국제협력관세와 편익관세는 제3내지 제6순위 세율보다 낮은 경우에만 우선하여 적용한다.

② 할당관세는 일반특혜관세보다 낮은 경우에만 우선하여 적용한다.

③ 국제협력관세에 대한 규정에 따라 국제기구와의 관세에 관한 협상에서 국내외의 가격차에 상당하는 율로 양허(讓許)하거나 국내시장 개방과 함께 기본세율보다 높은 세율로 양허한 농림축산물 중 대통령령으로 정하는 물품에 대하여 양허한 세율(시장접근물량에 대한 양허세율을 포함한다)은 기본세율 및 잠정세

율에 우선하여 적용한다.

④ 잠정세율을 적용받는 물품에 대하여는 그 물품의 전부 또는 일부에 대하여 잠정세율의 적용을 정지하거나 기본세율과의 세율차를 좁히도록 잠정세율을 올리거나 내릴 수 있다.

4 덤핑방지관세

1) 의의

덤핑방지관세는 외국의 물품이 부당하게 낮은 가격으로 수입되는 불공정한 무역행위에 의하여 국내 산업이 피해를 입게 되므로 이러한 물품의 수입으로부터 국내산업의 피해를 막기 위하여 부과된다.

덤핑방지관세 부과사례

인도산 초산에틸에 대한 덤핑방지관세의 부과에 관한 규칙
[시행 2015. 11. 19]

제1조(목적) 이 규칙은 「관세법」 제51조에 따라 덤핑방지관세를 부과할 물품과 공급자를 지정하고 해당 물품에 적용할 관세율을 규정함을 목적으로 한다.
제2조(부과대상 물품) 덤핑방지관세가 부과되는 물품은 인도산 초산에틸(관세율표 번호 제2915.31호에 해당하는 것을 말한다)로 한다.
제3조(부과대상 공급자) 덤핑방지관세가 부과되는 공급자는 제2조에 따른 부과대상 물품의 공급자로 한다.
제4조(덤핑방지관세율) 인도산 초산에틸의 공급자에 대한 덤핑방지관세율은 별표와 같다.

부칙 〈기획재정부령 제510호, 2015.11.19.〉
제1조(시행일) 이 규칙은 공포한 날부터 시행한다.
제2조(유효기간) 이 규칙은 공포한 날부터 3년간 효력을 가진다.
제3조(일반적 적용례) 이 규칙은 이 규칙 시행 이후 수입신고하는 물품부터 적용한다.

덤핑방지관세율

공급국	공급자	덤핑방지 관세율(%)
인도	1. 주빌란트(Jubilant Life Science Ltd.), 그 관계사[JLSNV (Jubilant Life Science NV), JPNV(Jubilant Pharmaceutical NV)를 포함한다] 및 같은 기업의 제품을 수출하는 자	10.63
	2. 지엔에프씨(Gujarat Narmada Valley Fertilizers & Chemicals Ltd.) 및 같은 기업의 제품을 수출하는 자	8.56
	3. 고다바리(Godavari Biorefineries Ltd.) 및 같은 기업의 제품을 수출하는 자	19.84
	4. 락스미(Laxmi Organic Industries Ltd.) 및 같은 기업의 제품을 수출하는 자	19.84
	5. 그 밖의 공급자	14.53

주) "그 밖의 공급자"와 제1호부터 제4호까지의 공급자 사이에 「관세법 시행령」 제23조 제1항에 따른 특수관계가 있는 경우에는 "그 밖의 공급자"의 덤핑방지관세율은 그와 특수관계가 있는 제1호부터 제4호까지의 공급자의 덤핑방지관세율을 적용한다.

2) 부과대상

국내산업과 이해관계가 있는 자[28] 또는 주무부장관이 부과요청을 한 경우로서 외국의 물품이 대통령령으로 정하는 정상가격 이하로 수입("덤핑"이라 한다)되어 다음의 어느 하나에 해당하는 것("실질적 피해등"이라 한다)으로 조사를 통하여 확인되고 해당 국내산업을 보호할 필요가 있다고 인정되는 경우에는 기획재정부령으로 그 물품과 공급자 또는 공급국을 지정하여 해당 물품에 대하여 정상가격과 덤핑가격 간의 차액("덤핑차액"이라 한다)에 상당하는 금액 이하의 덤핑방지관세를 추가하여 부과할 수 있다(법 제51조).

① 국내산업이 실질적인 피해를 받거나 받을 우려가 있는 경우

② 국내산업의 발전이 실질적으로 지연된 경우

28) 실질적 피해 등을 받은 국내산업에 속하는 국내생산자와 이들을 구성원으로 하거나 이익을 대변하는 법인·단체 및 개인으로서 기획재정부령이 정하는 자(국내생산자로 구성된 협회·조합 등을 말한다)를 말한다(영 제59조 제5항).

3) 정상가격 및 덤핑가격의 비교

(1) 정상가격

① 일반적인 경우(영 제58조 제1항)

정상가격은 당해 물품의 공급국에서 소비되는 동종물품의 통상거래가격을 말한다. 다만, 동종물품이 거래되지 아니하거나 특수한 시장상황 등으로 인하여 통상거래가격을 적용할 수 없는 때에는 ㉠ 당해 국가에서 제3국으로 수출되는 수출가격 중 대표적인 가격으로서 비교 가능한 가격 또는 ㉡ 원산지국에서의 제조원가에 합리적인 수준의 관리비 및 판매비와 이윤을 합한 가격("구성가격"이라 한다)을 정상가격으로 본다.

② 제3국을 거쳐 수입되는 경우(영 제58조 제2항)

당해 물품의 원산지국으로부터 직접 수입되지 아니하고 제3국을 거쳐 수입되는 경우에는 그 제3국의 통상거래가격을 정상가격으로 본다. 다만, 그 제3국 안에서 당해 물품을 단순히 옮겨 싣거나 동종물품의 생산실적이 없는 때 또는 그 제3국내에 통상거래가격으로 인정될 가격이 없는 때에는 원산지국의 통상거래가격을 정상가격으로 본다.

③ 시장경제체제가 확립되지 아니한 국가로부터 수입되는 경우(영 제58조 제3항)

당해 물품이 통제경제를 실시하는 시장경제체제가 확립되지 아니한 국가로부터 수입되는 때에는 다음에 해당하는 가격을 정상가격으로 본다. 다만, 시장경제체제가 확립되지 아니한 국가가 시장경제로의 전환체제에 있는 등 기획재정부령이 정하는 경우에는 위에 언급된 ①과 ②의 규정에 따른 통상거래가격 등을 정상가격으로 볼 수 있다.

㉠ 우리나라를 제외한 시장경제국가에서 소비되는 동종물품의 통상거래가격

㉡ 우리나라를 제외한 시장경제국가에서 우리나라를 포함한 제3국으로의 수출가격 또는 구성가격

(2) 덤핑가격

덤핑가격은 조사가 개시된 조사대상물품에 대하여 실제로 지급하였거나 지급하여야 하는 가격을 말한다. 다만, 공급자와 수입자 또는 제3자 사이에 특수관계

또는 보상약정이 있어 실제로 지급하였거나 지급하여야 하는 가격에 의할 수 없는 때에는 다음의 것을 가격으로 할 수 있다(영 제58조 제4항).

① 수입물품이 그 특수관계 또는 보상약정이 없는 구매자에게 최초로 재판매된 경우에는 기획재정부령이 정하는 바에 따라 그 재판매 가격[29]을 기초로 산정한 가격

② 수입물품이 그 특수관계 또는 보상약정이 없는 구매자에게 재판매된 실적이 없거나 수입된 상태로 물품이 재판매되지 아니하는 때에는 기획재정부령이 정하는 합리적인 기준에 의한 가격

(3) 정상가격과 덤핑가격의 비교

① 비교원칙

정상가격과 덤핑가격의 비교는 가능한 한 동일한 시기 및 동일한 거래단계(통상적으로 공장도 거래단계를 말한다)에서 비교하여야 한다(영 제58조 제5항).

② 조사대상기간

정상가격과 덤핑가격을 비교하는 경우 당해 물품의 물리적 특성,[30] 판매수량,[31] 판매조건,[32] 과세상의 차이, 거래단계의 차이, 환율변동[33] 등이 가격비교에 영향을 미치는 경우에는 기획재정부령이 정하는 바에 따라 정상가격 및 덤핑가격을 조정하여야 하며, 덤핑률 조사대상기간은 6월 이상의 기간으로 한다(영 제

29) 재판매가격을 기초로 산정한 가격은 수입과 재판매 사이에 발생하는 제세를 포함한 비용과 그로 인한 이윤을 공제한 가격으로 하며, 합리적인 기준에 의한 가격은 당해 물품의 수입가격에 당해 수입과 관련하여 발생하거나 당해 수입과 재판매 사이에서 발생하는 비용과 적정한 이윤 등을 참작하여 산출한 가격으로 한다(시행규칙 10조 제7항).

30) 물리적 특성의 차이로 가격조정을 하는 때에는 그 물리적 특성이 공급국의 시장가격에 미치는 영향을 기준으로 계산하여야 한다. 다만, 공급국의 시장가격에 관한 자료를 구할 수 없거나 그 자료가 가격비교에 사용하기에 부적합한 때에는 물리적 특성의 차이에 따른 제조원가의 차이를 기준으로 조정할 수 있다(시행규칙 제10조 제10항).

31) 판매수량의 차이로 가격조정을 하는 경우는 대량생산에 따른 생산비의 절감에 의한 것이거나 통상적인 거래에서 모든 구매자에게 제공되는 대량판매에 의한 할인이 있는 경우로 한다(시행규칙 제10조 제11항).

32) 판매조건의 차이로 가격조정을 하는 경우는 그 판매조건이 당해 판매가격에 영향을 미칠 정도의 직접적인 관계가 있는 경우에 한한다(시행규칙 제10조 제12항).

33) 환율변동으로 가격을 조정하는 경우는 덤핑률 조사대상 기간 중 환율이 일정한 방향으로 변동하여 지속된 경우로 하며, 그 조정된 가격을 조사대상 공급자에게 환율변동 후 60일 동안 적용할 수 있게 하여야 한다(시행규칙 제10조 제13항).

58조 제5항).

③ 입증책임

이해관계인은 물리적 특성, 판매수량 및 판매조건의 차이로 인하여 가격조정을 요구하는 때에는 그러한 차이가 시장가격 또는 제조원가에 직접적으로 영향을 미친다는 사실을 입증하여야 한다(영 제58조 제6항).

4) 덤핑방지관세 부과절차

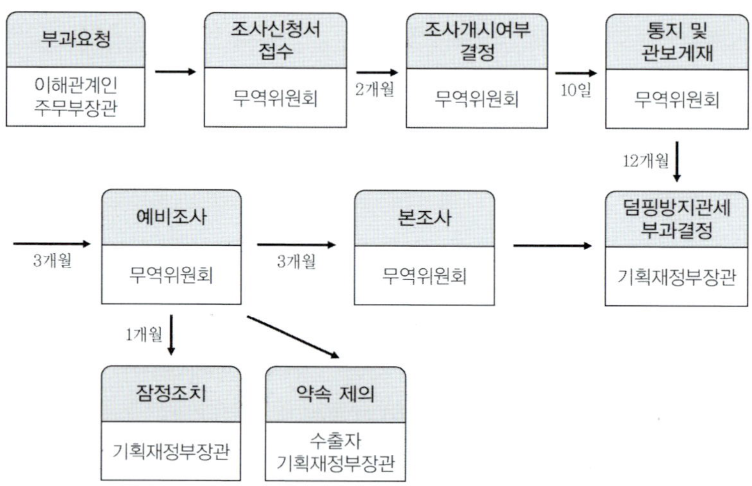

(1) 부과요청

실질적 피해등을 받은 국내산업에 이해관계가 있는 자 또는 당해 산업을 관장하는 주무부장관은 기획재정부령이 정하는 바에 따라 기획재정부장관에게 덤핑방지관세의 부과를 요청할 수 있으며, 이 요청은 「불공정무역행위 조사 및 산업피해구제에 관한 법률」 제27조에 따른 무역위원회에 대한 덤핑방지관세의 부과에 필요한 조사신청으로 갈음한다(영 제59조 제1항).

(2) 검토요청

주무부장관은 기획재정부장관에게 덤핑방지관세 부과를 요청하기 전에 관세청장에게 해당 수입물품의 덤핑거래에 관한 검토를 요청할 수 있다(영 제59조 제2항). 관세청장은 덤핑거래에 관한 검토 요청이 없는 경우에도 덤핑거래 우려가 있다고 판단되는 경우에는 해당 수입물품의 덤핑거래 여부에 대하여 검토하고 그 결과를 주무부장관에게 통지할 수 있다(영 제59조 제3항).

(3) 신청서 제출

실질적 피행등에 대한 조사를 신청하고자 하는 자는 신청서등의 자료를 무역위원회에 제출하여야 한다. 이 경우 무역위원회는 조사신청을 받은 사실을 기획재정부장관 및 관계행정기관의 장과 당해 물품의 공급국 정부에 통보하여야 한다(영 제59조 제7항).

(4) 조사개시여부 결정

무역위원회는 조사신청을 받은 경우 덤핑사실과 실질적인 피해 등의 사실에 관한 조사의 개시여부를 결정하여 조사신청을 받은 날부터 2개월 이내에 그 결과와 다음의 사항을 기획재정부장관에게 통보하여야 한다(영 제60조 제1항).

① 조사대상물품(조사대상물품이 많은 경우에는 기획재정부령이 정하는 바에 따라 선정된 조사대상물품)

② 조사대상기간

③ 조사대상 공급자(조사대상공급자가 많은 경우에는 기획재정부령이 정하는 바에 따라 선정된 조사대상 공급자)

무역위원회는 조사의 개시 여부를 결정할 때에 조사신청이 다음의 어느 하나에 해당하면 그 조사신청을 기각하여야 한다(영 제60조 제2항).

① 신청서를 제출한 자가 부과요청을 할 수 있는 자가 아닌 경우

② 덤핑사실과 실질적인 피해 등의 사실에 관한 충분한 증빙자료를 제출하지 아니한 경우

③ 덤핑차액 또는 덤핑물품의 수입량이 다음의 기준에 미달되거나 실질적 피해 등이 경미하다고 인정되는 경우

  ㉠ 덤핑차액 : 덤핑가격의 100분의 2 이상인 경우

  ㉡ 덤핑물품 수입량 : 동종물품의 국내수입량의 100분의 3 미만의 점유율을 보이는 공급국들로부터의 수입량의 합계가 국내수입량의 100분의 7을 초과하는 경우

④ 당해 조사신청에 찬성의사를 표시한 국내생산자들의 생산량합계가 다음의 기준에 미달된다고 인정되는 경우

㉠ 덤핑방지관세 부과요청에 대하여 찬성 또는 반대의사를 표시한 국내생산자들의 동종물품 국내생산량합계 중 찬성의사를 표시한 국내생산자들의 생산량합계가 100분의 50 이하인 경우

㉡ 덤핑방지관세 부과요청에 대하여 찬성의사를 표시한 국내생산자들의 생산량합계가 동종물품 국내총생산량의 100분의 25 미만인 경우

⑤ 조사개시 전에 국내산업에 미치는 나쁜 영향을 제거하기 위한 조치가 취하여지는 등 조사개시가 필요 없게 된 경우

(5) 조사개시결정

무역위원회는 조사개시결정을 한 때에는 그 결정일부터 10일 이내에 조사개시의 결정에 관한 사항을 조사신청자, 당해 물품의 공급국 정부 및 공급자 기타 이해관계인에게 통지하고, 관보에 게재하여야 한다(영 제60조 제3항). 무역위원회는 조사대상물품의 품목분류 등에 대해서는 관세청장과 협의하여 선정할 수 있다(영 제60조 제4항).

(6) 덤핑 및 실질적 피해등 조사

덤핑사실 및 실질적 피해등의 사실에 관한 조사는 무역위원회가 담당한다. 이 경우 무역위원회는 필요하다고 인정하는 때에는 관계행정기관의 공무원 또는 관계전문가로 하여금 조사활동에 참여하도록 할 수 있다(영 제61조 제1항).

① 예비조사

무역위원회는 조사개시의 결정에 관한 사항이 관보에 게재된 날부터 3월 이내에 덤핑사실 및 그로 인한 실질적 피해등의 사실이 있다고 추정되는 충분한 증거가 있는지에 관한 예비조사를 하여 그 결과를 기획재정부장관에게 제출하여야 한다(영 제61조 제2항).

기획재정부장관은 예비조사결과가 제출된 날부터 1월 이내에 잠정조치의 필요여부 및 내용에 관한 사항을 결정하여야 한다(영 제61조 제3항). 다만, 필요하다고 인정되는 경우에는 20일의 범위 내에서 그 결정기간을 연장할 수 있다.

② 본조사

무역위원회는 기획재정부령이 정하는 특별한 사유가 없는 한 예비조사결과를 제출한 날의 다음날부터 본조사를 개시하여야 하며, 본조사개시일부터 3월 이내에 본조사결과를 기획재정부장관에게 제출하여야 한다(영 제61조 제5항).

무역위원회는 예비조사에 따른 덤핑차액 또는 덤핑물품의 수입량이 기획재정부령이 정하는 기준에 미달하거나 실질적 피해등이 경미한 것으로 인정되는 때에는 본조사를 종결하여야 한다(영 제61조 제4항). 이 경우 기획재정부장관은 본조사 종결에 관한 사항을 관보에 게재하여야 한다.

무역위원회는 예비조사와 본조사와 관련하여 조사기간을 연장할 필요가 있거나 이해관계인이 정당한 사유를 제시하여 조사기간의 연장을 요청하는 때에는 2월의 범위 내에서 그 조사기간을 연장할 수 있다(영 제61조 제6항).

(7) 덤핑방지관세 부과여부 결정

기획재정부장관은 본조사 결과가 접수되면 관보게재일부터 12개월 이내에 덤핑방지관세의 부과여부 및 내용을 결정하여 덤핑방지관세의 부과조치를 해야 한다(영 제61조 제7항). 다만, 특별한 사유가 있다고 인정되는 경우에는 관보게재일부터 18개월 이내에 덤핑방지관세의 부과조치를 할 수 있다.

5) 잠정조치

(1) 의의

잠정조치란 예비조사 결과 긍정판결이 내려진 경우 덤핑방지관세의 부과 이전에 국내산업의 피해를 방지하기 위하여 잠정적으로 취하는 조치이다.

(2) 요건

기획재정부장관은 덤핑방지관세의 부과 여부를 결정하기 위하여 조사가 시작된 경우로서 다음의 어느 하나에 해당하는 경우에는 조사기간 중에 발생하는 피해를 방지하기 위하여 해당 조사가 종결되기 전이라도 대통령령으로 정하는 바에 따라 그 물품과 공급자 또는 공급국 및 기간을 정하여 잠정적으로 추계(推計)된 덤핑차액에 상당하는 금액 이하의 잠정덤핑방지관세를 추가하여 부과하도록 명하거나 담보를 제공하도록 명하는 조치("잠정조치"라 한다)를 할 수 있다(법 제53조 제1항).

① 해당 물품에 대한 덤핑 사실 및 그로 인한 실질적 피해등의 사실이 있다고 추정되는 충분한 증거가 있는 경우

② 제54조에 따른 약속을 위반하거나 약속의 이행에 관한 자료제출 요구 및 제출자료의 검증 허용 요구에 응하지 아니한 경우로서 이용할 수 있는 최선의 정보가 있는 경우

(3) 적용시기

잠정조치는 예비조사결과 덤핑사실 및 그로 인한 실질적 피해등의 사실이 있다고 추정되는 충분한 증거가 있다고 판정된 경우로서 당해 조사의 개시후 최소한 60일이 경과된 날 이후부터 적용할 수 있다(영 제66조 제1항).

(4) 적용기간

잠정조치의 적용기간은 4월 이내로 하여야 한다. 다만, 당해 물품의 무역에 있어서 중요한 비중을 차지하는 공급자가 요청하는 경우에는 그 적용기간을 6월까지 연장할 수 있다(영 제66조 제2항). 그럼에도 불구하고 기획재정부장관이 필요하다고 인정하는 때에는 국제협약에 따라 잠정조치의 적용기간을 9개월까지 연장할 수 있다(영 제66조 제3항).

(5) 담보제공

담보를 제공하도록 명하는 잠정조치를 취하는 경우 제공되는 담보는 다음의 어느 하나에 해당하는 것으로서 잠정덤핑방지관세액에 상당하는 금액이어야 한다(영 제66조 제4항).

① 금전
② 국채 또는 지방채
③ 세관장이 인정하는 유가증권
④ 납세보증보험증권
⑤ 세관장이 인정하는 보증인의 납세보증서

(6) 잠정조치 종결

① 환급 또는 담보 해제

다음의 어느 하나에 해당하는 경우에는 대통령령으로 정하는 바에 따라 납부된 잠정덤핑방지관세를 환급하거나 제공된 담보를 해제하여야 한다(법 제53조 제2항).

㉠ 잠정조치를 한 물품에 대한 덤핑방지관세의 부과요청이 철회되어 조사가 종결된 경우
㉡ 잠정조치를 한 물품에 대한 덤핑방지관세의 부과 여부가 결정된 경우
㉢ 제54조에 따른 약속이 수락된 경우

② 정산

다음의 어느 하나에 해당하는 경우 덤핑방지관세액이 잠정덤핑방지관세액을 초과할 때에는 그 차액을 징수하지 아니하며, 덤핑방지관세액이 잠정덤핑방지관세액에 미달될 때에는 그 차액을 환급하여야 한다(법 제53조 제3항).

㉠ 덤핑과 그로 인한 산업피해를 조사한 결과 해당 물품에 대한 덤핑 사실 및 그로 인한 실질적 피해등의 사실이 있는 것으로 판정된 이후에 제54조에 따른 약속이 수락된 경우
㉡ 덤핑방지관세를 소급하여 부과하는 경우

6) 약속의 제의

(1) 의의

덤핑방지관세의 부과 여부를 결정하기 위하여 예비조사를 한 결과 해당 물품에 대한 덤핑 사실 및 그로 인한 실질적 피해등의 사실이 있는 것으로 판정된 경우 해당 물품의 수출자 또는 기획재정부장관은 덤핑으로 인한 피해가 제거될 정도의 가격수정이나 덤핑수출의 중지에 관한 약속을 제의할 수 있다(법 제54조 제1항). 따라서 기획재정부장관은 예비조사결과 덤핑사실 및 그로 인한 실질적 피해등의 사실이 있다고 추정되는 충분한 증거가 있다고 판정하기 전에는 약속의 수락이나 약속의 제의를 할 수 없다(영 제68조 제4항).

(2) 수출자의 약속 제의

덤핑방지관세의 부과여부를 결정하기 위한 조사가 개시된 물품의 수출자가 약속을 제의하거나 피해조사를 계속하여 줄 것을 요청하고자 하는 때에는 본조사의 결과에 따른 최종판정이 있기 전에 서면으로 그 뜻을 무역위원회에 제출하여야 한다(영 제68조 제1항). 이 경우 무역위원회는 제출된 서류의 원본을 지체없이 기획재정부장관에게 송부하여야 한다.

(3) 기획재정부장관의 약속 제의

기획재정부장관은 필요하다고 인정되는 때에는 약속을 수출자를 지정하여 제의할 수 있다(영 제68조 제3항). 기획재정부장관으로부터 약속을 제의받은 수출자는 1개월 이내에 수락여부를 통보하여야 한다(시행규칙 제19조 제4항).

(4) 약속의 수락

수출자가 제의한 약속의 내용이 즉시로 가격을 수정하거나 약속일부터 6월 이내에 덤핑수출을 중지하는 것인 때에는 기획재정부장관은 그 약속을 수락할 수 있다(영 제68조 제2항).

약속이 수락된 경우 기획재정부장관은 잠정조치 또는 덤핑방지관세의 부과 없이 조사가 중지 또는 종결되도록 하여야 한다(법 제54조 제2항). 다만, 기획재정부장관이 필요하다고 인정하거나 수출자가 조사를 계속하여 줄 것을 요청한 경우에는 그 조사를 계속할 수 있다.

(5) 약속불이행에 대한 조치

수출자가 수락된 약속을 이행하지 아니한 경우 기획재정부장관은 이용 가능한 최선의 정보에 의하여 잠정조치를 실시하는 등 덤핑방지를 위한 신속한 조치를 취할 수 있다(영 제68조 제5항).

(6) 약속의 효력 소멸

기획재정부장관이 조사를 계속한 결과 실질적 피해등의 사실이 없거나 덤핑차액이 없는 것으로 확인한 때에는 당해 약속의 효력은 소멸된 것으로 본다(영 제68조 제6항).

7) 덤핑방지관세 부과

(1) 덤핑방지관세 부과 방법

덤핑방지관세는 실질적 피해등을 구제하기 위하여 필요한 범위에서 공급자 또는 공급국별로 덤핑방지관세율 또는 기준수입가격을 정하여 부과한다(영 제65조 제1항). 덤핑방지관세를 부과하는 때에는 다음의 방법에 의한다(시행규칙 제17조 제1항).

① 덤핑방지관세를 정률세의 방법으로 부과하는 경우 : 다음의 산식에 의하여 산정된 덤핑률의 범위 안에서 결정한 율을 과세가격에 곱하여 산출한 금액

$$\text{덤핑률} = \frac{\text{조정된 정상가격} - \text{조정된 덤핑가격}}{\text{과세가격}} \times 100$$

② 덤핑방지관세를 기준수입가격의 방법으로 부과하는 경우 : 기준수입가격에서 과세가격을 차감하여 산출한 금액

(2) 조사대상으로 선정되지 않은 공급자의 경우

실질적인 피해 등의 사실에 관한 조사대상으로 선정되지 아니한 공급자에 대하여는 조사대상으로 선정된 공급자의 덤핑방지관세율 또는 기준수입가격을 기획재정부령이 정하는 바에 따라 가중평균한 덤핑방지관세율 또는 기준수입가격에 의하여 덤핑방지관세를 부과한다(영 제65조 제2항).

(3) 공급국을 지정하는 경우

공급국을 지정하여 덤핑방지관세를 부과하는 경우 실질적인 피해 등의 사실에 관한 조사대상기간 이후에 수출하는 당해 공급국의 신규공급자가 덤핑방지관세가 부과되는 공급자와 특수관계에 있는 때에는 그 공급자에 대한 덤핑방지관세율 또는 기준수입가격을 적용하여 덤핑방지관세를 부과한다(영 제65조 제3항).

(4) 덤핑방지관세 부과 시기

덤핑방지관세의 부과와 잠정조치는 각각의 조치일 이후 수입되는 물품에 대하여 적용된다(법 제55조).

(5) 유효기간

덤핑방지관세의 부과나 수락된 약속은 기획재정부령으로 그 적용시한을 따로 정하는 경우를 제외하고는 해당 덤핑방지관세 또는 약속의 시행일부터 5년이 지나면 그 효력을 잃으며, 덤핑과 산업피해를 재심사하고 그 결과에 따라 내용을 변경할 때에는 기획재정부령으로 그 적용시한을 따로 정하는 경우를 제외하고는 변경된 내용의 시행일부터 5년이 지나면 그 효력을 잃는다(법 제56조 제2항).

8) 소급부과

잠정조치가 적용된 물품에 대하여 국제협약에서 달리 정하는 경우와 다음의 어느 하나에 해당하는 경우에는 그 물품에 대하여도 덤핑방지관세를 소급하여 부과할 수 있다(영 제69조 제1항).

국내산업에 이해관계가 있는 자는 본조사의 결과에 따라 최종판정의 통지를 받은 날부터 7일 이내에 당해 물품이 다음에 해당된다는 증거를 제출하여 덤핑방지관세의 부과를 요청할 수 있다(영 제69조 제2항).

① 실질적 피해등이 있다고 최종판정이 내려진 경우 또는 실질적인 피해등의 우려가 있다는 최종판정이 내려졌으나 잠정조치가 없었다면 실질적인 피해등이 있다는 최종판정이 내려졌을 것으로 인정되는 경우에는 잠정조치가 적용된 기간 동안 수입된 물품

② 비교적 단기간내에 대량 수입되어 발생되는 실질적 피해등의 재발을 방지하기 위하여 덤핑방지관세를 소급하여 부과할 필요가 있는 경우로서 당해 물품이 과거에 덤핑되어 실질적 피해등을 입힌 사실이 있었던 경우 또는 수입자가 덤핑사실과 그로 인한 실질적 피해등의 사실을 알았거나 알 수 있었을 경우에는 잠정조치를 적용한 날부터 90일전 이후에 수입된 물품

③ 약속을 위반하여 잠정조치가 적용된 물품의 수입으로 인한 실질적 피해등의 사실이 인정되는 경우에는 잠정조치를 적용한 날부터 90일전 이후에 수입된 물품. 이 경우 약속위반일 이전에 수입된 물품을 제외한다.

④ 기타 국제협약에서 정하는 바에 따라 기획재정부장관이 정하는 기간에 수입된 물품

9) 재심사

(1) 의의

기획재정부장관은 필요하다고 인정될 때에는 덤핑방지관세의 부과와 약속에 대하여 재심사를 할 수 있으며, 재심사의 결과에 따라 덤핑방지관세의 부과, 약속 내용의 변경, 환급 등 필요한 조치를 할 수 있다(법 제56조 제1항). 따라서 기획재정부장관은 필요하다고 인정되거나 이해관계인이나 해당 산업을 관장하는 주무부장관이 다음의 어느 하나에 해당한다는 명확한 정보 제공과 함께 재심사 요

청서를 제출한 때에는 덤핑방지관세가 부과되고 있거나 약속이 시행되고 있는 물품에 대하여 재심사여부를 결정하여야 한다(영 제70조 제1항).

① 덤핑방지관세 또는 약속의 시행 이후 그 조치의 내용변경이 필요하다고 인정될 만한 충분한 상황변동이 발생한 경우
② 덤핑방지관세 또는 약속의 종료로 인하여 덤핑 및 국내산업피해가 지속되거나 재발될 우려가 있는 경우
③ 실제 덤핑차액보다 덤핑방지관세액이 과다하게 납부된 경우

(2) 재심사 요청시기

재심사의 요청은 덤핑방지관세의 부과일 또는 약속의 시행일부터 1년이 경과된 날 이후에 할 수 있으며, 덤핑방지관세 또는 약속의 효력이 상실되는 날 6월 이전에 요청하여야 한다(영 제70조 제2항). 이 경우 기획재정부장관은 재심사를 요청받은 날부터 2월 이내에 재심사의 필요여부를 결정하여야 하며, 그 결정일부터 10일 이내에 재심사개시의 결정에 관한 사항을 재심사 요청자, 해당 물품의 공급국 정부 및 공급자, 그 밖의 이해관계인에게 통지하고, 관보에 게재하여야 한다(영 제70조 제3항).

(3) 조사

기획재정부장관은 재심사의 필요 여부를 결정하는 때에는 관계행정기관의 장 및 무역위원회와 협의할 수 있으며, 재심사가 필요한 것으로 결정된 때에는 무역위원회는 이를 조사하여야 한다(영 제70조 제5항). 이 경우 무역위원회는 재심사의 사유가 되는 부분에 한정하여 조사할 수 있다.

무역위원회는 재심사개시일부터 6월 이내에 재심사를 위한 조사를 종결하여 그 결과를 기획재정부장관에게 제출하여야 한다(영 제70조 제6항). 다만, 무역위원회는 조사기간을 연장할 필요가 있거나 이해관계인이 정당한 사유를 제시하여 조사기간의 연장을 요청하는 때에는 4월의 범위내에서 그 조사기간을 연장할 수 있다.

(4) 재심사에 따른 조치

기획재정부장관은 조사결과가 제출되면 재심사개시의 결정에 관한 사항에 대한 관보 게재일부터 12개월 이내에 덤핑방지관세의 부과, 약속 내용의 변경, 환

급 등 필요한 조치여부 및 내용을 결정하여 필요한 조치를 하여야 한다(영 제70조 제7항).

WTO 세탁기 분쟁 승소 한국, 美에 보복절차 개시

– 7천600억원 손해액 산정 등 미국 상품에 보복관세 부과 검토

우리 정부가 국산 세탁기에 부당한 반덤핑 관세를 부과한 미국을 상대로 보복절차에 나섰다. 12일(현지시간) 세계무역기구(WTO)에 따르면 한국 정부는 이날 합리적 이행 기간 내에 미국이 WTO 분쟁해결기구(DSB)의 판정을 이행하지 않음에 따라 미국의 한국 수출 상품에 보복관세를 부과할 수 있는 양허관세 정지 신청을 했다. 한국은 미국의 반덤핑 관세로 모두 7억1천100만달러(7천600억원) 상당의 피해를 본 것으로 산정하고 이 금액만큼 미국산 상품에 관세를 부과하는 방안을 추진하기로 했다.

앞서 미국은 지난 2013년 2월 삼성전자와 LG전자가 한국에서 만들어 수출한 세탁기에 각각 9.29%, 13.2%의 반덤핑·상계 관세를 부과했는데 한국 정부는 같은 해 8월 WTO에 이 사안을 제소했고 2016년 9월 최종 승소했다.

WTO는 미국이 수출가격이 내수가격보다 낮을 때(덤핑)만 덤핑 마진을 합산하고 수출가격이 내수가격보다 높을 때(마이너스 덤핑)는 '0'으로 처리해 전체 덤핑마진을 부풀리는 제로잉방식으로 반덤핑 관세를 부과했다고 판단했다. 제로잉은 WTO 반덤핑 협정에 위배된다. 미국은 제로잉 방식에 제동이 걸리자 한국산 세탁기를 첫 사례로 삼아 표적덤핑과 제로잉을 결합해 관세를 매겼지만 역시 패소했다.

미국은 규정에 따라 작년 12월 26일까지 WTO 판정을 이행해야 했지만 아무런 조처가 따르지 않자 한국 정부는 분쟁 당사국에 주어진 권한에 따라 다시 WTO에 보복관세 부과 허용을 신청했다. 한국의 보복관세 신청은 이달 22일 열리는 DSB 회의에서 다뤄질 예정이지만 미국이 금액 산정에 이의를 제기하고 중재를 요청할 가능성이 커서 중재 절차까지 거치면 실제로는 몇 달 뒤에 승인이 날 전망이다. 한국 정부는 보복관세 부과 승인이 나면 시장 상황을 고려해 관세 부과 상품 등을 선정하는 방안을 검토하고 있다.

뉴스파인더, 윤수지 기자
등록 2018.1.13

5 상계관세

1) 의의

상계관세는 직·간접적으로 보조금이나 장려금을 받은 물품의 수입으로 인해 국내산업이 피해를 입어 국내산업을 보호할 필요가 있는 경우에 부과되는 관세를 의미한다. 즉, 이러한 보조금을 지급받은 물품은 그만큼 싼 가격으로 수출하게 되어 그 결과 수입국내에서 공정한 경쟁이 저해되고 수입국의 국내산업에 피해를 주기 때문에 보조금의 지급은 덤핑과 같이 불공정한 무역이라고 볼 수도 있다.[34)]

2) 부과대상

국내산업에 이해관계가 있는 자[35)] 또는 주무부장관이 부과요청을 한 경우로서, 외국에서 제조·생산 또는 수출에 관하여 직접 또는 간접으로 보조금이나 장려금("보조금등"이라 한다)을 받은 물품의 수입으로 인하여 다음의 어느 하나에 해당하는 것("실질적 피해등"이라 한다)으로 조사를 통하여 확인되고 해당 국내산업을 보호할 필요가 있다고 인정되는 경우에는 기획재정부령으로 그 물품과 수출자 또는 수출국을 지정하여 그 물품에 대하여 해당 보조금등의 금액 이하의 상계관세를 추가하여 부과할 수 있다(법 제57조).

① 국내산업이 실질적인 피해를 받거나 받을 우려가 있는 경우

② 국내산업의 발전이 실질적으로 지연된 경우

3) 보조금 등

(1) 정의

보조금등은 정부·공공기관 등의 재정지원 등에 의한 혜택 중 특정성이 있는 것을 말한다(영 제72조 제1항). 다만, 특정성은 있으나 연구·지역개발 및 환경관

34) 김기인, 전게서, p. 194.

35) 실질적 피해등을 받은 국내산업에 속하는 국내생산자와 이들을 구성원으로 하거나 이익을 대변하는 법인·단체 및 개인으로서 기획재정부령이 정하는 자(국내생산자로 구성된 협회·조합 등)를 말한다(영 제73조 제5항).

련 보조금 또는 장려금으로서 국제협약에서 인정하는 보조금 또는 장려금은 제외한다(시행규칙 제21조 제1항).

(2) 특정성

"특정성"이라 함은 보조금등이 특정기업이나 산업 또는 특정기업군이나 산업군에 지급되는 경우를 말하며, 다음의 어느 하나에 해당되는 경우에는 특정성이 있는 것으로 본다(시행규칙 제21조 제2항).

① 보조금등이 일부 기업 등에 대하여 제한적으로 지급되는 경우
② 보조금등이 제한된 수의 기업 등에 의하여 사용되어지는 경우
③ 보조금등이 특정한 지역에 한정되어 지급되는 경우
④ 기타 국제협약에서 인정하고 있는 특정성의 기준에 부합되는 경우

4) 상계관세 부과절차

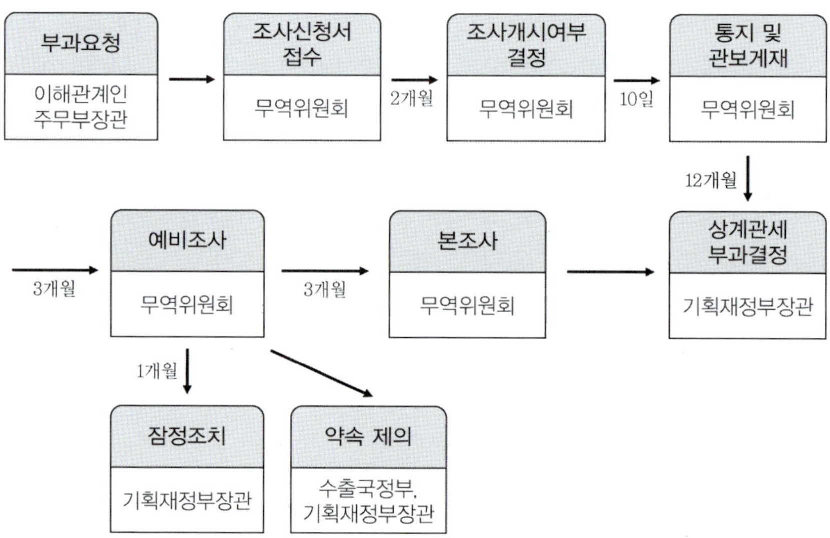

(1) 부과요청

실질적 피해등을 받은 국내산업에 이해관계가 있는 자 또는 당해 산업을 관장하는 주무부장관은 기획재정부장관에게 상계관세의 부과를 요청할 수 있으며, 이 요청은 무역위원회에 대한 상계관세의 부과에 필요한 조사신청으로 갈음한다(영 제73조 제1항).

(2) 검토요청

주무부장관은 기획재정부장관에게 상계관세 부과를 요청하기 전에 관세청장에게 해당 보조금 등을 받은 물품의 수입사실에 관한 검토를 요청할 수 있다(영 제73조 제2항). 관세청장은 보조금등을 받은 물품의 수입사실에 관한 검토 요청이 없는 경우에도 보조금등을 받은 물품의 수입 우려가 있다고 판단되는 경우에는 해당 보조금등을 받은 물품의 수입사실 여부에 대하여 검토하고 그 결과를 주무부장관에게 통지할 수 있다(영 제73조 제3항).

(3) 신청서 제출

조사를 신청하려는 자는 신청서등의 자료를 무역위원회에 제출해야 한다(영 제73조 제6항). 무역위원회는 조사신청을 받은 사실을 기획재정부장관 및 관계 행정기관의 장과 해당 물품의 수출국 정부에 통보해야 한다(영 제73조 제7항).

(4) 조사개시여부 결정

무역위원회는 상계관세 부과에 필요한 조사신청을 받은 경우 보조금 등을 받은 물품의 수입사실과 실질적 피해등의 사실에 관한 조사의 개시여부를 결정하여 조사신청을 받은 날부터 2월 이내에 그 결과와 다음의 사항을 기획재정부장관에게 통보하여야 한다(영 제74조 제1항).

① 조사대상물품(조사대상물품이 많은 경우에는 기획재정부령이 정하는 바에 따라 선정된 조사대상물품)
② 조사대상기간
③ 조사대상 수출국정부 또는 수출자(조사대상 수출국정부 또는 수출자가 많은 경우에는 기획재정부령이 정하는 바에 따라 선정된 조사대상 수출국정부 또는 수출자)

무역위원회는 조사의 개시여부를 결정함에 있어서 조사신청이 다음의 하나에 해당하는 경우에는 당해 조사신청을 기각할 수 있다(영 제74조 제2항).

① 신청서를 제출한 자가 부과요청을 할 수 있는 자가 아닌 경우
② 보조금등을 받은 물품의 수입사실과 실질적 피해 등의 사실에 관한 충분한 증빙자료를 제출하지 아니한 경우
③ 보조금등의 금액 또는 보조금등을 받은 물품의 수입량이 기획재정부령이 정하는 기준에 미달되거나 실질적 피해 등이 경미하다고 인정되는 경우

④ 당해 조사신청에 찬성의사를 표시한 국내생산자들의 생산량합계가 기획재정부령이 정하는 기준에 미달된다고 인정되는 경우
⑤ 조사 개시전에 국내 산업에 미치는 나쁜 영향을 제거하기 위한 조치가 취하여지는 등 조사개시가 필요 없게 된 경우

(4) 조사개시결정

무역위원회는 조사개시결정을 한 때에는 그 결정일부터 10일 이내에 조사개시의 결정에 관한 사항을 조사신청자, 당해 물품의 수출국 정부 및 수출자, 그 밖의 이해관계인에게 통지하고, 관보에 게재하여야 한다(영 제74조 제3항).

(5) 보조금등을 받은 물품의 수입 및 실질적 피해 등의 조사

보조금등을 받은 물품의 수입사실 및 실질적 피해등의 사실에 관한 조사는 무역위원회가 담당한다. 이 경우 무역위원회는 필요하다고 인정하는 때에는 관계행정기관의 공무원 또는 관계전문가로 하여금 조사활동에 참여하도록 할 수 있다(영 제75조 제1항).

① 예비조사

무역위원회는 상계관세의 부과에 관한 사항과 조사개시의 결정에 관한 사항이 관보에 게재된 날부터 3월 이내에 보조금등을 받은 물품의 수입사실 및 그로 인한 실질적 피해등의 사실이 있다고 추정되는 충분한 증거가 있는지에 관한 예비조사를 하여 그 결과를 기획재정부장관에게 제출하여야 한다(영 제75조 제2항).

기획재정부장관은 예비조사결과가 제출된 날부터 1월 이내에 잠정상계관세를 부과하도록 명하거나 담보를 제공하도록 명하는 조치의 필요여부 및 내용에 관한 사항을 결정하여야 한다. 다만, 필요하다고 인정되는 경우에는 20일의 범위내에서 그 결정기간을 연장할 수 있다(영 제75조 제3항).

② 본조사

무역위원회는 특별한 사유가 없는 한 예비조사결과를 제출한 날의 다음날부터 본조사를 개시하여야 하며, 본조사개시일부터 3월 이내에 본조사결과를 기획재정부장관에게 제출하여야 한다(영 제75조 제5항).

무역위원회는 예비조사에 따른 보조금등의 금액 또는 보조금등을 받은 물품의

수입량이 기획재정부령이 정하는 기준(보조금등의 금액이 해당 물품 가격대비 100분의 1 이상인 경우)에 미달하거나 실질적 피해등이 경미한 것으로 인정되는 때에는 본조사를 종결하여야 한다(영 제75조 제4항).

무역위원회는 예비조사 및 본조사와 관련하여 조사기간을 연장할 필요가 있거나 이해관계인이 정당한 사유를 제시하여 조사기간의 연장을 요청하는 때에는 2월의 범위 내에서 그 조사기간을 연장할 수 있다(영 제75조 제6항).

(6) 상계관세 부과여부 결정

기획재정부장관은 본조사 결과가 접수되면 조사개시결정에 따른 관보게재일부터 12개월 이내에 상계관세의 부과여부 및 내용을 결정하여 상계관세의 부과조치를 해야 한다(영 제75조 제7항). 다만, 특별한 사유가 있다고 인정되는 경우에는 관보게재일부터 18월 이내에 상계관세의 부과조치를 할 수 있다.

5) 잠정조치

(1) 의의

잠정조치란 예비조사 결과 긍정판결이 내려진 경우 상계관세의 부과 이전에 국내산업의 피해를 방지하기 위하여 잠정적으로 취하는 조치이다. 따라서 잠정조치는 예비조사결과 보조금등의 지급과 그로 인한 실질적 피해등의 사실이 있다고 추정되는 충분한 증거가 있다고 판정된 경우로서 당해 조사의 개시후 최소한 60일이 경과된 후부터 적용할 수 있다(영 제80조 제1항).

(2) 요건

기획재정부장관은 상계관세의 부과 여부를 결정하기 위하여 조사가 시작된 물품이 보조금등을 받아 수입되어 다음의 어느 하나에 해당한다고 인정되는 경우에는 대통령령으로 정하는 바에 따라 국내산업의 보호를 위하여 조사가 종결되기 전이라도 그 물품의 수출자 또는 수출국 및 기간을 정하여 보조금등의 추정액에 상당하는 금액 이하의 잠정상계관세를 부과하도록 명하거나 담보를 제공하도록 명하는 조치("잠정조치"라 한다)를 할 수 있다(법 제59조 제1항).

① 국내산업에 실질적 피해등이 발생한 사실이 있다고 추정되는 충분한 증거가 있음이 확인되는 경우

② 약속을 철회하거나 위반한 경우와 그 약속의 이행에 관한 자료를 제출하지 아니한 경우로서 이용할 수 있는 최선의 정보가 있는 경우

(3) 적용기간

잠정조치의 적용기간은 4월 이내로 하여야 한다(영 제80조 제2항). 다만, 해당 물품의 무역에서 중요한 비중을 차지하는 수출자가 요청하는 경우에는 그 적용기간을 6개월까지 연장할 수 있다. 그러나 보조금등에 상당하는 금액 이하의 관세부과로도 국내산업 피해를 충분히 제거할 수 있는지를 조사하는 경우 등 기획재정부장관이 필요하다고 인정하는 때에는 국제협약에 따라 잠정조치의 적용기간을 9개월까지 연장할 수 있다(영 제80조 제3항).

(4) 담보제공

담보를 제공하도록 명하는 잠정조치를 취하는 경우 제공되는 담보는 다음의 어느 하나에 해당하는 것으로서 잠정상계관세액에 상당하는 금액이어야 한다(영 제80조 제4항).

① 금전
② 국채 또는 지방채
③ 세관장이 인정하는 유가증권
④ 납세보증보험증권
⑤ 세관장이 인정하는 보증인의 납세보증서

(5) 잠정조치 종결

① 환급 또는 담보 해제

잠정조치가 취하여진 물품에 대하여 상계관세의 부과요청이 철회되어 조사가 종결되거나 상계관세의 부과 여부가 결정된 경우 또는 약속이 수락된 경우에는 대통령령으로 정하는 바에 따라 납부된 잠정상계관세를 환급하거나 제공된 담보를 해제하여야 한다(법 제59조 제2항).

② 정산

다음의 어느 하나에 해당하는 경우 상계관세액이 잠정상계관세액을 초과할 때에는 그 차액을 징수하지 아니하며, 상계관세액이 잠정상계관세액에 미달될 때에

는 그 차액을 환급하여야 한다(법 제59조 제2항).

㉠ 보조금등의 지급과 그로 인한 산업피해를 조사한 결과 해당 물품에 대한 보조금등의 지급과 그로 인한 실질적 피해등의 사실이 있다고 판정된 이후에 제60조에 따른 약속이 수락된 경우

㉡ 상계관세를 소급하여 부과하는 경우

담보가 제공된 경우로서 상계관세가 소급부과되는 경우에는 잠정조치가 적용된 기간 중에 소급 부과될 상계관세액은 잠정상계관세액 상당액을 초과할 수 없다(영 제83조 제2항).

6) 약속의 제의

(1) 의의

상계관세의 부과 여부를 결정하기 위하여 예비조사를 한 결과 보조금등의 지급과 그로 인한 실질적 피해등의 사실이 있는 것으로 판정된 경우 해당 물품의 수출국 정부 또는 기획재정부장관은 대통령령으로 정하는 바에 따라 해당 물품에 대한 보조금등을 철폐 또는 삭감하거나 보조금등의 국내산업에 대한 피해효과를 제거하기 위한 적절한 조치에 관한 약속을 제의할 수 있으며, 해당 물품의 수출자는 수출국 정부의 동의를 받아 보조금등의 국내산업에 대한 피해효과가 제거될 수 있을 정도로 가격을 수정하겠다는 약속을 제의할 수 있다(법 제60조 제1항).

따라서 기획재정부장관은 예비조사결과 보조금등의 지급과 그로 인한 실질적 피해등의 사실이 있다고 추정되는 충분한 증거가 있다고 판정하기 전에는 약속의 수락이나 약속의 제의를 할 수 없다(영 제81조 제4항).

(2) 수출국 정부 또는 수출자의 약속 제의

상계관세의 부과여부를 결정하기 위한 조사가 개시된 물품의 수출국정부 또는 수출자가 약속을 제의하거나 수출국정부가 피해조사를 계속하여 줄 것을 요청하고자 하는 때에는 본조사의 결과에 따른 최종판정이 있기 전에 서면으로 그 뜻을 무역위원회에 제출하여야 한다(영 제81조 제1항). 이 경우 무역위원회는 제출된 서류의 원본을 지체없이 기획재정부장관에게 송부하여야 한다.

(3) 기획재정부장관의 약속 제의

기획재정부장관은 필요하다고 인정되는 때에는 약속을 수출국정부 또는 수출자를 지정하여 제의할 수 있다(영 제81조 제3항).

(4) 약속의 수락

기획재정부장관은 제의한 약속이 다음의 하나에 해당하는 것인 때에는 그 약속을 수락할 수 있다.

① 즉시로 가격을 수정하는 약속인 경우
② 약속일부터 6월 이내에 보조금등을 철폐 또는 삭감하는 약속인 경우
③ 약속일부터 6월 이내에 보조금등의 국내산업에 대한 피해효과를 제거하기 위한 적절한 조치에 관한 약속인 경우

또한 기획재정부장관으로부터 약속을 제의받은 수출자는 1개월 이내에 수락여부를 통보하여야 한다(시행규칙 제30조 제4항).

기획재정부장관은 그 약속의 이행을 확보하는 것이 곤란하다고 인정되는 경우로서 다음의 어느 하나에 해당하는 경우에는 약속을 수락하지 아니할 수 있다(시행규칙 제30조 제3항).

① 다수의 수출자를 대리하여 약속을 제의한 자가 그 다수의 수출자간에 완전한 합의가 이루어졌음을 입증하지 못하는 경우
② 약속의 이행여부에 대한 적절한 확인 또는 조사를 곤란하게 하는 조건이 있는 경우
③ 과거에 약속을 위반하였던 사실이 있는 등 약속을 수락할 수 없다고 인정되는 합리적인 사유가 있는 경우

(5) 약속수락의 효과

약속이 수락된 경우 기획재정부장관은 잠정조치 또는 상계관세의 부과 없이 조사가 중지 또는 종결되도록 하여야 한다(법 제60조 제2항). 다만, 기획재정부장관이 필요하다고 인정하거나 수출국 정부가 피해 조사를 계속하여 줄 것을 요청한 경우에는 그 조사를 계속할 수 있다.

수출국정부 또는 수출자가 수락된 약속을 이행하지 아니한 경우 기획재정부장관은 이용 가능한 최선의 정보에 의하여 잠정조치를 실시하는 등 상계관세부과를

위한 신속한 조치를 취할 수 있다(영 제81조 제5항).

(6) 약속의 효력 소멸

기획재정부장관은 상계관세의 부과여부를 결정하기 위한 조사를 계속한 결과 실질적 피해등의 사실이 없거나 보조금등의 금액이 없는 것으로 확인된 경우에는 당해 약속의 효력은 실효된 것으로 본다(영 제81조 제6항).

7) 상계관세 부과

(1) 상계관세 부과 방법

기획재정부장관은 상계관세를 부과할 때 관련 산업의 경쟁력 향상, 국내 시장 구조, 물가안정, 통상협력 등을 고려할 필요가 있는 경우에는 이를 조사하여 반영할 수 있고, 수출자 또는 수출국별로 상계관세율을 정하여 부과할 수 있다(법 제58조 제2항, 영 제79조 제1항).

상계관세를 부과하는 경우 상계관세는 다음의 산식에 의하여 산정된 보조금률의 범위 안에서 결정한 율을 과세가격에 곱하여 산출한다(시행규칙 제29조 제1항).

$$\text{보조금률} = \frac{\text{보조금등의 금액}}{\text{과세가격}} \times 100$$

(2) 조사대상으로 선정되지 않은 공급자의 경우

실질적 피해 등의 사실에 관한 조사대상으로 선정되지 아니한 수출자에 대하여는 조사대상으로 선정된 수출자의 상계관세율을 기획재정부령이 정하는 바에 따라 가중평균한 상계관세율에 의하여 상계관세를 부과한다(영 제79조 제2항).

(3) 수출국을 지정하는 경우

수출국을 지정하여 상계관세를 부과하는 경우 조사대상기간 이후에 수출하는 당해 수출국의 신규수출자가 상계관세가 부과되는 수출자와 특수관계가 있는 때에는 그 수출자에 대한 상계관세율을 적용하여 상계관세를 부과한다(영 제79조 제3항).

(4) 상계관세 부과 시기

상계관세의 부과와 잠정조치는 각각의 조치일 이후 수입되는 물품에 대하여 적용된다(법 제61조).

(5) 유효기간

상계관세의 부과나 수락된 약속은 기획재정부령으로 그 적용시한을 따로 정하는 경우를 제외하고는 해당 상계관세 또는 약속의 시행일부터 5년이 지나면 그 효력을 잃으며, 보조금등의 지급과 산업피해를 재심사하고 그 결과에 따라 내용을 변경할 때에는 기획재정부령으로 그 적용시한을 따로 정하는 경우를 제외하고는 변경된 내용의 시행일부터 5년이 지나면 그 효력을 잃는다(법 제62조 제3항).

8) 소급부과

잠정조치가 적용된 물품에 대하여 국제협약에서 달리 정하는 경우와 다음의 어느 하나에 해당하는 경우에는 그 물품에 대하여도 상계관세를 소급하여 부과할 수 있다(영 제82조 제1항). 또한 국내산업에 이해관계가 있는 자는 본조사의 결과에 따라 최종판정의 통지를 받은 날부터 7일 이내에 당해 물품이 다음에 해당된다는 증거를 제출하여 상계관세의 부과를 요청할 수 있다(영 제82조 제2항).

① 실질적 피해등이 있다고 최종판정이 내려진 경우 또는 실질적 피해등의 우려가 있다는 최종판정이 내려졌으나 잠정조치가 없었다면 실질적 피해등이 있다는 최종판정이 내려졌을 것으로 인정되는 경우에는 잠정조치가 적용된 기간동안 수입된 물품

② 비교적 단기간내에 대량 수입되어 발생되는 실질적 피해등의 재발을 방지하기 위하여 상계관세를 소급하여 부과할 필요가 있는 경우로서 당해 물품이 과거에 보조금등을 받아 수입되어 실질적 피해등을 입힌 사실이 있었던 경우 또는 수입자가 보조금등을 받은 물품의 수입사실과 그로 인한 실질적 피해등의 사실을 알았거나 알 수 있었을 경우에는 잠정조치를 적용한 날부터 90일전 이후에 수입된 물품

③ 법 제60조 제1항의 규정에 의한 약속을 위반하여 잠정조치가 적용된 물품의 수입으로 인한 실질적 피해등의 사실이 인정되는 때에는 잠정조치를 적용한 날부터 90일전 이후에 수입된 물품. 이 경우 약속위반일 이전에 수입된 물품

을 제외한다.

④ 기타 국제협약에서 정하는 바에 따라 기획재정부장관이 정하는 기간에 수입된 물품

9) 재심사

(1) 의의

기획재정부장관은 필요하다고 인정될 때에는 상계관세의 부과와 약속에 대하여 재심사를 할 수 있으며, 재심사의 결과에 따라 덤핑방지관세의 부과, 약속 내용의 변경, 환급 등 필요한 조치를 할 수 있다(법 제62조 제1항)

기획재정부장관은 필요하다고 인정되거나 이해관계인이나 해당 산업을 관장하는 주무부장관이 다음의 어느 하나에 해당한다는 증빙자료를 첨부하여 요청하는 때에는 상계관세가 부과되고 있거나 약속이 시행되고 있는 물품에 대하여 재심사 여부를 결정하여야 한다(영 제84조 제1항).

① 상계관세 또는 약속의 시행 이후 그 조치의 내용변경이 필요하다고 인정할 만한 충분한 상황변동이 발생한 경우

② 상계관세 또는 약속의 종료로 인하여 덤핑 및 국내산업이 피해를 입을 우려가 있는 경우

③ 실제 보조금 등의 금액보다 상계관세액이 과다하게 납부된 경우

(2) 재심사 요청시기

재심사의 요청은 상계관세 또는 약속의 시행일부터 1년이 경과된 날 이후에 할 수 있으며, 상계관세 또는 약속의 효력이 상실되는 날 6월 이전에 요청하여야 한다. 이 경우 기획재정부장관은 재심사를 요청받은 날부터 2월 이내에 재심사의 필요 여부를 결정하여야 한다(영 제84조 제2항).

(3) 조사

기획재정부장관은 재심사의 필요 여부를 결정하는 때에는 관계 행정기관의 장 및 무역위원회와 협의할 수 있으며, 재심사가 필요한 것으로 결정된 때에는 무역위원회는 이를 조사하여야 한다(영 제84조 제5항). 이 경우 무역위원회는 당해 재심사의 사유가 되는 부분에 한정하여 조사할 수 있다.

무역위원회는 재심사 개시일부터 6월 이내에 조사를 종결하여 그 결과를 기획재정부장관에게 제출하여야 한다(영 제84조 제6항). 다만, 무역위원회는 조사기간을 연장할 필요가 있거나 이해관계인이 정당한 사유를 제시하여 조사기간의 연장을 요청하는 때에는 4월의 범위 내에서 그 조사기간을 연장할 수 있다.

(4) 재심사에 따른 조치

기획재정부장관은 조사결과가 제출되면 재심사조사 결정에 따른 관보게재일부터 12개월 이내에 상계관세의 부과, 약속 내용의 변경, 환급 등에 따른 조치 여부 및 내용을 결정하여 필요한 조치를 해야 한다(영 제84조 제7항).

(5) 약속의 수정

기획재정부장관은 재심사결과 약속의 실효성이 상실되거나 상실될 우려가 있다고 판단되는 때에는 해당 약속을 이행하고 있는 수출국정부 또는 수출자에게 약속의 수정을 요구할 수 있으며, 해당 수출국정부 또는 수출자가 약속의 수정을 거부하는 때에는 이용가능한 정보에 의하여 상계관세조치를 할 수 있다(영 제84조 제10항).

美, 중국산 철강 휠에 고율 반덤핑·상계관세

– 막판 무역협상 앞두고 '강수'

미국이 중국산 철강 휠에 고율 반덤핑관세와 상계관세를 부과하기로 최종 결정했다. 오는 30일부터 시작되는 막판 미중 무역협상을 앞두고 미국이 대중 압박 수위를 높이고 있는 것으로 풀이된다.

미 국제무역위원회(ITC)는 24일(현지시간) 중국에서 수입한 철강 휠로 자국 관련 산업이 실질적 피해를 보고 있다고 최종 판정했다면서 이번 결정에 따라 상무부가 반덤핑·상계관세를 부과할 예정이라고 밝혔다. 관세 부과 대상은 대형트럭 등 상업용 차량에 사용되는 22.5인치, 24.5인치짜리 중국산 철강 휠이다. 지난 2017년 기준 수입량은 3억8,800만달러(약 4,480억원)어치에 달한다.

앞서 미 상무부는 세계 최대 자동차 휠 제조업체인 '맥시언휠스'와 '애큐라이드코퍼레이션' 등 자국 기업들의 청원에 따라 지난해 4월부터 중국산 철강 휠에 대한 덤핑 및 국가 보조금 지급 문제를 조사해왔다. 이에 따라 상무부는 지난해 8월 중국산 철강 휠이 58.75~172.51%의 보조금을 받았다는 예비판정을 내렸으며, ITC도 중국의 덤핑과 보조금으로 자국 산업이 피해를 당했다고 예비판정했다. 이후 상무부는 지난달 덤핑과 보조금에 대한 관세율을 각각 231%, 457.10%로 산정하고 세관국경보호국(CBP)에 이 비율대로 현금 보증금을 징수하도록 했다. 상무부에 이어 ITC도 최종 판정을 내리면서 중국산 철강 휠에 5년간 반덤핑관세와 상계관세가 부과된다.

서울경제, 김창영 기자
등록 2019.4.25

열연강판 상계관세 인하 … 對美수출 훈풍부나

– 한국산 41.57%→0.55%로 대폭 낮춰, 美 상무부 'AFA조항' 적용 완화
– 이달말 반덤핑관세까지 내릴땐 최종관세율도 낮아져 숨통 기대

미국 상무부가 한국산 열연강판에 물리는 상계관세(CVD)율을 대폭 낮추기로 했다. 열연강판에 대한 최종 관세율은 이달 말 예정된 반덤핑관세(AD) 판정 이후 상계관세율과 합쳐 확정되는 만큼 반덤핑관세 역시 인하된다면 대미 수출 재개에도 긍정적 여건이 마련될 것으로 전망된다.

14일 철강업계에 따르면 미국 상무부는 한국산 열연강판에 대한 1차 연례재심 최종판정을 내리고 포스코 제품에 적용하는 상계관세율을 원심 41.57%에서 0.55%로 크게 낮췄다. 현대제철 열연강판에 대한 상계관세율은 원심 3.89%에서 0.58%로 내려갔다. 나머지 한국 업체는 수출 규모 1위인 포스코와 2위인 현대제철 세율의 평균값인 약 0.56%의 상계관세율을 적용받는다. 미국 상무부는 정기적으로 제품별 수출 규모 1위와 2위 업체를 전수조사해 세율을 정한 뒤 나머지 회사에는 그 평균값을 부과한다. 미 상무부는 지난 2016년 한국산 열연강판에 대한 원심에서 포스코 제품에 대해 58.68%의 상계관세를 물린 바 있다. 그러나 지난달 1일 미국 국제무역법원(CIT)은 상무부가 고율관세 산정의 합당한 근거를 대지 못했다며 해당 관세를 약 17%포인트 하향 조정했다. 이는 1차 연례재심 최종판정까지 적용되는 한시적 결정이었다.

철강업계의 한 관계자는 "그 동안 미국 상무부가 적용했던 '불리한가용정보(AFA)' 조항을 엄격히 적용하지 않은 것으로 분석된다"며 "일단 상무부에서 요청한 정보를 성실히 제공하고 협조한 덕분으로 보고 있다"고 설명했다. AFA는 미국 정부가 요구하는 자료가 충분히 확보되지 못했을 때 상대방 업체에 불리하게 관세를 물리는 조치다. 보호무역 기조로 돌아선 미국 정부가 이 조치를 자의적으로 해석해 관세를 물린다는 비판도 적지 않았다. 철강업계에서는 이달 말에서 다음달 초 발표될 것으로 보이는 반덤핑관세율도 내려갈 경우 열연강판 제품의 대미 수출 여건이 개선될 것으로 기대하고 있다. 지난해 열연강판의 대미 수출량은 47만7,000톤으로 전체 철강제품 대미 수출량(254만1,000톤)의 약 20%를 차지한다.

제품의 최종 관세율은 상계관세율과 반덤핑관세가 더해져 결정된다. 상계관세율은 상대국 정부의 보조금 여부 등을 주로 조사해 판단한다. 반덤핑관세는 상대국과 자국의 시장가격 차이를 조사, 부과해 기준은 다소 다르다. 남정임 한국철강협회 통상실장은 "이번 상계관세 인하는 한국 정부에서 보조금을 지원 중이라는 오해에서 벗어나도록 해 긍정적인 신호인 것은 분명하다"면서도 "미국으로 나가는 열연강판 제품은 쿼터제를 적용받고 있어 물량 확대에는 제한이 있을 수밖에 없다"고 말했다.

한편 관심을 모았던 러시아 등 5개국으로 구성된 유라시아경제연합(EAEU)의 수입산 열연강판에 대한 1년간 긴급수입제한조치(세이프가드)에서 우리나라 주요 수출품목인 자동차용 도금강판은 제외됐다. EAEU는 러시아·벨라루스·카자흐스탄·아르메니아·키르기스스탄 5개국으로 구성된 경제연합이다.

산업통상자원부에 따르면 EAEU는 12일 세이프가드 최종 보고서에서 조사대상 3개품목(열연·도금·냉연) 중 도금·냉연은 제외하고 열연에 대해 1년간 쿼터 초과분에 25% 관세를 부과하기로 했다. 철강업계 관계자는 "러시아 현지 현대차 공장에 필수 철강재인 도금강판의 안정적 공급이 가능해진 점은 성과"라고 평가했다. 우리나라는 EAEU 쪽에 지난해 기준 20만7,000톤을 수출했다. 품목별 비중은 도금 52.0%, 열연 45.7%, 냉연 2.3%다. 열연의 경우 2015~2017년 평균 수입물량 100% 수준까지 무관세 수출이 허용되고 조치가 1년인 점을 감안하면 EAEU 수출에 큰 어려움은 없을 것으로 예상된다.

EAEU는 이번 최종 조치안을 세계무역기구(WTO)에 통보한 후 이해관계가 있는 국가와의 협의를 거쳐 오는 8월 중에 최종 조치를 확정할 계획이다.

서울경제, 박한신 기자
2019.6.14

6 보복관세

1) 의의

교역상대국이 우리나라의 수출물품 등에 대하여 다음의 어느 하나에 해당하는 행위를 하여 우리나라의 무역이익이 침해되는 경우에는 그 나라로부터 수입되는 물품에 대하여 피해상당액의 범위에서 보복관세를 부과할 수 있다(법 제63조 제1항).

① 관세 또는 무역에 관한 국제협정이나 양자 간의 협정 등에 규정된 우리나라의 권익을 부인하거나 제한하는 경우
② 그 밖에 우리나라에 대하여 부당하거나 차별적인 조치를 하는 경우

2) 협조 요청

기획재정부장관은 보복관세를 부과할 때 필요하다고 인정되는 경우에는 관련 국제기구 또는 당사국과 미리 협의할 수 있다(법 제64조). 또한 기획재정부장관은 보복관세의 적용에 관하여 필요한 사항을 조사하기 위하여 필요하다고 인정되는 때에는 관계기관·수출자·수입자 기타 이해관계인에게 관계 자료의 제출 기타 필요한 협조를 요청할 수 있다(영 제86조 제2항).

7 긴급관세

1) 의의

긴급관세는 특정물품의 수입이 증가함으로써 특정한 수입물품과 같은 종류의 물품 또는 직접적인 경쟁관계에 있는 물품을 생산하는 국내산업이 심각한 피해등이 있음이 확인되어 국내산업을 보호할 필요가 있을 때 부과할 수 있는 관세이다. 이는 GATT 제19조와 WTO 긴급수입제한조치협약상의 긴급수입제한제도(safeguard)에 근거를 두고 있다. WTO의 긴급수입제한제도는 관세율인상 및 수입수량제한 등의 조치를 취할 수 있는데 관세율인상의 조치를 취하는 경우 관세법상의 긴급관세가 적용될 수 있다. 또한 「불공정무역행위조사 및 산업피해구제에 관한 법률」 제17조에서도 관세율조정 또는 수입물품 수량제한의 세이프가드 조치를 취할 수 있다.

특정물품의 수입증가로 인하여 동종물품 또는 직접적인 경쟁관계에 있는 물품을 생산하는 국내산업이 심각한 피해를 받거나 받을 우려("심각한 피해등"이라 한다)가 있음이 조사를 통하여 확인되고 해당 국내산업을 보호할 필요가 있다고 인정되는 경우에는 해당 물품에 대하여 심각한 피해등을 방지하거나 치유하고 조정을 촉진("피해의 구제등"이라 한다)하기 위하여 필요한 범위에서 긴급관세를 추가하여 부과할 수 있다(법 제65조 제1항).

2) 부과여부 결정

긴급관세는 해당 국내산업의 보호 필요성, 국제통상관계, 긴급관세 부과에 따른 보상 수준 및 국민경제 전반에 미치는 영향 등을 검토하여 부과 여부와 그 내용을 결정한다(법 제65조 제2항). 긴급관세의 부과여부 및 그 내용은 무역위원회의 부과건의가 접수된 날부터 1월 이내에 결정하여야 한다(영 제87조).

기획재정부장관은 긴급관세를 부과하는 경우에는 이해당사국과 긴급관세부과의 부정적 효과에 대한 적절한 무역보상방법에 관하여 협의를 할 수 있다(법 제65조 제3항). 긴급관세의 부과 대상은 불공정한 무역행위에 기인한 것이 아니므로 수입국의 일방적인 제한조치를 그대로 감수하도록 한다면 국제무역의 기본질서가 크게 훼손될 수 있기 때문에 긴급관세를 부과하는 국가는 수출국에 적절한 보상을 제공하여야 한다.[36)]

3) 부과 기간

긴급관세의 부과와 잠정긴급관세의 부과는 각각의 부과조치 결정 시행일 이후 수입되는 물품에 한정하여 적용한다(법 제65조 제4항). 긴급관세의 부과기간은 4년을 초과할 수 없으며, 잠정긴급관세는 200일을 초과하여 부과할 수 없다(법 제65조 제5항). 다만, 재심사의 결과에 따라 부과기간을 연장하는 경우에는 잠정긴급관세의 부과기간, 긴급관세의 부과기간, 「대외무역법」 제39조 제1항에 따른 수입수량제한 등의 적용기간 및 그 연장기간을 포함한 총 적용기간은 8년을 초과할 수 없다.

4) 재심사

기획재정부장관은 필요하다고 인정되는 때에는 긴급관세의 부과결정에 대하여 재심사를 할 수 있으며, 재심사결과에 따라 부과내용을 변경할 수 있다(법 제67조). 이 경우 변경된 내용은 최초의 조치내용보다 더 강화되어서는 아니된다.

기획재정부장관은 부과중인 긴급관세에 대하여 무역위원회가 그 내용의 완화·해제 또는 연장 등을 건의하는 때에는 그 건의가 접수된 날부터 1월 이내에 재

36) 김기인, 전게서, p. 214.

심사를 하여 긴급관세부과의 완화·해제 또는 연장 등의 조치여부를 결정하여야 한다(영 제89조). 다만, 기획재정부장관은 필요하다고 인정되는 때에는 20일의 범위 내에서 그 결정기간을 연장할 수 있다.

5) 잠정긴급관세

(1) 의의

긴급관세의 부과 여부를 결정하기 위하여 조사가 시작된 물품 또는 「불공정무역행위 조사 및 산업피해구제에 관한 법률」 제7조 제1항에 따라 잠정조치가 건의된 물품에 대하여 조사기간 중에 발생하는 심각한 피해 등을 방지하지 아니하는 경우 회복하기 어려운 피해가 초래되거나 초래될 우려가 있다고 판단될 때에는 조사가 종결되기 전에 피해의 구제 등을 위하여 필요한 범위에서 잠정긴급관세를 추가하여 부과할 수 있다(법 제66조 제1항). 그러나 긴급관세의 부과 또는 수입수량제한 등의 조치 여부를 결정한 때에는 잠정긴급관세의 부과를 중단한다(법 제66조 제2항).

(2) 부과여부 결정

잠정긴급관세의 부과여부 및 그 내용은 무역위원회의 부과건의가 접수된 날부터 1월 이내에 국내산업의 보호 필요성, 국제통상관계, 긴급관세 부과에 따른 보상 수준 및 국민경제 전반에 미치는 영향 등의 검토사항을 고려하여 결정하여야 한다(영 제88조 제1항). 다만, 기획재정부장관은 필요하다고 인정하는 경우에는 20일의 범위 내에서 그 결정기간을 연장할 수 있다.

(3) 환급

긴급관세의 부과 또는 수입수량제한 등의 조치 여부를 결정하기 위하여 조사한 결과 수입증가가 국내산업에 심각한 피해를 초래하거나 초래할 우려가 있다고 판단되지 아니하는 경우에는 납부된 잠정긴급관세를 환급하여야 한다(법 제66조 제3항). 또한 무역위원회가 국내산업의 피해가 없다고 판정하고 이를 기획재정부장관에게 통보한 때에는 동 피해와 관련하여 납부된 잠정긴급관세액을 환급하는 조치를 하여야 한다(영 제88조 제3항).

(4) 정산

잠정긴급관세가 적용중인 특정수입물품에 긴급관세를 부과하기로 결정한 경우로서 긴급관세액이 잠정긴급관세액과 같거나 많은 경우에는 그 잠정긴급관세액을 긴급관세액으로 하여 그 차액을 징수하지 아니하고, 적은 경우에는 그 차액에 상당하는 잠정긴급관세액을 환급하는 조치를 하여야 한다(영 제88조 제2항).

EAEU, 한국산 열연강판에 세이프가드 조치

– 우리나라 對EAEU 최대 수출품목 자동차용 도금강판은 제외

러시아 등 5개국으로 구성된 유라시아경제연합(EAEU)은 10일(현지시간) 수입산 열연강판에 대해 1년간 긴급수입제한조치(세이프가드)를 부과한다고 밝혔다. 관심을 모았던 우리나라 주요 수출품목인 자동차용 도금강판은 이번 세이프가드조치에서 제외됐다. EAEU는 러시아, 벨라루스, 카자흐스탄, 아르메니아, 키르기스스탄 5개국으로 구성된 경제연합이다.

12일 산업통상자원부에 따르면, EAEU는 이날 세이프가드 최종 보고서에서 조사대상 3개품목(열연, 도금, 냉연) 중 도금, 냉연은 제외하고, 열연에 대해서 1년간 쿼터 초과분에 25% 관세를 부과키로 했다. 2015~2017년간 연평균 수입량은 무관세 글로벌 쿼터(99만6596t)가 적용되고, 초과분에 대해 25% 관세가 부과된다.

조수정 산업부 통상법무기획과장은 "자동차용 도금강판은 이번 세이프가드 조치에서 제외됐다. 러시아 현지 현대자동차 공장에 필수적인 철강재인 도금강판의 안정적 공급이 가능해진 점은 성과"라고 말했다.

우리나라가 EAEU 쪽에서 지난해 기준 20만7000t을 수출했다. 품목별 비중은 도금 52.0%, 열연 45.7%, 냉연 2.3%다. 열연의 경우, 2015~2017년 평균 수입물량 100% 수준까지 무관세 수출이 허용되고 조치가 1년인 점을 감안하면, 대(對)EAEU 수출에 큰 어려움은 없을 것으로 예상된다.

정부는 그간 공청회 및 양자·다자채널에서 민관합동으로 △WTO 협정상 요건을 만족시키지 않는 세이프가드 조사 철회를 촉구하면서 조치가 불가피할 경우 역내 생산이 불가능한 자동차용 및 가스 파이프라인용 철강재 등 우리 주력 품목을 제외할 것을 요청했다.

EAEU는 이번 최종 조치안을 WTO에 통보한 후, 이해관계가 있는 국가와의 협의를 거쳐 8월중에 최종 조치를 확정할 계획이다.

> 조 과장은 "정부는 향후 서면입장서 제출 및 양자협의 등을 통해 도금강판에 대한 조치 제외를 유지토록 할 것이다. 아울러 열연쿼터 배정 및 운영상 우리업계의 이해가 최대한 반영되도록 추진할 계획"이라고 말했다.
>
> 파이낸셜뉴스, 정상균 기자
> 2019.06.12

8 특정국물품 긴급관세

1) 의의

중국이 WTO에 가입할 때 WTO의 기존 세이프가드조치와는 별도로 중국에 대한 특별 세이프가드조치가 채택되었다. 이는 중국산 물품의 가격에 대한 불신감에서 비롯된 것으로서 저가의 중국산 물품의 수입이 급증함으로써 국내 산업이 입게 되는 피해를 구제하기 위해 WTO체제에서 허용되는 무역구제조치 이상의 특별 규정이 필요하였기 때문이다. 우리 관세법에서도 한시적으로 중국산(홍콩 및 마카오 제외) 물품의 수입에 대하여 특정국물품 긴급관세 규정을 2013년 12월 10일까지 적용하였으나 유효기간의 경과로 삭제되었다.

2) 부과대상

국제조약 또는 일반적인 국제법규에 따라 허용되는 한도에서 대통령령으로 정하는 국가를 원산지로 하는 물품("특정국물품"이라 한다)이 다음의 어느 하나에 해당하는 것으로 조사를 통하여 확인된 경우에는 피해를 구제하거나 방지하기 위하여 필요한 범위에서 관세("특정국물품 긴급관세"라 한다)를 추가하여 부과할 수 있다(법 제67조의2 제1항).

① 해당 물품의 수입증가가 국내시장의 교란 또는 교란우려[37]의 중대한 원인이 되는 경우

37) "국내시장의 교란 또는 교란우려"란 특정국물품의 수입증가로 인하여 동종물품 또는 직접적인 경쟁관계에 있는 물품을 생산하는 국내산업이 실질적 피해를 받거나 받을 우려가 있는 경우를 말한다(법 제67조의2 제2항).

② 세계무역기구 회원국이 해당 물품의 수입증가에 대하여 자국의 피해를 구제하거나 방지하기 위하여 한 조치로 인하여 중대한 무역전환이 발생하여 해당 물품이 우리나라로 수입되거나 수입될 우려가 있는 경우

3) 사전 협의

기획재정부장관은 특정국물품 긴급관세를 부과할 때에는 이해당사국과 해결책을 모색하기 위하여 사전 협의를 할 수 있다(법 제67조의2 제4항).

4) 잠정긴급관세

특정국물품 긴급관세의 부과 여부를 결정하기 위한 조사가 시작된 물품에 대하여 조사기간 중에 발생하는 국내시장의 교란을 방지하지 아니하는 경우 회복하기 어려운 피해가 초래되거나 초래될 우려가 있다고 판단될 때에는 조사가 종결되기 전에 피해를 구제하거나 방지하기 위하여 필요한 범위에서 특정국물품에 대한 잠정긴급관세("특정국물품 잠정긴급관세"라 한다)를 200일의 범위에서 부과할 수 있다(법 제67조의2 제5항).

5) 잠정긴급관세 환급

특정국물품 긴급관세의 부과 여부를 결정하기 위하여 조사한 결과 국내시장의 교란 또는 교란우려가 있다고 판단되지 아니하는 경우에는 납부된 특정국물품 잠정긴급관세를 환급하여야 한다(법 제67조의2 제6항).

6) 부과 중지

부과대상의 ②에 따른 특정국물품 긴급관세 부과의 원인이 된 세계무역기구 회원국의 조치가 종료된 때에는 그 종료일부터 30일 이내에 특정국물품 긴급관세 부과를 중지하여야 한다(법 제67조의2 제7항).

9 농림축산물에 대한 특별긴급관세

1) 의의

우루과이라운드 협상의 결과로 제정된 농업협정 제5조의 특별긴급수입제한조치(Special Safeguard : SSG)가 관세법에서 특별긴급관세로 법제화 되었다. 비관세조치에 의하여 농산물의 수입을 제한하는 등 농산물에 대한 자유무역의 왜곡현상으로 인해 우루과이라운드 협상에서 농산물에 대한 비관세조치를 관세조치로 전환하였다. 농산물의 국내외 가격차로 계산한 비관세조치에 상응하는 관세를 관세상당치(Tariff Equivalent : TE)라고 하는데, 관세상당치에 상응하는 관세를 부과하여도 농산물의 수입으로 인해 국내농업이 피해를 입을 수도 있다. 따라서 농산물의 수입물량이 급증하거나 수입가격이 하락하는 경우에 추가적인 관세를 부과할 수 있도록 허용하는 것이 특별긴급관세이다.

2) 부과기준

국내외 가격차에 상당한 율로 양허한 농림축산물의 수입물량이 급증하거나 수입가격이 하락하는 경우에는 대통령령으로 정하는 바에 따라 양허한 세율을 초과하여 특별긴급관세를 부과할 수 있다(법 제68조).

특별긴급관세를 부과할 수 있는 경우는 다음의 어느 하나에 해당하는 경우로 한다(영 제90조 제1항).

① 당해 연도 수입량이 기준발동물량을 초과하는 경우

② 원화로 환산한 운임 및 보험료를 포함한 해당 물품의 수입가격이 1988년부터 1990년까지의 평균수입가격(별표 1에 해당하는 물품의 경우에는 1986년부터 1988년까지의 평균수입가격으로 하며, “기준가격”이라 한다)의 100분의 10을 초과하여 하락하는 경우

10 조정관세

1) 의의

수입자유화정책에 따라 수입이 급증하는 경우 긴급관세에 의하여 국내산업을 보호하고자 했으나 그 효과가 만족스럽지 못하여 GATT 제19조 긴급수입제한제도의 까다로운 요건 및 절차의 제약을 받지 않고 간편하게 국내산업의 구조조정을 지원할 뿐만 아니라 원칙적으로 관세율을 100%까지 인상할 수 있도록 하고 농수산물 등과 같이 현저히 낮은 가격으로 수입되는 물품에 대해서는 관세율을 100% 인상할 수 있도록 조정관세를 신설하였다.[38)]

그러나 우루과이라운드 협상 이후 91% 이상의 물품에 대하여 관세를 양허하게 되었으므로 조정관세를 적용할 수 있는 범위는 대폭 축소되었고 현재 산업구조조정, 소비자 후생증대 등을 고려하여 관세를 조정하고 있다.

2) 부과 대상

다음의 어느 하나에 해당하는 경우에는 조정관세를 부과한다(법 제69조 제1항).

① 산업구조의 변동 등으로 물품 간의 세율 불균형이 심하여 이를 시정할 필요가 있는 경우

② 공중도덕 보호, 인간・동물・식물의 생명 및 건강 보호, 환경보전, 한정된 천연자원 보존 및 국제평화와 안전보장 등을 위하여 필요한 경우

③ 국내에서 개발된 물품을 일정 기간 보호할 필요가 있는 경우

④ 농림축수산물 등 국제경쟁력이 취약한 물품의 수입증가로 인하여 국내시장이 교란되거나 산업기반이 붕괴될 우려가 있어 이를 시정하거나 방지할 필요가 있는 경우

3) 세율

조정관세는 100분의 100에서 해당 물품의 기본세율을 뺀 율을 기본세율에 더한 율의 범위에서 관세를 부과할 수 있다(법 제69조 제1항). 다만, 농림축수산물 또

38) 김기인, 전게서, p. 225.

는 이를 원재료로 하여 제조된 물품의 국내외 가격차가 해당 물품의 과세가격을 초과하는 경우에는 국내외 가격차에 상당하는 율의 범위에서 관세를 부과할 수 있다.

4) 부과절차

(1) 부과요청

관계부처의 장 또는 이해관계인이 조정관세의 부과를 요청하려는 경우에는 해당 물품과 관련된 사항에 관한 자료를 기획재정부장관에게 제출하여야 한다(영 제91조 제1항).

(2) 협조 요청

조정관세는 해당 국내산업의 보호 필요성, 국제통상관계, 국제평화・국가안보・사회질서・국민경제 전반에 미치는 영향 등을 검토하여 부과 여부와 그 내용을 정한다(법 제70조 제1항).

기획재정부장관은 조정관세의 적용에 관하여 필요한 사항을 조사하기 위하여 필요하다고 인정되는 때에는 관계기관・수출자・수입자 기타 이해관계인에게 관계 자료의 제출 기타 필요한 협조를 요청할 수 있다(영 제91조 제2항). 또한 기획재정부장관은 조정관세를 부과하려는 때에는 미리 관계부처의 장의 의견을 들어야 한다(영 제91조 제3항).

관세법 제69조에 따른 조정관세의 적용에 관한 규정

[별표 2]

2023년 3월 1일부터 12월 31일까지 관세율을 인상하여 적용하는 물품

관세율표 번호		품명	규격 등	세율
호	소호			
0303		냉동어류[제0304호의 어류의 필레(fillet)와 기타 어육은 제외한다]		

0303	6	브레그마세로티대(Bregmacerotidae)과 · 유클리티대(Euclichthyidae)과 · 가디대(Gadidae)과 · 마크로우리대(Macrouridae)과 · 멜라노니대(Melanonidae)과 · 메르루치대(Merlucciidae)과 · 모리대(Moridae)과 · 무라에놀레피디대(Muraenolepididae)과의 어류. 다만, 제0303.91호부터 제0303.99호까지의 식용 어류 설육(屑肉)은 제외한다.		
0303	67	명태[테라그라 찰코그라마(Theragra chalcogramma)]		22%
0303	69	기타	명태[테라그라 찰코그라마(Theragra chalcogramma)는 제외한다]	22%

11 할당관세

1) 의의

할당관세는 특정물품에 대하여 일정 수량을 정하여 그 수량까지 수입되는 물품은 저율의 세율을 적용하여 수입을 촉진하고, 일정 수량 이상으로 수입되는 물품에 대하여는 고율의 세율을 적용하여 수입을 억제하기 위하여 적용하는 관세이다. 할당관세는 동일한 물품에 대하여 수입되는 수량에 따라 세율이 달라지므로 이중관세율제도라고 할 수 있다.

2) 관세율 인하

다음의 어느 하나에 해당하는 경우에는 100분의 40의 범위의 율을 기본세율에서 빼고 관세를 부과할 수 있다(법 제71조 제1항). 이 경우 필요하다고 인정될 때에는 그 수량을 제한할 수 있다.

① 원활한 물자수급 또는 산업의 경쟁력 강화를 위하여 특정물품의 수입을 촉진

할 필요가 있는 경우

② 수입가격이 급등한 물품 또는 이를 원재료로 한 제품의 국내가격을 안정시키기 위하여 필요한 경우

③ 유사물품 간의 세율이 현저히 불균형하여 이를 시정할 필요가 있는 경우

3) 관세율 인상

특정물품의 수입을 억제할 필요가 있는 경우에는 일정한 수량을 초과하여 수입되는 분에 대하여 100분의 40의 범위의 율을 기본세율에 더하여 관세를 부과할 수 있다(법 제71조 제2항). 다만, 농림축수산물인 경우에는 기본세율에 동종물품·유사물품 또는 대체물품의 국내외 가격차에 상당하는 율을 더한 율의 범위에서 관세를 부과할 수 있다.

4) 부과 절차

(1) 할당관세 요청

관계부처의 장 또는 이해관계인은 할당관세의 인하 또는 인상을 요청하고자 하는 때에는 당해 물품에 관련된 사항에 관한 자료를 기획재정부장관에게 제출하여야 한다(영 제92조 제1항, 제2항).

(2) 수량 할당

일정수량의 할당은 당해 수량의 범위 안에서 주무부장관 또는 그 위임을 받은 자의 추천으로 행한다(영 제92조 제3항). 다만, 기획재정부장관이 정하는 물품에 있어서는 수입신고 순위에 따르되, 일정수량에 달하는 날의 할당은 그날에 수입신고되는 분을 당해 수량에 비례하여 할당한다.

주무부장관 또는 그 위임을 받은 자의 추천을 받은 자는 당해 추천서를 수입신고수리전까지 세관장에게 제출하여야 한다(영 제92조 제4항).

(3) 수입통관실적 확인

일정수량까지의 수입통관실적의 확인은 관세청장이 이를 행한다(영 제92조 제5항).

(4) 의견 수렴

관계부처의 장은 할당관세의 부과를 요청하는 경우 해당 물품의 관세율표 번호, 품명, 규격, 용도 및 대체물품 등의 사항을 해당 관계부처의 인터넷 홈페이지 등에 10일 이상 게시하여 의견을 수렴하고 그 결과를 기획재정부장관에게 제출하여야 한다(영 제92조 제6항). 다만, 자연재해 또는 가격급등 등으로 할당관세를 긴급히 부과할 필요가 있는 경우에는 기획재정부장관과 협의하여 의견 수렴을 생략할 수 있다.

관세법 제71조에 따른 할당관세의 적용에 관한 규정

[별표 5]

2023년 4월 1일부터 12월 31일까지 관세율을 인하하여 적용하는 물품

관세율표 번호 호	관세율표 번호 소호	품명	규격 등	세율(%)	한계수량
2709	00	석유와 역청유(瀝靑油)(원유로 한정한다) 1. 석유 가. 섭씨 15도에서 비중이 0.796 초과 0.841 이하인 것 나. 섭씨 15도에서 비중이 0.841 초과 0.847 이하인 것 다. 섭씨 15도에서 비중이 0.847 초과 0.855 이하인 것 라. 섭씨 15도에서 비중이 0.855 초과 0.869 이하인 것 마. 섭씨 15도에서 비중이 0.869 초과 0.885 이하인 것 바. 섭씨 15도에서 비중이 0.885 초과 0.899 이하인 것 사. 섭씨 15도에서 비중이 0.899 초과 0.904 이하인 것 아. 섭씨 15도에서 비중이 0.904 초과 0.966 이하인 것 자. 기타 2. 역청유(瀝靑油)	프로판 및 부탄 제조에 사용되는 원유	2	28,875,000 배럴

2711		석유가스와 그 밖의 가스 상태의 탄화수소			
2711	1	액화한 것			
2711	12	프로판		2	수입 전량
2711	13	부탄		2	

대법원 2017. 9. 21. 선고 2016두34417

– 부정한 방법으로 할당관세 적용 추천받은 자에 대한 관세경정부과 처분

볶은 땅콩을 원료로 하는 땅콩버터를 제조·판매하는 甲이 수회에 걸쳐 중국산 볶은 땅콩을 수입하면서 한국농수산식품유통공사로부터 할당관세 적용 추천을 받아 수입통관 시에 할당관세율을 적용하여 관세 등을 신고·납부하였으나, 수입한 볶은 땅콩 중 일부 수량만 땅콩버터 제조 원료로 사용하고 나머지는 별도의 가공 없이 수입된 상태 그대로 타인에게 판매한 사실을 세관장이 적발하여 가공 없이 타인에게 판매한 볶은 땅콩에 관하여 기본관세율을 적용하여 산정한 관세 등을 부과·고지하는 증액경정처분을 한 사안에서, 한국농수산식품유통공사로부터 할당관세 적용 추천을 받은 것만으로 위 수입물품 전체에 대하여 할당관세가 적용되는 것을 최종적으로 확정하는 효과는 없고, 甲이 수입물품 중 일부를 추천이 전제한 것과 달리 땅콩제품을 제조하는데 사용하지 않고 가공 없이 그대로 타인에게 판매함으로써 결과적으로 그 부분에 관한 할당관세 적용요건을 충족하지 못하였으므로, 이는 관세경정부과처분 사유에 해당한다.

즉, 관세법 제71조 제1항 제2호, 제3항, 제270조 제1항, 제4항, 관세법 시행령 제92조 제1항, 제3항, 제4항의 체계와 내용을 종합하면, 수입업자가 추천기관으로부터 해당 물품에 정하여진 일정 수량 범위 안에서 할당관세 적용 '추천'을 받아 그 추천서를 수입신고 수리 전까지 세관장에게 제출하여야 할당관세를 적용받을 수 있으므로, 이러한 추천기관의 추천은 할당관세를 적용받기 위하여 필수적으로 갖추어야 할 절차적 요건이라 할 수 있고, 수입업자는 할당관세 적용을 통해 관세를 감면받으려면 정당한 절차를 거쳐 적법하게 추천기관의 추천을 받아야 한다. 따라서 수입업자가 추천기관에 추천을 신청하면서 추천기관 등이 요구하는 추천 자격에 관하여 허위의 소명자료를 제출함으로써 추천기관을 기망하여 추천을 받은 경우에는 부정한 방법으로 추천을 받은 것으로서 적법한 추천 절차를 거쳐 할당관세를 적용받았다 할 수 없으므로, 관세법 제270조 제4항에서 정한 관세포탈 행위에 해당하며, 세관장은 이처럼 부정한 방법으로 추천을 받아 관세를 감면받은 자에 대하여 관세경정부과처분을 할 수 있다.

12 계절관세

1) 의의

계절에 따라 가격이 현저히 차이가 나는 물품이 수입되는 경우 국내시장을 교란시킬 수 있으므로 계절에 따라 관세율을 인상하거나 인하하여 부과할 수 있는 것이 계절관세이다. 따라서 농수산물의 출하시기에 수입되는 물품에는 관세율을 인상함으로써 수입을 억제하여 국내시장을 보호하고 비출하기에는 관세율을 인하하여 수입을 증대시킴으로써 수급조정 및 가격안정을 도모할 수 있다.

2) 부과 대상

계절에 따라 가격의 차이가 심한 물품으로서 동종물품·유사물품 또는 대체물품의 수입으로 인하여 국내시장이 교란되거나 생산 기반이 붕괴될 우려가 있을 때에는 계절에 따라 해당 물품의 국내외 가격차에 상당하는 율의 범위에서 기본세율보다 높게 관세를 부과하거나 100분의 40의 범위의 율을 기본세율에서 빼고 관세를 부과할 수 있다(법 제72조 제1항).

13 국제협력관세

1) 의의

국제협력관세는 대외무역을 증진하기 위하여 특정 국가 또는 국제기구와 관세율에 대한 협상을 통해서 관세율을 인하하여 적용하는 것이다. 국제기구와의 협상을 통해 양허관세를 적용하는 것은 세계무역기구협정 등에 의한 양허관세규정에 따라 WTO 양허관세, WTO 개도국간 양허관세(TNDC), 아시아·태평양무역협정에 의한 양허관세(APTA), UNCTAD 개발도상국간 양허관세(GSTP) 등이다.

2) 관세 양허

정부는 우리나라의 대외무역 증진을 위하여 필요하다고 인정될 때에는 특정 국가 또는 국제기구와 관세에 관한 협상을 할 수 있다(법 제73조 제1항).

정부가 협상을 수행할 때 필요하다고 인정되면 관세를 양허할 수 있다(법 제73조 제2항). 다만, 특정 국가와 협상할 때에는 기본 관세율의 100분의 50의 범위를 초과하여 관세를 양허할 수 없다.

3) 양허의 철회 및 수정

정부는 외국에서의 가격 하락이나 그 밖에 예상하지 못하였던 사정의 변화 또는 조약상 의무의 이행으로 인하여 특정물품의 수입이 증가됨으로써 이와 동종의 물품 또는 직접 경쟁관계에 있는 물품을 생산하는 국내 생산자에게 중대한 피해를 가져오거나 가져올 우려가 있다고 인정되는 경우에는 다음의 구분에 따른 조치를 할 수 있다(법 제78조 제1항).

① 조약에 따라 관세를 양허하고 있는 경우 : 해당 조약에 따라 이루어진 특정물품에 대한 양허를 철회하거나 수정하여 이 법에 따른 세율이나 수정 후의 세율에 따라 관세를 부과하는 조치

② 특정물품에 대하여 위의 조치를 하려고 하거나 그 조치를 한 경우 : 해당 조약에 따른 협의에 따라 그 물품 외에 이미 양허한 물품의 관세율을 수정하거나 양허품목을 추가하여 새로 관세의 양허를 하고 수정 또는 양허한 후의 세율을 적용하는 조치

4) 대항조치

정부는 외국이 특정물품에 관한 양허의 철회·수정 또는 그 밖의 조치를 하려고 하거나 그 조치를 한 경우 해당 조약에 따라 대항조치를 할 수 있다고 인정될 때에는 다음의 조치를 할 수 있다(법 제79조 제1항).

① 특정물품에 대하여 관세법에 따른 관세 외에 그 물품의 과세가격 상당액의 범위에서 관세를 부과하는 조치

② 특정물품에 대하여 관세의 양허를 하고 있는 경우에는 그 양허의 적용을 정지하고 관세법에 따른 세율의 범위에서 관세를 부과하는 조치

특정국가와의 관세협상에 따른 국제협력관세의 적용에 관한 규정

[별표]

국제협력관세의 적용대상 물품 및 세율

품목번호			품명	세율(%)
0802			그 밖의 견과류(신선하거나 건조한 것으로 한정하며, 껍데기나 껍질을 벗겼는지에 상관없다)	
08021			아몬드	
080212	00	00	껍데기를 벗긴 것	35
0804			대추야자 · 무화과 · 파인애플 · 아보카도(avocado) · 구아바(guava) · 망고(mango) · 망고스틴(mangosteen)(신선하거나 건조한 것으로 한정한다)	
080440	00	00	아보카도(avocado)	35
0806			포도(신선하거나 건조한 것으로 한정한다)	
080620	00	00	건조한 것	35
1513			야자[코프라(copra)]유, 팜핵유(palm kernel oil), 바바수유(babassu oil)와 이들의 분획물(정제했는지에 상관없으며 화학적으로 변성 가공한 것은 제외한다)	
15132			팜핵유(palm kernel oil)나 바바수유(babassu oil)와 이들의 분획물	
151321			조유(粗油)	
151321	10	00	팜핵유(palm kernel oil)	5
2204			포도주(생포도로 제조한 것으로 한정하며, 알코올로 강화한 포도주를 포함한다)와 포도즙(제2009호의 것은 제외한다)	
22042			그 밖의 포도주와 알코올 첨가에 따라 발효를 중지한 포도즙	
220421			2리터 이하의 용기에 넣은 것	
220421	10	00	붉은 포도주	15
220421	20	00	흰 포도주	15
3701			평면 모양 사진플레이트 · 평면 모양 사진필름(감광성이 있고 노광하지 않은 것으로 한정하며, 종이 · 판지 · 직물로 만든 것은 제외한다), 평면 모양 인스턴트 프린트필름(감광성이 있고 노광하지 않은 것으로 한정하며, 팩으로 된 것인지에 상관없다)	
370120	00	00	인스턴트 프린트필름	8

7214			철이나 비합금강의 그 밖의 봉[단조(鍛造)·열간압연·열간인발(熱間引拔)·열간압출보다 더 가공하지 않은 것으로 한정하고, 압연 후 꼬임가공된 것을 포함한다]	
721410	00	00	단조한 것	8
7408			구리의 선	
74082			구리합금으로 만든 것	
740829			기타	
740829	90	00	기타	8
8402			증기발생보일러(저압증기도 발생시킬 수 있는 중앙난방용 온수보일러는 제외한다)와 과열수보일러(super-heated water boiler)	
840290			부분품	
840290	10	00	증기발생보일러 중 바이오매스 보일러의 것	5
840290	20	00	과열수보일러 중 바이오매스 보일러의 것	5
84191			즉시식이나 저장식 물 가열기(비전기식으로 한정한다)	
841919	00	00	태양열 물가열기	5
8502			발전세트와 회전변환기	
85023			그 밖의 발전세트	
850231			풍력의 것	
850231	10	00	출력이 75킬로볼트암페어 이하인 것	5
850231	20	00	출력이 75킬로볼트암페어를 초과하고 375킬로볼트암페어 이하인 것	5
9013			액정 디바이스(다른 호에서 더 구체적으로 규정한 물품을 구성하는 것은 제외한다), 레이저기기[레이저 다이오드(laser diode)는 제외한다], 그 밖의 광학기기(이 류에 따로 분류되지 않은 것으로 한정한다)	
901380			그 밖의 기기	
901380	90	00	일광 반사장치(Solar heliostats)	5
9027			물리나 화학 분석용 기기(예 : 편광계·굴절계·분광계·가스나 매연 분석기), 점도·포로서티(porosity)·팽창·표면장력이나 이와 유사한 것의 측정용이나 검사용 기기, 열·소리·빛의 양의 측정용이나 검사용 기기(노출계를 포함한다), 마이크로톰(microtome)	
902710	00	00	가스나 매연 분석용 기기	5

14 편익관세

1) 의의

WTO 회원국에서 수입되는 물품에 대하여 최혜국대우 원칙을 적용하여야 하나 WTO 회원국이 아닌 국가로부터 수입되는 물품에 대하여는 최혜국대우 원칙을 적용하여야 할 의무가 없다. 이처럼 우리나라가 조약상 의무가 없으나 상대국가와 통상협력을 증진하기 위한 목적 등에 의하여 일방적으로 편익을 제공하는 것이 편익관세이다. 편익관세는 우리나라가 일방적으로 적용하기 때문에 상대방 국가에 우리나라의 물품에 대하여도 편익관세를 제공해 줄 것을 요청할 수 없다.

2) 적용 기준

관세에 관한 조약에 따른 편익을 받지 아니하는 나라의 생산물로서 우리나라에 수입되는 물품에 대하여 이미 체결된 외국과의 조약에 따른 편익의 한도에서 관세에 관한 편익("편익관세"라 한다)을 부여할 수 있다(법 제74조 제1항).

3) 적용 대상

관세에 관한 편익을 받을 수 있는 국가는 다음 표와 같다(영 제95조 제1항). 관세에 관한 편익을 받을 수 있는 물품은 위의 표에 따른 국가의 생산물 중 「세계무역기구협정 등에 의한 양허관세 규정」 별표 1("양허표"라 한다)의 가(공산품·수산물 및 단순 양허한 농림축산물에 대한 양허관세) 또는 나(국내외 가격차에 상당한 율로 양허하거나 국내시장개방과 함께 기본세율보다 높은 세율로 양허한 농림축산물에 대한 양허관세)에 따른 물품으로 한다(영 제95조 제2항).

지역	국가
아시아	부탄
중동	이란, 이라크, 레바논, 시리아
대양주	나우루
아프리카	코모로, 에디오피아, 소말리아
유럽	안도라, 모나코, 산마리노, 바티칸, 덴마크(그린란드 및 페로제도에 한정)

4) 적용 정지

기획재정부장관은 다음의 하나에 해당하는 사유가 있는 때에는 국가·물품 및 기간을 지정하여 편익관세의 적용을 정지시킬 수 있다(영 제95조 제4항).

① 편익관세의 적용으로 국민경제에 중대한 영향이 초래되거나 초래될 우려가 있는 때

② 기타 편익관세의 적용을 정지시켜야 할 긴급한 사태가 있는 때

5) 협조 요청

기획재정부장관은 편익관세의 적용에 관하여 필요한 사항을 조사하기 위하여 필요하다고 인정되는 때에는 관계행정기관·수출자·수입자 기타 이해관계인에게 관계자료의 제출 기타 필요한 협조를 요청할 수 있다(영 제95조 제5항).

15 일반특혜관세

1) 의의

개발도상국가의 수출증대 및 경제발전을 지원하기 위한 조치 중 하나로서 개발도상국을 원산지로 하는 물품이 수입되는 경우 기본세율보다 낮은 세율의 관세인 일반특혜관세(Generalized System of Preferences : GSP)를 일방적으로 부과할 수 있다.

2) 적용 대상

특혜대상국가를 원산지로 하는 물품 중 특혜대상물품에 대하여는 기본세율보다 낮은 세율의 관세("일반특혜관세"라 한다)를 부과할 수 있다(법 제76조 제1항).

국제연합총회의 결의에 따른 최빈(最貧) 개발도상국 중 대통령령으로 정하는 국가를 원산지로 하는 물품에 대하여는 다른 특혜대상국보다 우대하여 일반특혜관세를 부과할 수 있다(법 제76조 제3항).

[별표 1] 특혜관세가 적용되는 최빈 개발도상국

지역	국가
아시아	아프가니스탄 · 방글라데시 · 캄보디아 · 미얀마 · 부탄 · 키리바시 · 라오스 · 네팔 · 투발루 · 바누아투 · 솔로몬제도 · 예멘 · 동티모르
아프리카	앙골라 · 베냉 · 부르키나파소 · 부룬디 · 중앙아프리카공화국 · 차드 · 코모로 · 지부티 · 적도기니 · 에리트레아 · 에티오피아 · 감비아 · 기니 · 기니비사우 · 레소토 · 라이베리아 · 마다가스카르 · 말라위 · 말리 · 모리타니 · 모잠비크 · 니제르 · 르완다 · 상투메프린시페 · 시에라리온 · 소말리아 · 수단 · 탄자니아 · 토고 · 우간다 · 콩고민주공화국 · 잠비아 · 세네갈 · 남수단
아메리카	아이티

3) 적용 제한

일반특혜관세를 부과할 때 해당 특혜대상물품의 수입이 국내산업에 미치는 영향 등을 고려하여 그 물품에 적용되는 세율에 차등을 두거나 특혜대상물품의 수입수량 등을 한정할 수 있다(법 제76조 제2항).

4) 적용 정지

기획재정부장관은 특정한 특혜대상 물품의 수입이 증가하여 이와 동종의 물품 또는 직접적인 경쟁관계에 있는 물품을 생산하는 국내산업에 중대한 피해를 주거나 줄 우려가 있는 등 일반특혜관세를 부과하는 것이 적당하지 아니하다고 판단될 때에는 대통령령으로 정하는 바에 따라 해당 물품과 그 물품의 원산지인 국가를 지정하여 일반특혜관세의 적용을 정지할 수 있다(법 제77조 제1항). 일반특혜관세는 최빈 개발도상국의 산업발전을 지원하기 위하여 일방적으로 부여하는 것이므로 이러한 특혜조치가 오히려 국내산업에 부담이 되는 경우에는 국내산업보호를 위하여 일반특혜관세의 적용을 정지할 수 있다.

5) 적용 배제

기획재정부장관은 특정한 특혜대상국의 소득수준, 우리나라의 총수입액 중 특정한 특혜대상국으로부터의 수입액이 차지하는 비중, 특정한 특혜대상국의 특정한 특혜대상물품이 지니는 국제경쟁력의 정도, 그 밖의 사정을 고려하여 일반특혜관세를 부과하는 것이 적당하지 아니하다고 판단될 때에는 대통령령으로 정하는 바에 따라 해당 국가를 지정하거나 해당 국가 및 물품을 지정하여 일반특혜관세의 적용을 배제할 수 있다(법 제77조 제2항).

16 기타 세율

1) 간이세율

(1) 의의

여행자 휴대품등은 소액이면서 수입되는 종류가 많으나 신속한 통관이 필요한 물품이다. 이러한 물품이 정상적인 통관절차를 거치게 되면 신속한 통관을 필요로 하는 여행자들에게 불편을 초래할 수 있으므로 단순하게 과세하여 신속하게 통관하기 위하여 도입된 것이 간이세율이다(법 제81조 제1항).

(2) 적용 대상

다음의 어느 하나에 해당하는 물품 중 대통령령으로 정하는 물품에 대하여는 다른 법령에도 불구하고 간이세율을 적용할 수 있다(법 제81조 제1항).

① 여행자 또는 외국을 오가는 운송수단의 승무원이 휴대하여 수입하는 물품

② 우편물. 다만, 수입신고를 하여야 하는 것은 제외한다.

③ 탁송품 또는 별송품[39)]

(3) 적용 제외 대상

다음의 물품에 대하여는 간이세율을 적용하지 아니한다(영 제96조 제2항).

① 관세율이 무세인 물품과 관세가 감면되는 물품

② 수출용원재료

③ 관세법 제11장의 범칙행위에 관련된 물품

④ 종량세가 적용되는 물품

⑤ 다음의 하나에 해당하는 물품으로서 관세청장이 정하는 물품

39) "별송품"이란 여행자가 이용한 항공기 및 선박 등 이외의 운송수단을 이용하여 별도로 반입하는 물품을 말한다(여행자 및 승무원휴대품 통관에 관한 고시 제2조 제5호).

㉠ 상업용으로 인정되는 수량의 물품
㉡ 고가품
㉢ 당해 물품의 수입이 국내산업을 저해할 우려가 있는 물품
㉣ 여행자 또는 외국을 오가는 운송수단의 승무원이 휴대하여 수입하는 물품에 단일한 간이세율의 적용이 과세형평을 현저히 저해할 우려가 있는 물품

⑥ 화주가 수입신고를 할 때에 과세대상물품의 전부에 대하여 간이세율의 적용을 받지 아니할 것을 요청한 경우의 당해 물품

(4) 간이세율 산정

간이세율은 수입물품에 대한 관세, 임시수입부가세 및 내국세의 세율을 기초로 하여 다음과 같이 정한다(법 제81조 제3항)

품명	세율
1. 다음의 어느 하나에 해당하는 물품 중 개별소비세가 과세되는 물품	
① 투전기, 오락용 사행기구 그 밖의 오락용품, 수렵용 총포류	55
② 보석·진주·별갑·산호·호박 및 상아와 이를 사용한 제품, 귀금속 제품	92만 6천원 + 463만원을 초과하는 금액의 50
③ 고급 시계, 고급 가방	37만 4백원 + 185만 2천원을 초과하는 금액의 50
3. 다음의 어느 하나에 해당하는 물품 중 기본관세율이 10퍼센트 이상인 것으로서 개별소비세가 과세되지 아니하는 물품	
① 모피의류, 모피의류의 부속품 그 밖의 모피제품	30
② 가죽제 또는 콤포지션레더제의 의류와 그 부속품, 방직용 섬유와 방직용 섬유의 제품, 신발류	25
③ 녹용	32
4. 다음의 어느 하나에 해당하는 물품. 다만, 고급모피와 그 제품, 고급융단, 고급가구, 승용자동차, 주류 및 담배를 제외한다. ① 위의 1부터 3에 해당하지 아니하는 물품 ② 위의 1 및 3에 불구하고 여행자가 휴대 수입하는 물품으로 1인당 과세대상 물품가격의 합산총액이 미화 1천불 이하인 물품(녹용 및 방향용 화장품을 제외한다)	20

(5) 단일한 세율 적용

여행자 또는 외국을 오가는 운송수단의 승무원이 휴대하여 수입하는 물품으로서 그 총액이 대통령령으로 정하는 금액 이하인 물품에 대하여는 일반적으로 휴

대하여 수입하는 물품의 관세, 임시수입부가세 및 내국세의 세율을 고려하여 세율을 단일한 세율로 할 수 있다(법 제81조 제4항).

여행자 1명당 과세대상 물품 가격의 합산 총액이 미화 1천달러를 초과할 경우에는 초과분에 해당하는 물품의 전체가격에 대하여 물품별 간이세율을 적용하되, 여행자에게 유리한 품목부터 적용하며, 물품 1개 또는 1세트가 미화 1천달러를 초과할 경우에는 전체가격 중 각 물품의 과세가격 합계 기준으로 미화 800달러 이하인 기본면세 범위를 공제한 금액을 기준으로 물품별 간이세율을 적용한다(여행자 및 승무원휴대품 통관에 관한 고시 제26조 제2항).

2) 합의에 따른 세율

(1) 의의

여러 가지 물품을 수입하는 경우 각 물품별 세율이 다른 경우 각각의 세액을 산출하는 것은 불편함을 초래할 수 있으므로 수입신고하는 물품에 대한 세율 중 가장 높은 세율로 일괄 적용하게 되면 세액 산출을 간소화 함으로써 신속한 통관을 기할 수 있다. 따라서 일괄하여 수입신고가 된 물품으로서 물품별 세율이 다른 물품에 대하여는 신고인의 신청에 따라 그 세율 중 가장 높은 세율을 적용할 수 있다(법 제82조 제1항).

(2) 적용 배제

합의에 의한 세율은 신고인의 신청에 따라 적용되었으므로 과세행정 불복 청구제도에서 이의신청, 심사청구 및 심판청구는 허용되지 않는다(법 제82조 제2항).

3) 용도세율

(1) 세관장 승인

하나의 물품이 여러 가지 용도로 사용되는 경우 그 물품의 용도에 따라 세율이 다를 수 있다. 용도에 따라 다르게 정해지는 세율 중 가장 낮은 세율을 용도세율이라 한다. 별표 관세율표나 잠정세율, 긴급관세, 조정관세, 계절관세, 농림축산물에 대한 특별긴급관세, 할당관세, 국제협력관세, 일반특혜관세, 특정국물품 긴급관세에 대한 규정에 의한 대통령령 또는 기획재정부령으로 용도에 따라 세율을 다르게 정하는 물품을 세율이 낮은 용도에 사용하여 해당 물품에 용도세율의 적용을 받으려는 자는 세관장에게 신청하여야 한다(법 제83조 제1항). 다만, 물품의 성질과 형태가 그 용도 외의 다른 용도에 사용할 수 없는 경우에는 그러하지 아니하다.

용도세율적용신청 및 사후관리 대상물품[40]

HSK	관세율표상 품명	용도	기본세율	양허세율
1005.10.0000	옥수수	종자용	0 %	W1(농림축산물양허관세, 추천) – 0% W2(농림축산물양허관세, 미추천) – 328%
1005.90.1000	옥수수	사료용	3%	W1(농림축산물양허관세, 추천) – 1.8% W2(농림축산물양허관세, 미추천) – 328%

(2) 적용 신청

용도세율의 적용을 받고자 하는 자는 해당 물품을 수입신고하는 때부터 수입신고가 수리되기 전까지 그 품명・규격・수량・가격・용도・사용방법 및 사용장소를 기재한 신청서를 세관장에게 제출하여야 한다(영 제97조). 다만, 해당 물품을 보세구역에서 반출하지 않은 경우에는 수입신고 수리일부터 15일이 되는 날까지 신청서를 제출할 수 있다.

(3) 사후관리

용도세율이 적용된 물품은 그 수입신고의 수리일부터 3년의 범위에서 대통령령으로 정하는 기준에 따라 관세청장이 정하는 기간에는 해당 용도 외의 다른 용도에 사용하거나 양도할 수 없다(법 제83조 제2항). 다만, 다음의 어느 하나에 해당하는 경우에는 그러하지 아니하다.

㉠ 미리 세관장의 승인을 받은 경우

㉡ 물품의 성질과 형태가 그 용도 외의 다른 용도에 사용할 수 없는 경우

(4) 관세징수

용도세율 적용받는 물품이 수입신고수리일로부터 3년의 범위에서 해당 용도

40) 사후관리에 관한 고시 별표1의1.

외의 다른 용도에 사용하거나 그 용도 외의 다른 용도에 사용하려는 자에게 양도한 경우에는 해당 물품을 특정용도 외에 사용한 자 또는 그 양도인으로부터 해당 물품을 특정용도에 사용할 것을 요건으로 하지 아니하는 세율에 따라 계산한 관세액과 해당 용도세율에 따라 계산한 관세액의 차액에 상당하는 관세를 즉시 징수하며, 양도인으로부터 해당 관세를 징수할 수 없을 때에는 그 양수인으로부터 즉시 징수한다(법 제83조 제3항). 다만, 재해나 그 밖의 부득이한 사유로 멸실되었거나 미리 세관장의 승인을 받아 폐기한 경우에는 그러하지 아니하다.

버섯재배용 옥수수 '할당관세 0%

– 기재부, 5만톤 신규품목에 포함 … 버섯업계 '화색'

사료용 옥수수가 사실상 불법적으로 버섯배지에 사용돼 온 가운데 버섯재배용 옥수수가 2011년 할당관세 품목에 포함됐다. 이로써 사료용 옥수수의 일부를 합법적으로 버섯재배에 활용할 수 있게 돼 버섯업계가 크게 환영하고 있다.

기획재정부는 최근 할당관세 품목에 버섯재배용 5만톤을 신규로 배정하고 2011년 1월 1일부터 2011년 12월 31일까지 수입신고하는 물품에 대해 적용한다고 밝혔다. 이번 조치는 관세법 제71조에 따른 할당관세의 적용에 관한 규정에 버섯재배용을 포함한다는 내용이 명시된데 따른 것으로 버섯재배용으로 사용되는 옥수수 5만톤은 올 한 해 동안 할당관세 0%를 적용받게 된다. 그 동안 새송이버섯 농가들은 옥수수가 버섯생육에 뛰어난 효과를 보이자 배지원료로 옥수수를 선호해왔다. 하지만 관세법과 사료관리법 등에 따라 사료용으로 수입된 옥수수는 사료용 이외의 용도로 사용할 수 없었다. 이에 버섯업계는 수년전부터 사료용 옥수수의 버섯배지 사용을 정부 측에 건의해왔다. 할당관세 0%로 들어오는 사료용 옥수수에 비해 일반식용 옥수수는 328%의 높은 세율이 적용돼 버섯배지 활용이 불가능했기 때문이다. 특히 버섯농가들은 불법임을 알고도 '울며 겨자 먹기'식으로 사료용 옥수수를 버섯배지에 사용하는 등 문제가 많았다.

박윤식 농림수산식품부 사무관은 "그동안 사료용 옥수수를 사용해오던 새송이버섯 농가들은 옥수수 공급 중단위험에 항시 노출돼 있었다"며 "이번 조치로 안정적인 버섯 생산은 물론 버섯농가의 경쟁력 강화에도 기여할 수 있을 것으로 기대된다"고 밝혔다.

한국농어민신문, 이기노 기자
승인 2011.1.4.

3

관세의 부과와 징수

관세의 부과와 징수에 대한 개관

제3장은 관세의 부과와 징수에 대한 규정을 다룬다. 과세요건이 충족되면 납세의무를 구체화함으로써 관세채권과 관세채무가 실현되는데, 납세의무를 구체화할 수 있는 방법은 첫째, 신고납부방식과, 둘째, 부과고지방식이다. 관세법상 신고납부방식과 부과고지방식에 의하여 구체적으로 확정된 납세의무는 원칙적으로 세액을 납부함으로써 소멸하나 이 외에도 담보 등에 의하여 관세에 충당된 때, 관세의 부과취소, 관세부과권의 제척기간만료, 관세징수권의 소멸시효완성의 사유로 소멸되기도 한다. 제3장은 납세의무의 확정과 소멸에 이르는 관세부과와 징수에 대한 전 과정을 다루고 있다.

제3장은 다음과 같이 구성되어 있다.

제1절 납세의무 확정과 소멸의 일반적 고찰
제2절 신고납부방식
제3절 부과고지방식
제4절 가산세
제5절 관세의 납부
제6절 관세의 징수
제7절 관세부과권의 제척기간
제8절 관세징수권의 소멸시효

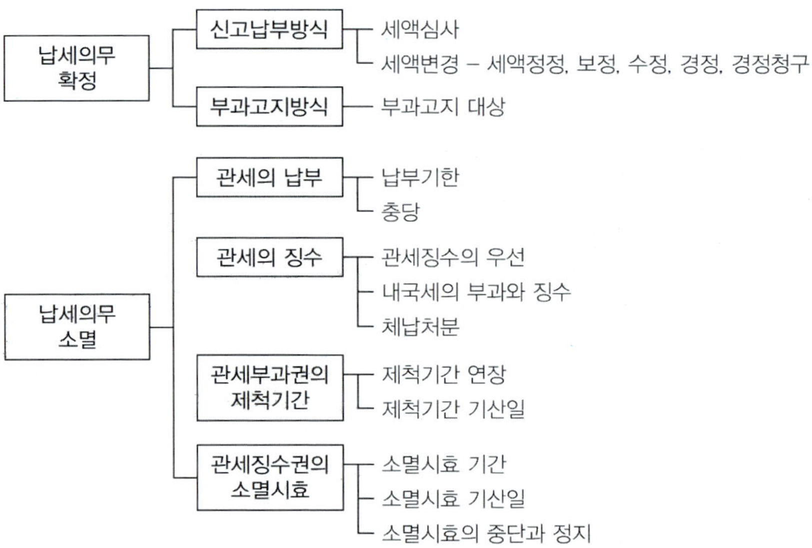

3 관세의 부과와 징수

제1절 납세의무 확정과 소멸의 일반적 고찰

관세법상 과세요건이 충족되면 과세관청은 조세를 부과 징수할 수 있는 관세채권을 가지게 되며, 납세의무자는 조세를 납부하여야 하는 관세채무가 발생하나 이는 추상적인 개념으로 성립된 납세의무이다. 추상적으로 성립된 납세의무가 이행되기 위하여 납세의무를 구체화함으로써 관세채권과 관세채무가 실현될 수 있다. 납세의무를 구체화 할 수 있는 방법은 첫째, 납세의무자 스스로 납부하여야 할 세액을 확인한 후 세관에 신고하는 신고납부방식과, 둘째, 과세관청인 세관이 납세의무자가 납부하여야 하는 세액을 확인하고 통지하는 부과고지방식이다. 신고납부제도는 관세채무확정의 원칙적인 방법이라고 할 수 있는데, 납세의무는 납세의무자 자신이 그 내용을 가장 잘 알고 있으므로 납세의무자로 하여금 자기의 과세표준과 세액을 자진하여 신고하도록 하는 것이 조세민주주의의 실현을 위해서도 물론이고 과세행정상의 편의와 능률을 도모할 수 있기 때문이다.[1]

관세법상 신고납부방식과 부과고지방식에 의하여 구체적으로 확정된 납세의무는 원칙적으로 세액을 납부함으로써 소멸하나 이 외에도 담보 등에 의하여 관세에 충당된 때, 관세의 부과취소, 관세부과권의 제척기간만료, 관세징수권의 소멸시효완성의 사유로 소멸되기도 한다.

납세의무의 성립, 확정, 소멸과정

납세의무의 성립
- 과세물건
- 납세의무자
- 과세표준
- 세율

➡

납세의무의 확정
- 신고납부방식
- 부과고지방식

➡

납세의무의 소멸
- 관세납부, 충당
- 부과취소
- 부과권 제척기간만료
- 징수권 소멸시효완성

1) 김기인, 전게서, p. 93.

제2절 신고납부방식

1 의 의

신고납부방식은 납세의무자가 스스로 과세물건, 과세표준, 세율 등을 확정하여 신고하는 것을 의미한다. 따라서 세관장이 부과고지 하는 물품을 제외하고 물품을 수입하려는 자는 수입신고를 할 때에 세관장에게 관세의 납부에 관한 신고("납세신고"라 한다)를 하여야 한다(법 제38조 제1항).

납세신고를 하고자 하는 자는 수입신고서에 수입신고사항[2] 외에 다음의 사항을 기재하여 세관장에게 제출하여야 한다(영 제32조 제1항).

① 당해 물품의 관세율표상의 품목분류・세율과 품목분류마다 납부하여야 할 세액 및 그 합계액

② 법 기타 관세에 관한 법률 또는 조약에 의하여 관세의 감면을 받는 경우에는 그 감면액과 법적 근거

③ 특수관계에 해당하는지 여부와 그 내용

④ 기타 과세가격결정에 참고가 되는 사항

2 세액 심사

1) 사후 세액 심사

세관장은 납세신고를 받으면 수입신고서에 기재된 사항과 관세법에 따른 확인

2) 물품을 수출・수입 또는 반송하려면 해당 물품의 품명・규격・수량 및 가격과 다음의 사항을 세관장에게 신고하여야 한다(법 제241조 제1항, 영 제246조 제1항).
1. 포장의 종류・번호 및 개수
2. 목적지・원산지 및 선적지
3. 원산지표시 대상물품인 경우에는 표시유무・방법 및 형태
4. 상표
5. 납세의무자 또는 화주의 상호(개인의 경우 성명을 말한다)・사업자등록번호・통관고유부호와 해외공급자부호 또는 해외구매자부호
6. 물품의 장치장소
7. 그 밖에 기획재정부령으로 정하는 참고사항

사항 등을 심사하되, 신고한 세액에 대하여는 수입신고를 수리한 후에 심사한다(법 제38조 제2항). 사후세액심사제도는 수입통관시 세액 심사에 상당한 시일이 소요되어 신속한 통관을 방해하므로 수입신고수리시의 업무 처리에 대한 소요시간을 줄여 신속하게 통관될 수 있도록 하기 위하여 도입되었다.

2) 사전 세액 심사

신고한 세액에 대하여 관세채권을 확보하기가 곤란하거나, 수입신고를 수리한 후 세액심사를 하는 것이 적당하지 아니하다고 인정하여 다음 물품의 경우에는 수입신고를 수리하기 전에 이를 심사한다(법 제38조 제2항, 시행규칙 제8조 제1항).

① 법률 또는 조약에 의하여 관세 또는 내국세를 감면받고자 하는 물품
② 관세를 분할납부하고자 하는 물품
③ 관세를 체납하고 있는 자가 신고하는 물품(체납액이 10만원 미만이거나 체납기간 7일 이내에 수입신고하는 경우를 제외한다)
④ 납세자의 성실성 등을 참작하여 관세청장이 정하는 기준에 해당하는 불성실 신고인이 신고하는 물품
⑤ 물품의 가격변동이 큰 물품 기타 수입신고수리 후에 세액을 심사하는 것이 적합하지 아니하다고 인정하여 관세청장이 정하는 물품

수입신고수리 전에 세액심사를 하는 물품 중 위의 ① 및 ②에 규정된 물품의 감면 또는 분할납부의 적정 여부에 대한 심사는 수입신고수리 전에 하고, 과세가격 및 세율 등에 대한 심사는 수입신고수리 후에 한다(시행규칙 제8조 제2항).

3) 자율심사

세관장은 납세실적과 수입규모 등을 고려하여 관세청장이 정하는 요건을 갖춘 자가 신청할 때에는 관세청장이 정하는 절차에 의하여 자율심사를 하는 납세의무자("자율심사업체"라 한다)로 승인하고 납세신고한 세액을 자체적으로 심사("자율심사"라 한다)하게 할 수 있다(법 제38조 제3항, 영 제32조의2 제1항).

자율심사업체는 세관장이 제공한 자료에 따라 다음의 사항을 기재한 자율심사 결과 및 조치내용을 세관장에게 제출하여야 한다. 이 경우 자율심사업체는 당해 결과를 제출하기 전에 납부세액의 과부족분에 대하여는 보정신청하거나 수정신

고 또는 경정청구하여야 하며, 과다환급금이 있는 경우에는 세관장에게 통지하여야 한다(영 제32조의2 제3항). 세관장은 제출된 결과를 평가하여 자율심사업체에 통지하여야 한다(영 제32조의2 제4항).

① 세관장이 제공한 자료에 따라 작성한 심사결과

② 자율심사를 통하여 업무처리방법·체계 및 세액 등에 대한 보완이 필요한 것으로 확인된 사항에 대하여 조치한 내용

세관장은 자율심사업체가 다음의 하나에 해당하는 때에는 자율심사의 승인을 취소할 수 있다(영 제32조의2 제6항).

① 자율심사업체 승인을 위한 관세청장이 정한 요건을 갖추지 못하게 되는 경우

② 자율심사를 하지 아니할 의사를 표시하는 경우

③ 자율심사 결과의 제출 등 자율심사의 유지를 위하여 필요한 의무 등을 이행하지 아니하는 경우

3 세액 납부

1) 의의

납세의무자는 납세신고 수리일부터 15일 이내에 해당 세액을 납부하여야 한다(법 제9조 제1항). 그러나 납세의무자는 수입신고가 수리되기 전에도 당해 세액을 납부할 수 있다(법 제9조 제2항).

2) 신용카드 등에 의한 납부

납세의무자가 신고하거나 세관장이 부과 또는 경정하여 고지한 세액(세관장이 관세와 함께 징수하는 내국세등의 세액을 포함한다)은 신용카드, 직불카드 등으로 납부할 수 있다(영 제32조의5 제1항).[3)]

3) 「국세기본법」 제46조의2 제1항에 따른 국세납부대행기관이란 정보통신망을 이용하여 신용카드등에 의한 결제를 수행하는 다음의 기관으로서 관세납부를 대행하는 기관을 말한다(영 제32조의5 제1항, 시행규칙 제8조의2 제1항).

① 「민법」 제32조 및 「금융위원회의 소관에 속하는 비영리법인의 설립 및 감독에 관한 규칙」에 따라 설립된 금융결제원

4 세액 변경

구분		내용
세액 정정		납세의무자는 납세신고한 세액을 납부하기 전에 그 세액이 과부족(過不足)하다는 것을 알게 되었을 때에는 납세신고한 세액을 정정할 수 있다(법 제38조 제4항). 이 경우 납부기한은 당초의 납부기한(수입신고 수리일부터 15일이내)으로 한다.
보정	보정 신청	납세의무자는 신고납부한 세액이 부족하다는 것을 알게 되거나 세액산출의 기초가 되는 과세가격 또는 품목분류 등에 오류가 있는 것을 알게 되었을 때에는 신고납부한 날부터 6개월 이내("보정기간"이라 한다)에 해당 세액을 보정(補正)하여 줄 것을 세관장에게 신청할 수 있다(법 제38조의2 제1항)
	보정 신청 통지	세관장은 신고납부한 세액이 부족하다는 것을 알게 되거나 세액산출의 기초가 되는 과세가격 또는 품목분류 등에 오류가 있다는 것을 알게 되었을 때에는 납세의무자에게 해당 보정기간에 보정신청을 하도록 통지할 수 있다(법 제38조의2 제2항). 이 경우 세액보정을 신청하려는 납세의무자는 세관장에게 신청하여야 한다.
	관세 납부	납세의무자가 부족한 세액에 대한 세액의 보정을 신청한 경우에는 해당 보정신청을 한 날의 다음 날까지 해당 관세를 납부하여야 한다(법 제38조의2 제4항).
	보정 이자	세관장은 세액을 보정한 결과 부족한 세액이 있을 때에는 납부기한(수입신고 수리일부터 15일이내) 다음 날부터 보정신청을 한 날까지의 기간과 금융회사의 정기예금에 대하여 적용하는 이자율을 고려하여 대통령령으로 정하는 이율에 따라 계산한 금액을 더하여 해당 부족세액을 징수하여야 한다(법 제38조의2 제5항). 다음의 어느 하나에 해당하는 경우에는 보정이자를 징수하지 아니한다(법 제38조의2 제5항). ① 국가나 지방자치단체가 직접 수입하는 물품에 대하여 가산금 및 중가산금을 징수하지 아니하는 경우 ② 신고납부한 세액의 부족 등에 대하여 납세의무자에게 정당한 사유가 있는 경우 납세의무자가 부정한 행위로 과소신고한 후 보정신청을 한 경우에는 세관장은 가산세를 징수하여야 한다(법 제38조의2 제6항).
수정 신고		납세의무자는 신고납부한 세액이 부족한 경우에는 수정신고(보정기간이 지난 날부터 관세부과 제척기간이 끝나기 전까지로 한정한다)를 할 수 있다(법 제38조의3 제1항). 이 경우 납세의무자는 수정신고한 날의 다음 날까지 해당 관세를 납부하여야 한다.
경정 청구		납세의무자는 신고납부한 세액, 보정신청한 세액 및 수정신고한 세액이이 과다한 것을 알게 되었을 때에는 최초로 납세신고를 한 날부터 5년 이내에 신고한 세액의 경정을 세관장에게 청구할 수 있다(법 제38조의3 제2항).[4)]
		납세의무자는 최초의 신고 또는 경정에서 과세표준 및 세액의 계산근거가 된 거래 또는 행위 등이 그에 관한 소송에 대한 판결(판결과 같은 효력을 가지는 화해나 그 밖의 행위를

② 시설, 업무수행능력, 자본금 규모 등을 고려하여 관세청장이 관세납부대행기관으로 지정하는 자

<table>
<tr><td></td><td colspan="2">포함한다)에 의하여 다른 것으로 확정되는 등 다음의 사유가 발생하여 납부한 세액이 과다한 것을 알게 되었을 때에는 경정청구 기간(최초로 납세신고를 한 날부터 5년 이내)에도 불구하고 그 사유가 발생한 것을 안 날부터 2개월 이내에 납부한 세액의 경정을 세관장에게 청구할 수 있다(법 제38조의3 제3항).
① 최초의 신고 또는 경정에서 과세표준 및 세액의 계산근거가 된 거래 또는 행위 등이 그에 관한 소송에 대한 판결(판결과 같은 효력을 가지는 화해나 그 밖의 행위를 포함한다)에 의하여 다른 것으로 확정된 경우
② 최초의 신고 또는 경정을 할 때 장부 및 증거서류의 압수, 그 밖의 부득이한 사유로 과세표준 및 세액을 계산할 수 없었으나 그 후 해당 사유가 소멸한 경우
③ 원산지증명서 등의 진위 여부 등을 회신받은 세관장으로부터 그 회신 내용을 통보받은 경우</td></tr>
<tr><td></td><td colspan="2">세관장은 경정의 청구를 받은 날부터 2개월 이내에 세액을 경정하거나 경정하여야 할 이유가 없다는 뜻을 청구한 자에게 통지하여야 한다(법 제38조의3 제4항).
경정을 청구한 자가 2개월 이내에 통지를 받지 못한 경우에는 그 2개월이 되는 날의 다음 날부터 이의신청, 심사청구, 심판청구 또는 「감사원법」에 따른 심사청구를 할 수 있다(법 제38조의3 제5항).</td></tr>
<tr><td>경정</td><td colspan="2">세관장은 납세의무자가 신고납부한 세액, 납세신고한 세액 또는 경정청구한 세액을 심사한 결과 과부족하다는 것을 알게 되었을 때에는 그 세액을 경정하여야 한다(법 제38조의3 제6항).
세관장은 이미 납부한 세액에 부족이 있거나 납부할 세액에 부족이 있는 경우에는 그 부족세액에 대하여 납세고지를 하여야 한다(영 제34조 제4항).
세관장은 경정을 한 후 그 세액에 과부족이 있는 것을 발견한 때에는 그 경정한 세액을 다시 경정한다(영 제34조 제5항).</td></tr>
<tr><td rowspan="3">수입물품 과세가격 조정에 따른 경정</td><td>경정청구</td><td>납세의무자는 「국제조세조정에 관한 법률」 제7조 제1항에 따라 관할 지방국세청장 또는 세무서장이 해당 수입물품의 거래가격을 조정하여 과세표준 및 세액을 결정・경정 처분하거나, 국세청장이 해당 수입물품의 거래가격과 관련하여 소급하여 적용하도록 사전승인을 함에 따라 그 거래가격과 관세법에 따라 신고납부・경정한 세액의 산정기준이 된 과세가격 간 차이가 발생한 경우에는 그 결정・경정 처분 또는 사전승인이 있음을 안 날(처분 또는 사전승인의 통지를 받은 경우에는 그 받은 날)부터 3개월 또는 최초로 납세신고를 한 날부터 5년 내에 대통령령으로 정하는 바에 따라 세관장에게 세액의 경정을 청구할 수 있다(법 제38조의4 제1항).</td></tr>
<tr><td>관세청장에 보고</td><td>경정청구서를 제출받은 세관장은 경정청구의 대상이 되는 납세신고의 사실과 경정청구에 대한 의견을 첨부하여 관세청장에게 보고하여야 한다(영 제35조 제2항). 이 경우 관세청장은 세관장을 달리하는 동일한 내용의 경정청구가 있으면 경정처분의 기준을 정하거나, 경정청구를 통합 심사할 세관장을 지정할 수 있다.</td></tr>
<tr><td>세액경정</td><td>경정청구를 받은 세관장은 다음의 어느 하나에 해당하는 경우에 해당 수입물품의 거래가격 조정방법과 계산근거 등이 과세가격 결정방법(제1방법 내지 제</td></tr>
</table>

		6방법)의 규정에 적합하다고 인정하는 경우에는 세액을 경정할 수 있다(법 제38조의4 제2항). ① 지방국세청장 또는 세무서장의 결정・경정 처분에 따라 조정된 사항이 수입물품의 지급가격, 권리사용료 등 제1방법의 과세가격으로 인정되는 경우 ② 지방국세청장 또는 세무서장이 「국제조세조정에 관한 법률」 제5조에 따른 정상가격의 산출방법에 따라 조정하는 경우로서 그 비교대상거래, 통상이윤의 적용 등 조정방법과 계산근거가 과세가격 결정방법(제1방법 내지 제6방법)의 규정에 적합하다고 인정되는 경우
	통지	세관장은 경정청구를 받은 날부터 2개월 내에 세액을 경정하거나 경정하여야 할 이유가 없다는 뜻을 청구인에게 통지하여야 한다(법 제38조의4 제3항).
	이의 신청	세관장의 통지에 이의가 있는 청구인은 그 통지를 받은 날(2개월 내에 통지를 받지 못한 경우에는 2개월이 경과한 날)부터 30일 내에 기획재정부장관에게 국세의 정상가격과 관세의 과세가격 간의 조정을 신청할 수 있다(법 제38조의4 제4항). 청구인은 2개월 이내에 통지를 받지 못한 경우에는 그 2개월이 되는 날의 다음 날부터 이의신청, 심사청구, 심판청구 또는 「감사원법」에 따른 심사청구를 할 수 있다(법 제38조의4 제5항).
	협의	세관장은 세액을 경정하기 위하여 필요한 경우에는 관할 지방국세청장 또는 세무서장과 협의할 수 있다(법 제38조의4 제6항).
	납세 고지	경정을 하는 경우 이미 납부한 세액에 부족이 있거나 납부할 세액에 부족이 있는 경우에는 그 부족세액에 대하여 납세고지를 하여야 한다(영 제34조 제4항).
	재경정	세관장은 경정을 한 후 그 세액에 과부족이 있는 것을 발견한 때에는 그 경정한 세액을 다시 경정한다(영 제34조 제5항).

세액변경 방법

구분	세액변경	대상	납부기한	추가납부세액
납부전 변경	세액 정정	신고세액 과부족	당초 납부기한	–
납부후 변경	보정	납부세액 부족 세액산출 오류	보정신청일의 다음날	보정이자
	수정신고	납부세액 부족	수정신고일의 다음날	가산세
	경정청구	납부세액 과다	–	–

4) 조심 2017관0113(2017.8.9.)에 따르면 경정청구는 신고납부세액에 대하여 청구할 수 있고, 부과고지세액에 대하여는 청구할 수 없는바, 처분청이 청구법인에게 한 가산세 부과처분에 대하여 청구법인은 경정청구를 제기할 수 없다.

세액변경 기한

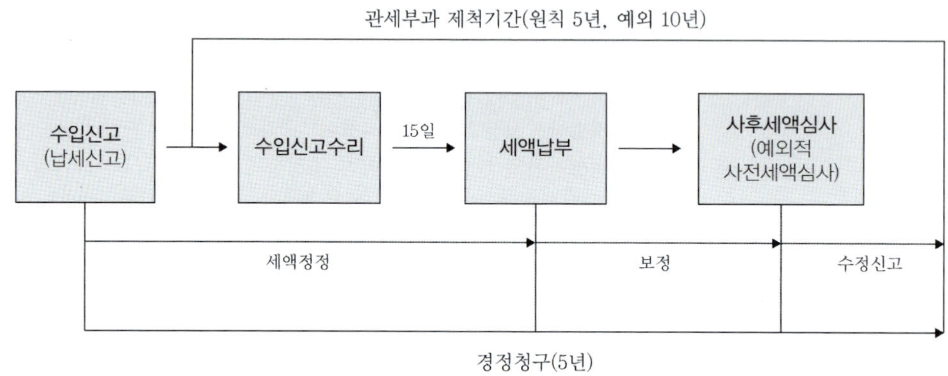

제3절 부과고지방식

1 의 의

부과고지방식은 과세관청인 세관이 납부세액을 확정하여 납세의무자에게 이를 고지하여 납세의무자에게 관세채무를 이행하도록 하는 방식이다.

다음의 어느 하나에 해당하는 경우에는 세관장이 관세를 부과·징수한다(법 제39조 제1항).

① 과세물건의 예외적 확정시기에 해당되어 관세를 징수하는 경우
② 보세건설장에서 건설된 시설로서 수입신고가 수리되기 전에 가동된 경우
③ 보세구역(보세구역 외 장치를 허가받은 장소를 포함한다)에 반입된 물품이 수입신고가 수리되기 전에 반출된 경우
④ 납세의무자가 관세청장이 정하는 사유로 과세가격이나 관세율 등을 결정하기 곤란하여 부과고지를 요청하는 경우
⑤ 즉시 반출한 물품을 즉시반출신고를 한 날부터 10일 이내에 수입신고를 하지 아니하여 관세를 징수하는 경우
⑥ 그 밖에 신고납부방식에 의해 납세신고가 부적당한 것으로서 다음에 해당하는 경우

㉠ 여행자 또는 승무원의 휴대품 및 별송품
㉡ 우편물(수입신고해야 하는 것은 제외한다)
㉢ 법령의 규정에 의하여 세관장이 관세를 부과・징수하는 물품
㉣ 기타 납세신고가 부적당하다고 인정하여 관세청장이 지정하는 물품

⑦ 다음의 하나에 해당하는 담보를 제공하지 아니하는 경우(영 제10조 제9항)
㉠ 관세의 담보를 제공하고자 하는 자가 담보액의 확정일부터 10일 이내에 담보를 제공하지 아니하는 경우
㉡ 납세의무자가 수입신고 후 10일 이내에 담보제공을 요청받았음에도 담보를 제공하지 아니하는 경우

2 세액납부

납부고지를 받은 납세의무자는 납부고지를 받은 날부터 15일 내에 세액을 납부하여야 한다(법 제9조 제1항).

3 부족액 징수

세관장은 과세표준, 세율, 관세의 감면 등에 관한 규정의 적용 착오 또는 그 밖의 사유로 이미 징수한 금액이 부족한 것을 알게 되었을 때에는 그 부족액을 징수한다(법 제39조 제2항).

4 납부고지

세관장이 관세를 징수하려는 경우에는 세목・세액・납부장소 등을 기재한 납세고지서를 납세의무자에게 교부함으로써 납세의무자에게 납부고지를 하여야 한다(법 제39조 제3항). 여행자의 휴대품 등 검사한 장소에서 물품을 검사한 공무원이 관세를 수납하는 경우에는 그 공무원으로 하여금 말로써 고지하게 할 수 있다(영 제36조).

5 징수금액 최저한

세관장은 납세의무자가 납부하여야 하는 세액이 1만원 미만인 경우에는 이를 징수하지 아니한다(법 제40조). 납부하여야 하는 세액이 1만원 미만이어서 관세를 징수하지 아니하게 된 경우에는 당해 물품의 수입신고수리일을 그 납부일로 본다(영 제37조 제2항).

조심 2017관0258 (2017.10.23.)

– 납세고지 절차 위반 여부 등

주식회사 OOO는 한·중·일 모터스포츠 페스티벌인 "OOO 슈퍼레이스 챔피언십"을 주관하고 동 대회에 참가하는 외국인 선수들과 수출입대행계약을 체결하여 대회 관련 차량, 엔진, 타이어 등 경기 참가용 물품을 수출입하는 업무를 담당한다. 쟁점대행회사는 2014.8.13.부터 2015.7.9.까지 OOO 외 47명의 대회 참가용 자동차 및 관련 부품 등을 쟁점대행회사 명의로 수입신고하면서, 「관세법」 제97조 제1항 제1호 및 같은 법 시행규칙 제50조 제1항 제6호에 따른 재수출면세를 신청하였고, 처분청으로부터 이를 승인받았다.

처분청은 2016.11.24.자 관세청장의 종합감사 결과에 따라 쟁점물품이 「관세법 시행규칙」 제50조 제1항 제6호의 감면대상물품에 해당하지 아니한다고 보아, 2017. 6.1. 당초관세감면을 취소하고 쟁점대행회사에게 관세, 개별소비세, 교육세, 부가가치세 및 가산세를 경정·고지하였다.

「관세법」 제39조 제3항에서 세관장이 부과징수하는 경우에는 납세의무자에게 납세고지를 하도록 규정하고 있고, 같은 법 시행령 제36조에서 세관장이 관세를 징수하고자 하는 때에는 세목·세액·납부장소 등을 기재한 납세고지서를 납세의무자에게 교부하도록 규정하고 있으며, 같은 법 제11조 제1항에서 납세고지서는 납세의무자에게 직접 발급하는 경우를 제외하고는 인편, 우편 또는 제327조에 따른 전자송달의 방법으로 송달하도록, 같은 조 제2항에서 납세의무자의 주소, 거소, 영업소 또는 사무소가 모두 분명하지 아니하여 납세고지서를 송달할 수 없을 때에는 해당 세관의 게시판이나 그 밖의 적당한 장소에 납세고지사항을 공시할 수 있도록 규정하고 있다. 처분청은 쟁점처분시 납세의무자 및 납부세액을 각 청구인별로 특정하지 아니하고 납세고지서에 납세의무자를 "OOO 외 31명" 등으로, 납부할 가산세액을 각 청구인별 합계세액인 "OOO원" 등으로 기재하여 쟁점대행회사에게 교부하였다. 이 밖에 달리 각 청구인에게 이 건 납세고지서가 송달되었거나 처분청 게시판 등에 납세고지사항이 공시된 사실은 확인되지 아니한다.

이상의 사실관계 및 관련 법령 등을 종합하여 살피건대, 관세법령에서 부족세액 등 징수시 납세의무자에게 세목·세액·납부장소 등이 기재된 납세고지서를 교부, 송달 또는 공시하도록 규정하고 있는 점, 쟁점물품의 납세의무자가 쟁점대행회사에서 청구인들로 변경되었으므로 처분청이 각 청구인들에게 각자의 세목 및 세액 등을 특정하여 납세고지서를 발급하여야 함에도 이를 특정하지 아니하고 납세의무자를 "OOO 외 31명" 등으로, 납부세액을 각 청구인별 합계세액인 "OOO원" 등으로 일괄하여 납세고지서를 발급한 점 등에 비추어 볼 때, 적법한 납세고지가 있었다고 보기 어려워 이 건 부과처분은 취소됨이 타당하다고 판단된다.

제4절 가산세

1 불성실신고가산세

가산세 징수	세관장은 법정납부기한까지 납부하지 아니한 관세액을 징수하거나 수정신고 또는 경정청구에 따라 부족한 관세액을 징수할 때에는 다음의 금액을 합한 금액을 가산세로 징수한다(법 제42조 제1항). ① 부족세액의 100분의 10(납세자가 부정한 행위(납세자가 관세의 과세표준 또는 세액계산의 기초가 되는 사실의 전부 또는 일부를 은폐하거나 가장하는 것에 기초하여 관세의 과세표준 또는 세액의 신고의무를 위반하는 것으로서 대통령령으로 정하는 행위)로 과소신고한 경우에는 세관장은 부족세액의 100분의 40에 상당하는 금액) ② 다음의 금액을 합한 금액 가. 미납부세액 또는 부족세액 × 법정납부기한의 다음 날부터 납부일까지의 기간(납부고지일부터 납부고지서에 따른 납부기한까지의 기간은 제외) × 금융회사 등이 연체대출금에 대하여 적용하는 이자율 등을 고려하여 대통령령으로 정하는 이자율 나. 법정납부기한까지 납부하여야 할 세액 중 납부고지서에 따른 납부기한까지 납부하지 아니한 세액 × 100분의 3(관세를 납부고지서에 따른 납부기한까지 완납하지 아니한 경우에 한정)

가산세 면제	세관장은 다음의 어느 하나에 해당하는 경우에는 가산세액에서 제42조의2 제1항에 따라 정하는 금액을 감면한다(제42조의2 제1항). ① 수입신고가 수리되기 전에 관세를 납부한 결과 부족세액이 발생한 경우로서 수입신고가 수리되기 전에 납세의무자가 당해 세액에 대하여 수정신고를 하거나 세관장이 경정하는 경우 ② 잠정가격신고를 기초로 납세신고를 하고 이에 해당하는 세액을 납부한 경우. 다만, 납세의무자가 제출한 자료가 사실과 다름이 판명되어 추징의 사유가 발생한 경우에는 그러하지 아니하다. ③ 과세가격의 결정방법에 대한 사전심사의 결과를 통보받은 경우 그 통보일부터 2개월 이내에 통보된 과세가격 결정방법에 따라 해당 사전심사 신청 이전에 신고납부한 세액을 수정신고하는 경우 ④ 사전세액심사 대상 물품중 감면대상 및 감면율을 잘못 적용하여 부족세액이 발생한 경우 ⑤ 수정신고(보정기간이 지난 날부터 1년 6개월이 지나기 전에 한 수정신고로 한정한다)를 한 경우. 다만, 해당 관세에 대하여 과세표준과 세액을 경정할 것을 미리 알고 수정신고서를 제출한 경우로서 다음의 어느 하나에 해당하는 경우는 제외한다. ㉠ 납세자가 관세조사의 사전통지를 받은 후 수정신고서를 제출한 경우 ㉡ 납세자가 사전통지 없이 법 제110조 제2항 각 호의 조사가 개시된 사실을 알고 수정신고서를 제출한 경우 ㉢ 납세자가 서면통지를 받은 후 수정신고서를 제출한 경우 ⑥ 국가나 지방자치단체가 직접 수입하는 물품 등에 대하여 가산금 규정을 적용하지 아니하는 경우 ⑦ 관세심사위원회가 과세전적부심사를 청구받은 날부터 30일 이내에 과세전적부심사의 결정·통지를 하지 아니한 경우 ⑧ 신고납부한 세액의 부족 등에 대하여 납세의무자에게 정당한 사유가 있는 경우
부당 과소 신고	납세자가 부정한 행위(납세자가 관세의 과세표준 또는 세액계산의 기초가 되는 사실의 전부 또는 일부를 은폐하거나 가장하는 것에 기초하여 관세의 과세표준 또는 세액의 신고의무를 위반하는 것으로서 대통령령으로 정하는 방법을 말한다)로 과소신고한 경우에는 세관장은 다음의 금액을 합한 금액을 가산세로 징수한다(법 제42조 제2항). ① 부족세액의 100분의 40 ② 다음의 금액을 합한 금액 가. 미납부세액 또는 부족세액 × 법정납부기한의 다음 날부터 납부일까지의 기간(납부고지일부터 납부고지서에 따른 납부기한까지의 기간은 제외) × 금융회사 등이 연체대출금에 대하여 적용하는 이자율 등을 고려하여 대통령령으로 정하는 이자율 나. 법정납부기한까지 납부하여야 할 세액 중 납부고지서에 따른 납부기한까지 납부하지 아니한 세액 × 100분의 3(관세를 납부고지서에 따른 납부기한까지 완납하지 아니한 경우에 한정)

과세 물건 예외 적확정 시기 해당 물품	세관장은 수입신고를 하지 아니하고 수입된 물품에 대하여 관세를 부과・징수할 때에는 다음의 금액을 합한 금액을 가산세로 징수한다(법 제42조 제3항). 다만, 여행자 휴대품 및 이사물품 미신고 가산세를 징수하는 경우와 천재지변 등 수입신고를 하지 아니하고 수입한 데에 정당한 사유가 있는 것으로 세관장이 인정하는 경우는 제외한다. ① 해당 관세액의 100분의 20(제269조의 죄에 해당하여 처벌받거나 통고처분을 받은 경우에는 100분의 40) ② 다음의 금액을 합한 금액 가. 미납부세액 또는 부족세액 × 법정납부기한의 다음 날부터 납부일까지의 기간(납부고지일부터 납부고지서에 따른 납부기한까지의 기간은 제외) × 금융회사 등이 연체대출금에 대하여 적용하는 이자율 등을 고려하여 대통령령으로 정하는 이자율 나. 법정납부기한까지 납부하여야 할 세액 중 납부고지서에 따른 납부기한까지 납부하지 아니한 세액 × 100분의 3(관세를 납부고지서에 따른 납부기한까지 완납하지 아니한 경우에 한정)
납부기한	납부고지서에 따른 납부기한의 다음 날부터 납부일까지의 기간이 5년을 초과하는 경우에는 그 기간은 5년으로 한다(법 제42조 제4항).
가산세 미적용	체납된 관세(세관장이 징수하는 내국세가 있을 때에는 그 금액을 포함한다)가 150만원 미만인 경우에는 납부기한내 미납부세액, 수정신고 또는 경정청구에 따라 부족한 관세액을 징수하는 경우의 ②의 가 및 과세물건예외적 확정시기 해당물품의 ②의 가에 해당하는 가산세를 적용하지 아니한다(법 제42조 제5항).

2 재수출불이행 가산세

세관장은 재수출(감)면세를 적용받은 물품 중 기획재정부령으로 정하는 물품이 재수출을 위해 규정된 기간 내에 수출되지 아니한 경우에는 500만원을 넘지 아니하는 범위에서 해당 물품에 부과될 관세의 100분의 20에 상당하는 금액을 가산세로 징수한다(법 제97조 제4항, 제98조 제2항).

3 신고지연가산세

① 수입통관 후 보세공장에서 사용하게 될 물품에 대하여는 보세공장에 직접 반입하여 수입신고를 하게 할 수 있으나 반입일부터 30일 이내에 수입신고하지 아니한 경우에는 해당 물품 과세가격의 100분의 2에 상당하는 금액의 범위에서 다음에서 정하는 율에 따라 정하는 금액을 가산세로 징수한다(법 제241조 제4항). 가산세액은 500만원을 초과할 수 없다(영 제247조 제2항).

구분	가산세율
신고기한이 경과한 날부터 20일내에 신고를 한 때	당해 물품의 과세가격의 1천분의 5
신고기한이 경과한 날부터 50일내에 신고를 한 때	당해 물품의 과세가격의 1천분의 10
신고기한이 경과한 날부터 80일내에 신고를 한 때	당해 물품의 과세가격의 1천분의 15
신고기한이 경과한 날부터 80일 이후 신고를 한 때	당해 물품의 과세가격의 1천분의 20

② 수입하거나 반송하려는 물품을 지정장치장 또는 보세창고에 반입하거나 보세구역이 아닌 장소에 장치한 자는 그 반입일 또는 장치일부터 30일 이내 수입 또는 반송의 신고를 하지 아니한 경우에는 해당 물품 과세가격의 100분의 2에 상당하는 금액의 범위에서 위의 ①에서 언급된 율에 따라 정하는 금액을 가산세로 징수한다(법 제241조 제4항).

③ 전기·유류 등의 물품을 수출·수입 또는 반송하는 자는 1개월을 단위로 하여 다음 달 10일까지 신고하여야 하나 기간 내에 수출·수입 또는 반송의 신고를 하지 아니하는 경우 해당 물품 과세가격의 100분의 2에 상당하는 금액의 범위에서 신고지연가산세에서 정하는 금액을 준용하여 가산세로 징수한다(법 제241조 제6).

4 여행자 휴대품 및 이사물품 미신고 가산세

① 세관장은 여행자나 승무원이 휴대품(감면세 적용 물품은 제외)을 신고하지 아니하여 과세하는 경우 해당 물품에 대하여 납부할 세액(관세 및 내국세를 포함한다)의 100분의 40(반복적으로 자진신고를 하지 아니하는 경우 등 대통령령으로 정하

는 사유[5)]에 해당하는 경우에는 100분의 60)에 상당하는 금액을 가산세로 징수한다(법 제241조 제5항).

② 세관장은 우리나라로 거주를 이전하기 위하여 입국하는 자가 입국할 때에 수입하는 이사물품(감면세 적용 물품은 제외)을 신고하지 아니하여 과세하는 경우 해당 물품에 대하여 납부할 세액의 100분의 20에 상당하는 금액을 가산세로 징수한다(법 제241조 제5항)

5 즉시반출물품 미신고 가산세

즉시반출신고를 하고 반출을 하는 자는 즉시반출신고를 한 날부터 10일 이내에 수입신고를 하지 아니하는 경우에는 해당 물품에 대한 관세의 100분의 20에 상당하는 금액을 가산세로 징수한다(법 제253조 제4항).

제5절 관세의 납부

1 관세의 납부

1) 의의

납세의무자는 확정된 관세를 납부기한 내에 납부하여야 하며 정해진 기한 내에 관세를 납부하면 납세의무자의 납세의무는 소멸한다. 반면 납세의무자가 확정된 관세를 납부하지 않아 관세체납이 발생하면 세관장이 강제적으로 관세채권을 실현할 수 있는데, 세관장이 강제적으로 관세를 징수하는 경우에도 세관장의 관세 징수에 의하여 납세의무는 소멸된다.

5) 여행자나 승무원에 대하여 그 여행자나 승무원의 입국일을 기준으로 소급하여 2년 이내에 2회 이상 해당하는 사유로 가산세를 징수한 경우를 말한다(영 제247조 제4항).

2) 관세의 납부기한(법 제9조 제1항)

관세납부 사유		납부기한
신고납부방식		납세신고 수리일부터 15일 이내
부과고지방식		납부고지를 받은 날부터 15일 이내
수입신고전 즉시반출신고를 한 경우		수입신고일부터 15일 이내
월별납부		납부기한이 동일한 달에 속하는 세액에 대하여는 그 기한이 속하는 달의 말일
세액변경	세액정정	당초 납부기한
	보정신청	보정신청을 한 날의 다음날
	수정신고	수정신고를 한 날의 다음날
분할납부	천재지변 등의 사유	1년을 넘지 않는 기간
	시설기계류 등	5년을 넘지 않는 기간

3) 기간[6]의 계산

(1) 수입신고수리전 반출승인을 받은 경우

관세법에 따른 기간을 계산할 때 수입신고수리전 반출승인을 받은 경우에는 그 승인일을 수입신고의 수리일로 본다(법 제8조 제1항). 수입신고수리전 반출승인을 받은 물품은 실질적으로 물품을 반출하여 사용할 수 있는 상태이므로 반출승인일을 수입신고수리일로 간주하는 것이다.

(2) 민법 적용

관세법에 따른 기간의 계산은 관세법에 특별한 규정이 있는 것을 제외하고는 「민법」에 따른다(법 제8조 제2항). 민법 제157조에 의하면 기간을 일, 주, 월 또는 연으로 정한 때에는 기간의 초일은 산입하지 아니하나, 그 기간이 오전 영시로부터 시작하는 때에는 그러하지 아니하다. 제159조에 의하면 기간을 일, 주, 월 또는 연으로 정한 때에는 기간 말일의 종료로 기간이 만료된다. 예를 들어, 신고납

6) 기간이란 어느 시점(시작점)으로부터 다른 시점(종착점)까지 지속되는 시간을 의미한다면, 기한은 법률상 권리・의무를 이행하여야 하는 시점이거나 소멸되는 일정 시점으로서의 법정기한(法定期限)을 의미한다.

부에 따른 수입신고수리일이 2019년 7월 3일인 경우, 관세의 납부기한은 납세신고 수리일로부터 15일 이내이고 초일은 산입하지 아니하므로 7월 4일부터 계산한다. 따라서 이 경우 관세 납부기한은 7월 18일이다.

4) 기한의 특례

관세법에 따른 기한이 공휴일(「근로자의 날 제정에 관한 법률」에 따른 근로자의 날과 토요일을 포함한다) 또는 금융기관(한국은행 국고대리점 및 국고수납대리점인 금융기관에 한한다.) 또는 체신관서의 휴무, 그 밖에 부득이한 사유로 인하여 정상적인 관세의 납부가 곤란하다고 관세청장이 정하는 날에 해당하는 경우에는 그 다음 날을 기한으로 한다(법 제8조 제3항).

국가관세종합정보망 또는 전산처리설비가 정전, 프로그램의 오류, 한국은행(그 대리점을 포함한다) 또는 체신관서의 정보처리장치의 비정상적인 가동 기타 관세청장이 정하는 사유로 인하여 국가관세종합정보망, 연계정보통신망 또는 전산처리설비의 가동이 정지되어 관세법에 따른 기한까지 관세법에 따른 신고, 신청, 승인, 허가, 수리, 교부, 통지, 통고, 납부 등을 할 수 없게 되는 경우에는 해당 국가관세종합정보망, 연계정보통신망 또는 전산처리설비의 장애가 복구된 날의 다음 날을 기한으로 한다(법 제8조 제4항).

5) 천재지변 등으로 인한 기한 연장

(1) 기한의 연장

세관장은 천재지변이나 다음의 사유로 관세법에 따른 신고, 신청, 청구 그 밖의 서류의 제출, 통지, 납부 또는 징수를 정하여진 기한까지 할 수 없다고 인정되는 경우에는 1년을 넘지 아니하는 기간을 정하여 그 기한을 연장할 수 있다(법 제10조).

① 전쟁・화재 등 재해나 도난으로 인하여 재산에 심한 손실을 입은 경우
② 사업에 현저한 손실을 입은 경우
③ 사업이 중대한 위기에 처한 경우
④ 그 밖에 세관장이 위의 사유에 준하는 사유가 있다고 인정하는 경우

(2) 납부기한의 연장 신청

세관장은 납부기한을 연장하는 때에는 관세청장이 정하는 기준에 의하여야 한다(영 제2조 제2항). 납부기한을 연장받고자 하는 자는 신청서를 당해 납부기한이 종료되기 전에 세관장에게 제출하여야 한다(영 제2조 제3항).

(3) 납부기한 연장의 취소

세관장은 납부기한연장을 받은 납세의무자가 다음의 어느 하나에 해당하게 된 때에는 납부기한연장을 취소할 수 있다(영 제2조 제6항).

① 관세를 지정한 납부기한내에 납부하지 아니하는 때
② 재산상황의 호전 기타 상황의 변화로 인하여 납부기한연장을 할 필요가 없게 되었다고 인정되는 때
③ 파산선고, 법인의 해산 기타의 사유로 당해 관세의 전액을 징수하기 곤란하다고 인정되는 때

(4) 납부고지

세관장은 납부기한연장을 취소한 때에는 15일 이내의 납부기한을 정하여 납부고지를 하여야 한다(영 제2조 제7항).

2 월별납부

1) 의의

세관장은 납세실적 등을 고려하여 관세청장이 정하는 요건을 갖춘 성실납세자가 신청을 할 때에는 납부기한이 동일한 달에 속하는 세액에 대하여는 그 기한이 속하는 달의 말일까지 한꺼번에 납부하게 할 수 있다(법 제9조 제3항). 이 경우 세관장은 필요하다고 인정하는 경우에는 납부할 관세에 상당하는 담보를 제공하게 할 수 있다.

2) 월별납부 승인신청

납부기한이 동일한 달에 속하는 세액을 월별로 일괄하여 납부하고자 하는 자

는 납세실적 및 수출입실적에 관한 서류 등 관세청장이 정하는 서류를 갖추어 세관장에게 월별납부의 승인을 신청하여야 한다(영 제1조의5 제1항).

3) 월별납부 승인 및 갱신

세관장은 월별납부의 승인을 신청한 자가 관세청장이 정하는 요건을 갖춘 경우에는 세액의 월별납부를 승인하여야 한다(영 제1조의5 제2항). 이 경우 승인의 유효기간은 승인일부터 그 후 2년이 되는 날이 속하는 달의 마지막 날까지로 한다(영 제1조의5 제2항).

승인을 갱신하려는 자는 서류를 갖추어 그 유효기간 만료일 1개월 전까지 승인갱신 신청을 하여야 한다(영 제1조의5 제5항).

세관장은 승인을 받은 자에게 승인을 갱신하려면 승인의 유효기간이 끝나는 날의 1개월 전까지 승인갱신을 신청하여야 한다는 사실과 갱신절차를 승인의 유효기간이 끝나는 날의 2개월 전까지 휴대폰에 의한 문자전송, 전자메일, 팩스, 전화, 문서 등으로 미리 알려야 한다(영 제1조의5 제6항).

4) 월별납부 승인 취소

세관장은 납세의무자가 다음에 해당하게 된 때에는 월별납부의 승인을 취소할 수 있다. 이 경우 세관장은 월별납부의 대상으로 납세신고된 세액에 대하여는 15일 이내의 납부기한을 정하여 납부고지하여야 한다(영 제1조의5 제4항).

① 관세를 납부기한이 경과한 날부터 15일 이내에 납부하지 아니하는 경우
② 월별납부를 승인받은 납세의무자가 법 제9조 제3항의 규정에 의한 관세청장이 정한 요건을 갖추지 못하게 되는 경우
③ 사업의 폐업, 경영상의 중대한 위기, 파산선고 및 법인의 해산 등의 사유로 월별납부를 유지하기 어렵다고 세관장이 인정하는 경우

3 충 당

1) 의의

충당이란 납세의무자가 납부하여야 할 세액을 납부하지 않는 경우, 관세채권의

확보 등을 위해 납세의무자가 제공한 담보 등을 납세의무자가 납부하여야 할 세액과 상계하는 과세관청의 처분을 의미한다. 과세관청의 충당에 의하여 납세의무자의 납세의무는 소멸한다.

담보제공 사유	법 령
월별납부승인시	법 제9조 제3항
덤핑방지관세, 상계관세 잠정조치시	법 제53조, 제59조
재수출(감)면세 적용시	법 제108조 제1항
분할납부 승인시	영 제131조 제1항
보세구역외 장치의 허가시	법 제156조 제2항
지식재산권보호를 위한 통관보류나 유치 요청시	법 제235조 제3항
수입신고수리시	법 제248조 제2항
수입신고수리전 반출승인시	법 제252조
수입신고전 즉시반출시	법 제253조 제1항

2) 담보물 충당

(1) 의의

세관장은 담보를 제공한 납세의무자가 그 납부기한까지 해당 관세를 납부하지 아니하면 기획재정부령으로 정하는 바에 따라 그 담보를 해당 관세에 충당할 수 있다(법 제25조 제1항). 이 경우 담보로 제공된 금전을 해당 관세에 충당할 때에는 납부기한이 지난 후에 충당하더라도 가산금을 적용하지 아니한다.

(2) 담보의 종류

관세법에 따라 제공하는 담보의 종류는 다음과 같다(법 제24조 제1항).

종류	내용
금전	금융기관 중 관세청장이 지정한 금융기관에 이를 납입하고 그 확인서를 담보제공서에 첨부해야 한다(영 제10조 제2항).
국채 또는 지방채	해당 채권에 관하여 모든 권리를 행사할 수 있는 자의 위임장을 담보제공서에 첨부하여야 한다(영 제10조 제3항).

세관장이 인정하는 유가증권	해당 증권발행자의 증권확인서와 해당 증권에 관한 모든 권리를 행사할 수 있는 자의 위임장을 담보제공서에 첨부하여야 한다(영 제10조 제4항).
• 납세보증보험증권 • 세관장이 인정하는 보증인의 납세보증서	• 세관장이 요청하면 특정인이 납부하여야 하는 금액을 일정 기일 이후에는 언제든지 세관장에게 지급한다는 내용의 것이어야 한다(법 제24조 제2항). • 담보가 되는 보증 또는 보험의 기간은 해당 담보를 필요로 하는 기간으로 하되, 납부기한이 확정되지 아니한 경우에는 관세청장이 정하는 기간으로 한다(영 제10조 제5항).
토지	저당권을 설정하는 데에 필요한 서류를 담보제공서에 첨부하여야 한다(영 제10조 제6항). 이 경우 세관장은 저당권의 설정을 위한 등기 또는 등록의 절차를 밟아야 한다.
보험에 가입된 등기 또는 등록된 건물·공장재단·광업재단·선박·항공기 또는 건설기계	• 저당권을 설정하는 데에 필요한 서류를 담보제공서에 첨부하여야 한다. 이 경우 세관장은 저당권의 설정을 위한 등기 또는 등록의 절차를 밟아야 한다(영 제10조 제5항). • 보험에 든 건물·공장재단·광업재단·선박·항공기나 건설기계를 담보로 제공하려는 자는 그 보험증권을 제출하여야 한다. 이 경우에 그 보험기간은 담보를 필요로 하는 기간에 30일 이상을 더한 것이어야 한다(영 제10조 제7항).

(3) 담보제공서 제출

관세의 담보를 제공하고자 하는 자는 담보의 종류·수량·금액 및 담보사유를 기재한 담보제공서를 세관장에게 제출하여야 한다(영 제10조 제1항).

제공하고자 하는 담보의 금액은 납부하여야 하는 관세에 상당하는 금액이어야 한다(영 제10조 제8항).

(4) 납세고지

세관장은 다음의 하나에 해당하는 경우에는 납부고지를 할 수 있다(영 제10조 제9항).

① 관세의 담보를 제공하고자 하는 자가 담보액의 확정일부터 10일 이내에 담보를 제공하지 아니하는 경우

② 납세의무자가 수입신고후 10일 이내에 담보제공을 요청받았음에도 담보를 제공하지 아니하는 경우

(5) 포괄담보

납세의무자(관세의 납부를 보증한 자를 포함)는 관세법에 따라 계속하여 담보를 제공하여야 하는 사유가 있는 경우에는 관세청장이 정하는 바에 따라 일정 기간에 제공하여야 하는 담보를 포괄하여 미리 세관장에게 제공할 수 있다(법 제24조 제4항).

(6) 담보의 관세충당

세관장은 담보를 관세에 충당하고 남은 금액이 있을 때에는 담보를 제공한 자에게 이를 돌려주어야 하며, 돌려줄 수 없는 경우에는 이를 공탁할 수 있다(법 제25조 제2항). 세관장은 관세의 납세의무자가 아닌 자가 관세의 납부를 보증한 경우 그 담보로 관세에 충당하고 남은 금액이 있을 때에는 그 보증인에게 이를 직접 돌려주어야 한다(법 제25조 3항).

(7) 담보의 관세충당 방법

담보의 관세충당은 다음의 방법에 의한다(시행규칙 제1조의3).

매각	국채 또는 지방채
	세관장이 인정하는 유가증권
	토지
	보험에 가입된 등기 또는 등록된 건물·공장재단·광업재단·선박·항공기 또는 건설기계
보증인에게 담보한 관세에 상당하는 금액을 납부할 것을 즉시 통보	납세보증보험증권
	세관장이 인정하는 보증인의 보증서

3) 관세환급금 충당

세관장은 관세환급금을 환급하는 경우에 환급받을 자가 세관에 납부하여야 하는 관세와 그 밖의 세금, 가산세 또는 강제징수비가 있을 때에는 환급하여야 하는 금액에서 이를 충당할 수 있다(법 제46조 제2항).

4) 매각대금 충당

세관장은 매각대금을 그 매각비용, 관세, 각종 세금의 순으로 충당하고, 잔금이 있을 때에는 이를 화주에게 교부한다(법 제211조 제1항)

4 관세부과의 취소

관세의 부과 취소란 유효하게 성립된 과세처분이 위법 또는 부당함을 근거로 과세관청에 의하여 취소되어 그 과세처분의 효력이 상실되는 것을 의미한다. 과세관청이 스스로 과세처분의 위법 또는 부당함을 인지하여 그 처분을 취소하는 것을 직권취소라고 하는데 그 예로 계약내용과 상이한 물품 등에 관한 관세 환급 시 해당 수입물품에 대한 관세의 납부기한이 종료되기 전이거나 징수유예 중 또는 분할납부기간이 끝나지 아니하여 해당 물품에 대한 관세가 징수되지 아니한 경우에는 세관장은 해당 관세의 부과를 취소할 수 있다(법 제106조 제5항). 또한 심사・심판청구 또는 행정소송에 의하여 내려진 판결에 의하여 과세처분이 취소되는 쟁송취소가 있다.

제6절 관세의 징수

1 의 의

신고납부방식에 의하여 확정된 관세를 납세의무자 스스로 납부하거나 부과고지방식에 의하여 세관에서 확정한 관세를 납세의무자가 납부하면 납세의무는 소멸하나 납세의무자가 확정된 관세를 납부하지 않아 관세체납이 발생하면 세관장이 강제적으로 관세채권을 실현하게 된다.

2 관세징수의 우선

관세를 납부하여야 하는 물품에 대하여는 다른 조세, 그 밖의 공과금 및 채권에 우선하여 그 관세를 징수한다(법 제3조 제1항). 국세징수의 예에 따라 관세를 징수하는 경우 강제징수의 대상이 해당 관세를 납부하여야 하는 물품이 아닌 재산인 경우에는 관세의 우선순위는 「국세기본법」에 따른 국세와 동일하게 한다(법 제3조 제2항).

3 징수금액 최저한

세관장은 납세의무자가 납부하여야 하는 세액이 1만원 미만인 경우에는 이를 징수하지 아니한다(법 제40조). 관세를 징수하지 아니하게 된 경우에는 당해 물품의 수입신고수리일을 그 납부일로 본다(영 제37조 제2항).

4 내국세등의 부과 · 징수

1) 내국세등의 징수

수입물품에 대하여 세관장이 부과 · 징수하는 부가가치세, 지방소비세, 담배소비세, 지방교육세, 개별소비세, 주세, 교육세, 교통 · 에너지 · 환경세 및 농어촌특별세("내국세등"이라 하되, 내국세등의 가산금 · 가산세 및 체납처분비를 포함한다)의 부과 · 징수 · 환급 등에 관하여 「국세기본법」, 「국세징수법」, 「부가가치세법」, 「지방세법」, 「개별소비세법」, 「주세법」, 「교육세법」, 「교통 · 에너지 · 환경세법」 및 「농어촌특별세법」의 규정과 관세법의 규정이 상충되는 경우에는 관세법의 규정을 우선하여 적용한다(법 제4조 제1항).

내국세	과세표준과 세율
부가가치세	(수입물품의 과세가격+관세+개별소비세+주세+교통 · 에너지 · 환경세+교육세+농특세) × 10%

지방소비세	담배소비세 = 과세표준 × 세율
	지방교육세 = 담배소비세 × 50%
개별소비세	일반물품 = (수입물품의 과세가격+관세) × 개별소비세율
	기준가격 설정된 물품 = [(수입물품의 과세가격+관세) −기준가격] × 개별소비세율
주세	주정 = 주정의 수량(kℓ) × (57,000원 + 가산금액)
	주정이외의 주류 = (수입주류의 과세가격 +관세) × 주세율
교육세	개별소비세액 × 30%
	교통・에너지・환경세 × 15%
	주세액 × 10% (주세율이 70%를 초과하는 주류에 대하여는 30%)
교통・에너지・환경세	휘발유 및 이와 유사한 대체유류 = 475원/ℓ (탄력세율 = 529원/ℓ)
	경유 및 이와 유사한 대체유류 = 340/ℓ (탄력세율 = 375원/ℓ)
농어촌특별세	관세법에 따라 감면받는 세액 × 20%

2) 체납세액 징수

(1) 세무서장의 체납세액 징수

수입물품에 대하여 세관장이 부과・징수하는 내국세등의 체납이 발생하였을 때에는 징수의 효율성 등을 고려하여 필요하다고 인정되는 경우 납세의무자의 주소지(법인의 경우 그 법인의 등기부에 따른 본점이나 주사무소의 소재지)를 관할하는 세무서장이 체납세액을 징수할 수 있다(법 제4조 제2항).

(2) 체납자의 요건

납세의무자의 주소지(법인의 경우 그 법인의 등기부에 따른 본점이나 주사무소의 소재지)를 관할하는 세무서장이 체납된 내국세 등을 징수하기 위하여는 체납자가 다음의 모든 요건에 해당하여야 한다(영 제1조의2 제1항).

① 체납자의 체납액 중 관세의 체납은 없고 내국세등만이 체납되었을 것
② 체납된 내국세등의 합계가 1천만원을 초과했을 것

(3) 내국세등 징수 요청

세관장은 위의 요건에 해당되는 체납자의 내국세등을 세무서장이 징수하게 하는 경우 관세체납정리위원회의 의결을 거쳐 관세청장이 정하는 바에 따라 체납자의 내국세등의 징수에 관한 사항을 기재하여 해당 세무서장에게 서면으로 요청하여야 하며, 그 사실을 해당 체납자에게도 통지하여야 한다(영 제1조의2 제2항).

(4) 징수 내역 통보

내국세등의 징수를 요청받은 세무서장이 체납된 내국세등을 징수한 경우에는 징수를 요청한 세관장에게 징수 내역을 통보하여야 하며, 체납된 내국세등에 대한 불복절차 또는 회생절차의 개시, 체납자의 행방불명 등의 사유로 더 이상의 강제징수 절차의 진행이 불가능하게 된 경우에는 그 사실을 징수를 요청한 세관장 및 체납자에게 통보 및 통지하여야 한다(영 제1조의2 제3항).

3) 관세법 규정 준용

관세법에 따른 가산세 및 강제징수비의 부과·징수·환급 등에 관하여는 관세법 중 관세의 부과·징수·환급 등에 관한 규정을 적용한다(법 제4조 제3항).

수입물품에 대하여 세관장이 부과·징수하는 내국세등에 대한 담보제공 요구, 국세충당, 담보해제, 담보금액 등에 관하여는 관세법 중 관세에 대한 담보 관련 규정을 적용한다(법 제4조 제4항).

5 강제징수

1) 의의

담보 제공이 없거나 징수한 금액이 부족한 관세의 징수에 관하여는 관세법에 규정된 것을 제외하고는 「국세기본법」과 「국세징수법」의 예에 따른다(법 제26조 제1항).

세관장은 관세의 강제징수를 할 때에는 재산의 압류, 보관, 운반 및 공매에 드는 비용에 상당하는 강제징수비를 징수할 수 있다(법 제26조 제2항).

2) 강제징수 절차

(1) 독촉

관세를 지정납부기한까지 완납하지 아니한 경우 세관장은 지정납부기한이 지난 후 10일 내에 체납된 관세에 대한 독촉장을 발급하여야 한다(국세징수법 제24조). 독촉장을 발급하는 경우 독촉을 하는 날부터 20일 이내의 범위에서 기한을 정하여 발급한다(국세징수법 제10조 제2항).

(2) 재산압류

세관장은 납세의무자가 독촉장(납부최고서를 포함한다)을 받고 지정된 기한까지 관세 또는 체납액을 완납하지 아니한 경우에는 재산의 압류(교부청구・참가압류를 포함한다), 압류재산의 매각・추심 및 청산의 절차에 따라 강제징수를 한다(국세징수법 제24조).

(3) 교부청구

관세를 체납한 납세의무자의 재산에 대하여 다른 기관의 강제집행에 있어서 세관장이 체납된 관세의 교부를 청구할 수 있다.

(4) 참가압류

세관장은 압류하려는 재산을 이미 다른 기관에서 압류하고 있을 때에는 교부청구를 갈음하여 참가압류 통지서를 그 재산을 이미 압류한 기관에 송달함으로써 그 압류에 참가할 수 있다(국세징수법 제61조 제1항).

(5) 압류재산의 매각

세관장은 압류한 재산을 공매 또는 수의계약(수의계약으로 매각하지 아니하면 매각대금이 체납처분비에 충당하고 남을 여지가 없는 경우 등)을 통하여 처분하여 체납된 관세에 충당할 수 있다.

(6) 청산

세관장은 채권, 압류재산의 매각대금 등의 금전은 체납액과 채권에 배분한다(국세징수법 제96조 제1항). 금전을 배분하거나 충당하고 남은 금액이 있을 때에는 체납자에게 지급하여야 한다(국세징수법 제96조 제3항).

3) 압류 · 매각의 유예

(1) 의의

세관장은 재산의 압류나 압류재산의 매각을 유예함으로써 사업을 정상적으로 운영할 수 있게 되어 체납액의 징수가 가능하다고 인정되는 경우에는 그 체납액에 대하여 강제징수에 의한 재산의 압류나 압류재산의 매각을 대통령령으로 정하는 바에 따라 유예할 수 있다(법 제43조의2 제1항). 세관장은 유예하는 경우에 필요하다고 인정하면 이미 압류한 재산의 압류를 해제할 수 있고(법 제43조의2 제2항), 압류 또는 매각을 유예하였거나 압류 또는 매각의 유예를 취소하였을 때에는 체납자에게 그 사실을 통지하여야 한다(법 제43조의2 제6항).

(2) 담보제공

세관장은 재산의 압류를 유예하거나 압류한 재산의 압류를 해제하는 경우에는 그에 상당하는 납세담보의 제공을 요구할 수 있다(법 제43조의2 제3항). 그러나 세관장은 압류 또는 매각의 유예 결정일 기준으로 최근 3년 이내에 관세법, 「자유무역협정의 이행을 위한 관세법의 특례에 관한 법률」, 「수출용 원재료에 대한 관세 등 환급에 관한 특례법」 또는 「조세범 처벌법」 위반으로 처벌받은 사실이 없는 체납자로부터 체납액 납부계획서를 제출받고 그 납부계획의 타당성을 인정하는 경우에는 납세담보의 제공을 요구하지 아니할 수 있다(법 제43조의2 제4항).

(3) 압류 또는 매각 유예의 취소

세관장은 압류 또는 매각의 유예받은 체납자가 다음의 어느 하나에 해당하는 경우에는 그 압류 또는 매각의 유예를 취소하고, 유예에 관계되는 체납액을 한꺼번에 징수할 수 있다(법 제43조의2 제5항). 다만, ①의 정당한 사유가 있는 것으로 세관장이 인정하는 경우에는 체납처분의 유예를 취소하지 아니할 수 있다. 그리고 세관장은 압류 또는 매각의 유예를 취소하였을 때에는 체납자에게 그 사실을 통지하여야 한다(법 제43조의2 제6항).

① 체납액을 분납계획에 따라 납부하지 아니한 경우
② 담보의 변경이나 그 밖에 담보 보전에 필요한 세관장의 명령에 따르지 아니한 경우
③ 재산상황이나 그 밖의 사정의 변화로 유예할 필요가 없다고 인정될 경우

④ 다음 어느 하나의 경우에 해당되어 그 유예한 기한까지 유예에 관계되는 체납액의 전액을 징수할 수 없다고 인정될 경우

가. 국세 · 지방세 또는 공과금의 체납으로 강제징수 또는 체납처분이 시작된 경우

나. 「민사집행법」에 따른 강제집행 · 담보권 실행 등을 위한 경매가 시작된 경우

다. 「어음법」 및 「수표법」에 따른 어음교환소에서 거래정지처분을 받은 경우

라. 「채무자 회생 및 파산에 관한 법률」에 따른 파산선고를 받은 경우

마. 법인이 해산된 경우

바. 관세의 체납이 발생되거나 관세를 포탈하려는 행위가 있다고 인정되는 경우

(4) 압류 또는 매각의 재유예

세관장은 다음의 어느 하나에 해당하는 경우에는 압류 또는 매각의 유예를 받은 체납액에 대하여 유예기간이 지난 후 다시 압류 또는 매각의 유예를 할 수 있다(법 제43조의2 제7항).

① 압류 또는 매각 유예의 취소규정 단서에 따라 체납처분의 유예를 취소하지 아니한 경우

② 재산상황이나 그 밖의 사정의 변화로 유예할 필요가 없다고 인정되어 체납처분의 유예를 취소한 경우

제7절 관세부과권의 제척기간

1 의 의

과세요건이 충족되어 추상적으로 성립된 납세의무를 확정할 수 있는 권리를 관세부과권이라 하며 이러한 관세부과권을 행사할 수 있는 기간을 제척기간이라고 한다. 만일 제척기간이 없다면 과세관청은 영원히 관세부과권을 행사할 수 있

으므로 납세의무자에게 법적안정성을 부여하기 위하여 관세부과권이 행사될 수 있는 기간을 제한하는 것이다. 즉, 과세관청이 관세법상의 법률관계를 언제까지나 불확정의 상태로 두는 것은 바람직하지 않으므로 그 존속기간을 정하여 제한함으로써 관세법상 납세의무를 신속히 확정시키기 위하여 '제척기간'을 두고 있다.[7] 따라서 과세관청이 납세의무를 확정하는 관세부과권을 행사하지 않은 채 제척기간이 만료되면 납세의무자의 납세의무는 소멸된다.

2 관세부과의 제척기간

1) 원칙

관세는 해당 관세를 부과할 수 있는 날부터 5년이 지나면 부과할 수 없다(법 제21조 제1항). 다만, 부정한 방법으로 관세를 포탈하였거나 환급 또는 감면받은 경우에는 관세를 부과할 수 있는 날부터 10년이 지나면 부과할 수 없다.

2) 관세부과 제척기간 연장

다음의 어느 하나에 해당하는 경우에는 관세부과의 제척기간 원칙에 따라 관세를 부과할 수 있는 날부터 5년이 지나면 관세를 부과할 수 없으나 그 규정된 기간까지는 해당 결정 · 판결 · 회신결과 또는 경정청구에 따라 경정이나 그 밖에 필요한 처분을 할 수 있다(법 제21조 제2항). 관세부과 제척기간의 진행은 중단되거나 정지되지 않기 때문에 과세처분에 대한 심판청구 등의 쟁송절차가 장기간 지연되어 그 결정 또는 판결이 과세제척기간이 지난 후에 행하여지는 경우 그 결정이나 판결에 따른 처분조차도 할 수 없게 되는 불합리한 상황을 방지하기 위한 것이다.[8]

7) 이종익 · 박병목, 전게서, p. 109.
8) 이종익 · 박병목, 상게서, p. 110.

<table>
<tr><td rowspan="4">그 결정·판결이 확정된 날부터 1년</td><td>이의신청, 심사청구 또는 심판청구에 대한 결정이 있은 경우</td></tr>
<tr><td>「감사원법」에 따른 심사청구에 대한 결정이 있은 경우</td></tr>
<tr><td>「행정소송법」에 따른 소송에 대한 판결이 있은 경우</td></tr>
<tr><td>압수물품의 반환결정이 있은 경우</td></tr>
<tr><td>먼저 도래하는 날부터 1년</td><td>관세법과 「자유무역협정의 이행을 위한 관세법의 특례에 관한 법률」 및 조약·협정 등이 정하는 바에 따라 양허세율의 적용여부 및 세액 등을 확정하기 위하여 원산지증명서를 발급한 국가의 세관이나 그 밖에 발급권한이 있는 기관에게 원산지증명서 및 원산지증명서확인자료의 진위 여부, 정확성 등의 확인을 요청하여 회신을 받은 경우
① 해당 요청에 따라 회신을 받은 날
② 법과 「자유무역협정의 이행을 위한 관세법의 특례에 관한 법률」 및 조약·협정 등에서 정한 회신기간이 종료된 날</td></tr>
<tr><td rowspan="2">경정청구일 또는 결정통지일부터 2개월</td><td>경정청구가 있는 경우</td></tr>
<tr><td>수입물품의 과세가격 조정에 따른 조정 신청에 대한 결정통지가 있는 경우</td></tr>
</table>

3) 관세부과 제척기간 기산일

관세부과의 제척기간을 산정할 때 수입신고한 날의 다음날을 관세를 부과할 수 있는 날로 한다. 그러나 다음의 경우에는 각각에 규정된 날을 관세를 부과할 수 있는 날로 한다(영 제6조).

<table>
<tr><td>과세물건의 예외적 확정시기에 해당하는 경우</td><td>그 사실이 발생한 날의 다음날</td></tr>
<tr><td>의무불이행 등의 사유로 감면된 관세를 징수하는 경우</td><td>그 사유가 발생한 날의 다음날</td></tr>
<tr><td>보세건설장에 반입된 외국물품의 경우</td><td>다음의 날 중 먼저 도래한 날의 다음날
① 건설공사완료보고를 한 날
② 특허기간(특허기간을 연장한 경우에는 연장기간을 말한다)이 만료되는 날</td></tr>
<tr><td>과다환급 또는 부정환급 등의 사유로 관세를 징수하는 경우</td><td>환급한 날의 다음날</td></tr>
<tr><td>잠정가격을 신고한 후 확정된 가격을 신고한 경우</td><td>확정된 가격을 신고한 날의 다음 날
(2년의 기간 내에 확정된 가격을 신고하지 아니하는 경우에는 해당 기간의 만료일의 다음날)</td></tr>
</table>

제8절 관세징수권의 소멸시효

1 의 의

관세의 징수권이란 과세관청이 관세의 부과권을 행사하여 확정된 납세의무에 대하여 그 이행을 청구할 수 있는 권리를 의미한다. 즉, 관세의 징수권은 관세의 부과권이 행사되어 납세의무가 확정된 이후에 발동할 수 있는 권리이므로 관세의 부과권이 행사되지 않으면 관세의 징수권은 생성되지 않는다. 관세법상 과세관청은 확정된 납세의무에 대하여 납세고지, 독촉 등에 의하여 그 이행을 청구함으로써 징수권을 행사할 수 있고 특정 기간 동안 이러한 권리를 행사하지 않으면 그 권리가 소멸된다.

이러한 징수권의 소멸시효는 관세부과의 제척기간과 구별되는데 관세부과의 제척기간은 일정한 기간 내에서 관세를 부과할 수 있도록 하고 그 기간이 지나면 관세를 부과할 수 없도록 하는 것이고, 관세징수권의 소멸시효는 납세의무가 구체적으로 확정되었음을 전제로 과세관청이 일정 기간 내에 체납징수를 위하여 채권을 행사하지 않으면 관세를 징수할 수 없도록 하는 것이다.[9)]

즉, 관세부과의 제척기간은 권리관계의 조속한 확정을 목적으로 한다는 점에서 중단이나 정지가 인정되지 않으나, 징수권의 소멸시효는 권리의 불행사라는 사실상태의 중단이 인정되고 일정한 사유가 있으면 소멸시효의 진행이 정지된다.[10)] 또한 관세의 징수권은 이를 행사할 수 있는 날로부터 정해진 기간 동안 행사하지 않으면 그 권리가 소멸되므로 포기는 허용되지 않지만 관세징수권의 소멸시효는 시효의 이익에 대한 포기를 인정한다.[11)]

9) 이종익・박병목, 전게서, p. 109.
10) 박철구, 전게서, p. 31.
11) 박철구, 상게서, p. 31.

2 관세징수권의 소멸시효 기간

1) 관세의 소멸시효

관세의 징수권은 이를 행사할 수 있는 날부터 다음의 구분에 따른 기간 동안 행사하지 아니하면 소멸시효가 완성된다(법 제22조 제1항).

① 5억원 이상의 관세(내국세를 포함한다) : 10년

② ① 이외의 관세 : 5년

2) 과오납금과 환급청구권 소멸시효

납세자의 과오납금 또는 그 밖의 관세의 환급청구권은 그 권리를 행사할 수 있는 날부터 5년간 행사하지 아니하면 소멸시효가 완성된다(법 제22조 제2항).

3 관세징수권 등 소멸시효의 기산일

1) 관세징수권의 소멸시효 기산일

관세징수권을 행사할 수 있는 날은 다음의 날로 한다(영 제7조 제1항).

신고납부하는 관세	수입신고가 수리된 날부터 15일이 경과한 날의 다음날
월별납부	납부기한이 경과한 날의 다음날
보정신청에 의하여 납부하는 관세	보정신청일의 다음날의 다음날
수정신고에 의하여 납부하는 관세	수정신고일의 다음날의 다음날
부과고지하는 관세	납부고지를 받은 날부터 15일이 경과한 날의 다음날
즉시반출물품	수입신고한 날부터 15일이 경과한 날의 다음날
기타 법령에 의하여 납부고지하여 부과하는 관세	납부기한을 정한 때에는 그 납부기한이 만료된 날의 다음날

2) 관세환급청구권 소멸시효 기산일

관세환급청구권을 행사할 수 있는 날은 다음의 날로 한다(영 제7조 제2항).

경정으로 인한 환급	경정결정일
착오납부 또는 이중납부로 인한 환급	그 납부일
계약과 상이한 물품 등에 대한 환급	당해 물품의 수출신고수리일 또는 보세공장반입신고일
폐기, 멸실, 변질, 또는 손상된 물품에 대한 환급	해당 물품이 폐기, 멸실, 변질 또는 손상된 날
수입한 상태 그대로 수출되는 자가사용물품에 대한 환급	• 수출신고가 수리된 날 • 수출신고가 생략되는 물품의 경우에는 운송수단에 적재된 날
국제무역선, 국제무역기 또는 보세판매장에서 구입한 수 환불한 물품에 대한 환급	해당 물품이 환불된 날
종합보세구역에서 물품을 판매하는 자가 환급받고자 하는 경우	환급에 필요한 서류의 제출일
수입신고 또는 입항전수입신고를 하고 관세를 납부한 후 신고가 취하 또는 각하된 경우	신고의 취하일 또는 각하일
적법하게 납부한 후 법률의 개정으로 인하여 환급하는 경우	그 법률의 시행일

4 관세징수권의 소멸시효 중단

관세징수권의 소멸시효는 다음의 어느 하나에 해당하는 사유로 중단된다(법 제23조 제1항). 소멸시효가 중단되면 그 동안 진행되었던 소멸시효는 효력이 소멸되고 중단사유가 끝나면 다시 소멸시효가 진행된다.

① 납부고지

② 경정처분

③ 납부독촉[12)]

12) 국세징수법 제10조에 따라 납세자가 국세를 지정납부기한까지 완납하지 아니한 경우 지정납부기한이 지난 후 10일 이내에 체납된 국세에 대한 독촉장을 발급하여야 한다. 독촉장을 발행하는 경우에는 납

④ 통고처분[13)]

⑤ 고발[14)]

⑥ 「특정범죄 가중처벌 등에 관한 법률」 제16조[15)]에 따른 공소제기

⑦ 교부청구

⑧ 압류

5 관세징수권의 소멸시효 정지

관세징수권의 소멸시효는 관세의 분할납부기간, 징수유예기간, 압류·매각의유예기간[16)] 또는 사해행위(詐害行爲) 취소소송기간 중에는 진행하지 아니한다(법 제23조 제3항). 소멸시효가 정지되는 사유가 발생하면 그 동안 진행되었던 소멸시효기간은 그대로 인정되어 정지사유가 해소되면 소멸시효의 남은 기간 동안만 진행된다.

사해행위 취소소송으로 인한 시효정지의 효력은 소송이 각하, 기각 또는 취하된 경우에는 효력이 없다(법 제23조 제4항).

부기한을 20일 이내로 정하여야 한다(징수사무처리에 관한 훈령 제16조).

13) 관세법 제311조에 따라 관세청장이나 세관장은 관세범을 조사한 결과 범죄의 확증을 얻었을 때에는 그 대상이 되는 자에게 그 이유를 구체적으로 밝히고 벌금에 상당하는 금액 등을 납부할 것을 통고하는 행정처분이다.

14) 관세법 제284조에 따라 관세범에 관한 사건에 대하여는 관세청장이나 세관장의 고발이 없으면 검사는 공소를 제기할 수 없다.

15) 관세법 위반행위의 가중처벌과 조세 포탈의 가중처벌의 죄에 대한 공소(公訴)는 고소 또는 고발이 없는 경우에도 제기할 수 있다.

16) 「국세징수법 제105조 제1항」 ① 관할 세무서장은 체납자가 다음 각 호의 어느 하나에 해당하는 경우 체납자의 신청 또는 직권으로 그 체납액에 대하여 강제징수에 따른 재산의 압류 또는 압류재산의 매각을 대통령령으로 정하는 바에 따라 유예할 수 있다.
1. 국세청장이 성실납세자로 인정하는 기준에 해당하는 경우
2. 재산의 압류나 압류재산의 매각을 유예함으로써 체납자가 사업을 정상적으로 운영할 수 있게 되어 체납액의 징수가 가능하게 될 것이라고 관할 세무서장이 인정하는 경우

4
관세감면 및 환급 등

제1절 관세감면제도의 일반적 고찰

제2절 무조건 감면세

제3절 조건부 감면세

제4절 분할납부

제5절 관세환급

관세의 감면 및 환급에 대한 개관

제4장은 관세의 감면 및 환급에 대한 규정을 다루고 있다. 관세법상의 감면세는 수입물품 또는 수입자가 일정한 요건에 충족되는 경우 납세의무자에게 납부하여야 할 관세의 일부 또는 전부를 면제하여 관세의 부담을 완화시켜주는 제도이다. 관세법상 감면세는 조건부감면세와 무조건 감면세로 구분되는데, 특히 조건부 감면세는 통관된 후 일정기간 동안 특정 용도 외의 용도로 사용하지 않는다는 조건에 따라 사후관리가 이루어진다.

한편 제4장에서는 관세지원제도의 하나인 분할납부제도를 다루는데 이는 관세를 일시에 납부해야하는 납세의무자의 부담을 덜어주고 분할납부에 따른 이자가 징수되지 않으므로 납세의무자에게 유리한 제도이다. 또한 관세법상 관세 환급에 대하여 계약 내용과 다른 물품을 다시 수출하는 경우 등과, 수입신고 수리후 지정보세구역 장치 물품의 멸실, 변질, 손상으로 가치가 감소된 경우와 착오로 과다한 세액을 납부한 경우의 환급에 대하여 다루게 된다.

제4장은 다음과 같이 구성되어 있다.

제1절 관세감면제도의 일반적 고찰　　제2절 무조건 감면세
제3절 조건부 감면세　　제4절 분할납부
제5절 관세환급

- 관세감면제도
  - 무조건감면세
    - 외교관용용품 등의 면세
    - 정부용품 등의 면세
    - 소액물품 등의 면세
    - 여행자휴대품 및 이사물품 등의 면세
    - 재수입면세
    - 손상감세
    - 해외임가공물품 등의 감세
  - 조건부감면세
    - 세율불균형용품 감면세
    - 학습연구용품 감면세
    - 종교용품, 자선용품, 장애인용품 등의 면세
    - 특정용품의 면세
    - 환경오염방지용품 등에 대한 감면세
    - 재수출면세
    - 재수출감면세

- 관세환급
  - 분할납부기간
  - 분할납부 대상
  - 담보의 제공
  - 납세의무의 승계

- 분할납부
  - 계약내용과 다른 용품에 대한 관세환급
  - 지정보세구역 장치용품의 멸실, 변질, 손상으로 인한 관세 환급

4 관세감면 및 환급 등

제1절 관세감면제도의 일반적 고찰

1 의 의

납세의무자는 관세법상 과세요건의 충족으로 확정된 관세를 납부하여야 하는 의무를 가진다. 그러나 수입물품 또는 수입자가 일정한 요건에 충족되는 경우 납세의무자에게 납부하여야 할 관세의 일부를 면제하거나 전부를 면제해주는 감면제도가 있다. 이러한 감면제도는 관세 부담을 줄여서 관련 산업을 지원하는 취지로 시행하거나 국제협약사항·국내산업·특정사회활동·무역업 편의 등의 사유와 목적에 따라 운영되도록 하고 있어 관세율이 무세여서 관세의 부담이 없는 경우와는 구분된다.[1)]

관세법상 감면세는 조건부감면세와 무조건 감면세로 구분할 수 있는데, 조건부 감면세는 특정 요건에 충족되어 감면세 적용을 받아 통관된 후에는 일정기간 동안 특정 용도 외의 용도로 사용하지 않는다는 조건에 따라 사후관리가 이루어진다. 즉, 조건부 감면세를 적용받아 수입한 물품이 통관시 적용된 특정 용도 외의 용도로 사용하거나 양도하는 경우에는 감면받은 관세가 징수되어야 한다. 무조건 감면세는 일정기간 동안 특정 용도 외의 다른 용도로 사용하지 않아야 한다는 조건이 없이 통관시에 감면세 적용을 받은 것으로 완료되므로 사후관리가 이루어지지 않는다.

1) 이종익·박병목, 전게서, p. 298.

무조건 감면세	조건부 감면세
• 외교관용물품 등의 면세(법 제88조) • 정부용품 등의 면세(법 제92조) • 소액물품 등의 면세(법 제94조) • 여행자휴대품 및 이사물품 등의 면세(법 제96조) • 재수입면세(법 제99조) • 손상감세(법 제100조) • 해외임가공물품 등의 감세(법 제101조)	• 세율불균형물품 감면세(법 제89조) • 학술연구용품 감면세(법 제90조) • 종교용품, 자선용품, 장애인용품 등의 면세(법 제91조) • 특정물품의 면세(법 제93조) • 환경오염방지물품 등에 대한 감면세(법 제95조) • 재수출면세(법 제97조) • 재수출감면세(법 제98조)

2 관세감면 절차

1) 관세감면신청

관세법 기타 관세에 관한 법률 또는 조약에 따라 관세를 감면받으려는 자는 해당 물품의 수입신고 수리 전에 신청서를 세관장에게 제출하여야 한다(영 제112조 제1항). 다만, 관세청장이 정하는 경우에는 감면신청을 간이한 방법으로 하게 할 수 있다.

2) 예외적 신청기한

다음의 사유가 있는 경우에는 다음의 구분에 따른 기한까지 감면신청서를 제출할 수 있다(영 제112조 제2항).

① 세관장이 과세표준, 세율, 관세의 감면 등에 관한 규정의 적용 착오 또는 그 밖의 사유로 이미 징수한 금액이 부족한 것을 알고 그 부족액을 징수하는 경우 : 해당 납부고지를 받은 날부터 5일 이내

② 그 밖에 수입신고수리전까지 감면신청서를 제출하지 못한 경우 : 해당 수입신고수리일부터 15일 이내(해당 물품이 보세구역에서 반출되지 아니한 경우로 한정한다)

3) 담보제공

(1) 의의

세관장은 필요하다고 인정될 때에는 대통령령으로 정하는 범위에서 관세청장이 정하는 바에 따라 관세법이나 그 밖의 법령·조약·협정 등에 따라 관세를 감면받는 물품에 대하여 그 물품을 수입할 때에 감면받는 관세액(재수출면세 및 재수출감면세에 따른 가산세는 제외한다)에 상당하는 담보를 제공하게 할 수 있다(법 제108조 제1항).

(2) 담보제공 기준

담보의 제공여부는 물품의 성질 및 종류, 관세채권의 확보가능성 등을 기준으로 하여 정하되, 재수출면세(법 제97조) 또는 재수출감면세(법 제98조)의 규정에 의하여 관세를 감면받는 경우에 한하여야 한다(영 제131조 제1항).

(3) 담보제공 시기

세관장은 수입신고를 수리하는 때까지 담보를 제공하게 할 수 있다(영 제131조 제1항). 다만, 긴급한 사유로 공휴일(「근로자의 날 제정에 관한 법률」에 따른 근로자의 날 및 토요일을 포함한다) 등 금융기관이 업무를 수행할 수 없는 날에 수입하는 물품으로서 긴급성의 정도 등을 고려하여 관세청장이 정하여 고시하는 물품에 대하여는 수입신고를 수리하는 때 이후 최초로 금융기관이 업무를 수행하는 날까지 담보를 제공하게 할 수 있다.

3 사후관리

1) 사후관리 기간

세율불균형물품의 면세(법 제89조), 학술연구용품의 감면세(법 제90조), 종교용품, 자선용품, 장애인용품 등의 면세(법 제91조), 특정물품의 면세(법 제93조), 환경오염방지물품 등에 대한 감면세(법 제95조)에 따라 관세를 감면받은 물품은 수입신고 수리일부터 3년의 범위에서 대통령령으로 정하는 기준에 따라 관세청장이 정하는 기간에는 그 감면받은 용도 외의 다른 용도로 사용하거나 양도(임대를 포함한다)할 수 없다(법 제102조 제1항). 다만, 기획재정부령으로 정하는 물품과 대통령령으로 정하는 바에 따라 미리 세관장의 승인을 받은 물품의 경우에는 그러하지 아니하다.

관세청장은 관세감면물품의 사후관리기간을 정하고자 하는 때에는 다음의 기준에 의하되, 각 기준을 적용한 결과 동일물품에 대한 사후관리기간이 다르게 되는 경우에는 그 중 짧은 기간으로 할 수 있다(영 제110조).

<table>
<tr><td rowspan="3">물품의 내용 연수 기준</td><td>내용연수가 5년 이상인 물품</td><td>3년.
학술연구용품의 감면을 받는 물품은 2년</td></tr>
<tr><td>내용연수가 4년인 물품</td><td>2년</td></tr>
<tr><td>내용연수가 3년 이하인 물품</td><td>1년 이내 기간에서 관세청장이 정하여 고시하는 기간</td></tr>
<tr><td colspan="2" rowspan="3">관세감면물품이 다른 용도로 사용될 가능성이 적은 경우</td><td>1년 이내 기간에서 관세청장이 정하여 고시하는 기간</td></tr>
<tr><td>장애인 등 특정인만이 사용하거나 금형과 같이 성격상 다른 용도로 사용될 수 없는 물품 – 수입신고수리일까지</td></tr>
<tr><td>박람회・전시회 등 특정행사에 사용되는 물품의 경우 – 당해 용도 또는 행사가 소멸 또는 종료되는 때까지</td></tr>
<tr><td colspan="2" rowspan="3">관세감면물품이 원재료・부분품 또는 견품인 경우</td><td>1년 이내 기간에서 관세청장이 정하여 고시하는 기간</td></tr>
<tr><td>원재료・부분품 또는 견품 등이 특정용도에 사용된 후 사실상 소모되는 물품 – 감면용도에 사용하기 위하여 사용장소에 반입된 사실이 확인된 날까지</td></tr>
<tr><td>감면받은 용도에 사용되지 아니하고 1년 이상 보관하는 경우 – 당해 물품이 모두 사용되는 날까지</td></tr>
<tr><td colspan="2">관세감면물품에 대한 관세법상 세율에 감면율을 곱한 율을 기준으로 하는 경우</td><td>3퍼센트 이하인 경우 – 1년 이내
3퍼센트 초과 7퍼센트 이하인 경우 – 2년 이내</td></tr>
</table>

2) 관세징수

다음의 어느 하나에 해당하면 그 용도 외의 다른 용도로 사용한 자나 그 양도인(임대인 포함)으로부터 감면된 관세를 즉시 징수하며, 양도인으로부터 해당 관세를 징수할 수 없을 때에는 양수인(임차인 포함)으로부터 감면된 관세를 징수한다(법 제102조 제2항). 다만, 재해나 그 밖의 부득이한 사유로 멸실되었거나 미리 세관장의 승인을 받아 폐기하였을 때에는 그러하지 아니하다.

① 관세를 감면받은 물품을 사후관리 기간에 감면받은 용도 외의 다른 용도로 사용한 경우

② 관세를 감면받은 물품을 사후관리 기간에 감면받은 용도 외의 다른 용도로 사용하려는 자에게 양도한 경우

4 감면물품의 용도외 사용 등에 대한 승인신청

1) 감면물품의 용도외 사용에 대한 승인 신청

외교관물품 등의 면세(법 제88조제2항 단서), 재수출면세(법 제97조 제2항 단서), 재수출감면세(법 제98조 제2항) 또는 조건부면세로서 사후관리를 받는 물품에 대하여 용도외 사용에 대한 세관장의 승인을 얻고자 하는 자는 신청서를 당해 물품의 소재지를 관할하는 세관장에게 제출하여야 한다(영 제109조 제1항). 다만, 재수출면세 법 제97조 제2항 단서(법 제98조 제2항에서 준용하는 경우를 포함한다)의 규정에 해당하는 경우에는 당해 물품을 최초에 수입신고한 세관에서도 할 수 있다.

2) 멸실된 물품에 대한 승인 신청

재해 기타 부득이한 사유로 인하여 멸실된 물품에 대하여 세관장의 승인을 받고 감면된 관세가 징수되는 것으로부터 면제규정을 적용받고자 하는 자는 멸실 후 지체없이 신청서에 그 사실을 증빙할 수 있는 서류를 첨부하여 세관장에게 제출하여야 한다(영 제109조 제2항).

3) 폐기된 물품에 대한 승인 신청

물품폐기에 대한 감면된 관세가 징수되는 것으로부터 면세규정을 적용받기 위하여 세관장의 승인을 얻고자 하는 자는 신청서를 세관장에게 제출하여야 한다(영 제109조 제3항).

5 관세감면의 승계

1) 의의

조건부감면세 적용대상이 사후관리 기간 내에 용도외 다른 용도로 사용되거나 용도외 다른 용도로 사용할 자에게 양도되는 경우 감면된 관세가 징수되나 다른 용도로 사용하거나 다른 용도로 사용할 자에게 양도되더라도 다른 감면세 규정에 따라 감면의 효력을 유지할 수 있는 경우에는 감면된 관세를 징수하지 않는다. 관세법상 관세감면을 적용받은 물품이 감면을 적용받은 요건인 원래의 용도대로 사용할 필요가 없어진 경우에 타법령 등에 의하여 관세감면을 적용받을 수 있는 다른 용도로 사용하게 함으로써 수입된 자원을 최대한 활용하고자 하는 의도라 할 수 있다.

법령, 조약, 협정 등에 따라 관세를 감면받은 물품을 감면받은 용도 외의 다른 용도로 사용하거나 감면받은 용도 외의 다른 용도로 사용하려는 자에게 양도하는 경우(해당 물품을 다른 용도로 사용하는 자나 해당 물품을 다른 용도로 사용하기 위하여 양수하는 자가 그 물품을 다른 용도로 사용하기 위하여 수입하는 경우에는 그 물품에 대하여 법령 또는 조약, 협정 등에 따라 관세를 감면받을 수 있는 경우로 한정한다)에는 외교관용 물품 등의 면세(법 제88조 제3항), 재수출면세(법 제97조 제3항), 재수출감면세(법 제98조 제2항) 등에 따라 징수하여야 하는 관세를 감면할 수 있다(법 제103조 제1항). 다만, 관세법 외의 법령, 조약, 협정 등에 따라 그 감면된 관세를 징수할 때에는 그러하지 아니하다.

2) 수탁 · 위탁거래의 관계시 양도

학술연구용품의 감면세(법 제90조), 특정물품의 면세(법 제93조), 환경오염방지물품 등에 대한 감면세(법 제95조) 또는 재수출감면세(법 제98조)에 따라 관세를 감면받은 물품은 「대 · 중소기업 상생협력 촉진에 관한 법률」 제2조 제4호에 따른 수탁 · 위탁거래의 관계에 있는 기업에 양도할 수 있으며, 이 경우 사후관리기간 내에 용도외 다른 용도로 사용하거나 다른 용도로 사용할 자에게 양도함에 따라 징수할 관세를 감면할 수 있다(법 제103조 제2항). 다만, 관세법 외의 법령, 조약, 협정 등에 따라 그 감면된 관세를 징수할 때에는 그러하지 아니하다.

3) 사후관리기간 기산일

관세감면승계규정에 따라 관세를 감면받은 경우 그 사후관리기간은 당초의 수입신고 수리일부터 계산한다(법 제103조 제3항).

4) 용도외 사용물품의 감면세신청

관세감면승계규정에 따라 관세의 감면을 받고자 하는 자는 승인 또는 확인신청서에 그 새로운 용도에 사용하기 위하여 수입하는 때에 관세의 감면을 받기 위하여 필요한 서류를 첨부하여 세관장에게 제출하여야 한다(영 제120조 제1항).

5) 정산

관세감면승계규정에 따라 관세를 감면하는 경우에 새로운 용도에 따라 감면되는 관세의 금액이 당초에 감면된 관세의 금액보다 적은 경우에는 그 차액에 해당하는 관세를 징수한다(영 제120조 제2항).

6) 다른 법령 등에 따른 감면물품의 관세징수

(1) 세관장 확인

관세법 외의 법령이나 조약·협정 등에 따라 관세가 감면된 물품을 그 수입신고 수리일부터 3년 내에 해당 법령이나 조약·협정 등에 규정된 용도 외의 다른 용도로 사용하거나 양도하려는 경우에는 세관장의 확인을 받아야 한다(법 제109조 제1항). 다만, 해당 법령이나 조약·협정 등에 다른 용도로 사용하거나 양도한 경우에 해당 관세의 징수를 면제하는 규정이 있을 때에는 그러하지 아니하다.

(2) 관세 징수

세관장의 확인을 받아야 하는 물품에 대하여는 해당 용도 외의 다른 용도로 사용한 자 또는 그 양도를 한 자로부터 감면된 관세를 즉시 징수하여야 하며, 양도인으로부터 해당 관세를 징수할 수 없을 때에는 그 양수인으로부터 감면된 관세를 즉시 징수한다(법 제109조 제2항). 다만, 그 물품이 재해나 그 밖의 부득이한 사유로 멸실되었거나 미리 세관장의 승인을 받아 그 물품을 폐기하였을 때에는 예외로 한다.

6 시설대여업자에 대한 감면

「여신전문금융업법」에 따른 시설대여업자가 관세법에 따라 관세가 감면되거나 분할납부되는 물품을 수입할 때에는 대여시설 이용자를 납세의무자로 하여 수입신고를 할 수 있다(법 제105조 제1항). 이 경우 납세의무자는 대여시설 이용자가 된다.

관세를 감면받거나 분할납부를 승인받은 물품에 대하여 관세를 징수하는 경우 납세의무자인 대여시설 이용자로부터 관세를 징수할 수 없을 때에는 시설대여업자로부터 징수한다(법 제105조 제2항).

제2절 무조건 감면세

1 외교관용물품 등의 면세

1) 의의

외교관용물품 등에 대한 면세는 우리나라에 있는 외교기관과 그 직원이 사용하는 업무용품 및 가족이 사용하는 자용품이 수입될 때 면세를 적용하는 것을 의미한다. 이는 외교관에 대한 예우를 표현하는 관례이기도 하고 국가간의 우호증진 및 업무상의 효율성을 증대하기 위하여 지원하는 제도라고 할 수 있다.

2) 면세대상

다음의 어느 하나에 해당하는 물품이 수입될 때에는 그 관세를 면제한다(법 제88조 제1항).

① 우리나라에 있는 외국의 대사관·공사관 및 그 밖에 이에 준하는 기관의 업무용품
② 우리나라에 주재하는 외국의 대사·공사 및 그 밖에 이에 준하는 사절과 그 가족이 사용하는 물품
③ 우리나라에 있는 외국의 영사관 및 그 밖에 이에 준하는 기관의 업무용품
④ 우리나라에 있는 외국의 대사관·공사관·영사관 및 그 밖에 이에 준하는 기관의 직원 중 다음의 어느 하나에 해당하는 직위 또는 이와 동등 이상이라고 인정되는 직위에 있는 직원과 그 가족이 사용하는 물품(영 제108조)
   ㉠ 대사관 또는 공사관의 참사관·1등서기관·2등서기관·3등서기관 및 외교관보
   ㉡ 총영사관 또는 영사관의 총영사·영사·부영사 및 영사관보(명예총영사 및 명예영사를 제외한다)
   ㉢ 대사관·공사관·총영사관 또는 영사관의 외무공무원으로서 ㉠과 ㉡에 해당하지 아니하는 사람
⑤ 정부와 체결한 사업계약을 수행하기 위하여 외국계약자가 계약조건에 따라 수입하는 업무용품
⑥ 국제기구 또는 외국 정부로부터 우리나라 정부에 파견된 고문관·기술단원 및 그 밖에 면세업무와 관련된 조약 등에 의하여 외교관에 준하는 대우를 받는 자로서 해당 업무를 관장하는 중앙행정기관의 장이 확인한 자가 사용하는 물품(시행규칙 제34조 제2항)

3) 면세신청

위의 ⑤에 해당하는 물품에 대하여 관세를 면제받고자 하는 자는 관세감면신청서에 기재하는 사항 외에 계약의 종류, 사업장소재지와 사용목적 및 사용방법을 기재하여 당해 업무를 관장하는 중앙행정기관의 장의 확인을 받은 신청서에 계약서 사본을 첨부하여야 한다(시행규칙 제34조 제1항).

위의 ⑥에 해당하는 물품에 대하여 관세를 면제받고자 하는 자는 당해 업무를 관장하는 중앙행정기관의 장이 국제기구 또는 외국정부로부터 정부에 파견된 자임을 증명하는 서류를 신청서에 첨부하여야 한다(시행규칙 제34조 제3항).

4) 양수제한

(1) 의의

관세를 면제받은 물품 중 다음에 해당하는 물품은 수입신고 수리일부터 3년의 범위에서 대통령령으로 정하는 기준에 따라 관세청장이 정하는 기간에 용도 외의 다른 용도로 사용하기 위하여 양수할 수 없다(법 제88조 제2항, 시행규칙 제34조 제4항). 3년의 범위에서 정하는 기간에 용도 외의 다른 용도로 사용하기 위하여 양수한 경우에는 그 양수자로부터 면제된 관세를 즉시 징수한다(법 제88조 제3항).[2)]

① 자동차(삼륜자동차와 이륜자동차를 포함한다)
② 선박
③ 피아노
④ 전자오르간 및 파이프오르간
⑤ 엽총

(2) 용도외 사용신청

위의 언급된 물품은 수입신고 수리일부터 3년의 범위에서 양수할 수 없으나 미리 세관장의 승인을 받았을 때에는 그러하지 아니하다. 세관장의 승인을 얻고자 하는 자는 신청서를 당해 물품의 소재지를 관할하는 세관장에게 제출하여야 한다(영 제109조 제1항).

2 정부용품 등의 면세

1) 의의

국가기관이나 지방자치단체 및 정부는 원칙적으로 조세를 징수하는 주체이지만 예외적으로 제한된 범위에서 이들이 수입하는 물품에 대하여 면세를 적용한다. 외국으로부터 기증되거나 반환된 물품은 면세적용이 적절할 수 있으나 이들 주체가 외국으로부터 수입하는 물품에 대하여 면세를 적용하는 것은 국내산업을

2) 일반 감면물품의 경우 그 용도 외의 다른 용도로 사용한 자나 그 양도인(임대인 포함)으로부터 감면된 관세를 즉시 징수하며, 양도인으로부터 해당 관세를 징수할 수 없을 때에는 양수인(임차인 포함)으로부터 감면된 관세를 징수하므로(법 제102조 제2항) 외교관용물품 등의 면세규정과 차이를 보인다.

보호하기 위한 목적을 고려하여 적용할 필요가 있다.

2) 면세대상

다음의 어느 하나에 해당하는 물품이 수입될 때에는 그 관세를 면제할 수 있다(법 제92조).

① 국가기관이나 지방자치단체에 기증된 물품으로서 공용으로 사용하는 물품. 다만, 관세율표 번호 제8703호에 해당하는 승용자동차는 제외

② 정부가 외국으로부터 수입하는 군수품(정부의 위탁을 받아 정부 외의 자가 수입하는 경우를 포함한다). 다만, 「군수품관리법」 제3조의 규정에 의한 통상품은 제외(시행규칙 제41조 제2항)

③ 국가원수의 경호용으로 사용하기 위하여 수입하는 물품

④ 외국에 주둔하는 국군이나 재외공관으로부터 반환된 공용품

⑤ 과학기술정보통신부장관이 국가의 안전보장을 위하여 긴요하다고 인정하여 수입하는 비상통신용 물품 및 전파관리용 물품

⑥ 정부가 직접 수입하는 간행물, 음반, 녹음된 테이프, 녹화된 슬라이드, 촬영된 필름 그 밖에 이와 유사한 물품 및 자료

⑦ 국가나 지방자치단체(이들이 설립하였거나 출연 또는 출자한 법인을 포함한다)가 환경오염(소음 및 진동을 포함한다)을 측정하거나 분석하기 위하여 수입하는 기계・기구 중 기획재정부령으로 정하는 물품[3]

⑧ 상수도 수질을 측정하거나 이를 보전・향상하기 위하여 국가나 지방자치단체(이들이 설립하였거나 출연 또는 출자한 법인을 포함한다)가 수입하는 물품으로서 기획재정부령으로 정하는 물품

⑨ 국가정보원장 또는 그 위임을 받은 자가 국가의 안전보장 목적의 수행상 긴요하다고 인정하여 수입하는 물품

---

3) 관세가 면제되는 물품은 다음의 물품 중 개당 또는 셋트당 과세가격이 100만원 이상인 기기와 그 기기의 부분품 및 부속품(사후에 보수용으로 따로 수입하는 물품을 포함한다)중 국내에서 제작하기 곤란한 것으로서 당해 물품의 생산에 관한 사무를 관장하는 주무부처의 장 또는 그가 지정하는 자가 추천하는 물품으로 한다(시행규칙 제41조 제3항).
① 대기질의 채취 및 측정용 기계・기구
② 소음・진동의 측정 및 분석용 기계・기구
③ 환경오염의 측정 및 분석용 기계・기구
④ 수질의 채취 및 측정용 기계・기구

3) 관세의 면제신청

정부용품 등에 대하여 관세를 면제받고자 하는 자는 당해 기증사실을 증명하는 서류를 신청서에 첨부하여야 한다(시행규칙 제42조 제1항). 정부의 위탁을 받아 군수품을 수입하는 자가 관세를 면제받고자 하는 때에는 ① 통상품이 아님을 국방부장관 또는 방위사업청장이 지정하는 자가 확인한 서류 ② 정부의 위탁을 받아 수입한다는 것을 국방부장관 또는 방위사업청장이 지정하는 자가 확인한 서류를 신청서에 첨부하여야 한다(시행규칙 제42조 제2항).

정부용품 면세대상 중 위의 ⑦과 ⑧에 의하여 국가 또는 지방자치단체가 설립하였거나 출연 또는 출자한 법인이 관세를 면제받고자 하는 때에는 환경 또는 상수도업무를 관장하는 주무부처의 장이 확인한 서류를 첨부하여야 한다(시행규칙 제42조 제3항).

3 소액물품 등의 면세

1) 의의

수입물품이 소액인 경우 물품의 경제적 가치가 적고 수입자가 이를 상업적 목적으로 이용하고자 하는 의도를 엿보기 어려우므로 이러한 물품에 대하여 면세를 적용한다. 또한 소액물품에 대하여 관세부과를 통한 재정수입 확대와 국내산업보호의 목적을 성취할 실익이 적고 오히려 관세행정상의 부담 및 비용이 발생하므로 관세행정상 편의를 위하여 소액물품 등에는 면세를 적용한다고 볼 수 있다.

2) 면세대상

다음의 어느 하나에 해당하는 물품이 수입될 때에는 그 관세를 면제할 수 있다(법 제94조).

① 우리나라의 거주자에게 수여된 훈장·기장(紀章) 또는 이에 준하는 표창장 및 상패

② 기록문서 또는 그 밖의 서류

③ 상용견품(商用見品) 또는 광고용품으로서 다음의 물품(시행규칙 제45조 제1항)

㉠ 물품이 천공 또는 절단되었거나 통상적인 조건으로 판매할 수 없는 상태

로 처리되어 견품으로 사용될 것으로 인정되는 물품

ⓛ 판매 또는 임대를 위한 물품의 상품목록·가격표 및 교역안내서 등

ⓒ 과세가격이 미화 250달러 이하인 물품으로서 견품으로 사용될 것으로 인정되는 물품

ⓓ 물품의 형상·성질 및 성능으로 보아 견품으로 사용될 것으로 인정되는 물품

④ 우리나라 거주자가 받는 소액물품으로서 기획재정부령으로 정하는 물품(시행규칙 제45조 제2항)

㉠ 물품가격[수입항(輸入港)까지의 운임·보험료와 그 밖에 운송과 관련되는 비용을 뺀 가격]으로서 대통령령으로 정하는 바에 따라 결정된 금액이 미화 150달러 이하의 물품으로서 자가사용 물품으로 인정되는 것. 다만, 반복 또는 분할하여 수입되는 물품으로서 관세청장이 정하는 기준에 해당하는 것을 제외한다.

ⓛ 박람회 기타 이에 준하는 행사에 참가하는 자가 행사장 안에서 관람자에게 무상으로 제공하기 위하여 수입하는 물품(전시할 기계의 성능을 보여주기 위한 원료를 포함한다). 다만, 관람자 1인당 제공량의 정상도착가격이 미화 5달러 상당액 이하의 것으로서 세관장이 타당하다고 인정하는 것에 한한다.

4 여행자휴대품 및 이사물품 등의 면세

1) 의의

여행자가 휴대하여 수입하는 물품 등은 무역거래를 위한 수입이 아닌 개인적으로 사용하기 위하여 수입하는 물품이므로 이러한 물품에 대하여 관세를 부과하는 것은 과도할 수 있다. 따라서 여행자가 휴대하여 수입하는 물품 등에 대하여 일정한 범위 내에서 관세 및 내국세를 면제하여 여행자 등과 과세관청의 관세행정상의 편의를 제공하고자 하는 목적에 의하여 적용되는 면세제도이다.

2) 면세대상

(1) 여행자 휴대품 또는 별송품

<table>
<tr><td>면세대상</td><td>여행자의 휴대품 또는 별송품으로서 여행자의 입국 사유, 체재기간, 직업, 그 밖의 사정을 고려하여 세관장이 타당하다고 인정하는 다음의 물품이 수입될 때에는 관세를 면제할 수 있다(법 제96조 제1항, 시행규칙 제48조 제1항)
① 여행자가 휴대하는 것이 통상적으로 필요하다고 인정하는 신변용품 및 신변장식품일 것
② 비거주자인 여행자가 반입하는 물품으로서 본인의 직업상 필요하다고 인정되는 직업용구일 것
③ 세관장이 반출 확인한 물품으로서 재반입되는 물품일 것
④ 물품의 성질·수량·가격·용도 등으로 보아 통상적으로 여행자의 휴대품 또는 별송품인 것으로 인정되는 물품일 것</td></tr>
<tr><td>면세한도</td><td>관세의 면제 한도는 여행자 1명의 휴대품 또는 별송품으로서 각 물품의 과세가격 합계 기준으로 미화 800달러 이하("기본면세 범위")로 하고, 보세판매장에서 구매한 내국물품이 포함되어 있을 경우에는 기본면세범위에서 해당 내국물품의 구매가격을 공제한 금액으로 한다(시행규칙 제48조 제2항).
다만, 농림축산물 등 관세청장이 정하는 물품이 휴대품 또는 별송품에 포함되어 있는 경우에는 기본면세 범위에서 해당 농림축산물 등에 대하여 총량 40kg, 전체 해외취득가격 10만원을 한도로 면세를 적용할 수 있다(시행규칙 제48조 제2항).</td></tr>
<tr><td>술·담배·향수 면세한도</td><td>술·담배·향수에 대해서는 기본면세 범위와 관계없이 다음 표에 따라 관세를 면제하되, 19세 미만인 사람이 반입하는 술·담배는 관세를 면제하지 않고, 보세판매장에서 구매한 내국물품인 술·향수가 포함되어 있을 경우에는 별도면세범위에서 해당 내국물품의 구매수량을 공제한다(시행규칙 제48조 제3항). 이 경우 해당 물품이 다음 표의 면세한도를 초과하여 관세를 부과하는 경우에는 해당 물품의 가격을 과세가격으로 한다.
<table>
<tr><th>구분</th><th colspan="3">면세한도</th><th>비고</th></tr>
<tr><td>술</td><td colspan="3">2병</td><td>2리터(ℓ) 이하이고, 미화 400달러 이하인 것으로 한정</td></tr>
<tr><td rowspan="6">담배</td><td colspan="2">궐련</td><td>200개비</td><td rowspan="6">2 이상의 담배종류를 반입하는 경우에는 한 종류로 한정</td></tr>
<tr><td colspan="2">엽궐련</td><td>50개비</td></tr>
<tr><td rowspan="3">전자담배</td><td>궐련형</td><td>200개비</td></tr>
<tr><td>니코틴용액</td><td>20밀리리터(mℓ)</td></tr>
<tr><td>기타유형</td><td>110그램</td></tr>
<tr><td colspan="2">그 밖의 담배</td><td>250그램</td></tr>
<tr><td>향수</td><td colspan="3">60밀리리터(mℓ)</td><td></td></tr>
</table></td></tr>
<tr><td>면세적용 기한</td><td>별송품은 천재지변 등 부득이한 사유가 있는 때를 제외하고는 여행자가 입국한 날부터 6월 이내에 도착한 것이어야 한다(시행규칙 제48조 제6항).</td></tr>
</table>

(2) 이사물품

의의	우리나라로 거주를 이전하기 위하여 입국하는 자가 입국할 때 수입하는 이사물품으로서 거주 이전의 사유, 거주기간, 직업, 가족 수, 그 밖의 사정을 고려하여 기획재정부령으로 정하는 기준에 따라 세관장이 타당하다고 인정하는 물품이 수입될 때에는 관세를 면제할 수 있다(법 제96조 제1항).
면세대상	관세가 면제되는 물품은 우리나라 국민(재외영주권자를 제외한다)으로서 외국에 주거를 설정하여 1년(가족을 동반한 경우에는 6개월) 이상 거주하였거나 외국인 또는 재외영주권자로서 우리나라에 주거를 설정하여 1년(가족을 동반한 경우에는 6개월) 이상 거주하려는 사람이 반입하는 다음의 어느 하나에 해당하는 것으로 한다(시행규칙 제48조의2 제1항). 다만, 자동차(아래의 ③에 해당하는 것은 제외한다), 선박, 항공기와 개당 과세가격이 500만원 이상인 보석·진주·별갑·산호·호박·상아 및 이를 사용한 제품은 제외한다. ① 해당 물품의 성질·수량·용도 등으로 보아 통상적으로 가정용으로 인정되는 것으로서 우리나라에 입국하기 전에 3개월 이상 사용하였고 입국한 후에도 계속하여 사용할 것으로 인정되는 것 ② 우리나라에 상주하여 취재하기 위하여 입국하는 외국국적의 기자가 최초로 입국할 때에 반입하는 취재용품으로서 문화체육관광부장관이 취재용임을 확인하는 물품일 것 ③ 우리나라에서 수출된 물품(조립되지 아니한 물품으로서 법 별표 관세율표상의 완성품에 해당하는 번호로 분류되어 수출된 것을 포함한다)이 반입된 경우로서 관세청장이 정하는 사용기준에 적합한 물품일 것 ④ 외국에 거주하던 우리나라 국민이 다른 외국으로 주거를 이전하면서 우리나라로 반입(송부를 포함한다)하는 것으로서 통상 가정용으로 3개월 이상 사용하던 것으로 인정되는 물품일 것
예외적 면세	사망이나 질병 등 관세청장이 정하는 사유가 발생하여 반입하는 이사물품에 대해서는 거주기간과 관계없이 관세를 면제할 수 있다(시행규칙 제48조의2 제2항).
면세적용 기한	이사물품 중 별도로 수입하는 물품은 천재지변 등 부득이한 사유가 있는 때를 제외하고는 입국자가 입국한 날부터 6월 이내에 도착한 것이어야 한다(시행규칙 제48조의2 제3항).

(3) 승무원 휴대품

국제무역선 또는 국제무역기의 승무원이 휴대하여 수입하는 물품으로서 항행일수, 체재기간 그 밖의 사정을 고려하여 세관장이 타당하다고 인정하는 물품이 수입될 때에는 관세를 면제할 수 있다(법 제96조 제1항). 다만 자동차(이륜자동차와 삼륜자동차를 포함한다)·선박·항공기 및 개당 과세가격 50만원 이상의 보석·

진주 · 별갑 · 산호 · 호박 및 상아와 이를 사용한 제품에 대해서는 관세를 면세하지 않는다(시행규칙 제48조의3 제4항).

3) 관세 경감

여행자가 휴대품 또는 별송품의 면세적용 대상을 제외하고 자진신고하는 경우에는 20만원을 넘지 아니하는 범위에서 해당 물품에 부과될 관세(간이세율을 적용하는 물품의 경우에는 간이세율을 적용하여 산출된 세액을 말한다)의 100분의 30에 상당하는 금액을 경감할 수 있다(법 제96조 제2항). 관세를 경감받기 위하여 여행자가 다음의 구분에 따른 여행자 휴대품 신고서를 작성하여 세관공무원에게 제출하여야 한다(시행규칙 제49조의2).

① 항공기를 통하여 입국하는 경우 : 여행자 휴대품 신고서

② 선박을 통하여 입국하는 경우 : 여행자 휴대품 신고서

4) 관세의 면제신청

별송품 및 이사물품 중 별도로 수입하는 물품에 대하여 관세를 면제받으려는 자는 휴대반입한 주요 물품의 통관명세서를 입국지 관할 세관장으로부터 발급받아 세관장에게 제출하여야 한다(시행규칙 제49조). 다만, 세관장은 관세를 면제받고자 하는 자가 통관명세서를 제출하지 아니한 경우로서 그 주요 물품의 통관명세를 입국지 관할 세관장으로부터 확인할 수 있는 경우에는 통관명세서를 제출하지 아니하게 할 수 있다.

5 재수입면세

1) 의의

재수입면세는 우리나라에서 수출된 물품이 다시 수입되는 경우 관세를 면제하는 것이다. 관세란 외국으로부터 수입되는 물품에 부과하는 것이므로 국내산 물품이 수출된 이후 계약해제 등의 사유로 다시 수입되거나 혹은 수입시 이미 관세를 납부한 물품이 연구를 목적으로 수출되었다가 다시 수입되는 경우 등에는 관세를 부과하는 것은 부당하므로 이러한 경우에는 관세를 면제하는 것이다.

2) 면세대상

다음의 어느 하나에 해당하는 물품이 수입될 때에는 그 관세를 면제할 수 있다(법 제99조).

① 우리나라에서 수출(보세가공수출을 포함한다)된 물품으로서 해외에서 제조·가공·수리 또는 사용(장기간에 걸쳐 사용할 수 있는 물품으로서 임대차계약 또는 도급계약 등에 따라 해외에서 일시적으로 사용하기 위하여 수출된 물품 중 「법인세법 시행규칙」 제15조에 따른 내용연수가 3년(금형의 경우에는 2년) 이상인 물품이 사용된 경우와 박람회, 전시회, 품평회, 그 밖에 이에 준하는 행사에 출품 또는 사용된 경우는 제외한다)되지 아니하고 수출신고 수리일부터 2년 내에 다시 수입되는 물품. 다만, 다음의 어느 하나에 해당하는 경우에는 관세를 면제하지 아니한다.

㉠ 해당 물품 또는 원자재에 대하여 관세를 감면받은 경우

㉡ 관세법 또는 「수출용원재료에 대한 관세 등 환급에 관한 특례법」에 따른 환급을 받은 경우

㉢ 관세법 또는 「수출용 원재료에 대한 관세 등 환급에 관한 특례법」에 따른 환급을 받을 수 있는 자 외의 자가 해당 물품을 재수입하는 경우. 다만, 재수입하는 물품에 대하여 환급을 받을 수 있는 자가 환급받을 권리를 포기하였음을 증명하는 서류를 재수입하는 자가 세관장에게 제출하는 경우는 제외한다.

㉣ 보세가공 또는 장치기간경과물품을 재수출조건으로 매각함에 따라 관세가 부과되지 아니한 경우

② 수출물품의 용기로서 다시 수입하는 물품[4)]

③ 해외시험 및 연구를 목적으로 수출된 후 재수입되는 물품

3) 면세신청

재수입물품으로서 관세를 감면받으려는 자는 그 물품의 수출신고필증·반송신고필증 또는 이를 갈음할 서류를 세관장에게 제출하여야 한다(시행규칙 제54조 제2항). 다만, 세관장이 다른 자료에 의하여 그 물품이 감면대상에 해당한다는 사실

4) 컨테이너는 제8609호에 분류되어 무세이기 때문에 담보제공절차 없이 재수입 면세하므로 통관절차가 간편하지만, 파레트는 재질, 용도, 형상에 있어서 그 종류가 다양하여 구체적인 품목번호가 없고 담보를 제공하여 재수입면세를 적용받아 관리되고 있다(이종익·박병목, 전게서, p. 330).

을 인정할 수 있는 경우에는 그러하지 아니하다.

조심 2017관0103 (2017.6.30.)

– 재수입되는 경주마에 대한 재수입면세 적용 여부 등

쟁점물품은 국제승마대회(Kakegawa–Tsumagoi)에 참가하기 위하여 일시수출하였다가 재수입하면서 「관세법」 제99조 및 「부가가치세법」 제27조에 따라 재수입면세를 적용받았다.

「관세법」 제99조 제1호는 우리나라에서 수출입 물품이 해외에서 사용된 경우에는 재수입면세의 적용을 제한하도록 규정하고 있고, 예외적으로 박람회, 전시회, 품평회, 그 밖에 이에 준하는 행사에 출품 또는 사용된 후 다시 수입될 경우 등에만 관세를 면제할 수 있도록 규정하고 있는바, 청구인은 이 건 국제승마대회를 박람회, 전시회, 품평회 등에 준하는 행사에 해당되는 것으로 볼 수 있고, 재수입면세의 입법취지 및 말산업 발전의 정책 목적 등을 고려하면 재수입면세를 적용할 수 있다는 주장이나, 박람회 내지 전시회 등에 출품하는 물품은 그 행사에서 시연, 사용 등이 수반된다고 하더라도 이는 일반적으로 전시, 평가, 홍보 등의 목적으로 이루어지는 것인 반면, 이 건과 같이 승마경기용 말의 승마대회에서의 사용은 해당물품의 본질적인 사용에 해당하므로, 서로 유사한 성격의 행사로 보기는 어려운 점, 「관세법」 제99조에서 관세가 면제되는 재수입물품의 범위에 "국제스포츠대회에 참가하여 사용된 경우 등"에 관한 명문규정이 없는 점 등에 비추어 볼 때, 처분청이 「관세법」 제99조의 재수입면세 물품에 해당하지 않는 것으로 보아 그 적용을 배제하고 청구인에게 관세 등을 부과한 이 건 처분은 잘못이 없는 것으로 판단된다.

6 손상감세

1) 의의

관세는 수입신고를 하는 때의 물품의 성질과 수량에 따라 부과하나 수입신고한 물품이 수입신고가 수리되기 전에 변질되거나 손상되었다면 수입신고시의 물품의 가치를 기준으로 관세를 부과하는 것은 불합리하다. 즉, 수입신고수리전(수입통관이 완료되기 전)에 물품의 가치가 감소되었다면 그 가치감소분에 해당하는 만큼 관세를 경감하는 것이 합리적일 것이다. 그러나 수입신고하기 전에 물품이 변질되거나 손상되었다면 그 당시의 물품의 상태를 기초로 수입신고하면 되므로 이러한 경우에는 관세의 감면문제가 발생하지 않고 수입신고수리 후 보세구역 장치 중 변질되거나 손상된 경우에는 관세환급 대상이 된다.

관세를 경감받고자 하는 자는 해당 물품의 수입신고 수리 전에 신청서를 세관장에게 제출하여야 하며 관세감면신청서에 기재하는 사항 외에 다음의 사항도 신청서에 기재하여야 한다(시행규칙 제55조).

① 당해 물품의 수입신고번호와 멸실 또는 손상의 원인 및 그 정도
② 당해 물품에 대하여 관세를 경감받고자 하는 금액과 그 산출기초

2) 면세대상

수입신고한 물품이 수입신고가 수리되기 전에 변질되거나 손상되었을 때에는 그 관세를 경감할 수 있다(법 제100조 제1항). 관세법이나 그 밖의 법률 또는 조약·협정 등에 따라 관세를 감면받은 물품에 대하여 관세를 추징하는 경우 그 물품이 변질 또는 손상되거나 사용되어 그 가치가 떨어졌을 때에는 그 관세를 경감할 수 있다(법 제100조 제2항). 이는 감면세를 적용받은 물품의 사후관리 중 그 조건을 위반하여 관세를 추징하는 경우에 해당하는데 감면조건 위반으로 추징하더라도 그 동안 사용 등으로 인한 가치감소분에 대하여 관세를 경감하는 것이다.

3) 관세 경감액

경감하는 관세액은 다음의 관세액 중 많은 금액으로 한다(영 제118조 제1항).

① 수입물품의 변질·손상 또는 사용으로 인한 가치의 감소에 따르는 가격의 저하분에 상응하는 관세액
② 수입물품의 관세액에서 그 변질·손상 또는 사용으로 인한 가치의 감소후의 성질 및 수량에 의하여 산출한 관세액을 공제한 차액

7 해외임가공물품 등의 감세

1) 의의

해외임가공물품 등의 감세는 우리나라의 원재료 또는 부분품을 수출하여 해외에서 제조한 물품을 수입하는 경우에 우리나라에서 수출된 물품의 가치에 해당하는 만큼에 대하여 관세를 부과하지 않는 제도이다. 재수입면세(법 제99조)가 수출

된 물품이 해외에서 제조, 가공 등을 거치지 않아 수출된 상태 그대로 수입된 경우에 면세를 적용한다면 해외임가공물품 등의 감세는 수출된 물품과 수출된 물품을 해외에서 가공하여 수입하는 물품의 상태가 다를지라도 관세의 감세를 적용하는 제도이다.

2) 감세대상

다음의 어느 하나에 해당하는 물품이 수입될 때에는 그 관세를 경감할 수 있다(법 제101조 제1항).

① 원재료 또는 부분품을 수출하여 관세율표 제85류(전기기기) 및 제90류 중 제9006호(사진기 등)에 해당하는 물품으로 제조하거나 가공한 물품

② 가공 또는 수리할 목적으로 수출한 물품으로서 가공 또는 수리하기 위하여 수출된 물품과 가공 또는 수리 후 수입된 물품의 품목분류표상 10단위의 품목번호가 일치하는 물품(시행규칙 제56조 제2항).
다만, 수율·성능 등이 저하되어 폐기된 물품을 수출하여 용융과정 등을 거쳐 재생한 후 다시 수입하는 경우와 제품의 제작일련번호 또는 제품의 특성으로 보아 수입물품이 우리나라에서 수출된 물품임을 세관장이 확인할 수 있는 물품인 경우에는 품목분류표상 10단위의 품목번호가 일치하지 아니하더라도 관세를 경감할 수 있다.[5)]

3) 감세제외대상

위의 감세대상인 물품이 다음의 어느 하나에 해당하는 경우에는 그 관세를 경감하지 아니한다(법 제101조 제2항).

① 해당 물품 또는 원자재에 대하여 관세를 감면받은 경우. 다만, 위의 감세대상 ②의 경우는 제외.

5) 기획재정부 관세제도과-561, 2015. 9. 23 : 수율·성능이 저하된 물품을 수출하여 해외에서 용융과정 등을 거쳐 일부 구성요소를 폐기하고 대체물을 사용한 물품을 수입하는 경우 용융과정 등을 통해 이물질을 제거하는 과정에서 불가피하게 폐기되는 보조제를 동종의 보조제로 교체하였을 뿐, 수출물품과 수입물품의 구성요소, 기능(용도), 특성, 사용자, 모양 등이 모두 동일하여 동일성을 인식할 수 있다면 해외임가공감세의 가공 또는 수리에 해당된다(이종익·박병목, 전게서, p. 335).

② 관세법 또는 「수출용원재료에 대한 관세 등 환급에 관한 특례법」에 따른 환급을 받은 경우

③ 보세가공 또는 장치기간경과물품을 재수출조건으로 매각함에 따라 관세가 부과되지 아니한 경우

4) 관세경감액

경감하는 관세액은 다음과 같다(영 제119조).

① 수출한 원재료 또는 부분품으로 제조하거나 가공한 물품
= 수입물품의 제조·가공에 사용된 원재료 또는 부분품의 수출신고가격
× 수입물품의 관세율

② 가공 또는 수리할 목적으로 수출한 물품
= 가공·수리물품의 수출신고가격 × 수입물품에 적용되는 관세율

5) 감세신청

관세를 감면받고자 하는 자는 해외에서 제조·가공·수리("해외임가공")할 물품을 수출신고할 때 미리 해외임가공 후 수입될 예정임을 신고하고, 감면신청을 할 때 관세감면신청서에 기재하는 사항 외에 수출국 및 적출지와 감면받고자 하는 관세액을 기재한 신청서에 제조인·가공인 또는 수리인이 발급한 제조·가공 또는 수리사실을 증명하는 서류와 당해 물품의 수출신고필증 또는 이에 갈음할 서류를 첨부하여 세관장에게 제출하여야 한다(시행규칙 제57조 제1항). 다만, 세관장이 다른 자료에 의하여 그 물품이 감면대상에 해당한다는 사실을 인정할 수 있는 경우에는 수출신고필증 또는 이를 갈음할 서류를 첨부하지 아니할 수 있다.

제3절 조건부 감면세

1 세율불균형물품의 면세

1) 의의

관세율은 일반적으로 원재료의 관세는 저율로 하고 가공단계가 높아질수록 고율의 세율을 부과하나 불가피하게 완제품의 관세율이 원재료의 관세율보다 낮은 현상이 발생하는 경우를 역관세현상이라고 한다. 이러한 역관세현상은 국내에서 완제품을 생산하는 대신 외국에서 이를 수입하는 부작용을 초래할 수 있다. 예를 들어 높은 관세율이 적용된 원재료를 수입하여 국내에서 항공기를 생산하는 경우 국내산 항공기를 구입하는 당사자는 원재료에 대하여 상당한 관세가 부과된 금액으로 항공기를 구입하게 되므로 상대적으로 저율의 관세가 부과되는 외국산 완제품인 항공기를 구입할 수 있다.[6] 따라서 세율불균형이 발생하는 물품에 대하여 이러한 부작용을 해소하기 위하여 도입된 제도가 세율불균형물품의 면세이다.

2) 면세대상

세율불균형을 시정하기 위하여 「조세특례제한법」 제6조 제1항에 따른 중소기업이 세관장이 지정하는 공장에서 다음의 어느 하나에 해당하는 물품을 제조 또는 수리하기 위하여 사용하는 부분품과 원재료(수출한 후 외국에서 수리·가공되어 수입되는 부분품과 원재료의 가공수리분을 포함한다)에 대하여는 그 관세를 면제할 수 있다(법 제89조 제1항).

① 항공기 제조업자 또는 수리업자가 항공기(부분품을 포함한다)와 그 부분품의 제조 또는 수리에 사용하기 위하여 수입하는 부분품 및 원재료(시행규칙 제35조)

② 장비 제조업자 또는 수리업자가 반도체 제조용 장비(부속기기를 포함한다)의 제조 또는 수리에 사용하기 위하여 수입하는 부분품 및 원재료 중 산업통상자원부장관 또는 그가 지정하는 자가 추천하는 물품(시행규칙 제35조)

6) 김기인, 전게서, p. 408.

중소기업이 아닌 자가 세관장이 지정하는 공장에서 항공기(부분품을 포함한다)를 제조 또는 수리하기 위하여 사용하는 부분품과 원재료에 대하여는 다음에 따라 그 관세를 감면한다(법 제89조 제6항).

① 「세계무역기구 설립을 위한 마라케쉬 협정 부속서 4의 민간항공기 무역에 관한 협정」 대상 물품 중 기획재정부령으로 정하는 물품의 관세 감면에 관하여는 다음 표의 기간 동안 수입신고하는 분에 대하여는 각각의 적용기간에 해당하는 감면율을 적용한다.

2022년 1월 1일부터 2024년 12월 31일까지	2025년 1월 1일부터 12월 31일까지	2026년 1월 1일부터 12월 31일까지	2027년 1월 1일부터 12월 31일까지	2028년 1월 1일부터 12월 31일까지
100분의 100	100분의 80	100분의 60	100분의 40	100분의 20

② 위의 ① 이외의 물품의 관세감면에 관하여는 다음 표의 기간 동안 수입신고하는 분에 대하여는 각각의 적용기간에 해당하는 감면율을 적용한다.

2019년 5월 12일부터 12월 31일까지	2020년 1월 1일부터 12월 31일까지	2021년 1월 1일부터 12월 31일까지	2022년 1월1일부터 12월 31일까지	2023년 1월 1일부터 12월 31일까지	2024년 1월 1일부터 12월 31일까지	2025년 1월 1일부터 12월 31일까지
100분의 90	100분의 80	100분의 70	100분의 60	100분의 50	100분의 40	100분의 30

3) 제조 · 수리공장의 지정

(1) 지정신청

제조·수리공장의 지정을 받고자 하는 자는 신청서에 사업계획서와 그 구역 및 부근의 도면을 첨부하여 세관장에게 제출하여야 한다(영 제113조 제1항). 그러나 운영인의 결격사유에 해당하는 자 등은 지정을 받을 수 없다(법 제89조 제2항).

(2) 지정

세관장은 항공기의 수리가 일시적으로 행하여지는 공항내의 특정지역이 감시·단속에 지장이 없고, 세율불균형물품의 감면세 관리 업무의 효율화를 위하여 필요하다고 인정되는 경우에는 당해 특정지역을 제조·수리공장으로 지정할 수 있다(영 제113조 제3항). 지정신청을 받은 세관장은 그 감시·단속에 지장이 없다고 인정되는 때에는 3년의 범위 내에서 기간을 정하여 제조·수리공장의 지정을 하여야 한다(영 제113조 제2항). 이 경우 지정기간은 관세청장이 정하는 바에 의하여 경신할 수 있다.

(3) 지정취소

세관장은 지정을 받은 자가 다음의 어느 하나에 해당하는 경우에는 그 지정을 취소할 수 있다. 다만, ① 또는 ②에 해당하는 경우에는 지정을 취소하여야 한다(법 제89조 제4항).

① 제조·수리공장의 지정 결격사유의 어느 하나에 해당하는 경우
② 거짓이나 그 밖의 부정한 방법으로 지정을 받은 경우
③ 1년 이상 휴업하여 세관장이 지정된 공장의 설치목적을 달성하기 곤란하다고 인정하는 경우

(4) 준용규정

지정받은 제조·수리공장은 특허보세구역의 효력상실 및 승계(법 제179조), 특허보세구역의 설치·운영에 관한 감독(법 제180조 제2항), 특허보세구역의 특허 효력상실 시 조치(법 제182조), 보세공장 외 작업 허가(법 제187조)의 규정을 준용한다(법 제89조 제5항).

2 학술연구용품의 감면세

1) 의의

국가기관, 학교, 연구기관 등이 학술연구 및 교육 등의 목적으로 수입하는 물품에 대하여 관세가 감면되는데, 이는 영리를 목적으로 수입하기보다는 학술발전 및 교육 역량 강화 등의 목적으로 수입됨으로써 국내산업의 발전 및 국제경쟁력 향상 등을 기대할 수 있기 때문이다.

2) 감면대상

다음의 어느 하나에 해당하는 물품이 수입될 때에는 그 관세를 감면할 수 있다(법 제90조 제1항).

① 국가기관, 지방자치단체 및 기획재정부령으로 정하는 기관에서 사용할 학술연구용품・교육용품 및 실험실습용품으로서 기획재정부령으로 정하는 물품[7)]

② 학교, 공공의료기관, 공공직업훈련원, 박물관 그 밖에 이에 준하는 기획재정부령으로 정하는 기관에서 학술연구용・교육용・훈련용・실험실습용 및 과학기술연구용으로 사용할 물품 중 기획재정부령으로 정하는 물품

③ 위의 ②의 기관에서 사용할 학술연구용품・교육용품・훈련용품・실험실습용품 및 과학기술연구용품으로서 외국으로부터 기증되는 물품. 다만, 기획재정부령으로 정하는 물품은 제외한다.

④ 기획재정부령으로 정하는 자[8)]가 산업기술의 연구개발에 사용하기 위하여 수입하는 물품으로서 기획재정부령으로 정하는 물품[9)]

---

7) 감면대상 ①과 ②에서 "기획재정부령으로 정하는 물품"은 다음과 같다(시행규칙 제37조 제1항).
① 표본, 참고품, 도서, 음반, 녹음된 테이프, 녹화된 슬라이드, 촬영된 필름, 시험지, 시약류, 그 밖에 이와 유사한 물품 및 자료
② 다음의 하나에 해당하는 것으로서 국내에서 제작하기 곤란한 것중 당해 물품의 생산에 관한 업무를 담당하는 중앙행정기관의 장 또는 그가 지정하는 자가 추천하는 물품
㉠ 개당 또는 셋트당 과세가격이 100만원 이상인 기기
㉡ ㉠에 해당하는 기기의 부분품 및 부속품
③ 부분품(제2호의 규정에 의한 기기의 부분품을 제외하며, 법 제90조제1항제1호 및 제2호에 따라 학술연구용 등에 직접 사용되는 것에 한한다)・원재료 및 견품

8) 관세를 감면받을 수 있는 자는 다음과 같다(시행규칙 제37조 제3항).
① 기업부설 연구소 또는 연구개발 전담부서를 설치하고 있거나 설치를 위한 신고를 한 기업(「기초연구진흥 및 기술개발지원에 관한 법률」 제14조제1항제2호에 따른 것임을 미래창조과학부장관이 확인한 것으로 한정한다)
② 산업기술연구조합(「산업기술연구조합 육성법」에 의한 산업기술연구조합으로서 기술개발을 위한 공동연구시설을 갖추고 자연계분야의 학사 이상의 학위를 가진 연구전담요원 3인 이상을 상시 확보하고 있음을 미래창조과학부장관이 확인한 산업기술연구조합에 한정한다)

9) 관세를 감면하는 물품은 다음과 같다(시행규칙 제37조 제4항).
① 산업기술의 연구・개발에 사용하기 위하여 수입하는 별표 1의2의 물품
② 시약 및 견본품
③ 연구・개발 대상물품을 제조 또는 수리하기 위하여 사용하는 부분품 및 원재료
④ 위의 ①의 물품을 수리하기 위한 목적으로 수입하는 부분품

3) 감면율

관세의 감면율은 100분의 80으로 한다(시행규칙 제37조 제5항). 다만, 공공의료기관(국립암센터 및 국립중앙의료원은 제외한다) 및 학교부설의료기관에서 사용할 물품에 대한 관세의 감면율은 100분의 50으로 한다.

3 종교용품, 자선용품, 장애인용품 등의 면세

종교용품, 자선용품, 장애인용품 등은 비영리의 목적으로 사용되는 것이므로 각 물품이 사용되는 사회 정책적 특성에 부합하기 위하여 관세를 면제한다. 다음의 어느 하나에 해당하는 물품이 수입될 때에는 그 관세를 면제한다(법 제91조).

① 교회, 사원 등 종교단체의 예배용품과 식전용품(式典用品)으로서 외국으로부터 기증되는 물품. 다만, 다음의 물품은 제외한다(시행규칙 제39조 제1항).
  ㉠ 관세율표 번호 제8518호에 해당하는 물품(마이크로폰, 확성기, 음향증폭기 등)
  ㉡ 관세율표 번호 제8531호에 해당하는 물품(전기식 음향기기)
  ㉢ 관세율표 번호 제8519호(음성기록 또는 재생기기) · 제8521호(영상기록용 또는 재생용기기) · 제8522호(제8519호 또는 제8521호의 기기에 전용 또는 주로 사용되는 부분품과 부속품) · 제8523호(디스크, 테이프 등) 및 제92류(악기)에 해당하는 물품(파이프오르간은 제외한다)

② 자선 또는 구호의 목적으로 기증되는 물품 및 기획재정부령으로 정하는 자선시설 · 구호시설 또는 사회복지시설에 기증되는 물품으로서 해당 용도로 직접 사용하는 물품. 다만, 기획재정부령으로 정하는 물품[10]은 제외한다.

③ 국제적십자사 · 외국적십자사 및 기획재정부령으로 정하는 국제기구가 국제평화봉사활동 또는 국제친선활동을 위하여 기증하는 물품

④ 시각장애인, 청각장애인, 언어장애인, 지체장애인, 만성신부전증환자, 희귀난치성질환자 등을 위한 용도로 특수하게 제작되거나 제조된 물품 중 기획재정부령으로 정하는 물품

⑤ 「장애인복지법」 제58조에 따른 장애인복지시설 및 장애인의 재활의료를 목적

10) 관세가 부과되는 물품은 관세율표 번호 제8702호 및 제8703호에 해당하는 자동차와 번호 제8711호에 해당하는 이륜자동차로 한다(시행규칙 제39조 제3항).

으로 국가・지방자치단체 또는 사회복지법인이 운영하는 재활병원・의원에서 장애인을 진단하고 치료하기 위하여 사용하는 의료용구

4 특정물품의 면세

특정물품의 면세는 공통의 목적으로 분류되지 않는 물품에 대하여 나열함으로써 개별 물품의 수입목적에 따라 면세를 적용한다. 다음의 어느 하나에 해당하는 물품이 수입될 때에는 그 관세를 면제할 수 있다(법 제93조).

① 동식물의 번식・양식 및 종자개량을 위한 물품 중 사료작물 재배용 종자(호밀・귀리 및 수수에 한한다)의 물품(시행규칙 제43조 제1항)

② 박람회, 국제경기대회 그 밖에 이에 준하는 행사 중 기획재정부령으로 정하는 행사에 사용하기 위하여 그 행사에 참가하는 자가 수입하는 물품 중 기획재정부령으로 정하는 물품

③ 핵사고 또는 방사능 긴급사태 시 그 복구지원과 구호를 목적으로 외국으로부터 기증되는 물품으로서 다음의 물품(시행규칙 제43조 제4항)

㉠ 방사선측정기

㉡ 시료채취 및 처리기

㉢ 시료분석장비

㉣ 방사능 방호장비

㉤ 제염용장비

④ 우리나라 선박이 외국 정부의 허가를 받아 외국의 영해에서 채집하거나 포획한 수산물(이를 원료로 하여 우리나라 선박에서 제조하거나 가공한 것을 포함한다.)

⑤ 우리나라 선박이 외국의 선박과 협력하여 기획재정부령으로 정하는 방법[11]으로 채집하거나 포획한 수산물로서 해양수산부장관이 추천하는 것

⑥ 해양수산부장관의 허가를 받은 자가 기획재정부령으로 정하는 요건[12]에 적합

---

11) 「원양산업발전법」 제6조에 따라 해양수산부장관으로부터 원양모선식 어업허가를 받고 외국과의 협상 등에 의하여 해외수역에서 해당 외국의 국적을 가진 자선과 공동으로 수산물을 채집 또는 포획하는 원양어업방법을 말한다(시행규칙 제43조 제5항).

12) 1. 「원양산업발전법」 제6조 제7항에 따라 해외현지법인으로 원양어업을 하기 위하여 신고한 경우로서 해외현지법인이 다음 각 목의 어느 하나에 해당할 것

가. 대한민국 국민이 납입한 자본금이나 보유한 의결권이 49퍼센트 이상일 것

하게 외국인과 합작하여 채집하거나 포획한 수산물 중 해양수산부장관이 기획재정부장관과 협의하여 추천하는 것

⑦ 우리나라 선박 등이 채집하거나 포획한 수산물과 제5호 및 제6호에 따른 수산물의 포장에 사용된 물품으로서 재사용이 불가능한 것 중 기획재정부령으로 정하는 물품[13)]

⑧ 「중소기업기본법」 제2조에 따른 중소기업이 해외구매자의 주문에 따라 제작한 기계·기구가 해당 구매자가 요구한 규격 및 성능에 일치하는지를 확인하기 위하여 하는 시험생산에 필요한 원재료로서 중소기업에 외국인이 무상으로 공급하는 물품(시행규칙 제43조 제8항)

⑨ 우리나라를 방문하는 외국의 원수와 그 가족 및 수행원의 물품

⑩ 우리나라의 선박이나 그 밖의 운송수단이 조난으로 인하여 해체된 경우 그 해체재(解體材) 및 장비

⑪ 우리나라와 외국 간에 건설될 교량, 통신시설, 해저통로 그 밖에 이에 준하는 시설의 건설 또는 수리에 필요한 물품

⑫ 우리나라 수출물품의 품질, 규격, 안전도 등이 수입국의 권한 있는 기관이 정하는 조건에 적합한 것임을 표시하는 수출물품에 부착하는 증표로서 기획재정부령으로 정하는 물품

⑬ 우리나라의 선박이나 항공기가 해외에서 사고로 발생한 피해를 복구하기 위하여 외국의 보험회사 또는 외국의 가해자의 부담으로 하는 수리 부분에 해당하는 물품

⑭ 우리나라의 선박이나 항공기가 매매계약상의 하자보수 보증기간 중에 외국에

나. 해외현지법인이 설립된 국가의 법령에 따라 대한민국 국민이 보유할 수 있는 지분이 25퍼센트 미만으로 제한되는 경우에는 대한민국 국민이 납입한 자본금이나 보유한 의결권이 24퍼센트 이상일 것

2. 「원양산업발전법」 제2조 제10호에 따른 해외수역에서 해양수산부장관이 기획재정부장관과 협의하여 고시한 선박·어구 등의 생산수단을 투입하여 수산동식물을 채집 또는 포획(어획할당량 제한으로 불가피하게 해외현지법인이 직접 수산동식물을 채집 또는 포획하지 못하게 되었을 때에는 생산수단을 실질적으로 운영하고 소요경비를 전액 부담하는 등 해외현지법인의 계산과 책임으로 합작상대국 어업자를 통하여 수산동식물을 채집 또는 포획하는 경우를 포함한다)하고 직접 수출할 것(시행규칙 제43조 제6항).

13) 우리나라 선박 등에 의하여 채집 또는 포획된 수산물과 ⑤ 및 ⑥에 따른 방법 또는 요건에 따라 채집 또는 포획된 수산물을 포장한 관세율표 번호 제4819호의 골판지 어상자를 말한다(시행규칙 제43조 제7항).

서 발생한 고장에 대하여 외국의 매도인의 부담으로 하는 수리 부분에 해당하는 물품

⑮ 국제올림픽·장애인올림픽·농아인올림픽 및 아시아운동경기·장애인아시아운동경기 종목에 해당하는 운동용구(부분품을 포함한다)로서 「국민체육진흥법」에 따라 설립된 대한체육회 또는 대한장애인체육회가 수입하는 물품(시행규칙 제43조 제10항)

⑯ 국립묘지의 건설·유지 또는 장식을 위한 자재와 국립묘지에 안장되는 자의 관·유골함 및 장례용 물품

⑰ 피상속인이 사망하여 국내에 주소를 둔 자에게 상속되는 피상속인의 신변용품

⑱ 보석의 원석(原石) 및 나석(裸石)으로서 기획재정부령으로 정하는 것

5 환경오염방지물품 등에 대한 감면세

1) 의의

오염물질 및 폐기물 처리 등을 위하여 수입하는 기계·기구 등에 해당하는 물품으로서 국내에서 제작하기 곤란한 물품에 대하여 관세를 경감한다. 환경오염을 방지하는 등의 목적을 달성하기 위하여 기계·기구를 사용하여야 하나 이들 물품을 국내에서 제작하기 곤란하므로 감면세를 적용하여 이들 물품의 수입을 허용함으로써 사회 정책적 목적을 달성하기 위하여 환경오염방지물품 등에 대한 감면세를 적용한다.

2) 감면세대상

다음의 어느 하나에 해당하는 물품으로서 국내에서 제작하기 곤란한 물품이 수입될 때에는 그 관세를 감면할 수 있다(법 제95조).

① 오염물질(소음 및 진동을 포함한다)의 배출 방지 또는 처리를 위하여 사용하는 기계·기구·시설·장비로서 기획재정부령으로 정하는 것

② 폐기물 처리(재활용을 포함한다)를 위하여 사용하는 기계·기구로서 기획재정부령으로 정하는 것

③ 기계·전자기술 또는 정보처리기술을 응용한 공장 자동화 기계·기구·설비

(그 구성기기를 포함한다) 및 그 핵심부분품으로서 기획재정부령으로 정하는 것

3) 감면율(시행규칙 제46조 제4항)

감면물품	감면대상	감면율
감면대상	「중소기업기본법」 제2조의 규정에 의한 중소기업자로서 한국표준산업분류표상 제조업을 영위하는 중소제조업체가 수입신고하는 경우	100분의 30(2023년 12월 31일까지 수입신고하는 경우에는 100분의 70)
	「조세특례제한법 시행령」 제6조의4 제1항에 따른 중견기업으로서 「통계법」 제22조에 따라 통계청장이 고시하는 산업에 관한 표준분류상 제조업으로 분류되는 업체가 2023년 12월 31일까지 수입신고하는 경우	100분의 50

6 재수출면세

1) 의의

국제적인 교류가 활발해지면서 경제·사회·문화적 목적으로 일시적으로 국내에 수입되는 경우가 증가하고 있다. 외국으로부터 수입된 물품이 국내에서 가공, 사용 등이 이루어지지 않고 단기간에 수입된 상태로 재수출된다면, 관세를 면제하여 관세행정상의 편의를 제공할 수 있다.

관세는 국내에 수입되는 외국물품에 부과하여 국내 산업을 보호하는 등의 목적을 달성할 수 있지만 재수출이 전제되어 수입되는 물품은 원칙적으로 다시 외국으로 반출될 것이므로 관세를 부과하여야 하는 실익이 없다. 만일 수입시 관세를 부과한다면 재수출되는 경우 수입시 납부하였던 관세가 환급되어야 하므로 관세행정상 불편함이 초래될 뿐이다. 따라서 경제·사회·문화적 교류의 증대를 목적으로 관세행정상 편의를 제공하는 제도라고 할 수 있다. 재수출면세 적용을 위한 국제적 협약으로 「A.T.A CARNET 협약」, 「전시회, 전람회 기타 유사한 행사에서 전시 또는 사용을 위한 물품의 수입상 편의에 관한 관세협약」, 「포장용기의 일시 수입에 관한 관세협약」 등이 있다.

2) 면세대상

수입신고 수리일부터 다음의 어느 하나의 기간에 다시 수출하는 물품에 대하여는 그 관세를 면제할 수 있다(법 제97조 제1항).

① 기획재정부령으로 정하는 다음의 물품 : 1년의 범위에서 대통령령으로 정하는 기준에 따라 세관장이 정하는 기간. 다만, 세관장은 부득이한 사유가 있다고 인정될 때에는 1년의 범위에서 그 기간을 연장할 수 있다.

1. 수입물품의 포장용품. 다만, 관세청장이 지정하는 물품을 제외한다.
2. 수출물품의 포장용품. 다만, 관세청장이 지정하는 물품을 제외한다.
3. 우리나라에 일시 입국하는 자가 본인이 사용하고 재수출할 목적으로 직접 휴대하여 반입하거나 별도로 반입하는 신변용품. 다만, 관세청장이 지정하는 물품을 제외한다.
4. 우리나라에 일시 입국하는 자가 본인이 사용하고 재수출할 목적으로 직접 휴대하여 반입하거나 별도로 반입하는 직업용품 및 「신문 등의 자유와 기능보장에 관한 법률」 제26조에 따라 지국 또는 지사의 설치허가를 받은 자가 취재용으로 반입하는 방송용의 녹화되지 아니한 비디오테이프
5. 관세청장이 정하는 시설에서 국제해운에 종사하는 외국선박의 승무원의 후생을 위하여 반입하는 물품과 그 승무원이 숙박기간중 당해 시설에서 사용하기 위하여 선박에서 하역된 물품
6. 박람회·전시회·공진회·품평회 기타 이에 준하는 행사에 출품 또는 사용하기 위하여 그 주최자 또는 행사에 참가하는 자가 수입하는 물품 중 당해 행사의 성격·규모 등을 감안하여 세관장이 타당하다고 인정하는 물품
7. 국제적인 회의·회합 등에서 사용하기 위한 물품
8. 법 제90조 제1항 제2호에 따른 기관 및 「국방과학연구소법」에 따른 국방과학연구소에서 학술연구 및 교육훈련을 목적으로 사용하기 위한 학술연구용품
9. 법 제90조 제1항 제2호에 따른 기관 및 「국방과학연구소법」에 따른 국방과학연구소에서 과학기술연구 및 교육훈련을 위한 과학장비용품
10. 주문수집을 위한 물품, 시험용 물품 및 제작용 견품
11. 수리를 위한 물품(수리를 위하여 수입되는 물품과 수리후 수출하는 물품이 관세·통계통합품목분류표상 10단위의 품목번호가 일치할 것으로 인정되는 물품에 한한다)
12. 수출물품 및 수입물품의 검사 또는 시험을 위한 기계·기구
13. 일시 입국자가 입국할 때에 수송하여 온 본인이 사용할 승용자동차·이륜자동차·캠핑카·캬라반·트레일러·선박 및 항공기와 관세청장이 정하는 그 부분품 및 예비품

14. 관세청장이 정하는 수출입물품·반송물품 및 환적물품을 운송하기 위한 차량
15. 이미 수입된 국제운송을 위한 컨테이너의 수리를 위한 부분품
16. 수출인쇄물 제작원고용 필름(빛에 노출되어 현상된 것에 한한다)
17. 광메모리매체 제조용으로 정보가 수록된 마스터테이프 및 니켈판(생산제품을 수출할 목적으로 수입되는 것임을 당해 업무를 관장하는 중앙행정기관의 장이 확인한 것에 한한다)
18. 항공기 및 그 부분품의 수리·검사 또는 시험을 위한 기계·기구
19. 항공 및 해상화물운송용 파렛트
20. 수출물품 사양확인용 물품
21. 항공기의 수리를 위하여 일시 사용되는 엔진 및 부분품
22. 산업기계의 수리용 또는 정비용의 것으로서 무상으로 수입되는 기계 또는 장비
23. 외국인투자기업이 자체상표제품을 생산하기 위하여 일시적으로 수입하는 금형 및 그 부분품

② 1년을 초과하여 수출하여야 할 부득이한 사유가 있는 다음의 물품 : 세관장이 정하는 기간
   ㉠ 수송기기의 하자를 보수하거나 이를 유지하기 위한 부분품
   ㉡ 외국인 여행자가 연 1회 이상 항해조건으로 반입한 후 지방자치단체에서 보관·관리하는 요트(모터보트를 포함한다)

3) 재수출면세기간

세관장은 재수출면세기간을 정하고자 하는 때에는 다음의 기간을 재수출면세기간으로 한다(영 제115조 제1항). 이 경우 재수출면세물품이 행정당국에 의하여 압류된 경우에는 당해 압류기간은 재수출면세 기간에 산입하지 아니한다.

① 일시 입국하는 자가 본인이 사용하고 재수출할 목적으로 직접 휴대하여 수입하거나 별도로 수입하는 신변용품·취재용품 및 이와 유사한 물품의 경우에는 입국후 처음 출국하는 날까지의 기간
② 박람회·전시회·품평회 기타 이에 준하는 행사에 출품 또는 사용하기 위하여 수입하는 물품은 박람회 등의 행사기간 종료일에 당해 물품을 재수출하는데 필요한 기일을 더한 기간
③ 가공 또는 수리를 위한 물품 및 그 재료는 가공 또는 수리에 소요되는 것으로 인정되는 기간

④ 기타의 물품은 당해 물품의 반입계약에 관한 증빙서류에 의하여 확인되는 기간으로 하되, 반입계약에 관한 증빙서류에 의하여 확인할 수 없는 때에는 당해 물품의 성질・용도・수입자・내용연수 등을 고려하여 세관장이 정하는 기간

4) 증빙서류에 의해 확인되는 기간

세관장은 4년의 범위 내에서 재수출 기간을 정하고자 하는 때에는 당해 물품의 반입계약에 관한 증빙서류에 의하여 확인되는 기간을 기준으로 하여야 한다(영 제115조 제2항). 다만, 그 증빙서류에 의하여 확인되는 기간을 기준으로 하기가 적당하지 아니하거나 증빙서류에 의하여 확인할 수 없는 때에는 당해 감면물품의 성질・용도・임대차기간 또는 도급기간 등을 고려하여 타당하다고 인정되는 기간을 기준으로 할 수 있다.

5) 용도외 사용 및 양도 제한

관세를 면제받은 물품은 규정된 기간에 정해진 용도 외의 다른 용도로 사용되거나 양도될 수 없다(법 제97조 제2항). 따라서 다음의 어느 하나에 해당하는 경우에는 수출하지 아니한 자, 용도 외로 사용한 자 또는 양도를 한 자로부터 면제된 관세를 즉시 징수하며, 양도인으로부터 해당 관세를 징수할 수 없을 때에는 양수인으로부터 면제된 관세를 즉시 징수한다(법 제97조 제3항). 다만, 재해나 그 밖의 부득이한 사유로 멸실되었거나 미리 세관장의 승인을 받아 폐기하였을 때에는 그러하지 아니하다.

① 관세를 면제받은 물품을 규정된 기간 내에 수출하지 아니한 경우

② 정해진 용도 외의 다른 용도로 사용하거나 해당 용도 외의 다른 용도로 사용하려는 자에게 양도한 경우

6) 가산세

세관장은 관세를 면제받은 물품 중 기획재정부령으로 정하는 물품이 규정된 기간 내에 수출되지 아니한 경우에는 500만원을 넘지 아니하는 범위에서 해당 물품에 부과될 관세의 100분의 20에 상당하는 금액을 가산세로 징수한다(법 제97조 제4항).

7) 관세의 감면신청

관세를 감면받고자 하는 자는 관세감면신청서에 규정된 기재사항 외에 당해 물품의 수출예정시기·수출지 및 수출예정세관명을 신청서에 기재하여야 한다(시행규칙 제51조).

8) 재수출조건 면세물품의 수출

관세의 면제를 받은 물품을 당해 기간내에 수출하고자 하는 자는 수출신고시에 당해 물품의 수입신고필증 또는 이에 대신할 세관의 증명서와 기타 참고서류를 제출하여야 한다(영 제116조 제1항).

세관장은 관세의 면제받은 물품이 수출된 때에는 세관에 제출된 수입신고필증 또는 이에 대신할 세관의 증명서에 수출된 사실을 기재하여 수출신고인에게 교부하여야 한다(영 제116조 제2항).

7 재수출감면세

1) 의의

재수출감면세는 재수출면세에 적용되는 기간보다 장기간에 걸쳐 국내에서 사용한 후 다시 수출하는 물품에 적용된다. 임대차계약이나 도급계약의 이행을 위하여 국내에서 사용하고자 수입하는 물품은 국내에서 생산되는 물품의 사용 촉진을 위한 국내산업의 보호와 충돌될 수 있으므로 국내에서 제작이 곤란한 물품에 한하여 재수출되는 기간에 따라 관세를 감면한다.

2) 감면대상 및 감면율

장기간에 걸쳐 사용할 수 있는 물품으로서 그 수입이 임대차계약에 의하거나 도급계약 또는 수출계약의 이행과 관련하여 국내에서 일시적으로 사용하기 위하여 수입하는 물품 중 기획재정부령으로 정하는 물품이 그 수입신고 수리일부터 2년(장기간의 사용이 부득이한 물품으로서 기획재정부령으로 정하는 것 중 수입하기 전에 세관장의 승인을 받은 것은 4년의 범위에서 대통령령으로 정하는 기준에 따라 세관장이 정하는 기간을 말한다) 이내에 재수출되는 것에 대하여는 다음의 구분에 따라 그 관세를 경감할 수 있다(법 제98조 제1항). 다만, 외국과 체결한 조약·협정 등에 따라 수입되는 것에 대하여는 상호 조건에 따라 그 관세를 면제한다.

재수출기간	감면율
6개월 이내인 경우	해당 물품에 대한 관세액의 100분의 85
6개월 초과 1년 이내인 경우	해당 물품에 대한 관세액의 100분의 70
1년 초과 2년 이내인 경우	해당 물품에 대한 관세액의 100분의 55
2년 초과 3년 이내인 경우	해당 물품에 대한 관세액의 100분의 40
3년 초과 4년 이내인 경우	해당 물품에 대한 관세액의 100분의 30

3) 감면대상 요건

관세가 감면되는 물품은 다음의 요건을 갖춘 물품으로서 국내제작이 곤란함을 당해 물품의 생산에 관한 업무를 관장하는 중앙행정기관의 장 또는 그 위임을 받은 자가 확인하고 추천하는 기관 또는 기업이 수입하는 물품에 한한다(시행규칙 제52조).

① 「법인세법 시행규칙」 제15조의 규정에 의한 내용연수가 5년(금형의 경우에는 2년) 이상인 물품

② 개당 또는 셋트당 관세액이 500만원 이상인 물품

4) 관세의 감면신청

관세를 감면받고자 하는 자는 관세감면신청서에 규정된 기재사항 외에 당해 물품의 수출예정시기·수출지 및 수출예정세관명을 신청서에 기재하여야 한다(시행규칙 제53조).

5) 재수출조건 감면세물품의 수출

관세의 감면을 받은 물품을 당해 기간내에 수출하고자 하는 자는 수출신고시에 당해 물품의 수입신고필증 또는 이에 대신할 세관의 증명서와 기타 참고서류를 제출하여야 한다(영 제116조 제1항).

세관장은 관세의 감면받은 물품이 수출된 때에는 세관에 제출된 수입신고필증

또는 이에 대신할 세관의 증명서에 수출된 사실을 기재하여 수출신고인에게 교부하여야 한다(영 제116조 제2항).

제4절 분할납부

1 의 의

납세의무가 확정되면 납세의무자는 납부기한 내에 관세를 일시에 납부하여야 한다. 그러나 관세의 분할납부제도는 납세의무자로 하여금 일정기간 동안 관세를 분할해서 납부할 수 있도록 허용하는 제도이다. 관세의 분할납부제도를 통해서 관세를 일시에 납부해야하는 납세의무자의 부담을 덜어주고 분할납부에 따른 이자가 징수되지 않으므로 관세지원제도라고 할 수 있다. 관세의 분할납부는 천재지변 등의 이유로 관세를 일시에 납부하기 곤란한 경우 그리고 시설기계류 등 특정용도에 사용하여 산업정책적 목표를 달성하기 위하여 수입되는 경우에 적용된다.

2 천재지변 등으로 인한 관세의 분할납부

세관장은 천재지변이나 그 밖에 대통령령으로 정하는 사유로 이 법에 따른 신고, 신청, 청구 그 밖의 서류의 제출, 통지, 납부 또는 징수를 정하여진 기한까지 할 수 없다고 인정될 때에는 1년을 넘지 아니하는 기간을 정하여 관세를 분할하여 납부하게 할 수 있다(법 제107조 제1항). 관세를 분할납부하고자 하는 자는 신청서를 납부기한내에 세관장에게 제출하여야 한다(영 제125조 제1항).

3 시설기계류 등에 대한 관세의 분할납부

1) 분할납부 대상

다음의 어느 하나에 해당하는 물품이 수입될 때에는 세관장은 5년을 넘지 아니하는 기간을 정하여 관세의 분할납부를 승인할 수 있다(법 제107조 제2항).

① 시설기계류, 기초설비품, 건설용 재료 및 그 구조물과 공사용 장비로서 기획재정부장관이 고시하는 물품.

② 정부나 지방자치단체가 수입하는 물품으로서 기획재정부령으로 정하는 물품

③ 학교나 직업훈련원에서 수입하는 물품과 비영리법인이 공익사업을 위하여 수입하는 물품으로서 기획재정부령으로 정하는 물품

④ 의료기관 등 기획재정부령으로 정하는 사회복지기관 및 사회복지시설에서 수입하는 물품으로서 기획재정부장관이 고시하는 물품

⑤ 기획재정부령으로 정하는 기업부설연구소, 산업기술연구조합 및 비영리법인인 연구기관 그 밖에 이와 유사한 연구기관에서 수입하는 기술개발연구용품 및 실험실습용품으로서 기획재정부장관이 고시하는 물품

⑥ 기획재정부령으로 정하는 중소제조업체가 직접 사용하려고 수입하는 물품

⑦ 기획재정부령으로 정하는 기업부설 직업훈련원에서 직업훈련에 직접 사용하려고 수입하는 교육용품 및 실험실습용품 중 국내에서 제작하기가 곤란한 물품으로서 기획재정부장관이 고시하는 물품

2) 분할납부 승인 신청

관세의 분할납부승인을 얻고자 하는 자는 당해 물품의 수입신고시부터 수입신고수리전까지 그 물품의 품명・규격・수량・가격・용도・사용장소와 사업의 종류를 기재한 신청서를 세관장에게 제출하여야 한다(영 제126조). 세관장은 관세의 분할납부를 승인한 때에는 납부기한별로 납세고지를 하여야 한다(영 제127조 제1항).

3) 용도외 사용 등의 승인

관세의 분할납부를 승인받은 자가 해당 물품의 용도를 변경하거나 그 물품을 양도하려는 경우에는 미리 세관장의 승인을 받아야 한다(법 제107조 제3항). 세관

장의 승인을 얻고자 하는 자는 신청서에 당해 물품의 양도·양수에 관한 계약서의 사본을 첨부하여 그 물품의 관할지 세관장에게 제출하여야 한다(영 제128조).

[별표 5] 분할납부 기간 및 방법

<table>
<tr><th colspan="2">물품</th><th>기간</th><th>방법</th></tr>
<tr><td rowspan="4">1. 시설기계류 등(중소제조업체가 직접 사용하기 위하여 수입하는 물품 제외)</td><td>가. 분할납부승인액이 1억원 미만인 물품</td><td>분할납부승인일부터 2년 6월</td><td rowspan="4">분할납부승인액을 수입신고수리일부터 6월마다 균등하게 분할하여 납부하여야 한다. 다만, 제1차분은 수입신고수리일부터 15일 이내에 납부하여야 한다.</td></tr>
<tr><td>나. 분할납부승인액이 1억원 이상 5억원 미만인 물품</td><td>분할납부승인일부터 3년 6월</td></tr>
<tr><td>다. 분할납부승인액이 5억원 이상인 물품</td><td>분할납부승인일부터 4년 6월</td></tr>
<tr><td>라. 임차선박</td><td>가목 내지 다목의 기간 내에서 임차기간내</td></tr>
<tr><td colspan="2">2. 정부나 지방자치단체가 수입하는 물품, 학교나 직업훈련원에서 수입하는 물품과 비영리법인이 공익사업을 위하여 수입하는 물품</td><td>분할납부승인일부터 2년</td><td>분할납부승인액을 2등분하여 제1차분은 승인일부터 1년 이내에, 제2차분은 2년 이내에 납부하여야 한다.</td></tr>
<tr><td colspan="2">3. 사회복지기관 및 사회복지시설에서 수입하는 물품</td><td>분할납부승인일부터 1년 6월</td><td>분할납부승인액을 수입신고수리일부터 6월마다 균등하게 분할하여 납부하여야 한다. 다만, 제1차분은 수입신고수리일부터 15일 이내에 납부하여야 한다.</td></tr>
<tr><td colspan="2">4. 별표4 제3호 다목의 규정에 의한 의료취약지구에 설립한 의료기관이 수입하는 물품</td><td>분할납부승인일부터 4년 6월</td><td>분할납부승인액을 수입신고수리일부터 6월마다 균등하게 분할하여 납부하여야 한다. 다만, 제1차분은 수입신고수리일부터 15일 이내에 납부하여야 한다.</td></tr>
</table>

<table>
<tr><td rowspan="3">5. 중소제조업체가 직접 사용하기 위하여 수입하는 물품</td><td>가. 분할납부승인액이 2천만원 미만인 물품</td><td>분할납부승인일부터 2년 6월</td><td rowspan="3">분할납부승인액을 수입신고수리일부터 6월마다 균등하게 분할하여 납부하여야 한다. 다만, 제1차분은 수입신고수리일부터 15일 이내에 납부하여야 한다.</td></tr>
<tr><td>나. 분할납부승인액이 2천만원 이상 5천만원 미만인 물품</td><td>분할납부승인일부터 3년 6월</td></tr>
<tr><td>다. 분할납부승인액이 5천만원 이상인 물품</td><td>분할납부승인일부터 4년 6월</td></tr>
</table>

4 담보의 제공

1) 담보제공 기준

세관장은 분할납부를 승인받은 물품에 대하여 그 물품을 수입할 때에 감면받거나 분할납부하는 관세액(재수출면제 및 재수출감면세 규정에 따른 가산세는 제외한다)에 상당하는 담보를 제공하게 할 수 있다(법 제108조 제1항). 분할납부승인을 받은 경우 담보의 제공여부는 물품의 성질 및 종류, 관세채권의 확보가능성 등을 기준으로 하여 정한다(영 제131조 제1항).

2) 담보제공 시기

세관장은 수입신고를 수리하는 때까지 담보를 제공하게 할 수 있다(영 제131조 제2항). 다만, 긴급한 사유로 공휴일(「근로자의 날 제정에 관한 법률」에 따른 근로자의 날 및 토요일을 포함한다) 등 금융기관이 업무를 수행할 수 없는 날에 수입하는 물품으로서 긴급성의 정도 등을 고려하여 관세청장이 정하여 고시하는 물품에 대하여는 수입신고를 수리하는 때 이후 최초로 금융기관이 업무를 수행하는 날까지 담보를 제공하게 할 수 있다.

5 납세의무의 승계

1) 변경사항 신고

관세의 분할납부를 승인받은 법인이 합병·분할·분할합병 또는 해산을 하거나 파산선고를 받은 경우 또는 관세의 분할납부를 승인받은 자가 파산선고를 받은 경우에는 그 관세를 납부하여야 하는 자는 지체 없이 그 사유를 세관장에게 신고하여야 한다(법 제107조 제4항).

2) 납세의무 승계(법 제107조 제5항 내지 제8항)

승계사유	납세의무자
관세의 분할납부를 승인받은 물품을 동일한 용도로 사용하려는 자에게 양도한 경우	양수인
해당 용도 외의 다른 용도로 사용하려는 자에게 양도한 경우	• 양도인 • 양도인으로부터 해당 관세를 징수할 수 없을 때에는 그 양수인
관세의 분할납부를 승인받은 법인이 합병·분할 또는 분할합병된 경우	합병·분할 또는 분할합병 후에 존속하거나 합병·분할 또는 분할합병으로 설립된 법인이 연대하여 관세를 납부
관세의 분할납부를 승인받은 자가 파산선고를 받은 경우	파산관재인
관세의 분할납부를 승인받은 법인이 해산한 경우	청산인[14]

6 관세의 징수

1) 즉시 징수 대상

다음의 어느 하나에 해당하는 경우에는 납부하지 아니한 관세의 전액을 즉시

14) 민법 제87조에 따르면 청산인의 직무는 현존사무의 종결, 채권의 추심 및 채무의 변제, 잔여재산의 인도이다. 청산인은 이러한 직무를 행하기 위하여 필요한 모든 행위를 할 수 있다.

징수한다(법 제107조 제9항).

① 관세의 분할납부를 승인받은 물품을 5년을 넘지 아니하는 기간으로 승인된 기간에 해당 용도 외의 다른 용도로 사용하거나 해당 용도 외의 다른 용도로 사용하려는 자에게 양도한 경우

② 관세를 지정된 기한까지 납부하지 아니한 경우. 다만, 관세청장이 부득이한 사유가 있다고 인정하는 경우는 제외한다.

③ 파산선고를 받은 경우

④ 법인이 해산한 경우

2) 납부기한

세관장은 관세를 즉시 징수하는 때에는 15일 이내의 납부기한을 정하여 납세고지를 하여야 한다(영 제127조 제2항). 세관장이 관세의 분할납부를 승인한 때에 납부기한별로 납부고지한 관세로서 그 납부기한이 15일 이후인 경우 그 납부고지는 취소하여야 한다(영 제127조 제3항).

제5절 관세환급

1 의 의

관세환급은 관세법상의 관세환급과 관세환급특례법상의 관세환급이 있다. 관세환급특례법상의 관세환급은 수입한 수출용원재료로 제조, 가공한 물품을 수출하는 경우 수출용 원재료의 수입시 납부하였던 관세를 되돌려 주는 것이다. 관세법상 관세환급은 계약 내용과 다른 물품을 다시 수출하는 경우 등과 수입신고 수리후 지정보세구역 장치 물품의 멸실, 변질, 손상으로 가치가 감소된 경우와 착오로 과다한 세액을 납부한 경우에 납부하였던 관세를 되돌려 주는 것이다.

2 계약 내용과 다른 물품에 대한 관세환급

1) 의의

수입신고가 수리된 물품이 계약 내용과 다르고 수입신고 당시의 성질이나 형태가 변경되지 아니한 경우 해당 물품이 수입신고 수리일부터 1년 이내에 다음의 어느 하나에 해당하면 그 관세를 환급한다(법 제106조 제1항). 보세구역에 물품을 반입하였다가 다시 수출하는 것이 원칙이기 때문에 보세구역에 반입하지 않고 혹은 세관장의 허가를 받은 장소에 반입하지 아니한 상태에서 수출하는 것은 환급대상이 되지 않는다. 그러나 수입물품으로서 세관장이 환급세액을 산출하는 데에 지장이 없다고 인정하여 승인한 경우에는 그 수입물품의 일부를 수출하였을 때에도 그 관세를 환급할 수 있다(법 제106조 제2항).

① 외국으로부터 수입된 물품 : 보세구역(보세구역외 장치 허가 규정에 따라 세관장의 허가를 받았을 때에는 그 허가받은 장소를 포함한다) 또는 자유무역지역 중 관세청장이 수출물품을 일정기간 보관하기 위하여 필요하다고 인정하여 고시하는 장소에 해당 물품을 반입(수입신고 수리일부터 1년 이내에 반입한 경우로 한정한다)하였다가 다시 수출한 경우에 이를 반입하였다가 다시 수출하였을 것

② 보세공장에서 생산된 물품 : 수입신고 수리일부터 1년 이내에 보세공장에 이를 다시 반입하였을 것[15)]

2) 환급 절차

(1) 계약내용이 상이한 물품의 수출 또는 보세공장에 반입

수입신고가 수리된 물품이 계약내용과 상이하고 수입신고 당시의 성질 또는 형태가 변경되지 아니한 경우 해당 물품을 수출하거나 보세공장에 반입하려는 자는 수출신고서 또는 보세공장물품반입신고서에 해당 물품의 품명·규격·수량·가격과 수출 또는 반입 사유를 적은 사유서, 해당 물품 수입에 관한 계약내용의

15) 보세공장에서 수입된 하자물품을 타 보세공장에 반입하여 수리한 후 재수입하는 경우에도 환급대상이 되는데, 이는 타 보세공장에 반입하여 수리하는 경우 이중과세의 문제를 해소할 수 있고 하자물품에 대한 신속한 수리를 위해 별도로 설치된 전용수리 라인에서 작업을 진행하는 상황 등을 감안한 것이다(이종익·박병목, 전게서, p. 346).

증빙서류와 수입신고필증 또는 이에 대신하는 세관의 증빙서류를 첨부하여 세관장에게 제출하여야 한다(영 제121조 제1항).

(2) 신청서 제출

물품을 수출하거나 보세공장에 반입하고 관세의 환급을 받고자 하는 자는 당해 물품의 품명·규격·수량·수입신고수리 연월일·수입신고번호와 환급받고자 하는 관세액을 기재한 신청서에 수출신고필증·보세공장반입승인서 또는 이에 대신하는 세관의 증명서를 첨부하여 세관장에게 제출하여야 한다(영 제121조 제2항).

(3) 환급 관세액

환급하는 관세액은 그 물품에 대하여 이미 납부한 관세의 전액으로 하며, 그 물품의 일부를 수출하거나 보세공장에 반입한 경우에는 그 일부물품에 해당하는 관세액으로 한다(영 제121조 제3항). 물품의 일부 수출로 인하여 일부 환급받는 경우 물품이 물리적으로 구분되어야 하고 금액상으로도 구분되어야 한다.

국심 2006관0028 (2006.05.29.)

- 물품소재지에서 수출한 위약물품이 환급대상인지의 여부

쟁점물품은 보세구역에 반입후 위약물품 반송신고를 하여야 하나, 관련직원의 업무미숙으로 일반수출물품으로 신고하였고, 쟁점물품 수출후에 위약반송절차 대상물품임을 인지하였으나, 선적 이후에는 이를 소급하여 신고하거나 수출신고필증정정 등의 조치를 할 수가 없었다. 쟁점물품의 수입신고수리일은 각각 2002.8.10.과 2002.9.13.로서 그때부터 1년 이내에 세관장이 지정하였거나, 특허한 보세구역 또는 관세법 제156조에 의하여 세관장이 허가한 장소에 반입하여 수출신고를 하여야 하나, 쟁점물품은 보세구역 또는 세관장이 허가한 장소가 아닌 물품소재지로 하여 2002.12.26. 수출신고수리를 받아 수출하였다.

청구법인이 수출한 쟁점물품은 캐시미어(Cashmere) 직물로서 2002.8.29. 이탈리아 수출자에게 수입물품의 불량발생을 통보한 전문내용과 2002.9.30. 수출자가 대체품의 선적계획을 알려온 사실 및 청구법인의 내부문건 등을 감안할 때, 쟁점물품은 청구법인이 당초 구매계약한 물품이 하자가 발생하여 동 물품을 이탈리아에 소재하는 수출자에게 반송하고 그 대체품이 반입된 사실은 인정되어진다. 그러나 계약상이물품을 보세구역에 반입하여 수출신고하도록 한 규정의 취지가 계약상이물품이 당초의 수입물품인지 여부와 수입신고 당시의 성질과 형태 등이 변경되지 아니한 원상태인지 여부 등을 확인하기 위한 것이라는 점을 감안할 때, 쟁점물품은 수입신고수리일부터 1년 이내에 보세구역 또는 세관장이 허가한 장소에 반입하여 수출신고하지 아니하였는 바, 이는 관세법 제106조에서 규정한 "계약내용과 상이한 물품 등에 대한 관세환급요건"을 충족하지 못한 것으로 보여진다.

조심 2010관0015 (2010.07.22)

– 정상물품과 함께 기존 수입물품까지 하자가 발생하여 수출한 경우 계약내용과 상이한 물품으로 간주하여 관세환급대상으로 볼 수 있는지 여부

청구법인의 보관상의 잘못이나 귀책이 전혀 없이 공급자의 실수로 인해 마지막 항차물품에 하자가 발생함에 따라 기존 수입물품인 쟁점물품에까지 하자가 발생하게 된 것이고, 물품자체의 특성상 수입되는 순서대로 저장탱크에 함께 입고함으로써 기존에 보관된 쟁점물품의 품질저하가 발생하였으며, 이러한 점을 수출자가 인정하여 그에 대한 대체품을 전량 무상 공급하기로 함에 따라 수출한 것이므로 쟁점물품 역시 위약물품으로 보아 「관세법」 제106조를 적용하여 위약환급을 인정하여야 한다고 청구인이 주장하였다.

위약환급제도는 다른 조세에서는 볼 수 없는 「관세법」에만 있는 특수한 환급제도로서, 그 취지는 관세는 소비세이므로 수입물품이 국내에서 소비되는 것을 전제로 부과되는 조세이고, 수입계약과 다른 물품은 수입자의 책임 없이 잘못 수입된 것이며, 수입 후 국내에서 사용되지 아니하고 수출자에게 되돌려 보내지므로 국내에서 소비되는 것이 아니기 때문이고, 수입물품이 국내에서 소비되지 않고 수출자에게 되돌려 보내진 후 국내에 재수입시 다시 관세가 부과되므로 이중과세의 방지를 위한 목적이 있다.

따라서 수입물품의 특성상 수입 건별로 구분하여 보관할 수 없으며 수입되는 순서에 따라 저장탱크에 입고하게 되는 점, 수입자인 청구법인의 귀책사유 없이 최종항차 수입분의 결함으로 기존 수입물품인 쟁점물품까지 하자가 발생하여 국내에서 사용되지 못하고 전량 반출된 점, 수출자가 대체품을 무상으로 공급하고 청구법인이 다시 관세를 납부하고 통관한 점, 기존물품에 대하여 위약환급을 인정하지 않는다면 이중과세가 되는 문제점 등을 종합할 때 처분청이 쟁점물품에 대한 청구법인의 위약환급신청을 거부한 처분은 잘못이 있는 것으로 판단된다.

3 계약내용과 다른 폐기물품에 대한 관세환급

1) 의의

수입물품의 수출을 갈음하여 이를 폐기하는 것이 부득이하다고 인정하여 그 물품을 수입신고 수리일부터 1년 내에 보세구역에 반입하여 미리 세관장의 승인을 받아 폐기하였을 때에는 그 관세를 환급한다(법 제106조 제3항).

2) 환급 절차

(1) 폐기 승인

물품의 폐기 승인을 얻고자 하는 자는 신청서에 당해 물품의 수입신고필증 또는 이에 갈음하는 세관의 증명서와 당해 물품의 폐기가 부득이한 것을 증빙하는 서류를 첨부하여 세관장에게 제출하여야 한다(영 제122조 제1항). 물품의 폐기 승인을 얻어 폐기한 물품에 대하여 관세를 환급받고자 하는 자는 신청서에 폐기승인서를 첨부하여 세관장에게 제출하여야 한다(영 제122조 제2항).

(2) 환급 관세액

환급하는 관세액은 그 물품에 대하여 이미 납부한 그 관세액으로 한다(영 제122조 제3항). 다만, 폐기에 의하여 생긴 잔존물에 대하여는 그 폐기한 때의 당해 잔존물의 성질・수량 및 가격에 의하여 부과될 관세액을 공제한 금액으로 한다.

4 지정보세구역 장치 물품의 멸실, 변질, 손상으로 인한 관세환급

1) 의의

수입신고가 수리된 물품이 수입신고 수리 후에도 지정보세구역에 계속 장치되어 있는 중에 재해로 멸실되거나 변질 또는 손상되어 그 가치가 떨어졌을 때에는 그 관세의 전부 또는 일부를 환급할 수 있다(법 제106조 제4항).[16] 수입신고수리 후 지정보세구역에 장치 중 재해로 멸실되거나 변질 또는 손상된 경우에는 환급받을 수 있고, 수입신고수리 전 보세구역에서 물품이 멸실되거나 변질 또는 손상된 경우에는 손상감세를 적용받게 된다.

16) 관세청 심사청구결정례(관심 제2010-27호, 2010.12.10.)에서 "수입신고수리후 특허보세구역에서 보관 중이던 물품이 화재로 멸실된 경우 관세법 제106조 제4항 규정에 의거 멸실된 장소가 지정보세구역이 아니라는 이유로 청구인의 관세환급신청을 거부한 처분은 적법하다"고 하였다(이종익・박병목, 전게서, p. 347). 즉, 이 규정은 지정보세구역에 한정하여 적용되는 것이지 영리를 목적으로 하는 특허보세구역에서의 물품의 멸실, 변질 또는 손상에 대한 환급은 적용되지 않는다.

2) 신청서 제출

수입신고가 수리된 물품이 수입신고 수리 후에도 지정보세구역에 계속 장치되어 있는 중에 재해로 멸실되거나 변질 또는 손상되어 관세를 환급받고자 하는 자는 신청서에 당해 물품의 수입신고필증 또는 이에 갈음할 세관의 증명서를 첨부하여 세관장에게 제출하여야 한다(영 제123조 제1항).

3) 환급 관세액

환급하는 관세액은 다음의 구분에 의한 금액으로 한다(영 제123조 제2항).

① 멸실된 물품 : 이미 납부한 관세의 전액

② 변질 또는 손상된 물품 : '변질 · 손상 등의 관세경감액' 규정을 준용하여 산출한 금액

5 관세가 미납된 계약내용이 상이한 물품의 부과취소

계약내용과 상이한 물품, 계약내용과 상이한 폐기물품, 지정보세구역 장치 물품의 멸실, 변질, 손상에 대한 관세 환급 규정을 적용할 때 해당 수입물품에 대한 관세의 납부기한이 종료되기 전이거나 징수유예 중 또는 분할납부기간이 끝나지 아니하여 해당 물품에 대한 관세가 징수되지 아니한 경우에는 세관장은 해당 관세의 부과를 취소할 수 있다(법 제106조 제5항). 관세의 부과를 취소받고자 하는 자는 해당 수입물품에 대한 관세의 납부기한(징수유예 또는 분할납부의 경우에는 징수유예기간 또는 분할납부기간의 종료일을 말한다) 전에 신청서를 세관장에게 제출하여야 한다(영 제124조).

6 수입한 상태 그대로 수출되는 자가사용물품에 대한 관세환급

수입신고가 수리된 개인의 자가사용물품이 수입한 상태 그대로 수출되는 경우[17]로서 다음의 어느 하나에 해당하는 경우에는 수입할 때 납부한 관세를 환급

17) 수입한 상태 그대로 수출되는 자가사용물품은 다음 각 호의 요건을 모두 갖춘 물품으로 한다(영 제

한다(법 제106조의2 제1항).

① 수입신고 수리일부터 6개월 이내에 보세구역 또는 자유무역지역 중 관세청장이 수출물품을 일정기간 보관하기 위하여 필요하다고 인정하여 고시하는 장소에 반입하였다가 다시 수출하는 경우에 반입하였다가 다시 수출하는 경우
② 수입신고 수리일부터 6개월 이내에 관세청장이 정하는 바에 따라 세관장의 확인을 받고 다시 수출하는 경우
③ 수출신고가 생략되는 탁송품 또는 우편물로서 수출신고가격이 200만원 이하인 물품을 수입신고 수리일부터 6개월 이내에 수출한 후 관세청장이 정하는 바에 따라 세관장의 확인을 받은 경우

여행자가 자진신고한 물품이 다음의 어느 하나에 해당하게 된 경우에는 자진신고할 때 납부한 관세를 환급한다(법 제106조의2 제2항).

① 국제무역선 또는 국제무역기 안에서 구입한 물품이 환불된 경우
② 보세판매장에서 구입한 물품이 환불된 경우

7 관세환급금의 환급

1) 의의

세관장은 납세의무자가 관세·가산세 또는 강제징수비의 과오납금 또는 관세법에 따라 환급하여야 할 환급세액의 환급을 청구할 때에는 지체 없이 이를 관세환급금으로 결정하고 30일 이내에 환급하여야 하며, 세관장이 확인한 관세환급금은 납세의무자가 환급을 청구하지 아니하더라도 환급하여야 한다(법 제46조 제1항). 관세환급금의 환급을 받고자 하는 자는 당해 물품의 품명·규격·수량·수입신고수리연월일·신고번호 및 환급사유와 환급받고자 하는 금액을 기재한 신청서를 세관장에게 제출하여야 한다(영 제50조). 세관장은 관세환급 사유를 확인한 때에는 권리자에게 그 금액과 이유 등을 통지하여야 한다(영 제51조 제1항).

124조의2 제1항).
1. 해당 물품이 수입신고 당시의 성질 또는 형태가 변경되지 아니한 상태로 수출될 것
2. 해당 물품이 국내에서 사용된 사실이 없다고 세관장이 인정할 것

2) 환급금 충당

세관장은 관세환급금을 환급하는 경우에 환급받을 자가 세관에 납부하여야 하는 관세와 그 밖의 세금, 가산세 또는 강제징수비가 있을 때에는 환급하여야 하는 금액에서 이를 충당할 수 있다(법 제46조 제2항). 세관장은 관세환급금을 충당한 때에는 그 사실을 권리자에게 통보하여야 한다(영 제52조).

3) 관세환급금의 양도

납세의무자의 관세환급금에 관한 권리는 제3자에게 양도할 수 있다(법 제46조 제3항). 관세환급금에 관한 권리를 제3자에게 양도하고자 하는 자는 양도인과 양수인의 주소와 성명 등을 기재한 문서를 세관장에게 제출하여야 한다(영 제53조).

4) 환급금 지급 절차

(1) 환급신청

관세환급금의 환급을 받고자 하는 자는 당해 물품의 품명·규격·수량·수입신고수리연월일·신고번호 및 환급사유와 환급받고자 하는 금액을 기재한 신청서를 세관장에게 제출하여야 한다(영 제50조)

(2) 환급통지서 송부

세관장은 관세환급금을 결정한 때에는 즉시 환급금 해당액을 환급받을 자에게 지급할 것을 내용으로 하는 지급지시서를 한국은행(국고대리점을 포함한다)에 송부하고, 그 환급받을 자에게 환급내용 및 방법 등을 기재한 환급통지서를 송부하여야 한다(영 제54조 제1항). 한국은행은 세관장으로부터 지급지시서를 송부 받은 때에는 즉시 세관장의 당해 연도 소관세입금중에서 환급에 필요한 금액을 세관장의 환급금지급계정에 이체하고 그 내용을 세관장에게 통지하여야 한다(영 제54조 제2항).

(3) 환급금 지급

한국은행은 환급통지서를 제시받은 때에는 이를 세관장으로부터 송부 받은 지급지시서와 대조·확인한 후 환급금을 지급하고 지급내용을 세관장에게 통지하여야 한다(영 제54조 제3항). 한국은행은 환급금을 지급하는 때에는 환급받을 자로 하여금 주민등록증 기타 신분증을 제시하도록 하여 그가 정당한 권리자인지를 확인하여야 한다(영 제54조 제4항).

(4) 관세환급금 송금

관세환급금을 환급받으려는 자는 환급신청을 하는 때에 다른 지역의 한국은행으로 지급받을 환급금을 송금할 것을 신청하거나, 금융기관에 계좌를 개설하고 세관장에게 계좌개설신고를 한 후 그 계좌에 이체입금하여 줄 것을 신청할 수 있다(영 제54조 제5항). 관세환급금 송금 신청을 받은 세관장은 그 내용을 기재한 지급지시서를 한국은행에 송부하여야 한다(영 제54조 제6항). 이 경우 국고금송금요구서 또는 국고금입금의뢰서를 첨부하여야 한다.

한국은행은 세관장으로부터 지급지시서를 송부받은 때에는 즉시 그 금액을 당해 은행에 송금하거나 지정 금융기관의 계좌에 이체입금하고 그 내용을 세관장에게 통지하여야 한다(영 제54조 제7항). 관세환급금을 송금받은 다른 지역의 한국은행은 당해 환급금을 지급한다(영 제54조 제8항).

8 과다환급관세의 징수

세관장은 관세환급금의 환급에 있어서 그 환급액이 과다한 것을 알게 되었을 때에는 해당 관세환급금을 지급받은 자로부터 과다지급된 금액을 징수하여야 한다(법 제47조 제1항).

세관장은 관세환급금의 과다환급액을 징수할 때에는 과다환급을 한 날의 다음 날부터 징수결정을 하는 날까지의 기간에 대하여 대통령령으로 정하는 이율에 따라 계산한 금액을 과다환급액에 더하여야 한다(법 제47조 제2항).

9 관세환급가산금

세관장은 관세환급금을 환급하거나 충당할 때에는 다음의 관세환급가산금 기산일부터 환급결정 또는 충당결정을 하는 날까지의 기간과 대통령령으로 정하는 이율에 따라 계산한 금액을 관세환급금에 더하여야 한다(법 제48조).

관세환급금 발생 사유	기산일
착오납부, 이중납부 또는 납부 후 그 납부의 기초가 된 신고 또는 부과를 경정하거나 취소함에 따라 발생한 관세환급금 – 2회 이상 분할납부된 것인 경우 – 관세환급금액이 최종 납부된 금액을 초과하는 경우	납부일
적법하게 납부된 관세의 감면으로 발생한 관세환급금	감면 결정일
적법하게 납부된 후 법률이 개정되어 발생한 관세환급금	개정된 법률의 시행일
관세법에 따라 신청한 환급세액을 환급하는 경우	신청을 한 날부터 30일이 지난 날
환급세액을 신청하지 아니하였으나 세관장이 직권으로 결정한 환급세액을 환급하는 경우	해당 결정일로부터 30일이 지난 날
「자유무역협정의 이행을 위한 관세법의 특례에 관한 법률」 제9조 제4항에 따른 관세환급금	협정관세 적용 등의 통지일

10 미지급자금의 정리

한국은행은 세관장이 환급금지급계정에 이체된 금액으로부터 당해 회계연도의 환급통지서 발행금액 중 다음 회계연도 1월 15일까지 지급하지 못한 환급금을 세관환급금지급미필이월계정에 이월하여 정리하여야 한다(영 제55조 제1항).

세관환급금지급미필이월계정에 이월한 금액 중 환급통지서발행일부터 1년 내에 지급하지 못한 금액은 그 기간이 만료한 날이 속하는 회계연도의 세입에 편입하여야 한다(영 제55조 제2항).

관세환급금을 환급받을 자가 환급통지서발행일부터 1년 내에 환급금을 지급받지 못한 때에는 세관장에게 다시 환급절차를 밟을 것을 요구할 수 있으며, 세관장은 이를 조사·확인하여 그 지급에 필요한 조치를 하여야 한다(영 제55조 제3항).

5

납세자의 권리 및 불복절차

납세자의 권리 및 불복절차에 대한 개관

제5장은 납세자의 권리와 불복절차에 대하여 다루고 있다. 납세자의 권리규정은 관세법상 과세관청의 처분이 납세자의 기본권을 해치지 않으면서 공정한 처분이 이루어지기 위하여 제정되었다. 또한 사전적 구제제도와 사후적 구제제도를 마련함으로써 납세자의 권리가 한층 강화되었다. 과세전적부심사는 과세관청이 과세하기 전에 징수금액의 적정성을 납세자로 하여금 확인할 수 있는 기회를 제공하는 사전적 구제제도이고, 관세불복청구제도는 과세관청의 행정처분이 이행된 이후 그로 인하여 납세자의 권리 또는 이익의 침해에 대해 시정을 요구하는 사후적 구제제도이다.

제5장은 다음과 같이 구성되어 있다.
- 제1절 납세자의 권리
- 제2절 관세불복청구

납세자 권리
- 납세자권리헌장
- 통합조사를 받을 권리
- 중복조사를 받지 않을 권리
- 조력을 받을 권리
- 성실성을 추정받을 권리
- 관세조사를 통지받을 권리
- 비밀보장을 받을 권리
- 정보제공을 받을 권리
- 과세전적부심사

관세불복청구
- 이의신청
- 심사청구
- 심판청구
- 감사원법에 따른 심사청구

5 납세자의 권리 및 불복절차

제1절 납세자의 권리

1 납세자권리헌장

1) 의의

관세법은 과세관청의 관세행정 절차와 납세자의 의무 등을 규정하고 있다. 관세법의 규정이 주로 과세관청의 관세 행정적 처리에 집중하는 경우 과세관청의 불공정한 조치와 권력 남용이 발생할 가능성이 존재한다. 과세관청의 부당한 처분 등에 대하여 납세자의 기본권을 해치지 않으면서 납세자가 관세법상의 의무를 이행할 수 있도록 하여야 한다. 따라서 관세법은 2000년에 납세자권리헌장을 제정하여 납세자의 기본권을 보장하면서 관세행정이 공정하게 이루어지도록 하고 있다.

2) 납세자권리헌장의 제정

관세청장은 납세자의 권리보호에 관한 사항을 포함하는 납세자권리헌장을 제정하여 고시하여야 한다(법 제110조 제1항).

3) 납세자권리헌장의 교부

세관공무원은 다음의 어느 하나에 해당하는 경우에는 납세자권리헌장의 내용이 수록된 문서를 납세자에게 내주어야 한다(법 제110조 제2항). 그러나 세관공무원은 납세자를 긴급히 체포・압수・수색하는 경우 또는 현행범인 납세자가 도주할 우려가 있는 등 조사목적을 달성할 수 없다고 인정되는 경우에는 납세자권리헌장을 내주지 아니할 수 있다(법 제110조 제3항).

① 관세범(「수출용원재료에 대한 관세 등 환급에 관한 특례법」 제23조 제1항부터 제4항

까지의 규정에 따른 죄를 포함한다)에 관한 조사를 하는 경우
② 관세의 과세표준과 세액의 결정 또는 경정을 위하여 납세자를 방문 또는 서면으로 조사(법 제110조의2에 따른 통합조사를 포함한다)하는 경우
③ 징수권의 확보를 위하여 압류를 하는 경우
④ 보세판매장에 대한 조사를 하는 경우

납세자권리헌장 [관세청고시 제2018-28호]

1. 납세자로서 귀하의 권리는 헌법과 법률이 정하는 바에 따라 존중되고 보장됩니다.
2. 귀하는 신고 등의 의무를 이행하지 않았거나 구체적인 관세포탈 등의 혐의가 없는 한 성실한 납세자로 추정됩니다.
3. 귀하는 법령에 의해서만 관세조사의 대상으로 선정되며, 공평한 과세를 실현하고 통관의 적법성을 보장하기 위하여 필요한 최소한의 범위에서 조사받을 권리가 있습니다.
4. 귀하는 관세포탈 등의 혐의를 인정할 만한 명백한 자료가 있는 경우 등을 제외하고는 이미 조사받은 사안에 대하여 다시 조사받지 아니할 권리가 있습니다.
5. 귀하는 증거인멸이 우려되는 경우 등을 제외하고는 관세조사의 대상·사유·기간을 사전에 통지받으며, 사업상 어려움 등으로 조사를 받기가 곤란한 경우에는 조사의 연기를 요구하고 그 결과를 통지받을 권리가 있습니다.
6. 귀하는 세관공무원에게 조사를 받게 되는 경우에 변호사 또는 관세사로 하여금 조사에 참여하게 하거나 의견을 진술하게 할 수 있는 권리가 있습니다.
7. 귀하의 동의가 있어야 조사목적에 필요한 최소한의 범위에서 장부와 서류 등이 세관관서에 일시 보관될 수 있는 것이며, 관세조사가 종료되었을 때에 귀하는 세관관서에 일시 보관된 장부 등을 반환받을 권리가 있습니다.
8. 귀하는 관세조사 기간이 연장, 중지 또는 재개될 때, 조사가 종료되었을 때에는 그 사유와 결과를 서면으로 통지받을 권리가 있습니다.
9. 귀하는 과세정보에 대한 비밀을 보호받을 권리가 있으며, 귀하의 권리행사에 필요한 정보를 세관공무원으로부터 신속하게 제공받을 권리가 있습니다.
10. 귀하는 위법·부당한 처분 등으로 권익을 침해당할 우려가 있거나 침해당한 경우에는 과세전적부심사 또는 불복을 제기하여 공정하고 신속하게 구제받을 권리가 있습니다.

2 통합조사를 받을 권리

1) 원칙

세관공무원은 특정한 분야만을 조사할 필요가 있는 등 다음의 어느 하나에 해당하는 경우를 제외하고는 신고납부세액과 관세법 및 다른 법령에서 정하는 수출입 관련 의무 이행과 관련하여 그 권한에 속하는 사항을 통합하여 조사하는 것을 원칙으로 한다(법 제110조의2).

① 세금탈루 혐의, 수출입 관련 의무위반 혐의, 수출입업자 등의 업종·규모 등을 고려하여 특정 사안만을 조사할 필요가 있는 경우
② 조세채권의 확보 등을 위하여 긴급히 조사할 필요가 있는 경우
③ 그 밖에 조사의 효율성, 납세자의 편의 등을 고려하여 특정 분야만을 조사할 필요가 있는 경우로서 기획재정부령으로 정하는 경우

2) 관세조사 대상자 선정

(1) 정기선정

세관장은 다음의 어느 하나에 해당하는 경우에 정기적으로 신고의 적정성을 검증하기 위하여 대상을 선정("정기선정"이라 한다)하여 조사를 할 수 있다(법 제110조의3 제1항). 이 경우 세관장은 객관적 기준에 따라 공정하게 그 대상을 선정하여야 한다.

① 관세청장이 수출입업자의 신고 내용에 대하여 정기적으로 성실도를 분석한 결과 불성실 혐의가 있다고 인정하는 경우
② 최근 4년 이상 조사를 받지 아니한 납세자에 대하여 업종, 규모 등을 고려하여 대통령령으로 정하는 바에 따라 신고 내용이 적정한지를 검증할 필요가 있는 경우
③ 무작위추출방식으로 표본조사를 하려는 경우

(2) 정기선정 면제

세관장은 최근 2년간 수출입신고 실적이 일정금액 이하인 경우 등 다음에서 정하는 요건을 모두 충족하는 자에 대해서는 정기선정에 따른 조사를 하지 아니할

수 있다(법 제110조의3 제4항). 다만, 객관적인 증거자료에 의하여 과소 신고한 것이 명백한 경우에는 그러하지 아니하다.

① 최근 2년간 수출입신고 실적이 30억원 이하일 것
② 최근 4년 이내에 다음 각 목의 어느 하나에 해당하는 사실이 없을 것
  ㉠ 수출입 관련 법령을 위반하여 통고처분을 받거나 벌금형 이상의 형의 선고를 받은 사실
  ㉡ 관세 및 내국세를 체납한 사실
  ㉢ 신고납부한 세액이 부족하여 세관장으로부터 경정을 받은 사실

(3) 부정기적 선정

세관장은 정기선정에 의한 조사 외에 다음의 어느 하나에 해당하는 경우에는 조사를 할 수 있다(법 제110조의3 제2항).

① 납세자가 관세법에서 정하는 신고·신청, 과세가격결정자료의 제출 등의 납세협력의무를 이행하지 아니한 경우
② 수출입업자에 대한 구체적인 탈세제보 등이 있는 경우
③ 신고내용에 탈세나 오류의 혐의를 인정할 만한 자료가 있는 경우
④ 납세자가 세관공무원에게 직무와 관련하여 금품을 제공하거나 금품제공을 알선한 경우

(4) 부과고지시 조사

세관장은 부과고지를 하는 경우 과세표준과 세액을 결정하기 위한 조사를 할 수 있다(법 제110조의3 제3항).

3 중복조사를 받지 않을 권리

1) 관세조사권 남용 금지

관세법상의 조사는 관세의 부과·징수 등에 대해 행정처분을 하기 위한 자료를 수집하는 활동일 뿐 확정적인 행정처분이 아니므로 이러한 단순 자료수입활동에 일사부재리의 원칙을 적용하도록 한 것은 관세법상의 조사가 헌법상의 기본권인 사생활보장(헌법 제117조), 재산권보호(헌법 제23조) 등을 침해할 우려가 있으므

로 그러한 남용으로부터 납세자를 보호하려는 것이다.[1] 따라서 세관공무원은 적정하고 공평한 과세를 실현하고 통관의 적법성을 보장하기 위하여 필요한 최소한의 범위에서 관세조사를 하여야 하며 다른 목적 등을 위하여 조사권을 남용하여서는 아니 된다(법 제111조 제1항).

2) 중복조사 금지

세관공무원은 다음의 어느 하나에 해당하는 경우를 제외하고는 해당 사안에 대하여 이미 조사받은 자를 다시 조사할 수 없다(법 제111조 제2항). 즉, 재조사를 시행하는 것은 행정낭비일 뿐만 아니라 과도하게 납세자의 권리를 침해할 수도 있지만 관세포탈 등의 객관적인 사실이 명백히 드러남으로서 납세의무자의 혐의를 인정할 수 있는 경우 등에는 예외적으로 재조사가 가능할 것이다.

① 관세포탈 등의 혐의를 인정할 만한 명백한 자료가 있는 경우
② 이미 조사받은 자의 거래상대방을 조사할 필요가 있는 경우
③ 관세법에 따른 이의신청·심사청구 또는 심판청구가 이유 있다고 인정되어 내려진 필요한 처분의 결정에 따른 재조사 결정에 따라 재조사하는 경우
④ 납세자가 세관공무원에게 직무와 관련하여 금품을 제공하거나 금품제공을 알선한 경우
⑤ 밀수출입, 부정·불공정무역 등 경제질서 교란 등을 통한 탈세혐의가 있는 자에 대하여 일제조사를 하는 경우

4 관세조사의 경우 조력을 받을 권리

납세자는 관세포탈, 부정감면 또는 부정환급과 관세의 과세표준과 세액의 결정 또는 경정 등을 위하여 세관공무원에게 조사를 받는 경우에 변호사, 관세사로 하여금 조사에 참여하게 하거나 의견을 진술하게 할 수 있다(법 제112조).[2]

1) 김기인, 전게서, p. 539.
2) 범칙조사의 경우 관세포탈(법 제270조)에 한하여 관세사가 조력을 제공할 수 있고 법 제269조 밀수출입죄에는 조력을 제공할 수 없으므로 변호사와 관세사의 업무 영역에 대한 대립이 존재한다(이종익·박병목, 전게서, p. 367).

5 성실성을 추정받을 권리

1) 의의

세관공무원은 납세자가 관세법에 따른 신고 등의 의무를 이행하지 아니한 경우 또는 납세자에게 구체적인 관세포탈 등의 혐의가 있는 경우 등을 제외하고는 납세자가 성실하며 납세자가 제출한 신고서 등이 진실한 것으로 추정하여야 한다(법 제113조 제1항). 그러나 다음의 어느 하나에 해당하는 경우에는 납세자가 성실하며 납세자가 제출한 신고서 등이 진실한 것으로 추정하지 아니한다(영 제138조 제1항).

① 납세자가 법에서 정하는 신고 및 신청, 과세자료의 제출 등의 납세협력의무를 이행하지 아니한 경우
② 납세자에 대한 구체적인 탈세정보가 있는 경우
③ 신고내용에 탈루나 오류의 혐의를 인정할 만한 명백한 자료가 있는 경우
④ 납세자의 신고내용이 관세청장이 정한 기준과 비교하여 불성실하다고 인정되는 경우

2) 제한되지 않는 세관공무원의 행위

세관공무원이 납세자가 제출한 신고서 등의 내용에 관하여 질문을 하거나 신고한 물품에 대하여 확인을 하는 행위 등 다음의 행위를 하는 것을 제한하지 아니한다(법 제113조 제2항).

① 세액심사를 위한 질문이나 자료제출의 요구
② 수출·수입·반송하려는 물품의 검사
③ 관세법상 직무를 집행하기 위하여 필요하다고 인정될 때 장부 또는 자료의 제출
④ 그 밖의 법(「수출용원재료에 대한 관세 등 환급에 관한 특례법」을 포함한다)에 따른 자료조사나 자료제출의 요구

6 관세조사의 사전통지받을 권리와 연기신청의 권리

1) 관세조사의 사전통지받을 권리

세관공무원은 납세자권리헌장 교부대상인 관세범 등을 조사하기 위하여 해당 장부, 서류, 전산처리장치 또는 그 밖의 물품 등을 조사하는 경우에는 조사를 받게 될 납세자(그 위임을 받은 자를 포함한다)에게 조사 시작 15일 전에 조사 대상, 조사 사유, 조사기간 등을 통지하여야 한다(법 제114조 제1항). 다만, 다음의 어느 하나에 해당하는 경우에는 그러하지 아니하다.

① 범칙사건에 대하여 조사하는 경우

② 사전에 통지하면 증거인멸 등으로 조사 목적을 달성할 수 없는 경우

2) 연기신청과 승인

관세조사의 사전통지를 받은 납세자가 천재지변이나 다음의 사유로 조사를 받기가 곤란한 경우에는 해당 세관장에게 조사를 연기하여 줄 것을 신청할 수 있다(법 제114조 제2항). 관세조사 연기를 신청받은 세관장은 연기신청 승인 여부를 결정하고 그 결과를 조사 개시 전까지 신청인에게 통지하여야 한다(영 제140조 제3항).

① 화재나 그 밖의 재해로 사업상 심한 어려움이 있는 경우

② 납세자 또는 그 위임을 받은 자의 질병, 장기출장 등으로 관세조사가 곤란하다고 판단되는 경우

③ 권한있는 기관에 의하여 장부 및 증빙서류가 압수 또는 영치된 경우

④ 그 밖에 위의 규정에 준하는 사유가 있는 경우

3) 조사중지

세관공무원은 납세자가 자료의 제출을 지연하는 등 다음의 어느 하나에 해당하는 사유로 조사를 진행하기 어려운 경우에는 조사를 중지할 수 있다(영 제139조의2 제3항). 이 경우 그 중지기간은 조사기간 및 조사연장기간에 산입하지 아니한다. 세관공무원은 관세조사를 중지한 경우에는 그 중지사유가 소멸하면 즉시 조사를 재개하여야 한다(영 제139조의2 제4항). 다만, 관세채권의 확보 등 긴급히 조

사를 재개하여야 할 필요가 있는 경우에는 그 중지사유가 소멸하기 전이라도 관세조사를 재개할 수 있다.

① 납세자가 천재지변이나 관세조사 연기신청 사유에 해당하는 사유가 있어 조사중지를 신청한 경우
② 납세자가 장부·서류 등을 은닉하거나 그 제출을 지연 또는 거부하는 등으로 인하여 조사를 정상적으로 진행하기 어려운 경우
③ 노동쟁의 등의 발생으로 관세조사를 정상적으로 진행하기 어려운 경우
④ 납세자보호관등이 관세조사의 일시중지를 요청하는 경우
⑤ 그 밖에 관세조사를 중지하여야 할 특별한 사유가 있는 경우로서 관세청장이 정하는 경우

7 장부 · 서류 등의 보관 금지

1) 장부 등의 보관

세관공무원은 관세조사의 목적으로 납세자의 장부·서류 또는 그 밖의 물건을 세관관서에 임의로 보관할 수 없다(법 제114조의2 제1항). 그러나 세관공무원은 정기선정에 의한 조사 외의 부정기적 선정에 의한 조사 사유에 해당하는 경우에는 조사목적에 필요한 최소한의 범위에서 납세자, 소지자 또는 보관자 등 정당한 권한이 있는 자가 임의로 제출한 장부 등을 납세자의 동의를 받아 세관관서에 일시 보관할 수 있다(법 제114조의2 제2항). 세관공무원은 납세자의 장부 등을 세관관서에 일시 보관하려는 경우 납세자로부터 일시 보관 동의서를 받아야 하며, 일시 보관증을 교부하여야 한다(법 제114조의2 제3항).

세관공무원은 납세자의 장부·서류 또는 그 밖의 물건을 일시 보관하려는 경우에는 장부 등의 일시 보관 전에 납세자, 소지자 또는 보관자 등 정당한 권한이 있는 자에게 다음의 사항을 고지하여야 한다(영 제140조의2 제1항).

① 장부 등을 일시 보관하는 사유
② 납세자 등이 동의하지 아니하는 경우에는 장부 등을 일시 보관할 수 없다는 내용
③ 납세자 등이 임의로 제출한 장부 등에 대해서만 일시 보관할 수 있다는 내용
④ 납세자 등이 요청하는 경우 일시 보관 중인 장부 등을 반환받을 수 있다는 내용

2) 장부 등의 반환 요청

세관공무원은 일시 보관하고 있는 장부 등에 대하여 납세자가 반환을 요청한 경우에는 납세자가 그 반환을 요청한 날부터 14일을 초과하여 장부 등을 보관할 수 없다(법 제114조의2 제4항). 다만, 조사목적을 달성하기 위하여 필요한 경우에는 납세자보호위원회의 심의를 거쳐 한 차례만 14일 이내의 범위에서 보관 기간을 연장할 수 있다. 세관공무원은 납세자가 일시 보관하고 있는 장부 등의 반환을 요청한 경우로서 관세조사에 지장이 없다고 판단될 때에는 요청한 장부 등을 즉시 반환하여야 한다(법 제114조의2 제5항).

납세자에게 장부 등을 반환하는 경우 세관공무원은 장부 등의 사본을 보관할 수 있고, 그 사본이 원본과 다름없다는 사실을 확인하는 납세자의 서명 또는 날인을 요구할 수 있다(법 제114조의2 제6항).

8 관세조사의 결과를 통지받을 권리

세관공무원은 관세조사, 범칙사건 등에 해당하는 조사를 종료하였을 때에는 종료 후 20일 이내에 그 조사 결과를 서면으로 납세자에게 통지하여야 한다(법 제115조). 다만, 납세자가 폐업한 경우 등 다음의 경우에는 그러하지 아니하다(영 제141조).

① 납세자에게 통고처분을 하는 경우
② 범칙사건을 고발하는 경우
③ 폐업한 경우
④ 납세자의 주소 및 거소가 불명하거나 그 밖의 사유로 통지를 하기 곤란하다고 인정되는 경우

9 비밀보장을 받을 권리

1) 의의

세관공무원은 납세자가 관세법에서 정한 납세의무를 이행하기 위하여 제출한 자료나 관세의 부과·징수 또는 통관을 목적으로 업무상 취득한 자료 등("과세정

보"라 한다)을 타인에게 제공하거나 누설하여서는 아니 되며, 사용 목적 외의 용도로 사용하여서도 아니 된다(법 제116조 제1항). 이는 헌법 제17조의 사생활보호권에 근거하여 세관공무원이 취득한 납세자의 자료 누설을 방지하여 납세자를 보호하고 정당한 경우에 정보공개를 통해 적정한 과세행정이 이루어지도록 하고 있다. 그러나 다음의 어느 하나에 해당하는 경우에는 그 사용 목적에 맞는 범위에서 납세자의 과세정보를 제공할 수 있다(법 제116조 제1항).

① 국가기관이 관세에 관한 쟁송이나 관세범에 대한 소추(訴追)를 목적으로 과세정보를 요구하는 경우
② 법원의 제출명령이나 법관이 발부한 영장에 따라 과세정보를 요구하는 경우
③ 세관공무원 상호간에 관세를 부과·징수, 통관 또는 질문·검사하는 데에 필요하여 과세정보를 요구하는 경우
④ 통계청장이 국가통계작성 목적으로 과세정보를 요구하는 경우
⑤ 다음에 해당하는 자가 급부·지원 등의 대상자 선정 및 그 자격을 조사·심사하는데 필요한 과세정보를 당사자의 동의를 받아 요구하는 경우
  가. 국가행정기관 및 지방자치단체
  나. 「공공기관의 운영에 관한 법률」에 따른 공공기관 중 대통령령으로 정하는 공공기관
  다. 「은행법」에 따른 은행
  라. 그 밖에 급부·지원 등의 업무와 관련된 자로서 대통령령으로 정하는 자
⑥ ⑤의 나 또는 다에 해당하는 자가 「대외무역법」 제2조 제3호에 따른 무역거래자의 거래, 지급, 수령 등을 확인하는데 필요한 과세정보를 당사자의 동의를 받아 요구하는 경우
⑦ 다른 법률에 따라 과세정보를 요구하는 경우

2) 정보제공 방법

위의 정보제공이 가능한 경우의 ①, ④부터 ⑦까지의 규정에 따라 과세정보의 제공을 요구하는 자는 대통령령으로 정하는 바에 따라 문서로 관세청장 또는 해당 세관장에게 요구하여야 한다(법 제116조 제3항). 만일 세관공무원이 규정에 위반되게 과세정보의 제공을 요구받으면 이를 거부하여야 한다(법 제116조 제4항). 과세정보를 알게 된 자 또는 과세정보의 제공 업무를 대행하는 자는 과세정보를

타인에게 제공하거나 누설하여서는 아니 되며, 그 목적 외의 용도로 사용하여서도 아니 된다(법 제116조 제6항). 과세정보를 알게 된 자 또는 과세정보의 제공 업무를 대행하는 자는 과세정보의 유출을 방지하기 위한 시스템 구축 등 대통령령으로 정하는 바에 따라 과세정보의 안전성 확보를 위한 조치를 하여야 한다(법 제116조 제7항). 과세정보를 제공받아 알게 된 자 또는 과세정보의 제공 업무를 대행하는 자 중 공무원이 아닌 자는 「형법」이나 그 밖의 법률에 따른 벌칙을 적용할 때 공무원으로 본다(법 제116조 제8항).

3) 비밀보장의 예외

(1) 고액·상습체납자의 명단 공개

관세청장은 체납발생일부터 1년이 지난 관세 및 내국세등("체납관세등"이라 한다)이 2억원 이상인 체납자에 대하여는 그 인적사항과 체납액 등을 공개할 수 있다(법 제116조의2 제1항). 다만, 체납관세등에 대하여 이의신청·심사청구 등 불복청구가 진행 중이거나 체납액의 일정금액 이상을 납부한 경우 등 다음의 사유에 해당하는 경우에는 그러하지 아니하다(영 제141조의2 제1항).

① 영 제141조의2 제1항 1호의 계산식에 따라 최근 2년간의 체납액 납부비율이 100분의 50 이상인 경우

② 「채무자 회생 및 파산에 관한 법률」 제243조에 따른 회생계획인가의 결정에 따라 체납된 세금의 징수를 유예받고 그 유예기간 중에 있거나 체납된 세금을 회생계획의 납부일정에 따라 납부하고 있는 경우

③ 재산상황, 미성년자 해당여부 및 그 밖의 사정 등을 고려할 때 관세정보공개심의위원회가 공개할 실익이 없거나 공개하는 것이 부적절하다고 인정하는 경우

(2) 공개여부 심의 절차

관세정보위원회	체납자의 인적사항과 체납액 등에 대한 공개 여부를 심의하거나 재심의하고 체납자에 대한 감치 필요성 여부를 의결하기 위하여 관세청에 관세정보위원회를 둔다(법 제116조의2 제2항).

소명기회 제공	관세청장은 심의위원회의 심의를 거친 공개대상예정자에게 체납자 명단 공개대상예정자임을 통지하여 소명할 기회를 주어야 한다(법 제116조의2 제3항). 관세청장은 공개대상예정자에게 체납자 명단공개 대상예정자임을 통지하는 때에는 그 체납된 세금의 납부촉구와 명단공개 제외사유에 해당되는 경우 이에 관한 소명자료를 제출하도록 각각 안내하여야 한다(영 제141조의2 제2항).
재심의	관세청장은 소명기회에 대한 통지를 한 날부터 6개월이 지나면 심의위원회로 하여금 체납액의 납부이행 등을 고려하여 체납자의 명단 공개 여부를 재심의하게 한다(법 제116조의2 제4항).
정보공개 방법	공개는 관보에 게재하거나 관세청장이 지정하는 정보통신망 또는 관할 세관의 게시판에 게시하는 방법으로 한다(법 제116조의2 제5항). 체납자 명단 공개시 공개할 사항은 체납자의 성명·상호(법인의 명칭을 포함한다)·연령·직업·주소, 체납액의 세목·납기 및 체납요지 등으로 하고, 체납자가 법인인 경우에는 법인의 대표자를 함께 공개한다(영 제141조의2 제3항).

(3) 고액·상습체납자의 감치

법원은 검사의 청구에 따라 체납자가 다음의 사유에 모두 해당하는 경우 결정으로 30일의 범위에서 체납된 관세(세관장이 부과·징수하는 내국세등을 포함)가 납부될 때까지 그 체납자를 감치(監置)에 처할 수 있다(법 제116조의4 제1항).

① 관세를 3회 이상 체납하고 있고, 체납발생일부터 각 1년이 경과하였으며, 체납금액의 합계가 2억원 이상인 경우
② 체납된 관세의 납부능력이 있음에도 불구하고 정당한 사유 없이 체납한 경우
③ 관세정보위원회의 의결에 따라 해당 체납자에 대한 감치 필요성이 인정되는 경우

(4) 출국금지 요청

관세청장은 정당한 사유 없이 5천만원 이상의 관세(세관장이 부과·징수하는 내국세등을 포함)를 체납한 자 중 대통령령으로 정하는 자에 대하여 법무부장관에게 「출입국관리법」에 따라 출국금지 또는 출국정지를 즉시 요청하여야 한다(법 제116조의5 제1항).

10 정보제공을 받을 권리

세관공무원은 납세자가 납세자의 권리행사에 필요한 정보를 요구하면 신속하게 제공하여야 한다. 이 경우 세관공무원은 납세자가 요구한 정보와 관련되어 있어 관세청장이 정하는 바에 따라 납세자가 반드시 알아야 한다고 판단되는 그 밖의 정보도 함께 제공하여야 한다(법 제117조).

11 과세전적부심사

1) 의의

과세관청이 납세고지하여야 하는 경우에 미리 징수하고자 하는 금액을 납세자에게 미리 통지하고 통지를 받은 납세자가 징수 금액의 적정성을 확인하여 이의가 있는 경우 이에 대하여 심사를 청구할 수 있는 제도가 과세전적부심사이다.[3)] 과세전적부심사제도는 과세하기 전에 징수금액의 적정성을 납세자로 하여금 확인할 수 있는 기회를 제공하기 때문에 과세관청의 행정처분에 이의가 있는 경우 발생할 수 있는 분쟁을 사전에 방지하고 납세자의 권리를 보호할 수 있으므로 사전적 구제제도이다.

2) 과세전 서면 통지

세관장은 경정처분 또는 과세표준, 세율, 관세의 감면 등에 관한 규정의 적용 착오 또는 그 밖의 사유로 이미 징수한 금액이 부족한 것을 알게 되었을 때 그 부족액을 징수하는 경우 그 납부세액이나 납부하여야 하는 세액에 미치지 못한 금액을 징수하려는 경우에는 미리 납세의무자에게 그 내용을 서면으로 통지하여야 한다(법 제118조 제1항). 이렇듯 과세전 통지를 하여야 하나 과세전 통지를 생략

3) 국심 2007관0068 (2007.11.08.)에 따르면 과세전 통지는 세관장이 관세법 제38조의3 제3항에 의한 경정처분을 하거나 제39조 제2항의 규정에 의한 부과처분을 하기 전에 납세의무자에게 처분의 적법성 여부를 처분청 등에 청구할 수 있도록 예정처분을 통지하는 과세예고 성격의 통지에 불과하므로 위법 또는 부당한 처분이 아직 성립되지 않은 경우 이를 근거로 심판청구를 제기하는 것은 부적법하다. 즉 심판청구는 처분청의 처분이 있음을 전제로 제기되는 것이므로 예정 통지의 성격을 가지고 있는 과세적적부심사는 심판청구의 대상이 되지 않는다.

하고 경정처분 혹은 부과고지를 한 경우 그 효력을 다툴 수 있도록 하였으며, 조세심판원도 과세전 통지를 생략하고 경정고지한 것에 대해 납세고지절차를 위반한 것으로 취소사유에 해당된다고 결정하였다.[4] 다만, 다음의 어느 하나에 해당하는 경우에는 통지를 생략할 수 있다.

① 통지하려는 날부터 3개월 이내에 관세부과의 제척기간이 만료되는 경우
② 납세의무자가 잠정가격 신고 후 확정가격을 신고한 경우
③ 수입신고 수리 전에 세액을 심사하는 경우로서 그 결과에 따라 부족세액을 징수하는 경우
④ 관세법 제97조 제3항에 따라 면제된 관세를 징수하거나 제102조 제2항에 따라 감면된 관세를 징수하는 경우
⑤ 관세포탈죄로 고발되어 포탈세액을 징수하는 경우
⑥ 그 밖에 관세의 징수가 곤란하게 되는 등 사전통지가 적당하지 아니한 다음의 경우
  ㉠ 납부세액의 계산착오 등 명백한 오류에 의하여 부족하게 된 세액을 징수하는 경우
  ㉡ 「감사원법」 제33조에 따른 감사원의 시정요구에 따라 징수하는 경우
  ㉢ 납세의무자가 부도・휴업・폐업 또는 파산한 경우
  ㉣ 관세품목분류위원회의 의결에 따라 결정한 품목분류에 의하여 수출입물품에 적용할 세율이나 품목분류의 세번이 변경되어 부족한 세액을 징수하는 경우
  ㉤ 과세전적부심사 청구 및 심사청구가 이유가 있다고 인정되는 경우 재조사 결과에 따라 해당 처분의 취소・경정을 하거나 필요한 처분을 하는 경우

3) 과세전적부심사 청구

(1) 세관장에게 청구

납세의무자는 세관장으로부터 과세전 통지를 받았을 때에는 그 통지를 받은 날부터 30일 이내에 기획재정부령으로 정하는 세관장에게 통지 내용이 적법한지에 대한 심사("과세전적부심사"라 한다)를 청구할 수 있다(법 제118조 제2항).

4) 박철구, 전게서, p. 69.

과세전 통지 세관장	과세전적부심사 청구 세관장
인천세관장 · 평택세관장 · 김포공항세관장 · 인천공항국제우편세관장 · 수원세관장 및 안산세관장	인천세관장
서울세관장 · 안양세관장 · 천안세관장 · 청주세관장 · 성남세관장 및 파주세관장	서울세관장
부산세관장 · 김해공항세관장 · 북부산세관장 · 양산세관장 · 창원세관장 · 마산세관장 · 경남남부세관장 및 경남서부세관장	부산세관장
대구세관장 · 울산세관장 · 구미세관장 · 포항세관장 · 속초세관장 및 동해세관장	대구세관장
광주세관장 · 광양세관장 · 목포세관장 · 대전세관장 · 여수세관장 · 군산세관장 · 제주세관장 및 전주세관장	광주세관장

(2) 관세청장에게 청구

법령에 대한 관세청장의 유권해석을 변경하여야 하거나 새로운 해석이 필요한 경우 등 다음의 경우에는 관세청장에게 이를 청구할 수 있다(영 제143조).

① 관세청장의 훈령 · 예규 · 고시 등과 관련하여 새로운 해석이 필요한 경우

② 관세청장의 업무감사결과 또는 업무지시에 따라 세액을 경정하거나 부족한 세액을 징수하는 경우

③ 관세평가분류원장의 품목분류 및 유권해석에 따라 수출입물품에 적용할 세율이나 물품분류의 관세율표 번호가 변경되어 세액을 경정하거나 부족한 세액을 징수하는 경우

④ 동일 납세의무자가 동일한 사안에 대하여 둘 이상의 세관장에게 과세전적부심사를 청구하여야 하는 경우

⑤ 위의 ①부터 ④까지의 규정에 해당하지 아니하는 경우로서 과세전적부심사 청구금액이 5억원 이상인 것

4) 결정 및 통지

과세전적부심사를 청구받은 세관장이나 관세청장은 그 청구를 받은 날부터 30일 이내에 관세심사위원회의 심사를 거쳐 결정을 하고, 그 결과를 청구인에게 통지하여야 한다(법 제118조 제3항). 다만, 과세전적부심사 청구기간이 지난 후 과세전적부심사청구가 제기된 경우 등 대통령령으로 정하는 사유[5]에 해당하는 경우에는 관세심사위원회의 심사를 거치지 아니하고 결정할 수 있다.

결정 사유	결 정
청구가 이유 없다고 인정되는 경우	채택하지 아니한다는 결정
청구가 이유 있다고 인정되는 경우	청구의 전부 또는 일부를 채택한다는 결정. 다만, 이 경우 구체적인 채택의 범위를 정하기 위하여 사실관계 확인 등 추가적으로 조사가 필요한 경우에는 과세전 서면 통지를 한 세관장으로 하여금 이를 재조사하여 그 결과에 따라 당초 통지 내용을 수정하여 통지하도록 하는 재조사 결정을 할 수 있다.
청구기간이 지났거나 보정기간 내에 보정하지 아니하는 경우 또는 적법하지 아니한 청구를 하는 경우	심사하지 아니한다는 결정

5) 조기경정 신청

세관장으로부터 통지를 받은 자는 과세전적부심사를 청구하지 아니하고 통지를 한 세관장에게 통지받은 내용의 전부 또는 일부에 대하여 조기에 경정해 줄 것을 신청할 수 있다(법 제118조 제5항). 이 경우 해당 세관장은 즉시 신청받은 대로 세액을 경정하여야 한다.

6) 준용규정

과세전적부심사는 심사청구서가 세관장에게 제출된 때 심사청구가 된 것으로 본다(법 제122조 제2항). 과세전적부심사 청구의 내용이나 절차가 적합하지 아니하지만 보정할 수 있다고 인정되는 경우에는 20일 이내의 기간을 정하여 해당 사항을 보정할 것을 요구할 수 있다(법 제123조 제1항). 과세전적부심사 청구인은 변호사나 관세사를 대리인으로 선임할 수 있다(법 제126조 제1항). 과세전적부심사 청구인은 그 청구와 관계되는 서류를 열람할 수 있으며 해당 재결청에 의견을 진술할 수 있다(법 제130조).

5) 1. 과세전적부심사 청구기간이 지난 후 과세전적부심사청구가 제기된 경우
2. 법 제118조 제1항 각 호 외의 부분 본문에 따른 통지가 없는 경우
3. 법 제118조 제1항 각 호 외의 부분 본문에 따른 통지가 청구인에게 한 것이 아닌 경우
4. 보정기간 내에 보정을 하지 아니한 경우
5. 과세전적부심사청구의 대상이 되는 통지의 내용이나 쟁점 등이 이미 관세심사위원회의 심의를 거쳐 결정된 사항과 동일한 경우

제2절 관세불복청구

1 의 의

관세법에는 납세자가 관세에 관한 위법·부당한 처분을 받거나 또는 필요한 처분을 받지 못하여 자신의 권리 또는 이익을 침해당한 경우에 그 처분의 시정을 요구할 수 있는 불복청구제도를 규정하고 있다. 관세법상 불복청구제도는 이의신청, 심사청구, 심판청구이며 감사원법상의 심사청구도 포함한다. 관세불복청구의 대상은 관세청 혹은 세관의 처분에 해당하는 것으로서 이는 감사원의 감사를 받는 직무에 해당되므로 감사원법상의 심사청구의 대상이 되기 때문이다.[6] 또한 관세법상 심사청구 또는 심판청구, 감사원법상의 심사청구에 대한 결정을 거치면 이들의 결정에 불복하는 당사자는 행정소송을 제기할 수 있다.

과세전적부심사는 과세하기 전에 징수금액의 적정성을 납세자로 하여금 확인할 수 있는 기회를 제공하여 납세자의 권리를 보호하는 사전적 구제제도이다. 그러나 관세불복청구제도는 과세관청의 행정처분이 이행된 이후 그로 인하여 납세자의 권리 또는 이익의 침해에 대해 시정을 요구하는 것이므로 사후적 구제제도라고 할 수 있다.

2 불복청구대상

1) 원칙

관세법이나 그 밖의 관세에 관한 법률 또는 조약에 따른 처분으로서 위법한 처분 또는 부당한 처분을 받거나 필요한 처분을 받지 못하여 권리나 이익을 침해당한 자는 이의신청·심사청구 또는 심판청구를 하여 그 처분의 취소 또는 변경을 청구하거나 필요한 처분을 청구할 수 있다(법 제119조 제1항).

6) 감사원법 제43조 제1항에 의하면 감사원의 감사를 받는 자의 직무에 관한 처분이나 그 밖의 행위에 관하여 이해관계가 있는 자는 감사원에 그 심사의 청구를 할 수 있다.

2) 불복청구 배제대상

관세법에 따른 통고처분과 「감사원법」에 따라 심사청구를 한 처분이나 그 심사청구에 대한 처분은 위법한 처분 또는 부당한 처분에 포함되지 아니한다(법 제119조 제1항). 또한 심사청구 또는 심판청구에 대한 처분에 대해서는 이의신청, 심사청구 또는 심판청구를 제기할 수 없다(법 제119조 제3항). 이의신청에 대한 처분과 제128조 제1항 제3호 후단[7](제132조 제4항에서 준용하는 경우를 포함한다)의 재조사 결정에 따른 처분청의 처분에 대해서는 이의신청을 할 수 없다(법 제119조 제4항). 이러한 처분을 불복청구의 대상에서 제외한 것은 불복청구의 실익이 없거나 업무의 중복을 피하여 납세자의 권리를 보다 효율적으로 구제하기 위한 것이다.[8] 다만, 제128조 제1항 제3호 후단(제131조에서 「국세기본법」을 준용하는 경우를 포함한다)의 재조사 결정에 따른 처분청의 처분에 대해서는 해당 재조사 결정을 한 재결청에 심사청구 또는 심판청구를 제기할 수 있다.

한편 과세전적부심사청구에 대한 결정은 불복청구의 대상이 되는 처분에 해당되지 아니하며, 그 결정에 따른 세관장의 처분(납부고지서 교부 등)을 대상으로 하여 이의신청·심사청구·심판청구 또는 감사원심사청구를 할 수 있다.[9]

3) 내국세등에 관한 처분

수입물품에 부과하는 내국세 등의 부과, 징수, 감면, 환급 등에 관한 세관장의 처분에 불복하는 자는 관세법상의 이의신청·심사청구 및 심판청구를 할 수 있다(법 제119조 제8항).

---

7) 심사청구가 이유 있다고 인정되는 경우에는 그 청구의 대상이 된 처분의 취소·경정 또는 필요한 처분의 결정을 한다. 이 경우 취소·경정 또는 필요한 처분을 하기 위하여 사실관계 확인 등 추가적으로 조사가 필요한 경우에는 처분청으로 하여금 이를 재조사하여 그 결과에 따라 취소·경정하거나 필요한 처분을 하도록 하는 재조사 결정을 할 수 있다.
8) 이종익·박병목, 전게서, p. 384.
9) 관세 불복청구 및 처리에 관한 고시 제5조.

3 청구인

1) 원칙적 청구인

관세법이나 그 밖의 관세에 관한 법률 또는 조약에 따른 처분으로서 위법한 처분 또는 부당한 처분을 받거나 필요한 처분을 받지 못하여 권리 또는 이익을 침해당한 자는 관세불복청구를 할 수 있다(법 제119조 제1항).

2) 이해관계인

관세불복청구인은 원칙적으로 위법·부당한 처분을 받거나 필요한 처분을 받지 못한 직접적 당사자가 청구할 수 있는 자격을 가질 수 있으나 관련 이해관계인에게도 청구할 수 있는 권리가 부여된다.

관세법이나 그 밖의 관세에 관한 법률 또는 조약에 따른 처분으로 권리나 이익을 침해받게 되는 제2차 납세의무자 등 다음의 이해관계인은 그 처분에 대하여 심사청구 또는 심판청구를 하여 그 처분의 취소 또는 변경이나 그 밖에 필요한 처분을 청구할 수 있다(법 제119조 제9항).

① 제2차 납세의무자로서 납부고지서를 받은 자
② 물적 납세의무를 지는 자로서 납부고지서를 받은 자
③ 납세보증인
④ 그 밖에 기획재정부령으로 정하는 자

3) 대리인

이의신청인·심사청구인 또는 심판청구인은 변호사나 관세사를 대리인으로 선임할 수 있다(법 제126조 제1항). 이의신청인, 심사청구인 또는 심판청구인은 신청 또는 청구의 대상이 3천만원 미만인 경우에는 배우자, 4촌 이내의 혈족 또는 배우자의 4촌 이내의 혈족을 대리인으로 선임할 수 있다(법 제126조 제2항). 대리인의 권한은 서면으로 증명하여야 하며(법 제126조 제3항), 대리인은 본인을 위하여 청구에 관한 모든 행위를 할 수 있다. 다만, 청구의 취하는 특별한 위임을 받은 경우에만 할 수 있다(법 제126조 제4항). 대리인을 해임하였을 때에는 그 뜻을 서면으로 해당 재결청에 신고하여야 한다(법 제126조 제5항).

관세불복청구제도

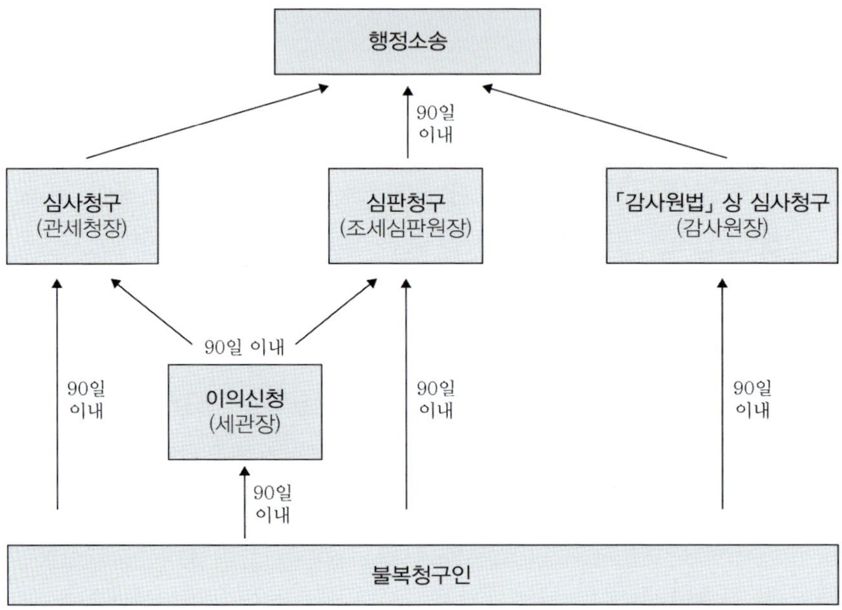

4 이의신청

1) 원칙

이의신청은 불복의 사유를 갖추어 해당 처분을 하였거나 하였어야 할 세관장에게 하여야 한다(법 제132조 제1항).[10] 다만 관세청장이 조사·결정한 처분 또는 처리하였거나 처리하였어야 하는 처분인 경우를 제외하고는 그 처분에 대하여 심사청구 또는 심판청구에 앞서 이의신청을 할 수 있다(법 제119조 제1항). 이의신청은 세관장에게 청구하는 것으로서 세관장보다 상위기관인 관세청장의 처분에 대하여 세관장이 판단하는 것은 적절하지 않으므로 이의신청대상이 아니다.

이의신청은 심사청구 또는 심판청구에 앞서 제기할 수 있는 불복청구제도이나 행정소송을 제기하기 위하여 반드시 거쳐야 하는 절차가 아니라 불복청구인의 선택에 따라 이의신청을 제기할 수도 있고 그렇지 않을 수도 있으므로 선택적 불복

10) 이의신청은 처분청이면서 재결청인 세관장에게 제기하는 것으로 이는 처분청이 스스로 자신의 처분 내용을 확인하는 과정이라 볼 수 있으므로 권리구제의 실효성은 미흡할 것이다(이종익·박병목, 전게서, p. 384).

청구제도이다. 그러나 심사청구 또는 심판청구는 행정소송을 제기하기 위하여 반드시 거쳐야 하는 절차이다(법 제120조 제2항).

2) 우편물통관

우편물통관에 따른 결정사항 또는 우편물통관에 따라 징수 세액에 관한 이의신청은 해당 결정사항 또는 세액에 관한 통지를 직접 우송한 우체국의 장에게 이의신청서를 제출함으로써 할 수 있고, 우체국의 장이 이의신청서를 접수한 때에 세관장이 접수한 것으로 본다(법 제132조 제1항).

3) 이의신청 절차

(1) 이의신청 기간

이의신청은 해당 처분을 한 것을 안 날(처분하였다는 통지를 받았을 때에는 통지를 받은 날을 말한다)부터 90일 이내에 제기하여야 한다(법 제121조 제1항). 그러나 청구인이 천재지변 등의 사유로 정한 기간 내에 이의신청을 할 수 없을 때에는 그 사유가 소멸한 날부터 14일 이내에 이의신청을 할 수 있다(법 제121조 제4항). 이 경우 이의신청인은 그 기간 내에 이의신청을 할 수 없었던 사유, 그 사유가 발생한 날과 소멸한 날, 그 밖에 필요한 사항을 적은 문서를 함께 제출하여야 한다. 기한 내에 우편으로 제출(「국세기본법」 제5조의2에서 정한 날을 기준으로 한다)한 이의신청서가 청구기간이 지나 세관장에게 도달한 경우에는 그 기간의 만료일에 청구된 것으로 본다(법 제121조 제3항).

(2) 이의신청서 제출

이의신청 기간을 계산할 때에는 이의신청서가 세관장에게 제출된 때에 이의신청이 된 것으로 본다. 해당 이의신청서가 세관장 외의 세관장이나 관세청장에게 제출된 경우에도 또한 같다(법 제122조 제2항).

(3) 보정

이의신청의 내용이나 절차가 적합하지 아니하지만 보정할 수 있다고 인정되는 경우에는 20일 이내의 기간을 정하여 해당 사항을 보정할 것을 요구할 수 있다(법 제123조 제1항). 다만, 보정할 사항이 경미한 경우에는 직권으로 보정할 수 있다. 보정의 요구를 받은 이의신청인은 보정할 사항을 서면으로 작성하여 세관장에게 제출하거나, 관세청에 출석하여 보정할 사항을 말하고 그 말한 내용을 세관공무원이 기록한 서면에 서명 또는 날인함으로써 보정할 수 있다(법 제123조 제2항). 보정기간은 이의신청 기간에 산입(算入)하지 아니한다(법 제123조 제3항).

(4) 의견서 송부

이의신청을 받은 세관장은 이의신청을 받은 날부터 7일 이내에 이의신청의 대상이 된 처분에 대한 의견서를 이의신청인에게 송부하여야 한다(법 제132조 제5항). 이 경우 의견서에는 처분의 근거·이유 및 처분의 이유가 된 사실 등이 구체적으로 기재되어야 한다. 이의신청인은 송부받은 의견서에 대하여 반대되는 증거서류 또는 증거물을 세관장에게 제출할 수 있다(법 제132조 제6항).

(5) 결정기간

이의신청에 대한 결정은 이의신청을 받은 날부터 30일 이내에 하여야 한다(법 제128조 제2항). 이의신청에 대한 결정을 하였을 때에는 결정기간 내에 그 이유를 적은 결정서를 심사청구인에게 통지하여야 한다(법 제128조 제3항).

(6) 결정

이의신청을 받은 세관장은 관세심사위원회[11)]의 심의를 거쳐 결정하여야 하되(법 제132조 제2항) 다음의 구분에 따른다(법 제128조 제1항).

결정 사유	결정
가. 이의신청 기간이 지난 후에 이의신청을 제기한 경우 나. 보정기간 내에 필요한 보정을 하지 아니한 경우 다. 적법하지 아니한 이의신청을 제기한 경우 라. 위의 경우와 유사한 경우로서 대통령령으로 정하는 경우	그 신청을 각하하는 결정

11) 영 제147조 제1항에 의거 관세심사위원회의 심의사항은 다음 각 호의 구분에 따른다.
1. 관세청에 두는 관세심사위원회 : 관세청장에게 제기된 과세전적부심사청구와 관세청장에게 제기된 심사청구 사항
2. 인천세관·서울세관·부산세관·대구세관 및 광주세관("본부세관"이라 한다)에 두는 관세심사위원회 : 과세전적부심사 청구 및 이의신청 사항
3. 본부세관 외의 세관("일선세관"이라 한다)에 두는 관세심사위원회 : 이의신청 사항

이의신청이 이유 없다고 인정되는 경우	그 신청을 기각하는 결정
이의신청이 이유 있다고 인정되는 경우	그 청구의 대상이 된 처분의 취소·경정 또는 필요한 처분의 결정. 이 경우 취소·경정 또는 필요한 처분을 하기 위하여 사실관계 확인 등 추가적으로 조사가 필요한 경우에는 처분청으로 하여금 이를 재조사하여 그 결과에 따라 취소·경정하거나 필요한 처분을 하도록 하는 재조사 결정을 할 수 있다.

세관장은 위의 결정을 할 때 이의신청를 한 처분 외의 처분에 대해서는 그 처분의 전부 또는 일부를 취소 또는 변경하거나 새로운 처분의 결정을 하지 못한다(법 제128조의2 제1항). 또한 세관장은 위의 결정을 할 때 이의신청을 한 처분보다 청구인에게 불리한 결정을 하지 못한다(법 제128조의2 제2항).

(7) 불복방법 통지

이의신청의 재결청은 결정서에 결정서를 받은 날부터 90일 이내에 심사청구 또는 심판청구를 제기할 수 있다는 뜻을 함께 적어야 한다(법 제129조 제1항). 이의신청의 재결청은 해당 신청 또는 청구에 대한 결정기간이 지날 때까지 결정을 하지 못한 경우에는 지체 없이 신청인이나 청구인에게 결정을 통지받기 전이라도 그 결정기간이 지난 날부터 심사청구 또는 심판청구를 제기할 수 있다는 뜻을 서면으로 통지하여야 한다(법 제129조 제2항).

이의신청인은 관세청장 또는 조세심판원장이 운영하는 정보통신망을 이용하여 심사청구서 또는 심판청구서를 제출할 수 있다(법 제129조의2 제1항). 정보통신망을 이용하여 심사청구서 또는 심판청구서를 제출하는 경우에는 관세청장 또는 조세심판원장에게 심사청구서 또는 심판청구서가 전송된 때에 관세법에 따라 제출된 것으로 본다(법 제129조의2 제2항).

4) 서류의 열람 및 의견 진술

이의신청인은 그 청구와 관계되는 서류를 열람할 수 있으며 해당 재결청에 의견을 진술할 수 있다(법 제130조). 의견을 진술하고자 하는 자는 그 주소 또는 거소 및 성명과 진술하고자 하는 요지를 기재한 신청서를 당해 재결청에 제출하여야 한다(영 제153조 제1항). 그러나 신청을 받은 재결청은 이의신청인의 의견진술이 필요없다고 인정되는 때에는 이유를 명시한 문서로 그 뜻을 당해 이의신청인에게 통지하여야 한다(영 제153조 제3항).

5 심사청구

1) 원칙

심사청구는 불복하는 사유를 심사청구서에 적어 해당 처분을 하였거나 하였어야 하는 세관장을 거쳐 관세청장에게 하여야 한다(법 제122조 제1항). 불복청구인은 동일한 처분에 대하여는 심사청구와 심판청구를 중복하여 제기할 수 없다(법 제119조 제10항).

2) 심사청구절차

(1) 심사청구기간

심사청구는 해당 처분을 한 것을 안 날(처분하였다는 통지를 받았을 때에는 통지를 받은 날을 말한다)부터 90일 이내에 제기하여야 한다(법 제121조 제1항). 그러나 이의신청을 거친 후 심사청구를 하려는 경우에는 이의신청에 대한 결정을 통지받은 날부터 90일 이내에 하여야 한다(법 제121조 제2항). 다만, 이의신청에 대한 결정기간 내에 결정을 통지받지 못한 경우에는 결정을 통지받기 전이라도 그 결정기간이 지난 날부터 심사청구를 할 수 있다. 만일 심사청구인이 천재지변 등의 사유로 정한 기간 내에 심사청구를 할 수 없을 때에는 그 사유가 소멸한 날부터 14일 이내에 심사청구를 할 수 있다(법 제121조 제4항). 이 경우 심사청구인은 그 기간 내에 심사청구를 할 수 없었던 사유, 그 사유가 발생한 날과 소멸한 날 그 밖에 필요한 사항을 적은 문서를 함께 제출하여야 한다.

한편 기한 내에 우편으로 제출(「국세기본법」 제5조의2에서 정한 날을 기준으로 한다)한 심사청구서가 청구기간이 지나 세관장 또는 관세청장에게 도달한 경우에는 그 기간의 만료일에 청구된 것으로 본다(법 제121조 제3항).

(2) 심사청구서 제출

심사청구기간을 계산할 때에는 해당 심사청구서가 해당 처분을 하였거나 하였어야 할 세관장(처분청)에게 제출된 때에 심사청구가 된 것으로 본다(법 제122조 제2항). 해당 심사청구서가 관할 세관장 외의 세관장이나 관세청장에게 제출된 경우에도 또한 같다. 즉, 관할 세관장이 아닌 세관장이나 관세청장에게 심사청구서가 제출되어도 관할 세관장에게 제출된 것으로 간주한다는 것이다. 만일 심사청구서가 관할 세관장 외의 세관장 또는 관세청장에게 제출된 때에는 당해 청구서를 관할세관장에게 지체없이 송부하고 그 뜻을 당해 청구인에게 통지하여야 한다(영 제145조 제4항).[12)]

심사청구인은 관세청장이 운영하는 정보통신망을 이용하여 심사청구서를 제출할 수 있다(법 제129조의2 제1항). 정보통신망을 이용하여 심사청구서를 제출하는 경우에는 관세청장에게 심사청구서가 전송된 때에 관세법에 따라 제출된 것으로 본다(법 제129조의2 제1항).

(3) 보정

관세청장은 심사청구의 내용이나 절차가 적합하지 아니하지만 보정할 수 있다고 인정되는 경우에는 20일 이내의 기간을 정하여 해당 사항을 보정할 것을 요구할 수 있다(법 제123조 제1항). 다만, 보정할 사항이 경미한 경우에는 직권으로 보정할 수 있다. 보정의 요구를 받은 심사청구인은 보정할 사항을 서면으로 작성하여 관세청장에게 제출하거나, 관세청에 출석하여 보정할 사항을 말하고 그 말한 내용을 세관공무원이 기록한 서면에 서명 또는 날인함으로써 보정할 수 있다(법 제123조 제2항). 보정기간은 심사청구기간에 산입(算入)하지 아니한다(법 제123조 제2항).

(4) 의견서 송부

심사청구서를 제출받은 세관장은 이를 받은 날부터 7일 내에 그 심사청구서에

12) 관세 불복청구 및 처리에 관한 고시 제10조 제3항에 따라 심사청구서를 접수한 세관장은 다음 각 호에 따라 접수사실을 즉시 통보하여야 한다. 다만, 제2호에 해당하는 경우에는 그 사실을 청구인에게 서면으로 통보하여야 한다.
1. 처분청이 접수한 경우 : 관할본부세관장 및 관세청장
2. 처분청이 아닌 세관장이 접수한 경우 : 처분청・관할본부세관장 및 관세청장
3. 관세청장이 접수한 경우 : 처분청 및 관할본부세관장

의견서를 첨부하여 관세청장에게 보내야 한다(법 제122조 제3항). 관세청장은 세관장의 의견서를 받은 때에는 지체 없이 해당 의견서의 부본을 심사청구인에게 송부하여야 한다(법 제122조 제4항). 심사청구인은 송부받은 의견서에 대하여 반대되는 증거서류 또는 증거물을 관세청장에게 제출할 수 있다(법 제122조 제5항).

(5) 결정기간

결정은 심사청구를 받은 날부터 90일 이내에 하여야 하며(법 제128조 제2항), 결정을 하였을 때에는 결정기간 내에 그 이유를 적은 결정서를 심사청구인에게 통지하여야 한다(법 제128조 제3항). 보정기간은 결정기간에 산입하지 아니한다(법 제128조 제4항).

심사청구가 이유 있다고 인정되어 재조사 결정이 있는 경우 처분청은 재조사 결정일부터 60일 이내에 결정서 주문에 기재된 범위에 한정하여 조사하고, 그 결과에 따라 취소·경정하거나 필요한 처분을 하여야 한다. 이 경우 처분청은 대통령령으로 정하는 바에 따라 조사를 연기 또는 중지하거나 조사기간을 연장할 수 있다(법 제128조 제5항).

(6) 결정

심사청구가 있으면 관세청장은 관세심사위원회의 심의를 거쳐 이를 결정하여야 한다(법 제127조 제1항). 다만, 심사청구기간이 지난 후 심사청구가 제기된 경우 등의 사유[13]에 해당하는 경우에는 그러하지 아니하다(영 제150조). 관세심사위원회의 회의는 공개하지 아니한다(법 제127조 제2항). 다만, 관세심사위원회의 위원장이 필요하다고 인정할 때에는 공개할 수 있다.

심사청구에 대한 결정은 다음의 구분에 따른다(법 제128조 제1항).

13) ① 심사청구기간이 지난 경우
② 심사청구의 대상이 되는 처분이 존재하지 아니하는 경우
③ 해당 처분으로 권리 또는 이익을 침해당하지 아니한 자가 심사청구를 제기한 경우
④ 심사청구의 대상이 되지 아니하는 처분에 대하여 심사청구가 제기된 경우
⑤ 보정기간 내에 필요한 보정을 하지 아니한 경우
⑥ 심사청구의 대상이 되는 처분의 내용·쟁점·적용법령 등이 이미 관세심사위원회의 심의를 거쳐 결정된 사항과 동일한 경우
⑦ 그 밖에 신속히 결정하여 상급심에서 심의를 받도록 하는 것이 권리구제에 도움이 된다고 판단되는 경우

결정 사유	결정
가. 심판청구를 제기한 후 심사청구를 제기(같은 날 제기한 경우도 포함한다)한 경우 나. 심사청구 기간이 지난 후에 심사청구를 제기한 경우 다. 보정기간 내에 필요한 보정을 하지 아니한 경우 라. 적법하지 아니한 심사청구를 제기한 경우 마. 위의의 규정에 따른 경우와 유사한 경우로서 대통령령으로 정하는 경우	그 청구를 각하하는 결정
심사청구가 이유 없다고 인정되는 경우	그 청구를 기각하는 결정
심사청구가 이유 있다고 인정되는 경우	그 청구의 대상이 된 처분의 취소·경정 또는 필요한 처분의 결정. 이 경우 취소·경정 또는 필요한 처분을 하기 위하여 사실관계 확인 등 추가적으로 조사가 필요한 경우에는 처분청으로 하여금 이를 재조사하여 그 결과에 따라 취소·경정하거나 필요한 처분을 하도록 하는 재조사 결정을 할 수 있다.

관세청장은 위의 결정을 할 때 심사청구를 한 처분 외의 처분에 대해서는 그 처분의 전부 또는 일부를 취소 또는 변경하거나 새로운 처분의 결정을 하지 못한다(법 제128조의2 제1항). 또한 관세청장은 위의 결정을 할 때 심사청구를 한 처분보다 청구인에게 불리한 결정을 하지 못한다(법 제128조의2 제2항).

(7) 불복방법 통지

심사청구의 재결청은 결정서에 결정서를 받은 날부터 90일 이내에 행정소송을 제기할 수 있다는 뜻을 함께 적어야 한다(법 제129조 제1항). 또한 심사청구의 재결청은 해당 신청 또는 청구에 대한 결정기간이 지날 때까지 결정을 하지 못한 경우에는 지체 없이 신청인이나 청구인에게 결정을 통지받기 전이라도 그 결정기간이 지난 날부터 행정소송을 제기할 수 있다는 뜻을 서면으로 통지하여야 한다(법 제129조 제2항).

(8) 불복통지방법

심사청구에 대한 결정 또는 불복방법의 통지를 하는 때에는 인편 또는 등기우편에 의하여야 하며, 인편에 의하는 경우에는 수령증을 받아야 한다(영 제151조 제

1항). 그러나 심사청구인의 주소 또는 거소가 불명하거나 기타의 사유로 인하여 인편 또는 등기우편의 방법으로 결정 등을 통지할 수 없는 때에는 그 요지를 당해 재결관서의 게시판 기타 적절한 장소에 공고하여야 한다(영 제151조 제2항). 공고를 한 때에는 그 공고가 있은 날부터 10일을 경과한 날에 결정 등의 통지를 받은 것으로 본다(영 제151조 제3항).

3) 서류의 열람 및 의견 진술

(1) 의의

심사청구인은 그 청구와 관계되는 서류를 열람할 수 있으며 해당 재결청에 의견을 진술할 수 있다(법 제130조). 의견을 진술하고자 하는 자는 그 주소 또는 거소 및 성명과 진술하고자 하는 요지를 기재한 신청서를 당해 재결청에 제출하여야 한다(영 제153조 제1항). 그러나 신청을 받은 재결청은 심사청구인의 의견진술이 필요없다고 인정되는 때에는 이유를 명시한 문서로 그 뜻을 당해 심사청구인에게 통지하여야 한다(영 제153조 제3항).

(2) 출석일시 등 통지

신청을 받은 재결청은 다음의 하나에 해당하는 경우로서 심사청구인의 의견진술이 필요없다고 인정되는 때를 제외하고는 출석일시 및 장소와 진술시간을 정하여 관세심사위원회 회의개최예정일 3일전까지 심사청구인에게 통지하여야 한다(영 제153조 제2항).

① 심사청구의 대상이 된 사항이 경미한 때

② 심사청구의 대상이 된 사항이 오로지 법령해석에 관한 것인 때

6 심판청구

1) 원칙

심판청구를 하려는 자는 불복의 사유 등이 기재된 심판청구서를 그 처분을 하였거나 하였어야 할 세관장이나 조세심판원장에게 제출하여야 한다(국세기본법 제69조 제1항). 이 경우 심판청구서를 받은 세관장은 이를 지체 없이 조세심판원장

에게 송부하여야 한다. 다만, 불복청구인은 동일한 처분에 대하여는 심사청구와 심판청구를 중복하여 제기할 수 없다(법 제119조 제10항).

2) 청구절차

심판청구에 관하여는 「국세기본법」 제7장 제3절을 준용한다(법 제131조).

(1) 심판청구기간

심판청구는 해당 처분을 한 것을 안 날(처분하였다는 통지를 받았을 때에는 통지를 받은 날을 말한다)부터 90일 이내에 제기하여야 하고(국세기본법 제68조 제 1항), 이의신청을 거친 후 심판청구를 하려는 경우에는 이의신청에 대한 결정을 통지받은 날부터 90일 이내에 하여야 한다(국세기본법 제68조 제2항). 다만, 이의신청에 대한 결정기간 내에 결정을 통지받지 못한 경우에는 결정을 통지받기 전이라도 그 결정기간이 지난 날부터 심판청구를 할 수 있다. 만일 심판청구인이 천재지변 등의 사유로 정한 기간 내에 심판청구를 할 수 없을 때에는 그 사유가 소멸한 날부터 14일 이내에 심판청구를 할 수 있다(국세기본법 제61조 제4항). 이 경우 심판청구인은 그 기간 내에 심판청구를 할 수 없었던 사유, 그 사유가 발생한 날과 소멸한 날, 그 밖에 필요한 사항을 적은 문서를 함께 제출하여야 한다.

한편 기한 내에 우편으로 제출(「국세기본법」 제5조의2에서 정한 날을 기준으로 한다)한 심판청구서가 청구기간이 지나서 도달한 경우에는 그 기간의 만료일에 적법한 청구를 한 것으로 본다(국세기본법 제61조 제3항).

(2) 심판청구서 제출

심판청구기간을 계산할 때에는 심판청구서가 관할 세관장 외의 세관장 또는 관세청장에게 제출된 경우에도 심판청구를 한 것으로 본다(국세기본법 제69조 제2항). 이 경우 심판청구서를 받은 세관장 또는 관세청장은 이를 지체 없이 조세심판원장에게 송부하여야 한다. 또한 조세심판원장은 심판청구서를 받은 경우에는 지체 없이 그 부본을 그 처분을 하였거나 하였어야 할 세관장에게 송부하여야 한다(국세기본법 제69조 제3항).

심판청구인은 조세심판원장이 운영하는 정보통신망을 이용하여 심판청구서를 제출할 수 있다(법 제129조의2 제1항). 정보통신망을 이용하여 심판청구서를 제출하는 경우에는 조세심판원장에게 심사청구서가 전송된 때에 관세법에 따라 제출된 것으로 본다(법 제129조의2 제1항).

(3) 보정

심판청구의 내용이나 절차가 적합하지 아니하지만 보정할 수 있다고 인정되는 경우에는 20일 이내의 기간을 정하여 해당 사항을 보정할 것을 요구할 수 있다(국세기본법 제63조 제1항). 다만, 보정할 사항이 경미한 경우에는 직권으로 보정할 수 있다. 보정의 요구를 받은 심판청구인은 보정할 사항을 서면으로 작성하여 제출하거나, 출석하여 보정할 사항을 말하고 그 말한 내용을 세관공무원이 기록한 서면에 서명 또는 날인함으로써 보정할 수 있다(법 제123조 제2항). 보정기간은 심판청구기간에 산입(算入)하지 아니한다(국세기본법 제63조 제3항).

(4) 답변서 송부

심판청구서를 받거나 심판청구서의 부본을 받은 세관장은 이를 받은 날부터 10일 이내에 그 심판청구서에 대한 답변서를 조세심판원장에게 제출하여야 한다(국세기본법 제69조 제4항).

(5) 결정기간

결정은 심판청구를 받은 날부터 90일 이내에 하여야 하고(국세기본법 제65조 제2항) 결정을 하였을 때에는 결정기간 내에 그 이유를 적은 결정서를 심판청구인에게 통지하여야 한다(국세기본법 제65조 제3항). 보정기간은 결정기간에 산입하지 아니한다(국세기본법 제65조 제4항).

(6) 결정

조세심판원장이 심판청구를 받았을 때에는 조세심판관회의가 심리를 거쳐 결정한다(국세기본법 제78조 제1항). 다만 심판청구의 대상이 소액(심판청구금액이 3천만원 미만)이거나 경미한 것인 경우나 청구기간이 지난 후에 심판청구를 받은 경우에는 조세심판관회의의 심리를 거치지 아니하고 주심조세심판관이 심리하여 결정할 수 있다.

심판청구에 대한 결정은 다음의 구분에 따른다(국세기본법 제65조 제1항).

결정 사유	결정
가. 심사청구를 제기한 후 심판청구를 제기(같은 날 제기한 경우도 포함한다)한 경우 나. 심판청구기간이 지난 후에 청구된 경우 다. 보정기간에 필요한 보정을 하지 아니한 경우 라. 심판청구가 적법하지 아니한 경우 마. 위의 규정에 따른 경우와 유사한 경우로서 대통령령으로 정하는 경우	그 청구를 각하하는 결정
심판청구가 이유 없다고 인정되는 경우	그 청구를 기각하는 결정
심판청구가 이유 있다고 인정되는 경우	그 청구의 대상이 된 처분의 취소·경정 또는 필요한 처분의 결정. 이 경우 취소·경정 또는 필요한 처분을 하기 위하여 사실관계 확인 등 추가적으로 조사가 필요한 경우에는 처분청으로 하여금 이를 재조사하여 그 결과에 따라 취소·경정하거나 필요한 처분을 하도록 하는 재조사 결정을 할 수 있다.

조세심판원장은 위의 결정을 할 때 심판청구를 한 처분 외의 처분에 대해서는 그 처분의 전부 또는 일부를 취소 또는 변경하거나 새로운 처분의 결정을 하지 못한다(법 제128조의2 제1항). 또한 조세심판원장은 위의 결정을 할 때 심판청구를 한 처분보다 청구인에게 불리한 결정을 하지 못한다(법 제128조의2 제2항).

(7) 불복통지방법

심판청구의 재결청은 결정서에 결정서를 받은 날부터 90일 이내에 행정소송을 제기할 수 있다는 뜻을 함께 적어야 한다(법 제129조 제1항). 또한 심판청구의 재결청은 해당 신청 또는 청구에 대한 결정기간이 지날 때까지 결정을 하지 못한 경우에는 지체 없이 신청인이나 청구인에게 결정을 통지받기 전이라도 그 결정기간이 지난 날부터 행정소송을 제기할 수 있다는 뜻을 서면으로 통지하여야 한다(법 제129조 제2항).

3) 서류의 열람 및 의견 진술

심판청구인 또는 처분청은 그 청구와 관계되는 서류를 열람할 수 있으며 해당 재결청에 의견을 진술할 수 있다(법 제130조). 의견을 진술하고자 하는 자는 그 주소 또는 거소 및 성명과 진술하고자 하는 요지를 기재한 신청서를 당해 재결청에 제출하여야 한다(영 제153조 제1항). 그러나 신청을 받은 재결청은 심판청구인의 의견진술이 필요없다고 인정되는 때에는 이유를 명시한 문서로 그 뜻을 당해 심판청구인에게 통지하여야 한다(영 제153조 제3항).

7 심사청구 등이 집행에 미치는 효력

이의신청·심사청구 또는 심판청구는 법령에 특별한 규정이 있는 경우를 제외하고는 해당 처분의 집행에 효력을 미치지 아니한다(법 제125조).[14] 이는 심사청구 등이 제기된 것만으로 해당 처분을 집행하는데 영향을 주지 않는다는 것이다. 다만, 해당 재결청이 처분의 집행 또는 절차의 속행 때문에 이의신청인, 심사청구인 또는 심판청구인에게 중대한 손해가 생기는 것을 예방할 긴급한 필요성이 있다고 인정할 때에는 처분의 집행 또는 절차 속행의 전부 또는 일부의 정지를 결정할 수 있다(법 제125조 제1항).

8 감사원법에 따른 심사청구

1) 의의

관세불복청구의 대상은 관세청 혹은 세관의 처분에 해당하는 것으로서 이는 감사원의 감사를 받는 직무에 해당되므로 감사원법상의 심사청구의 대상이 된다. 관세불복청구인은 관세법상의 이의신청·심사청구·심판청구를 할 수도 있고 또는 감사원법상의 심사청구를 제기할 수도 있다. 다만 감사원법상의 심사청구를 제기하여 심사청구를 한 처분이나 그 심사청구에 대한 처분에 대하여는 관세법상의 불복청구제도를 활용할 수 없다(법 제119조 제1항).

14) 국심 2002관0267 (2003.11.24.)에 따라 납세의무자가 신고납부한 세액을 심사한 결과 납부세액에 과부족이 있는 것을 안 때에는 이를 즉시 경정할 수 있으며, 불복청구 기간 중에 가산금을 부과한 처분은 정당한 것으로 판단된다.

2) 청구대상

감사원의 감사를 받는 자의 직무에 관한 처분이나 그 밖에 감사원규칙으로 정하는 행위에 관하여 이해관계가 있는 자는 감사원에 그 심사의 청구를 할 수 있다(감사원법 제43조 제1항).

3) 청구기간

「감사원법」에 따른 심사청구는 그 처분을 한 것을 안 날(처분의 통지를 받았을 때에는 그 통지를 받은 날을 말한다)부터 90일 이내에 하여야 한다(법 제119조 제5항).

4) 결정기간

감사원장은 심사청구에 대한 결정에 대하여 특별한 사유가 없으면 그 청구를 접수한 날부터 3개월 이내에 하여야 한다(감사원법 제46조 제3항). 감사원장은 심리 결과 심사청구의 이유가 있다고 인정하는 경우에는 관계기관의 장에게 시정이나 그 밖에 필요한 조치를 요구하고 심사청구의 이유가 없다고 인정한 경우에는 이를 기각한다(감사원법 제46조 제2항).

5) 불복청구

심사청구인은 심사청구 및 결정을 거친 행정기관의 장의 처분에 대하여는 해당 처분청을 당사자로 하여 해당 결정의 통지를 받은 날부터 90일 이내에 행정소송을 제기할 수 있다(감사원법 제46조의2).

9 행정소송법과의 관계

1) 의의

관세법이나 그 밖의 관세에 관한 법률 또는 조약에 따른 처분으로서 위법한 처분에 대한 행정소송은 관세법에 따른 심사청구 또는 심판청구와 그에 대한 결정을 거치지 아니하면 제기할 수 없다(법 제120조 제2항). 즉, 관세와 관련한 행정소송에 있어서 반드시 심사청구 또는 심판청구를 거쳐야만 가능함을 규정함으로써 행정심판전치주의를 실현하고 있다. 그러나 심사청구 또는 심판청구가 이유 있다고 인정되어 재조사 결정에 따른 처분청의 처분에 대한 행정소송은 그러하지 아니하다(법 제120조 제2항).

2) 행정소송 제기기간

행정소송은 심사청구나 심판청구에 따른 결정을 통지받은 날부터 90일 이내에 제기하여야 하며, 재조사의 결정이 있는 경우에는 다음과 같다(법 제120조 제3항, 제4항). 다만, 심사청구 또는 심판청구 결정기간 내에 결정을 통지받지 못한 경우에는 결정을 통지받기 전이라도 그 결정기간이 지난 날부터 행정소송을 제기할 수 있다. 또한 「감사원법」에 따른 심사청구를 거친 경우에는 관세법에 따른 심사청구나 심판청구를 거친 것으로 보고 감사원법상 심사청구에 따른 결정을 통지받은 날부터 90일 이내에 행정소송을 제기하여야 한다(법 제120조 제4항).

① 관세법에 따른 심사청구 또는 심판청구를 거치지 아니하고 제기하는 경우 : 재조사 후 행한 처분청의 처분의 결과 통지를 받은 날부터 90일 이내. 다만, 제128조 제5항 전단(제131조에 따라 「국세기본법」을 준용하는 경우를 포함한다)에 따른 처분기간(제128조 제5항 후단에 따라 조사를 연기 또는 중지하거나 조사기간을 연장한 경우에는 해당 기간을 포함한다)에 처분청의 처분 결과 통지를 받지 못하는 경우에는 그 처분기간이 지난 날부터 행정소송을 제기할 수 있다.

② 관세법에 따른 심사청구 또는 심판청구를 거쳐 제기하는 경우 : 재조사 후 행한 처분청의 처분에 대하여 제기한 심사청구 또는 심판청구에 대한 결정의 통지를 받은 날부터 90일 이내. 다만, 제128조 제2항(제131조에서 「국세기본법」을 준용하는 경우를 포함한다)에 따른 결정기간에 결정의 통지를 받지 못하는 경우에는 그 결정기간이 지난 날부터 행정소송을 제기할 수 있다.

6

수출입물품관리와 보세제도

수출입물품관리와 보세제도에 대한 개관

제6장은 운송수단과 보세제도에 대하여 다루고 있다. 선박 등 운송수단이 입항, 하역, 출항에 이르기까지 허가, 승인, 신고 등의 절차에 대하여 규정함으로써 밀수방지 및 관세포탈방지 등의 효과를 달성할 수 있게 된다. 보세구역은 지정보세구역, 특허보세구역, 종합보세구역으로 구분되며, 보세구역에서 외국물품을 수입신고수리 미필상태로 장치, 검사, 제조, 전시, 건설, 판매 등을 할 수 있다.

제6장은 다음과 같이 구성되어 있다.

제1절 운송수단
제2절 운 송
제3절 보세구역 통칙
제4절 지정보세구역
제5절 특허보세구역
제6절 종합보세구역
제7절 유치 및 예치
제8절 장치기간경과물품의 매각

- 운송수단
  - 선박·항공기 – 입출항절차, 하역
  - 차량 – 도착·출발절차, 하역

- 운 송
  - 보세운송
  - 조난물품운송
  - 내국운송
  - 보세운송업자

- 보세구역
  - 지정보세구역
    - 지정장치장
    - 세관검사장
  - 특허보세구역
    - 보세창고
    - 보세공장
    - 보세전시장
    - 보세건설장
    - 보세판매장
  - 종합보세구역

6 수출입물품관리와 보세제도

제1절 운송수단

1 의 의

관세법은 통관법적 성격을 지니고 있으므로 수출입물품의 이동에 대하여 세관에서 관리・감독한다. 수출입물품의 이동은 운송수단을 통해서 원활히 이루어지므로 세관의 관리・감독의 대상인 수출입물품을 이동시키는 운송수단에 대하여도 세관이 관리・감독할 필요가 있다. 관세법상 운송수단은 외국무역선 또는 외국무역기이다. 이와 더불어 국경을 출입하는 차량도 외국무역선 또는 외국무역기처럼 관세법상 세관의 관리를 받는다. 이러한 운송수단의 관리・감독을 수월하게 하기 위하여 출입을 허용하는 장소를 개항으로 한정하고 있다.

2 국제항

1) 의의

국제항이란 국제무역선(기)의 출입을 허용한 장소로서 개항은 다음 표와 같다(영 제155조 제1항).

구분	개항명
항구	인천항, 부산항, 마산항, 여수항, 목포항, 군산항, 제주항, 동해・묵호항, 울산항, 통영항, 삼천포항, 장승포항, 포항항, 장항항, 옥포항, 광양항, 평택・당진항, 대산항, 삼척항, 진해항, 완도항, 속초항, 고현항, 경인항, 보령항
공항	인천공항, 김포공항, 김해공항, 제주공항, 청주공항, 대구공항, 무안공항, 양양공항

2) 국제항의 지정 요건

국제항의 지정요건은 다음과 같다(영 제155조의2 제1항). 국제항의 운영자는 국제항이 시설기준 등에 미치지 못하게 된 경우 그 시설 등을 신속하게 개선하여야 하며, 기획재정부장관은 대통령령으로 정하는 바에 따라 그 시설 등의 개선을 명할 수 있다(법 제133조 제3항).

① 「선박의 입항 및 출항 등에 관한 법률」 또는 「공항시설법」에 의하여 국제무역선(기)이 항상 입출항할 수 있을 것

② 국내선과 구분되는 국제선 전용통로 및 그 밖에 출입국업무를 처리하는 행정기관의 업무수행에 필요한 인력·시설·장비를 확보할 수 있을 것

③ 공항 및 항구의 여객수 또는 화물량 등에 관한 다음의 구분에 따른 기준을 갖출 것

㉠ 공항의 경우 : 다음의 어느 하나의 요건을 갖출 것
- 정기여객기가 주 6회 이상 입항하거나 입항할 것으로 예상될 것
- 여객기로 입국하는 여객수가 연간 4만명 이상일 것

㉡ 항구의 경우 : 국제무역선인 5천톤급 이상의 선박이 연간 50회 이상 입항하거나 입항할 것으로 예상될 것

3) 국제항 등에의 출입

국제무역선이나 국제무역기는 국제항에 한정하여 운항할 수 있다(법 제134조 제1항). 그러나 국제항이 아닌 지역에 대한 출입의 허가를 받은 경우에는 국제항이 아닌 지역에 운항할 수 있다(법 제134조 제1항). 국제무역선의 선장이나 국제무역기의 기장은 허가를 받으려면 기획재정부령으로 정하는 바에 따라 허가수수료[1]를 납부하여야 하며(법 제134조 제2항), 세관장은 허가의 신청을 받은 날부터 10일 이내에 허가 여부를 신청인에게 통지하여야 하나(법 제134조 제3항), 세관장이 해당 기간 내에 허가 여부 또는 민원 처리 관련 법령에 따른 처리기간의 연장

1) 수수료의 총액은 50만원을 초과하지 못한다(시행규칙 제62조 제1항).

구분	출입 횟수 기준	적용 무게 기준	수수료
국제무역선	1회	해당선박의 순톤수 1톤	100원
국제무역기	1회	해당 항공기의 자체무게 1톤	1천 2백원

을 신청인에게 통지하지 아니하면 그 기간(민원 처리 관련 법령에 따라 처리기간이 연장 또는 재연장된 경우에는 해당 처리기간을 말한다)이 끝난 날의 다음 날에 허가를 한 것으로 본다(법 제134조 제4항).

국제항이 아닌 지역에 출입허가를 한 세관장은 지체없이 이를 당해 지역을 관할하는 세관장에게 통보하여야 한다(영 제156조 제2항).

3 선박과 항공기

1) 입항절차

(1) 입항보고

국제무역선이나 국제무역기가 개항에 입항하였을 때에는 선장이나 기장은 선용품 또는 기용품의 목록, 여객명부, 승무원명부, 승무원 휴대품목록과 적하목록을 첨부하여 지체 없이 세관장에게 입항보고를 하여야 하며, 국제무역선은 선박국적증서와 최종 출발항의 출항면장(出港免狀)이나 이를 갈음할 서류를 제시하여야 한다(법 제135조 제1항). 다만, 세관장은 감시·단속에 지장이 없다고 인정될 때에는 선박용품 또는 항공기용품의 목록이나 승무원 휴대품목록의 첨부를 생략하게 할 수 있다.

(2) 입항전 적하목록 등 제출

세관장은 신속한 입항 및 통관절차의 이행과 효율적인 감시·단속을 위하여 필요할 때에는 관세청장이 정하는 바에 따라 입항하는 해당 선박 또는 항공기가 소속된 선박회사 또는 항공사로 하여금 여객명부·적하목록[2] 등을 입항하기 전에 제출하게 할 수 있다(법 제135조 제2항). 다만, 화물운송주선업자(탁송품 운송업자로 한정한다)로서 대통령령으로 정하는 요건을 갖춘 자가 작성한 적재화물목록은 관세청장이 정하는 바에 따라 해당 화물운송주선업자로 하여금 제출하게 할 수 있다.

해상화물의 경우 적하목록 제출의무자는 적재항에서 화물이 선박에 적재되기

2) 적하목록 작성요령에 따라 선사 또는 항공사가 Master B/L의 내역을 기재한 선박 또는 항공기의 화물 적재목록을 말한다(보세화물 입출항 하선 하기 및 적재에 관한 고시 제2조 제1호).

24시간 전까지 적하목록을 선박 입항예정지 세관장에게 전자문서로 제출하여야 한다(보세화물 입출항 하선 하기 및 적재에 관한 고시 제8조 제1항). 다만, 중국・일본・대만・홍콩・러시아 극동지역 등("근거리 지역")의 경우에는 적재항에서 선박이 출항하기 전까지, 벌크화물의 경우에는 선박이 입항하기 4시간 전까지 제출하여야 한다(동 고시 제8조 제1항). 항공화물의 경우 적하목록 제출의무자는 항공기가 입항하기 4시간 전까지 적하목록을 항공기 입항예정지 세관장에게 전자문서로 제출하여야 한다(동 고시 제21조 제1항). 다만, 근거리 지역의 경우에는 적재항에서 항공기가 출항하기 전까지, 특송화물의 경우에는 항공기가 입항하기 1시간 전까지 제출하여야 한다(동 고시 제21조 제1항).

2) 출항절차

(1) 출항허가

국제무역선이나 국제무역기가 국제항을 출항하려면 선장이나 기장은 출항하기 전에 세관장에게 출항허가를 받아야 한다(법 제136조 제1항). 세관장은 허가의 신청을 받은 날부터 10일 이내에 허가 여부를 신청인에게 통지하여야 한다(법 제136조 제4항). 세관장이 해당 기간 내에 허가 여부 또는 민원 처리 관련 법령에 따른 처리기간의 연장을 신청인에게 통지하지 아니하면 그 기간(민원 처리 관련 법령에 따라 처리기간이 연장 또는 재연장된 경우에는 해당 처리기간을 말한다)이 끝난 날의 다음 날에 허가를 한 것으로 본다(법 제136조 제5항).

(2) 적재화물목록 제출

선장이나 기장은 출항허가를 받으려면 그 국제항에서 적재화물목록을 제출하여야 한다(법 제136조 제2항). 다만, 세관장이 출항절차를 신속하게 진행하기 위하여 필요하다고 인정하여 출항허가 후 7일의 범위에서 따로 기간을 정하는 경우에는 그 기간 내에 그 목록을 제출할 수 있다.

세관장은 신속한 출항 및 통관절차의 이행과 효율적인 감시・단속을 위하여 필요한 경우에는 관세청장이 정하는 바에 따라 출항하는 해당 국제무역선 또는 국제무역기가 소속된 선박회사 또는 항공사로 하여금 적재화물목록을 출항허가 신청 전에 제출하게 할 수 있다(법 제136조 제3항). 다만, 화물운송주선업자(제254조의2제1항에 따른 탁송품 운송업자로 한정)로서 대통령령으로 정하는 요건을 갖춘 자가 작성한 적재화물목록은 관세청장이 정하는 바에 따라 해당 화물운송주선업자로 하여금 제출하게 할 수 있다.

3) 간이 입출항절차

(1) 입항 후 24시간 이내 출항시

국제무역선이나 국제무역기가 국제항에 입항하여 물품(선용품 또는 기용품과 승무원의 휴대품은 제외한다)을 하역하지 아니하고 입항한 때부터 24시간 이내에 출항하는 경우 세관장은 입항시 제출하는 적재화물목록, 선박용품 또는 항공기용품의 목록, 여객명부, 승무원명부, 승무원 휴대품목록 또는 출항시 적재물품의 목록의 제출을 생략하게 할 수 있다(법 제137조 제2항).

(2) 우리나라의 다른 국제항 입항시

세관장은 국제무역선이나 국제무역기가 국제항에 입항절차를 마친 후 다시 우리나라의 다른 국제항에 입항할 때에는 서류제출의 생략 등 간소한 절차로 입출항하게 할 수 있다(법 제137조 제2항).

4) 승객예약자료의 요청

(1) 승객예약자료 제출

세관장은 다음의 어느 하나에 해당하는 업무를 수행하기 위하여 필요한 경우 입항하거나 출항하는 선박 또는 항공기가 소속된 선박회사 또는 항공사가 운영하는 예약정보시스템의 승객예약자료를 정보통신망을 통하여 열람하거나 기획재정부령으로 정하는 시한 내에 제출하여 줄 것을 선박회사 또는 항공사에 요청할 수 있다(법 제137조의2 제1항). 이 경우 해당 선박회사 또는 항공사는 이에 따라야 한다.

① 수출입금지물품을 수출입한 자 또는 수출입하려는 자에 대한 검사업무

② 수출·수입·반송신고를 위반한 자 또는 수출·수입·반송신고를 위반하여 다음의 어느 하나의 물품을 수출입하거나 반송하려는 자에 대한 검사업무

㉠ 「마약류관리에 관한 법률」에 따른 마약류

㉡ 「총포·도검·화약류 등 단속법」에 따른 총포·도검·화약류·분사기·전자충격기 및 석궁

(2) 열람이나 제출이 가능한 승객예약자료

세관장이 열람이나 제출을 요청할 수 있는 승객예약자료는 다음의 자료로 한정한다(법 제137조의2 제2항).

① 국적, 성명, 생년월일, 여권번호 및 예약번호
② 주소 및 전화번호
③ 예약 및 탑승수속 시점
④ 항공권 또는 승선표의 번호·발권일·발권도시 및 대금결제방법
⑤ 여행경로 및 여행사
⑥ 동반탑승자 및 좌석번호
⑦ 수하물 자료
⑧ 항공사 또는 선박회사의 회원으로 가입한 경우 그 회원번호 및 등급과 승객주문정보

(3) 승객예약자료 열람할 수 있는 자

제공받은 승객예약자료를 열람할 수 있는 사람은 관세청장이 지정하는 세관공무원으로 한정한다(법 제137조의2 제3항). 세관장은 제공받은 승객예약자료를 열람할 수 있는 세관공무원에게 관세청장이 정하는 바에 따라 개인식별 고유번호를 부여하는 등의 조치를 하여 권한 없는 자가 승객예약자료를 열람하는 것을 방지하여야 한다(영 제158조의2 제1항).

세관공무원은 보존승객예약자료를 열람하려는 때에는 관세청장이 정하는 바에 따라 미리 세관장의 승인을 얻어야 한다(영 제158조의2 제4항).

(4) 부당한 목적 사용 제한

세관공무원은 직무상 알게 된 승객예약자료를 누설 또는 권한 없이 처리하거나 타인이 이용하도록 제공하는 등 부당한 목적을 위하여 사용하여서는 아니 된다(법 제137조의2 제4항).

4 물품의 하역

1) 물품의 하역

(1) 하역시기

국제무역선이나 국제무역기는 입항절차를 마친 후가 아니면 물품을 하역하거나 환적할 수 없다(법 제140조 제1항). 다만, 세관장의 허가를 받은 경우에는 그러하지 아니하다. 세관장은 허가의 신청을 받은 날부터 10일 이내에 허가 여부를 신청인에게 통지하여야 한다(법 제140조 제2항). 세관장이 10일 이내의 허가 기간 내에 허가 여부 또는 민원 처리 관련 법령에 따른 처리기간의 연장을 신청인에게 통지하지 아니하면 그 기간(민원 처리 관련 법령에 따라 처리기간이 연장 또는 재연장된 경우에는 해당 처리기간을 말한다)이 끝난 날의 다음 날에 허가를 한 것으로 본다(법 제140조 제3항).

(2) 세관장 신고

외국무역선이나 외국무역기에 물품을 하역하거나 환적하려면 세관장에게 신고하고 현장에서 세관공무원의 확인을 받아야 한다(법 제140조 제4항). 다만, 세관공무원이 확인할 필요가 없다고 인정하는 경우에는 그러하지 아니하다.

물품을 하역하려는 자는 선박 또는 항공기의 명칭 등의 사항을 기재한 신고서를 세관장에게 제출하고 그 신고필증을 현장세관공무원에게 제시하여야 한다(영 제161조 제2항). 다만, 수출물품의 경우에는 관세청장이 정하는 바에 따라 물품목록의 제출로써 이에 갈음할 수 있으며, 항공기인 경우에는 현장세관공무원에 대한 말로써 신고하여 이에 갈음할 수 있다.

(3) 하역통로와 기간 제한

세관장은 감시・단속을 위하여 필요할 때에는 물품을 하역하는 장소 및 통로("하역통로"라 한다)와 기간을 제한할 수 있다(법 제140조 제5항). 해상화물의 경우 하선신고를 한 자는 입항일(외항에서 입항수속을 한 경우 접안일)로부터 컨테이너 화물은 3일, 원목, 곡물, 원유 등 산물은 10일 내에 해당물품을 하선장소[3]에 반입

3) "하선(기)장소"란 선박 또는 항공기로부터 하역된 화물을 반입할 수 있는 보세구역을 말한다(보세화물 입출항 하선 하기 및 적재에 관한 고시 제2조 제6항).

하여야 한다(보세화물 입출항 하선 하기 및 적재에 관한 고시 제19조 제1항). 반면 입항전수입신고수리 또는 하선전보세운송신고수리가 된 물품을 하선과 동시에 차상반출하는 경우에는 반출입 신고를 생략할 수 있다(동 고시 제8조 제1항).

항공화물의 경우 하역장소 보세구역 운영인은 화물분류 완료 후 해당 물품을 지정된 하기장소 보세구역 운영인에게 지체없이 인계하여야 하며, 해당 물품을 인수받은 운영인은 입항 후 24시간 이내에 지정된 하기장소에 반입하여야 한다(동 고시 제30조 제1항).

(4) 물품의 하역 제한

국제무역선이나 국제무역기에는 내국물품을 적재할 수 없으며, 국내운항선이나 국내운항기에는 외국물품을 적재할 수 없다(법 제140조 제6항). 그러나 세관장은 다음의 하나에 해당하는 허가를 하거나 신고를 한 때에는 국제무역선 또는 국제무역기에 내국물품을 적재하거나 국내운항선 또는 국내운항기에 외국물품을 적재하게 할 수 있고(영 제161조 제5항), 허가를 받고자 하는 자는 물품의 내외국물품별 구분과 품명 및 수량 등의 사항을 기재한 신청서를 세관장에게 제출하여야 한다(영 제161조 제4항).

① 선박용품 또는 항공기용품을 국제무역선 또는 국제무역기에 하역허가를 받은 경우
② 보세운송신고를 하거나 보세운송승인을 받은 경우
③ 내국운송신고를 하는 경우
④ 수출신고가 수리된 경우

세관장은 국제무역선이나 국제무역기에 하역하기 위해 신고된 물품이 폐기물·화학물질 등 관세청장이 관계 중앙행정기관의 장과 협의하여 고시하는 물품으로서 하역 장소 및 통로, 기간을 제한하는 방법으로는 사회안전 또는 국민보건 피해를 방지하기 어렵다고 인정되는 경우에는 하역을 제한하고, 적절한 조치 또는 반송을 명할 수 있다(법 제140조 제7항).

2) 외국물품의 일시양륙 등

다음의 어느 하나에 해당하는 행위를 하려면 세관장에게 신고를 하고, 현장에서 세관공무원의 확인을 받아야 한다(법 제141조). 다만, 관세청장이 감시·단속에

지장이 없다고 인정하여 따로 정하는 경우에는 간소한 방법으로 신고 또는 확인하거나 이를 생략하게 할 수 있다.

① 외국물품을 운송수단으로부터 일시적으로 육지에 내려 놓으려는 경우
② 해당 운송수단의 여객·승무원 또는 운전자가 아닌 자가 타려는 경우
③ 외국물품을 적재한 운송수단에서 다른 운송수단으로 물품을 환적 또는 복합환적하거나 사람을 이동시키는 경우

3) 항외하역

국제무역선이 국제항의 바깥에서 물품을 하역하거나 환적하려는 경우에는 선장은 세관장의 허가를 받아야 한다(법 제142조 제1항). 세관장은 허가의 신청을 받은 날부터 10일 이내에 허가 여부를 신청인에게 통지하여야 하며, 세관장이 해당 기간 내에 허가 여부 또는 민원 처리 관련 법령에 따른 처리기간의 연장을 신청인에게 통지하지 아니하면 그 기간(민원 처리 관련 법령에 따라 처리기간이 연장 또는 재연장된 경우에는 해당 처리기간을 말한다)이 끝난 날의 다음 날에 허가를 한 것으로 본다(법 제142조 제3항, 제4항).

4) 선박용품 및 항공기용품의 하역 등

다음의 어느 하나에 해당하는 물품을 국제무역선, 국제무역기 또는 원양어선에 하역하거나 환적하려면 세관장의 허가를 받아야 하며, 하역 또는 환적허가의 내용대로 하역하거나 환적하여야 한다(법 제143조 제1항). 이들 물품이 외국으로부터 우리나라에 도착한 외국물품일 때에는 보세구역으로부터 국제무역선, 국제무역기 또는 원양어선에 적재하는 경우에만 그 외국물품을 그대로 적재할 수 있다(법 제143조 제2항). 이들 물품의 종류와 수량은 선박이나 항공기의 종류, 톤수 또는 무게, 항행일수 또는 운행일수, 여객과 승무원의 수 등을 고려하여 세관장이 타당하다고 인정하는 범위이어야 한다(법 제143조 제3항).

① 선박용품 또는 항공기용품
② 국제무역선 또는 국제무역기 안에서 판매하는 물품

세관장은 허가의 신청을 받은 날부터 10일 이내에 허가 여부를 신청인에게 통지하여야 하며, 세관장이 해당 기간 내에 허가 여부 또는 민원 처리 관련 법령에 따른 처리기간의 연장을 신청인에게 통지하지 아니하면 그 기간(민원 처리 관련 법

령에 따라 처리기간이 연장 또는 재연장된 경우에는 해당 처리기간을 말한다)이 끝난 날의 다음 날에 허가를 한 것으로 본다(법 제143조 제4항, 제5항).

외국물품인 선박용품 또는 항공기용품과 국제무역선 또는 국제무역기 안에서 판매할 물품이 하역 또는 환적허가의 내용대로 운송수단에 적재되지 아니한 경우에는 해당 허가를 받은 자로부터 즉시 그 관세를 징수한다(법 제143조 제6항). 다만, 다음의 어느 하나에 해당하는 경우에는 그러하지 아니하다.

① 세관장이 지정한 기간 내에 그 물품이 다시 보세구역에 반입된 경우
② 재해나 그 밖의 부득이한 사유로 멸실된 경우
③ 미리 세관장의 승인을 받고 폐기한 경우

5 재해나 그 밖의 부득이한 사유로 인한 면책 등

1) 재해나 그 밖의 부득이한 사유로 인한 면책

위의 "3. 선박과 항공기"와 "4. 물품의 하역"의 규정은 재해나 그 밖의 부득이한 사유에 의한 경우에는 적용하지 아니한다(법 제138조 제1항). 선장이나 기장은 지체 없이 그 이유를 세관공무원이나 경찰공무원(세관공무원이 없는 경우로 한정한다)에게 신고하여야 하고(법 제138조 제2항), 신고를 받은 경찰공무원은 지체 없이 그 내용을 세관공무원에게 통보하여야 한다(법 제138조 제3항). 선장이나 기장은 재해나 그 밖의 부득이한 사유가 종료되었을 때에는 지체 없이 세관장에게 그 경과를 보고하여야 한다(법 제138조 제4항).

2) 외국 기착의 보고

재해나 그 밖의 부득이한 사유로 국내운항선이나 국내운항기가 외국에 임시 정박 또는 착륙하고 우리나라로 되돌아왔을 때에는 선장이나 기장은 지체 없이 그 사실을 세관장에게 보고하여야 하며, 외국에서 적재한 물품이 있을 때에는 그 목록을 제출하여야 한다(법 제139조).

6 국제무역선의 국내운항기로의 전환 등

1) 국제무역선의 국내운항기로의 전환 등

국제무역선 또는 국제무역기를 국내운항선 또는 국내운항기로 전환하거나, 국내운항선 또는 국내운항기를 국제무역선 또는 국제무역기로 전환하려면 선장이나 기장은 세관장의 승인을 받아야 한다(법 제144조). 승인을 얻고자 하는 자는 선박 또는 항공기의 명칭·종류 등의 사항을 기재한 신청서를 세관장에게 제출하여야 하며(영 제167조 제1항), 세관장은 신청이 있는 때에는 당해 선박 또는 항공기에 적재되어 있는 물품을 검사할 수 있다(영 제167조 제2항).

2) 그 밖의 선박 또는 항공기

다음의 어느 하나에 해당하는 선박이나 항공기는 국제무역선이나 국제무역기에 관한 규정을 준용한다(법 제146조 제1항).

① 국제무역선 또는 국제무역기 외의 선박이나 항공기로서 외국에 운항하는 선박 또는 항공기

② 외국을 왕래하는 여행자와 제241조 제2항 제1호의 물품을 전용으로 운송하기 위하여 국내에서만 운항하는 항공기("환승전용내항기"라 한다)

3) 환승전용내항기의 관리

환승전용내항기에 대해서는 효율적인 통관 및 감시·단속을 위하여 필요한 사항은 따로 정할 수 있다(법 제146조 제2항). 세관장은 다음의 어느 하나에 해당하는 사항에 대하여 관세청장이 정하는 바에 따라 그 절차를 간소화하거나 그 밖에 필요한 조치를 할 수 있다(영 제168조의2).

① 입항보고

② 출항허가 신청

③ 그 밖에 환승전용내항기 및 해당 항공기에 탑승하는 외국을 왕래하는 여행자와 휴대품·탁송품 또는 별송품의 통관 및 감시에 필요한 사항

4) 국경하천을 운항하는 선박

국경하천만을 운항하는 내국선박에 대하여는 국제무역선에 관한 규정을 적용하지 아니한다(법 제147조).

7 차 량

1) 관세통로

국경을 출입하는 차량은 국제무역선 또는 국제무역기처럼 관세법상 세관의 관리를 받게 된다. 사실상 우리나라는 국경을 이용하여 차량이 이동하는 것이 불가능한 상황으로 국경출입차량에 대한 규정의 존재 가치에 대하여 의문이 발생할 수 있다. 그러나 남북교류가 활성화 되면 관세법상 규정의 활용도가 높아지게 될 것이다.

국경을 출입하는 차량은 관세통로를 경유하여야 하며, 통관역이나 통관장에 정차하여야 한다(법 제148조 제1항). 관세통로는 육상국경(陸上國境)으로부터 통관역에 이르는 철도와 육상국경으로부터 통관장에 이르는 육로 또는 수로 중에서 세관장이 지정한다(법 제148조 제2항). 통관역은 국외와 연결되고 국경에 근접한 철도역 중에서 관세청장이 지정하고(법 제148조 제3항), 통관장은 관세통로에 접속한 장소 중에서 세관장이 지정한다(법 제148조 제4항).

2) 국경출입차량의 도착절차

(1) 도착보고

국경출입차량이 통관역이나 통관장에 도착하면 통관역장이나 도로차량(선박·철도차량 또는 항공기가 아닌 운송수단을 말한다)의 운전자는 차량용품목록·여객명부·승무원명부 및 승무원 휴대품목록과 관세청장이 정하는 적하목록을 첨부하여 지체 없이 세관장에게 도착보고를 하여야 하며, 최종 출발지의 출발허가서 또는 이를 갈음하는 서류를 제시하여야 한다(법 제149조 제1항). 다만, 세관장은 감시·단속에 지장이 없다고 인정될 때에는 차량용품목록이나 승무원 휴대품목록의 첨부를 생략하게 할 수 있다.

(2) 효율적인 감시·단속을 위한 목록 등 도착 전 제출

세관장은 신속한 입국 및 통관절차의 이행과 효율적인 감시·단속을 위하여 필요한 경우에는 관세청장이 정하는 바에 따라 도착하는 해당 차량이 소속된 회사(그 업무를 대행하는 자를 포함한다)로 하여금 여객명부·적하목록 등을 도착하기 전에 제출하게 할 수 있다(법 제149조 제2항).

(3) 도착보고의 예외

다음의 물품을 일정 기간에 일정량으로 나누어 반복적으로 운송하는 데에 사용되는 도로차량의 운전자는 출입할 때마다 사증을 받아야 하는데 사증(査證)을 받는 것으로 도착보고를 대신할 수 있다(법 제149조 제3항). 다만, 최종 도착보고의 경우는 제외한다. 사증을 받는 것으로 도착보고를 대신하는 도로차량의 운전자는 최종 도착보고를 할 때에 서류를 한꺼번에 제출하여야 한다(법 제149조 제4항).

① 모래·자갈 등 골재

② 석탄·흑연 등 광물

3) 국경출입차량의 출발절차

(1) 출발보고 및 출발허가

국경출입차량이 통관역이나 통관장을 출발하려면 통관역장이나 도로차량의 운전자는 출발하기 전에 세관장에게 출발보고를 하고 출발허가를 받아야 한다(법 제150조 제1항). 통관역장이나 도로차량의 운전자는 출발허가를 받으려면 그 통관역 또는 통관장에서 적재한 물품의 목록을 제출하여야 한다(법 제150조 제2항).

(2) 출발허가의 예외

다음의 물품을 일정 기간에 일정량으로 나누어 반복적으로 운송하는 데에 사용되는 도로차량의 운전자는 출입할 때마다 사증을 받아야 하는데 사증을 받는 것으로 출발보고 및 출발허가를 대신할 수 있다(법 제150조 제3항). 다만, 최초 출발보고와 최초 출발허가의 경우는 제외한다.

① 모래·자갈 등 골재

② 석탄·흑연 등 광물

(3) 신고서 제출

일정 기간에 일정량으로 나누어 반복적으로 운송하는 데에 사용되는 도로차량을 운행하려는 자는 미리 세관장에게 신고서를 제출하여야 한다(법 제150조 제4항).

제2절 운 송

1 의 의

외국물품을 보세상태로 국내에서 운송하는 것을 보세운송이라 한다. 외국물품이 수입통관을 거치지 않은 상태로 국내에서 이동되기 때문에 관세채권 확보를 위하여 세관에서는 이를 통제할 필요가 있으므로 보세운송시 이를 신고하도록 하고 있고, 예외적으로 물품의 감시 등을 위하여 필요한 경우에는 승인을 받도록 하고 있다. 우리나라에 도착된 외국물품이 화주의 소재지와 원거리에 있을 때 보세운송을 통하여 수입화주의 소재지 근처의 보세창고로 외국물품을 반입한 후 수입통관을 진행할 수 있으므로 이러한 경우에 보세운송이 사용되는 실익이 있다.

2 보세운송장소

외국물품은 다음의 장소 간에 한정하여 외국물품 그대로 운송할 수 있다(법 제213조 제1항). 다만, 수출신고가 수리된 물품은 해당 물품이 장치된 장소에서 다음의 장소로 운송할 수 있다.

① 국제항
② 보세구역
③ 보세구역 외 장치 허가받은 경우 허가된 장소
④ 세관관서
⑤ 통관역
⑥ 통관장

⑦ 통관우체국

3 보세운송 신고

1) 원칙

보세운송을 하려는 자는 관세청장이 정하는 바에 따라 세관장에게 보세운송의 신고를 하여야 한다(법 제213조 제2항). 그러나 수출신고가 수리된 물품은 관세청장이 따로 정하는 것을 제외하고는 보세운송 절차를 생략한다(법 제213조 제4항).

2) 세관장 승인

물품의 감시 등을 위하여 필요하다고 인정하여 다음에 정하는 경우에는 세관장의 승인을 받아야 한다(영 제226조 제3항). 그러나 다음의 물품 중 관세청장이 보세운송승인대상으로 하지 아니하여도 화물관리 및 불법 수출입의 방지에 지장이 없다고 판단하여 정하는 물품에 대하여는 신고만으로 보세운송할 수 있다(영 제226조 제4항).

① 보세운송된 물품 중 다른 보세구역 등으로 재보세운송하고자 하는 물품
② 「검역법」·「식물방역법」·「가축전염병예방법」 등에 따라 검역을 요하는 물품
③ 「위험물안전관리법」에 따른 위험물
④ 「화학물질관리법」에 따른 유해화학물질
⑤ 비금속설
⑥ 화물이 국내에 도착된 후 최초로 보세구역에 반입된 날부터 30일이 경과한 물품
⑦ 통관이 보류되거나 수입신고수리가 불가능한 물품
⑧ 보세구역 외 장치허가를 받은 장소로 운송하는 물품
⑨ 귀석·반귀석·귀금속·한약재·의약품·향료 등과 같이 부피가 작고 고가인 물품
⑩ 화주 또는 화물에 대한 권리를 가진 자가 직접 보세운송하는 물품
⑪ 통관지가 제한되는 물품
⑫ 적재화물목록상 동일한 화주의 선하증권 단위의 물품을 분할하여 보세운송하

는 경우 그 물품

⑬ 불법 수출입의 방지 등을 위하여 세관장이 지정한 물품

⑭ 관세법 및 관세법에 의한 세관장의 명령을 위반하여 관세범으로 조사를 받고 있거나 기소되어 확정판결을 기다리고 있는 보세운송업자 등이 운송하는 물품

3) 보세운송 신고인

보세운송신고 또는 승인신청은 다음의 어느 하나에 해당하는 자의 명의로 하여야 한다(법 제214조).

① 화주

② 관세사 등

③ 보세운송을 업(業)으로 하는 자("보세운송업자"라 한다)

4) 보세운송의 담보

세관장은 보세운송의 신고를 하거나 승인을 받으려는 물품에 대하여 관세의 담보를 제공하게 할 수 있다(법 제218조).

4 물품 검사

세관공무원은 감시·단속을 위하여 필요하다고 인정될 때에는 관세청장이 정하는 바에 따라 보세운송을 하려는 물품을 검사할 수 있다(법 제213조 제3항). 세관장은 보세운송물품의 감시·단속을 위하여 필요하다고 인정될 때에는 관세청장이 정하는 바에 따라 운송통로를 제한할 수 있다(법 제216조 제1항). 또한 보세운송은 관세청장이 정하는 기간 내에 끝내야 한다(법 제216조 제2항). 다만, 세관장은 재해나 그 밖의 부득이한 사유로 필요하다고 인정될 때에는 그 기간을 연장할 수 있다.

2) 보세운송업자등의 등록요건

보세운송업자등은 다음의 요건을 갖춘 자이어야 한다(법 제223조).

① 운영인의 결격사유의 어느 하나에 해당하지 아니할 것
② 「항만운송사업법」 등 관련 법령에 따른 면허·허가·지정 등을 받거나 등록을 하였을 것
③ 관세 및 국세의 체납이 없을 것
④ 보세운송업자등의 등록이 취소(미성년자, 피성년후견인과 피한정후견인, 파산선고를 받고 복권되지 아니한 자 중 의 어느 하나에 해당하여 등록이 취소된 경우는 제외한다)된 후 2년이 지났을 것

3) 등록의 유효기간

등록의 유효기간은 3년으로 하되 갱신할 수 있다(법 제222조 제5항). 다만, 관세청장이나 세관장은 안전관리 기준의 준수 정도 측정·평가 결과가 우수한 자가 등록을 갱신하는 경우에는 유효기간을 2년의 범위에서 연장하여 정할 수 있다. 등록의 유효기간을 갱신하려는 자는 등록갱신신청서를 기간만료 1개월 전까지 관할지 세관장에게 제출하여야 한다(영 제231조 제4항). 세관장은 등록을 한 자에게 등록의 유효기간을 갱신하려면 등록의 유효기간이 끝나는 날의 1개월 전까지 등록 갱신을 신청하여야 한다는 사실과 갱신절차를 등록의 유효기간이 끝나는 날의 2개월 전까지 휴대폰에 의한 문자전송, 전자메일, 팩스, 전화, 문서 등으로 미리 알려야 한다(영 제231조 제5항).

4) 보고 및 장부 제출

관세청장이나 세관장은 관세법의 준수 여부를 확인하기 위하여 필요하다고 인정할 때에는 보세운송업자등에게 업무실적, 등록사항 변경 등 그 영업에 관하여 보고를 하게 하거나 장부 또는 그 밖의 서류를 제출하도록 명할 수 있다(법 제222조 제3항). 그리고 관세청장이나 세관장은 화물운송주선업자에게 보세화물의 관리절차를 간소화하기 위하여 필요하다고 인정할 때에는 해당 업무에 관하여 보고하게 할 수 있다(법 제222조 제4항).

5) 보세운송업자등의 명의대여 등의 금지

보세운송업자등은 다른 사람에게 자신의 성명·상호를 사용하여 보세운송업자등의 업무를 하게 하거나 그 등록증을 빌려주어서는 아니 된다(법 제223조의2).

6) 보세운송업자등의 행정제재

(1) 등록의 취소, 업무정지 등의 조치

세관장은 보세운송업자등이 다음의 어느 하나에 해당하는 경우에는 등록의 취소, 6개월의 범위에서의 업무정지 또는 그 밖에 필요한 조치를 할 수 있다. 다만, ① 및 ②에 해당하는 경우에는 등록을 취소하여야 한다(법 제224조 제1항).

① 거짓이나 그 밖의 부정한 방법으로 등록을 한 경우
② 운송인의 결격사유의 어느 하나에 해당하는 경우
③ 「항만운송사업법」 등 관련 법령에 따라 면허·허가·지정·등록 등이 취소되거나 사업정지처분을 받은 경우
④ 보세운송업자등(그 임직원 및 사용인을 포함한다)이 보세운송업자등의 업무와 관련하여 관세법이나 관세법에 따른 명령을 위반한 경우
⑤ 보세운송업자등의 명의대여 등의 금지 규정을 위반한 경우
⑥ 보세운송업자등(그 임직원 및 사용인을 포함한다)이 보세운송업자등의 업무와 관련하여 「조세범 처벌법」 제4조 제4항에 따른 과태료를 부과받은 경우

(2) 과징금 부과

세관장은 업무정지가 그 이용자에게 심한 불편을 주거나 공익을 해칠 우려가 있을 경우에는 보세운송업자등에게 업무정지처분을 갈음하여 해당 업무 유지에 따른 매출액의 100분의 3 이하의 과징금을 부과할 수 있다(법 제224조 제2항). 세관장은 위반행위를 한 자에게 과징금을 부과하고자 할 때에는 그 위반행위의 종별과 해당 과징금의 금액을 명시하여 이를 납부할 것을 서면 또는 전자문서로 통지하여야 한다(영 제285조의7 제1항). 통지를 받은 자는 납부통지일부터 20일 이내에 과징금을 세관장이 지정하는 수납기관에 납부하여야 한다(영 제285조의7 제2항). 다만, 천재·지변 그 밖의 부득이한 사유로 인하여 그 기간내에 과징금을 납부할 수 없는 때에는 그 사유가 소멸한 날부터 7일 이내에 이를 납부하여야 한다.

(3) 과징금 징수

과징금을 납부하여야 할 자가 납부기한까지 납부하지 아니한 경우 과징금의 징수에 관하여는 관세법에 규정된 것을 제외하고는 「국세기본법」과 「국세징수법」의 예에 따른다(법 제224조 제3항).

7) 보세화물 취급 선박회사 등의 신고 및 보고

(1) 신고

보세화물을 취급하는 선박회사 또는 항공사(그 업무를 대행하는 자를 포함한다)는 세관장에게 신고하여야 한다(법 제225조 제1항). 신고인의 주소, 신고인의 상호 또는 영업장소, 신고한 등록사항을 변경한 때에도 또한 같다.

(2) 보고

세관장은 통관의 신속을 기하고 보세화물의 관리절차를 간소화하기 위하여 필요하다고 인정할 때에는 선박회사 또는 항공사로 하여금 다음의 해당 업무에 관하여 보고하게 할 수 있다(법 제225조 제2항).

① 선박회사 또는 항공사가 화주 또는 화물운송주선업자에게 발행한 선하증권 또는 항공화물운송장의 내역

② 화물 취급과정에서 발견된 보세화물의 이상 유무 등 통관의 신속 또는 관세범의 조사상 필요한 사항

제3절 보세구역 통칙

1 의 의

관세법상 보세제도는 보세구역제도와 보세운송제도로 구성되어 있다. 보세(保稅)란 국내에 있는 외국물품이 수입신고가 수리되기 전으로 관세징수를 유보한 상태라고 할 수 있다. 보세상태에서 외국물품이 제한된 장소에서 제조・가공・장

치・검사・전시・건설・판매 및 운송될 수 있도록 함으로써 세관의 관리・감독을 원활하게 할 수 있다. 또한 보세상태의 외국물품을 제조・가공하여 수출함으로써 수출증대 및 행정절차를 완화할 수 있다.

보세구역은 수입신고수리전 상태의 외국물품이 장치될 수 있는 장소로 지정보세구역과 특허보세구역 그리고 종합보세구역으로 구분할 수 있다. 지정보세구역은 세관장의 지정에 의하여 활용되는 장소이고, 특허보세구역은 세관장의 특허를 획득하여 운영할 수 있는 장소이며, 종합보세구역은 관세청장의 직권 또는 관계중앙행정기관의 장 등의 요청에 따라 지정된다.

2 보세구역 종류

구 분	종 류
지정보세구역	지정장치장 (법 제169조)
	세관검사장 (법 제173조)
특허보세구역	보세창고 (법 제183조)
	보세공장 (법 제185조)
	보세전시장 (법 제190조)
	보세건설장 (법 제191조)
	보세판매장 (법 제196조)
종합보세구역 (법 제197조)	

3 물품의 장치

1) 보세구역 장치

외국물품과 내국물품을 국제무역선이나 국제무역기로 운송하고자 내국운송의 신고를 하려는 내국물품은 보세구역이 아닌 장소에 장치할 수 없다(법 제155조 제1항). 외국물품을 보세구역에 장치하도록 의무화한 것은 이들 물품이 세관에 수입신고 되지 않고 국내에 반입될 경우 관세 등의 납세의무를 회피하는 것은 물론 수입이 제한된 물품을 허가나 승인 등의 절차를 거치지 않고 국내로 반입될 경우 과세형평 및 국민건강 등의 문제를 야기할 수 있으므로 세관의 감시 하에 있도록 하기 위한 것이다.[4] 국제무역선이나 국제무역기로 내국운송하고자 하는 내국물품도 보세구역에 장치하도록 하는 것은 내국물품이 외국무역선이나 외국무역기에 적재되어 외국물품과 혼재되는 경우 내국물품이 수출통관을 거치지 않고 외국으로 반출될 수 있는 상황을 저지하기 위한 것이다.

2) 보세구역 외 장치

(1) 보세구역 외 장치 대상

외국물품과 내국운송의 신고를 하려는 내국물품은 보세구역이 아닌 장소에 장치할 수 없으나 다음의 어느 하나에 해당하는 물품은 그러하지 아니하다(법 제155조 제1항).

① 수출신고가 수리된 물품
② 크기 또는 무게의 과다나 그 밖의 사유로 보세구역에 장치하기 곤란하거나 부적당한 물품
③ 재해나 그 밖의 부득이한 사유로 임시로 장치한 물품
④ 검역물품
⑤ 압수물품
⑥ 우편물품

(2) 보세구역 외 장치의 허가

보세구역 외 장치 대상이 되는 물품으로서 '크기 또는 무게의 과다나 그 밖의 사유로 보세구역에 장치하기 곤란하거나 부적당한 물품'을 보세구역이 아닌 장소에 장치하려는 자는 세관장의 허가를 받아야 한다(법 제156조 제1항). 세관장은 외국물품에 대하여 허가를 하려는 때에는 그 물품의 관세에 상당하는 담보의 제공, 필요한 시설의 설치 등을 명할 수 있다(법 제156조 제2항).

허가를 받으려는 자는 수수료를 납부하여야 하나(법 제156조 제3항), 국가 또는 지방자치단체가 수입하거나 협정에 의하여 관세가 면제되는 물품을 수입하는 때에는 보세구역 외 장치허가수수료를 면제한다(시행규칙 제65조 제2항).

4) 박철구, 전게서, p. 533.

3) 물품의 반입 · 반출

보세구역에 물품을 반입하거나 반출하려는 자는 세관장에게 신고하여야 한다(법 제157조 제1항). 보세구역에 물품을 반입하거나 반출하려는 경우에는 세관장은 세관공무원을 참여시킬 수 있으며, 세관공무원은 해당 물품을 검사할 수 있다(법 제157조 제2항). 또한 세관장은 보세구역에 반입할 수 있는 물품의 종류를 제한할 수 있다(법 제157조 제3항).

4) 수입신고 수리물품의 반출

관세청장이 정하는 보세구역에 반입되어 수입신고가 수리된 물품의 화주 또는 반입자는 그 수입신고 수리일부터 15일 이내에 해당 물품을 보세구역으로부터 반출하여야 한다(법 제157조의2). 다만, 외국물품을 장치하는 데에 방해가 되지 아니하는 것으로 인정되어 세관장으로부터 해당 반출기간의 연장승인을 받았을 때에는 그러하지 아니하다.

4 보수작업

의의	보세구역에 장치된 물품은 그 현상을 유지하기 위하여 필요한 보수작업과 그 성질을 변하지 아니하게 하는 범위에서 포장을 바꾸거나 구분·분할·합병을 하거나 그 밖의 비슷한 보수작업을 할 수 있다(법 제158조 제1항). 이 경우 보세구역에서의 보수작업이 곤란하다고 세관장이 인정할 때에는 기간과 장소를 지정받아 보세구역 밖에서 보수작업을 할 수 있다.
보수작업 대상	세관장은 다음의 어느 하나에 해당하는 사유가 발생한 경우에는 보수작업을 승인할 수 있다(보세화물관리에 관한 고시 제20조). ① 보세구역에 장치된 물품이 운송도중에 파손되거나 변질되어 시급히 보수하여야 할 필요가 있는 경우 ② 보세구역에 장치된 물품의 통관을 위하여 개장, 분할구분, 합병, 원산지표시, 그 밖에 이와 유사한 작업을 하려는 경우 ③ 「대외무역관리규정」 제2조제11호에 따른 중계무역물품을 수출하거나 보세판매장에서 판매할 물품을 공급하기 위하여 제품검사, 선별, 기능보완 등 이와 유사한 작업이 필요한 경우

세관장 승인	보수작업을 하려는 자는 세관장의 승인을 받아야 한다(법 제158조 제2항). 세관장은 승인의 신청을 받은 날부터 10일 이내에 승인 여부를 신청인에게 통지하여야 하나(법 제158조 제3항), 세관장이 해당 기간 내에 승인 여부 또는 민원 처리 관련 법령에 따른 처리기간의 연장을 신청인에게 통지하지 아니하면 그 기간(민원 처리 관련 법령에 따라 처리기간이 연장 또는 재연장된 경우에는 해당 처리기간을 말한다)이 끝난 날의 다음 날에 승인을 한 것으로 본다(법 제158조 제4항).
보수작업의 한계	보수작업의 허용범위는 다음에만 해당되며 관세법 별표 관세율표(HSK 10단위)의 변화를 가져오는 것은 보수작업으로 인정할 수 없다(동 고시 제22조 제1항). 다만, 수출이나 반송 과정에서 부패·변질의 우려가 있는 경우 등 세관장이 타당하다고 인정하는 경우에는 그러하지 아니하다. ① 물품의 보존을 위해 필요한 작업(부패, 손상 등을 방지하기 위한 보존 작업 등) ② 물품의 상품성 향상을 위한 개수작업(포장개선, 라벨표시, 단순절단 등) ③ 선적을 위한 준비작업(선별, 분류, 용기변경 등) ④ 단순한 조립작업(간단한 세팅, 완제품의 특성을 가진 구성요소의 조립 등) ⑤ 위의 ①부터 ④까지와 유사한 작업
보수작업 재료	보수작업으로 외국물품에 부가된 내국물품은 외국물품으로 본다(법 제158조 제5항).
보수작업 재료 제외 대상	외국물품은 수입될 물품의 보수작업의 재료로 사용할 수 없다(법 제158조 제6항).

5 해체 · 절단 등의 작업

의의	보세구역에 장치된 물품에 대하여는 그 원형을 변경하거나 해체·절단 등의 작업을 할 수 있다(법 제159조 제1항).
세관장 허가	해체·절단 등의 작업을 하려는 자는 세관장의 허가를 받아야 한다(법 제159조 제2항). 세관장은 허가의 신청을 받은 날부터 10일 이내에 허가 여부를 신청인에게 통지하여야 하나(법 제159조 제3항), 세관장이 정한 기간 내에 허가 여부 또는 민원 처리 관련 법령에 따른 처리기간의 연장을 신청인에게 통지하지 아니하면 그 기간(민원 처리 관련 법령에 따라 처리기간이 연장 또는 재연장된 경우에는 해당 처리기간을 말한다)이 끝난 날의 다음 날에 허가를 한 것으로 본다.(법 제159조 제4항)
물품종류 지정	해체·절단 등의 작업을 할 수 있는 물품의 종류는 관세청장이 정한다(법 제159조 제5항).
작업 명령	세관장은 수입신고한 물품에 대하여 필요하다고 인정될 때에는 화주 또는 그 위임을 받은 자에게 해체·절단 등의 작업을 명할 수 있다(법 제159조 제6항).

6 장치물품의 폐기

1) 세관장 승인

부패・손상되거나 다음의 사유로 보세구역에 장치된 물품을 폐기하려는 자는 세관장의 승인을 받아야 한다(법 제160조 제1항, 동 고시 제25조).

① 부패, 변질, 손상, 실용시효의 경과, 물성의 변화 등으로 상품가치를 상실한 경우

② 상품가치는 있으나 용도가 한정되어 있어 실용가능성이 거의 없는 경우

③ 관세법에 따라 매각하려 하였으나 매각되지 아니하고 국고귀속의 실익이 없는 경우

2) 관세징수

보세구역에 장치된 외국물품이 멸실되거나 폐기되었을 때에는 그 운영인이나 보관인으로부터 즉시 그 관세를 징수한다(법 제160조 제2항). 다만, 재해나 그 밖의 부득이한 사유로 멸실된 때와 미리 세관장의 승인을 받아 폐기한 때에는 예외로 한다. 보세구역에 장치된 물품의 폐기시 승인을 받은 외국물품 중 폐기 후에 남아 있는 부분에 대하여는 폐기 후의 성질과 수량에 따라 관세를 부과한다(법 제160조 제3항).

조심 2016관0047 (2016.7.15.)

– 쟁점보세창고에 장치된 외국물품이 화재로 멸실된 것이 관세 징수의 예외인 '재해나 그 밖의 부득이한 사유로 멸실'된 때에 해당하는지 여부

청구법인은 OOO 소재 보세창고의 운영인으로, OOO 쟁점보세창고의 화재로 보관중이던 보세화물인 수입냉동식품 OOO가 전량이 멸실되자, 처분청에 멸실신고를 하였다. 처분청은 쟁점보세창고의 화재로 인한 멸실이 「관세법」 제160조에 따른 관세 징수의 예외 사유인 재해나 그 밖의 부득이한 사유로 멸실된 때에 해당하지 않는다고 보아, OOO 청구법인에게 관세, 부가가치세를 부과고지 하였다.

OOO소방서장은 OOO경 쟁점보세창고의 1동 부속실(부속창고)에서 발화된 것으로 보아, 화재원인으로 방화 가능성, 가스누출 요인, 흡연・화기 취급・쓰레기 소각 등으로 인한 인적 부주의의 가능성, 기계적 요인, 자연적 요인, 화학적 요인 등은 배제하였고, 쟁점보세창고 주변의 CCTV가 정지되기 전까지 사람의 이동이 감지되

지 않았던 점, 화염이 감지된 1동 부속실의 냉장실 출입구 우측 벽(조립식 패널구조)에 설치되어 있었던 전선과 새들에서 단락흔이 식별된 점, 전선이 철판에 용융된 정황 등을 검토하여 쟁점보세창고의 위 화재가 전선 단락 등 전기적 요인에 의해 발생된 것으로 추정하였다. 전기업체는 OOO까지 쟁점보세창고의 전기설비를 매월 4회 점검하였고, OOO 마지막 점검 결과, 쟁점보세창고의 전기설비는 고압·특고압 설비의 보호(시건)설비가 부적합한 것 이외에 모두 적합하였다.

이상의 사실관계 및 관련 법령 등을 종합하여 살피건대, 처분청은 사전예방이 가능하므로 쟁점보세창고 화재가 불가항력적이라고 할 수 없고, 전기적 요인으로 인해 화재가 발생한 이상 청구법인이 선량한 관리자로서 주의의무를 다하였다고 보기 어려우므로, 쟁점보세창고의 화재가 재해나 그 밖의 부득이한 사유에 해당되지 않는다는 의견이나, 청구법인은 화재 발생 전에 소방계획을 세워 소방·전기시설에 대한 자체 및 외주업체 점검을 충분히 한 것으로 보이는 점, 화재 원인으로서 방화 가능성 및 흡연·화기 취급·쓰레기 소각 등으로 인한 인적 부주의의 가능성은 처음부터 배제되었고, CCTV상 화재 전 쟁점보세창고 1동에서 사람의 이동이 없었던 것으로 나타나는 점 등에 비추어 쟁점보세창고의 화재는 「관세법」 제160조 제2항 단서에 따른 관세 징수의 예외사유인 재해나 그 밖의 부득이한 사유에 해당되는 것으로 보이므로 쟁점보세창고에 장치된 수입냉동식품이 멸실된 것에 대하여 관세 등을 과세한 이 건 처분은 잘못이 있는 것으로 판단된다.

3) 폐기 명령

세관장은 보세구역에 장치된 물품 중 다음의 어느 하나에 해당하는 것은 화주, 반입자, 화주 또는 반입자의 위임을 받은 자나 「국세기본법」 제38조부터 제41조까지의 규정에 따른 제2차 납세의무자("화주등"이라 한다)에게 이를 반송 또는 폐기할 것을 명하거나 화주등에게 통고한 후 폐기할 수 있다(법 제160조 제4항). 다만, 급박하여 통고할 여유가 없는 경우에는 폐기한 후 즉시 통고하여야 한다. 그러나 보세구역에 장치된 물품의 반송 또는 폐기에 대하여 통고를 할 때 화주등의 주소나 거소를 알 수 없거나 그 밖의 사유로 통고할 수 없는 경우에는 공고로써 이를 갈음할 수 있다(법 제160조 제5항).

① 사람의 생명이나 재산에 해를 끼칠 우려가 있는 물품
② 부패하거나 변질된 물품
③ 유효기간이 지난 물품
④ 상품가치가 없어진 물품
⑤ 위의 ①부터 ④까지에 준하는 물품으로서 관세청장이 정하는 물품

4) 비용 부담

세관장이 물품을 폐기하거나 화주등이 물품을 폐기 또는 반송한 경우 그 비용은 화주등이 부담한다(법 제160조 제6항).

7 장치물품의 신고

1) 장치물품의 멸실신고

보세구역 또는 보세구역이 아닌 장소에 장치된 외국물품이 멸실된 때에는 신고서를 세관장에게 제출하여 그 확인을 받아야 한다(영 제180조 제1항). 신고는 특허보세구역장치물품인 경우에는 운영인의 명의로, 특허보세구역장치물품이 아닌 경우에는 보관인의 명의로 하여야 한다(영 제180조 제2항).

2) 물품의 도난 또는 분실의 신고

보세구역 또는 보세구역이 아닌 장소에 장치된 물품이 도난당하거나 분실된 때에는 신고서를 세관장에게 제출하여야 한다(영 제181조 제1항). 신고는 특허보세구역장치물품인 경우에는 운영인의 명의로, 특허보세구역장치물품이 아닌 경우에는 보관인의 명의로 하여야 한다(영 제181조 제2항).

3) 물품이상의 신고

보세구역 또는 보세구역이 아닌 장소에 장치된 물품에 이상이 있는 때에는 신고서를 세관장에게 제출하여야 한다(영 제182조 제1항). 신고는 특허보세구역장치물품인 경우에는 운영인의 명의로, 특허보세구역장치물품이 아닌 경우에는 보관인의 명의로 하여야 한다(영 제182조 제2항).

8 견본품 반출

보세구역에 장치된 외국물품의 전부 또는 일부를 견본품으로 반출하려는 자는 세관장의 허가를 받아야 한다(법 제161조 제1항). 세관장은 허가의 신청을 받은 날부터 10일 이내에 허가 여부를 신청인에게 통지하여야 하나(법 제161조 제2항), 세관장이 정한 기간 내에 허가 여부 또는 민원 처리 관련 법령에 따른 처리기간의 연장을 신청인에게 통지하지 아니하면 그 기간(민원 처리 관련 법령에 따라 처리기간이 연장 또는 재연장된 경우에는 해당 처리기간을 말한다)이 끝난 날의 다음 날에 허가를 한 것으로 본다(법 제161조 제3항).

세관공무원은 보세구역에 반입된 물품에 대하여 검사상 필요하면 그 물품의 일부를 견본품으로 채취할 수 있다(법 제161조 제4항). 채취된 물품 또는 다른 법률에 따라 실시하는 검사・검역 등을 위하여 견본품으로 채취된 물품으로서 세관장의 확인을 받은 물품이 사용・소비된 경우에는 수입신고를 하여 관세를 납부하고 수리된 것으로 본다(법 제161조 제5항).

9 보세구역의 자율관리

1) 자율관리보세구역의 관리 절차 생략

보세구역 중 물품의 관리 및 세관감시에 지장이 없다고 인정하여 관세청장이 정하는 바에 따라 세관장이 지정하는 보세구역("자율관리보세구역"이라 한다)에 장치한 물품은 세관공무원의 참여와 관세법에 따른 절차 중 관세청장이 정하는 절차를 생략한다(법 제164조 제1항).

2) 지정 신청

보세구역의 화물관리인이나 운영인은 자율관리보세구역의 지정을 받으려면 세관장에게 지정을 신청하여야 한다(법 제164조 제2항). 자율관리보세구역의 지정을 신청하려는 자는 해당 보세구역에 장치된 물품을 관리하는 사람("보세사"라 한다)을 채용하여야 한다(법 제164조 제3항).

세관장은 지정신청을 받은 경우 해당 보세구역의 위치와 시설상태 등을 확인하여 자율관리보세구역으로 적합하다고 인정될 때에는 해당 보세구역을 자율관리보세구역으로 지정할 수 있다(법 제164조 제4항).

3) 장부기록

자율관리보세구역의 지정을 받은 자는 물품의 반출입 상황을 장부에 기록하여야 한다(법 제164조 제5항).

4) 지정 취소

세관장은 자율관리보세구역의 지정을 받은 자가 관세법에 따른 의무를 위반하거나 세관감시에 지장이 있다고 인정되는 사유가 발생하는 등 다음의 경우에는 지정을 취소할 수 있다(법 제164조 제6항).

① 특허보세구역의 반입정지 사유 중 어느 하나에 해당하는 경우

② 자율관리보세구역 운영인이 보세사가 아닌 사람에게 보세사의 직무를 수행하게 한 경우

③ 그 밖에 세관감시에 지장이 있다고 인정되는 경우로서 관세청장이 정하여 고시하는 사유에 해당하는 경우

제4절 지정보세구역

1 의 의

지정보세구역은 지정장치장과 세관검사장으로 구분한다. 지정장치장은 통관하려는 물품을 일시장치하기 위하여, 세관검사장은 통관하려는 물품을 검사하기 위하여 세관장이 지정하는 장소이다.

2 지정보세구역 통칙

1) 지정보세구역의 지정

세관장은 다음의 어느 하나에 해당하는 자가 소유하거나 관리하는 토지·건물 또는 그 밖의 시설("토지등"이라 한다)을 지정보세구역으로 지정할 수 있다(법 제166조 제1항). 세관장은 해당 세관장이 관리하지 아니하는 토지 등을 지정보세구역으로 지정하려면 해당 토지 등의 소유자나 관리자의 동의를 받아야 한다(법 제166조 제2항). 이 경우 세관장은 임차료 등을 지급할 수 있다.

① 국가
② 지방자치단체
③ 공항시설 또는 항만시설을 관리하는 법인

2) 지정보세구역 지정의 취소

세관장은 수출입물량이 감소하거나 그 밖의 사유로 지정보세구역의 전부 또는 일부를 보세구역으로 존속시킬 필요가 없어졌다고 인정될 때에는 그 지정을 취소하여야 한다(법 제167조).

3) 지정보세구역의 처분

지정보세구역의 지정을 받은 토지 등의 소유자나 관리자는 다음의 어느 하나에 해당하는 행위를 하려면 미리 세관장과 협의하여야 한다(법 제168조 제1항). 세관장은 협의에 대하여 정당한 이유 없이 이를 거부하여서는 아니 된다(법 제168조 제2항). 다만, 해당 행위가 지정보세구역으로서의 사용에 지장을 주지 아니하거나 지정보세구역으로 지정된 토지 등의 소유자가 국가 또는 지방자치단체인 경우에는 그러하지 아니하다.

① 해당 토지 등의 양도, 교환, 임대 또는 그 밖의 처분이나 그 용도의 변경
② 해당 토지에 대한 공사나 해당 토지 안에 건물 또는 그 밖의 시설의 신축
③ 해당 건물 또는 그 밖의 시설의 개축·이전·철거나 그 밖의 공사

3 지정장치장

1) 지정장치장 지정 및 장치기간

지정장치장은 통관을 하려는 물품을 일시 장치하기 위한 장소로서 세관장이 지정하는 구역으로 한다(법 제169조). 지정장치장에 물품을 장치하는 기간은 6개월의 범위에서 관세청장이 정한다(법 제170조). 다만, 관세청장이 정하는 기준에 따라 세관장은 3개월의 범위에서 그 기간을 연장할 수 있다.

2) 물품에 대한 보관책임

(1) 의의

지정장치장에 반입한 물품은 화주 또는 반입자가 그 보관의 책임을 진다(법 제172조 제1항).

(2) 화물관리인 지정

세관장은 지정장치장의 질서유지와 화물의 안전관리를 위하여 필요하다고 인정할 때에는 화주를 갈음하여 보관의 책임을 지는 화물관리인을 지정할 수 있다(법 제172조 제2항). 다만, 세관장이 관리하는 시설이 아닌 경우에는 세관장은 해당 시설의 소유자나 관리자와 협의하여 화물관리인을 지정하여야 한다.

화물관리인으로 지정받을 수 있는 자	지정 방법
직접 물품관리를 하는 국가기관의 장	세관장이 요청한 후 해당자가 승낙한 경우에 지정한다.
관세행정 또는 보세화물의 관리와 관련 있는 비영리법인	세관장이 해당자로부터 지정신청서를 제출받아 이를 심사하여 지정한다.
해당 시설의 소유자 또는 관리자가 요청한 자(위의 단서에 따라 화물관리인을 지정하는 경우로 한정한다)	• 세관장이 해당자로부터 지정신청서를 제출받아 이를 심사하여 지정한다. • 해당자는 해당 시설의 소유자 또는 관리자를 거쳐 제출하여야 한다.

(3) 화물관리인 지정의 유효기간

화물관리인 지정의 유효기간은 5년 이내로 한다(영 제187조 제4항). 화물관리인으로 재지정을 받으려는 자는 유효기간이 끝나기 1개월 전까지 세관장에게 재지정을 신청하여야 한다(영 제187조 제5항). 세관장은 지정을 받은 자에게 재지정을 받으려면 지정의 유효기간이 끝나는 날의 1개월 전까지 재지정을 신청하여야 한다는 사실과 재지정 절차를 지정의 유효기간이 끝나는 날의 2개월 전까지 휴대폰에 의한 문자전송, 전자메일, 팩스, 전화, 문서 등으로 미리 알려야 한다(영 제187조 제6항).

(4) 비용징수

지정장치장의 화물관리인은 화물관리에 필요한 비용(세관설비 사용료를 포함한다)을 화주로부터 징수할 수 있다(법 제172조 제3항). 다만, 그 요율에 대하여는 세관장의 승인을 받아야 한다. 지정장치장의 화물관리인은 징수한 비용 중 세관설비 사용료에 해당하는 금액을 세관장에게 납부하여야 한다(법 제172조 제4항).

(5) 세관장의 화물관리

세관장은 불가피한 사유로 화물관리인을 지정할 수 없을 때에는 화주를 대신하여 직접 화물관리를 할 수 있다(법 제172조 제5항). 이 경우 화물관리에 필요한 비용을 화주로부터 징수할 수 있다.

4 세관검사장

세관검사장은 지정보세구역의 하나로서 통관하려는 물품을 검사하기 위한 장소로서 세관장이 지정하는 지역으로 한다(법 제173조 제1항).

세관장은 관세청장이 정하는 바에 따라 검사를 받을 물품의 전부 또는 일부를 세관검사장에 반입하여 검사할 수 있고(법 제173조 제2항), 세관검사장에 반입되는 물품의 채취・운반 등에 필요한 비용은 화주가 부담한다(법 제173조 제3항).

제5절 특허보세구역

1 의 의

특허보세구역이란 외국물품이나 통관하려는 물품의 장치, 가공, 전시, 건설, 판매를 목적으로 특허를 받아 운영하는 구역으로서 보세창고, 보세공장, 보세전시장, 보세건설장, 보세판매장이 있다. 특허보세구역은 특허받은 기간 동안에 운영할 수 있으므로 특허기간이 만료된 때에는 그 권리가 상실되나 기존의 특허를 갱신할 수 있다.

2 특허보세구역 통칙

1) 특허보세구역의 설치 · 운영에 관한 특허

(1) 세관장의 특허

특허보세구역을 설치·운영하려는 자는 세관장의 특허를 받아야 하고 기존의 특허를 갱신하려는 경우에도 또한 같다(법 제174조 제1항). 특허를 갱신하려는 자는 갱신사유 및 갱신기간을 적은 신청서에 기획재정부령으로 정하는 서류를 첨부하여 그 기간만료 1개월 전까지 세관장에게 제출하여야 한다(영 제188조 제3항). 세관장은 특허를 받은 자에게 특허를 갱신받으려면 특허기간이 끝나는 날의 1개월 전까지 특허 갱신을 신청하여야 한다는 사실과 갱신절차를 특허기간이 끝나는 날의 2개월 전까지 휴대폰에 의한 문자전송, 전자메일, 팩스, 전화, 문서 등으로 미리 알려야 한다(영 제188조 제4항).

(2) 수수료 납부

특허보세구역의 설치·운영에 관한 특허를 받으려는 자, 특허보세구역을 설치·운영하는 자, 이미 받은 특허를 갱신하려는 자는 기획재정부령으로 정하는 바에 따라 수수료를 납부하여야 한다(법 제174조 제2항).

(3) 특허의 기준

특허를 받을 수 있는 요건은 보세구역의 종류별로 다음의 기준에 따라 관세청장이 정한다(법 제174조 제3항).

① 체납된 관세 및 내국세가 없을 것

② 운영인의 결격사유가 없을 것

③ 「위험물안전관리법」에 따른 위험물 또는 「화학물질관리법」에 따른 유해화학물질 등 관련 법령에서 위험물품으로 분류되어 취급이나 관리에 관하여 별도로 정한 물품(위험물품)을 장치·제조·전시 또는 판매하는 경우에는 위험물품의 종류에 따라 관계행정기관의 장의 허가 또는 승인 등을 받을 것

④ 관세청장이 정하는 바에 따라 보세화물의 보관·판매 및 관리에 필요한 자본금·수출입규모·구매수요·장치면적 등에 관한 요건을 갖출 것

2) 운영인의 결격사유

다음의 어느 하나에 해당하는 자는 특허보세구역을 설치·운영할 수 없다(법 제175조). 다만, ⑥에 해당하는 자의 경우에는 그 특허가 취소된 해당 특허보세구역을 제외한 기존의 다른 특허를 받은 특허보세구역에 한정하여 설치·운영할 수 있다.

① 미성년자 – 만 19세 미만인 자(민법 제4조)

② 피성년후견인[5)]과 피한정후견인[6)]

③ 파산선고를 받고 복권되지 아니한 자

④ 관세법을 위반하여 징역형의 실형을 선고받고 그 집행이 끝나거나(집행이 끝난 것으로 보는 경우를 포함한다) 면제된 후 2년이 지나지 아니한 자

⑤ 관세법을 위반하여 징역형의 집행유예를 선고받고 그 유예기간 중에 있는 자

⑥ 다음의 어느 하나에 해당하는 경우에는 해당 목에서 정한 날부터 2년이 지나지 아니한 자. 이 경우 동일한 사유로 다음의 모두에 해당하는 경우에는 그 중 빠른 날을 기준으로 한다.

가. 특허보세구역의 설치·운영에 관한 특허가 취소(위의 ①부터 ③까지의 규정

---

5) 질병, 장애, 노령 그 밖의 사유로 인한 정신적 제약으로 사무를 처리할 능력이 지속적으로 결여된 사람(민법 제9조)

6) 질병, 장애, 노령 그 밖의 사유로 인한 정신적 제약으로 사무를 처리할 능력이 부족한 사람(민법 제12조)

중 어느 하나에 해당하여 특허가 취소된 경우는 제외한다)된 경우: 해당 특허가 취소된 날

나. 제276조 제3항 제3호의2 또는 같은 항 제6호(제178조 제2항 제1호・제5호에 해당하는 자만 해당한다)에 해당하여 벌금형 또는 통고처분을 받은 경우: 벌금형을 선고받은 날 또는 통고처분을 이행한 날

⑦ 벌금형 또는 통고처분을 받은 자로서 그 벌금형을 선고받거나 통고처분을 이행한 후 2년이 지나지 아니한 자. 다만, 제279조에 양벌규정에 따라 처벌된 개인 또는 법인은 제외한다.

⑧ 위의 ②부터 ⑦까지에 해당하는 자를 임원(해당 보세구역의 운영업무를 직접 담당하거나 이를 감독하는 자로 한정한다)으로 하는 법인

3) 특허기간

특허보세구역의 특허기간은 10년의 범위 내에서 신청인이 신청한 기간으로 한다(법 제176조 제1항). 다만, 관세청장은 보세구역의 합리적 운영을 위하여 필요한 경우에는 신청인이 신청한 기간과 달리 특허기간을 정할 수 있다(영 제192조).

보세전시장과 보세건설장의 특허기간은 다음의 구분에 따른다(법 제176조 제2항). 다만, 세관장은 전시목적을 달성하거나 공사를 진척하기 위하여 부득이하다고 인정할 만한 사유가 있을 때에는 그 기간을 연장할 수 있다.

① 보세전시장 : 해당 박람회 등의 기간을 고려하여 세관장이 정하는 기간

② 보세건설장 : 해당 건설공사의 기간을 고려하여 세관장이 정하는 기간

4) 특허보세구역의 특례

(1) 보세판매장 특허 비율

세관장은 물품을 판매하는 보세판매장 특허를 부여하는 경우에 「중소기업기본법」 제2조에 따른 중소기업 및 「중견기업 성장촉진 및 경쟁력 강화에 관한 특별법」 제2조 제1호에 따른 중견기업으로서 매출액, 자산총액 및 지분 소유나 출자 관계 등이 대통령령으로 정하는 기준에 맞는 기업 중 특허를 받을 수 있는 요건을 갖춘 자에게 보세판매장 총 특허 수의 100분의 30 이상(2017년 12월 31일까지는 보세판매장 총 특허 수의 100분의 20 이상)의 특허를 부여하여야 하고, 「독점규제 및

공정거래에 관한 법률」 제31조 제1항에 따른 상호출자제한기업집단에 속한 기업에 대해 보세판매장 총 특허 수의 100분의 60 이상의 특허를 부여할 수 없다(법 제176조의2 제1항). 다만, 세관장은 물품을 판매하는 보세판매장의 경우에는 중소기업 등에게만 특허를 부여할 수 있다.

(2) 보세판매장 특허 신청자격

보세판매장의 특허는 일정한 자격을 갖춘 자의 신청을 받아 평가기준에 따라 심사하여 부여한다(법 제176조의2 제3항). 기존 특허가 만료되는 경우(갱신되는 경우는 제외한다)에도 또한 같다.

(3) 특허수수료

보세판매장의 특허수수료는 운영인의 보세판매장별 매출액(기업회계기준에 따라 계산한 매출액을 말한다)을 기준으로 기획재정부령으로 정하는 바에 따라 다른 종류의 보세구역 특허수수료와 달리 정할 수 있다(법 제176조의2 제4항). 다만, 「재난 및 안전관리 기본법」 제3조 제1호의 재난으로 인하여 보세판매장의 영업에 현저한 피해를 입은 경우 보세판매장의 특허수수료를 감경할 수 있다.

(4) 중소기업 등에 특허 갱신

특허를 받은 자는 두 차례에 한정하여 대통령령으로 정하는 바에 따라 특허를 갱신할 수 있고, 갱신기간은 한 차례당 5년 이내로 한다(법 제176조의2 제6항). 중소기업 및 중견기업에 대한 보세판매장의 특허를 갱신하려는 자는 갱신사유 및 갱신기간을 적은 신청서에 기획재정부령으로 정하는 서류를 첨부하여 그 기간만료 6개월 전까지 세관장에게 제출하여야 한다(영 제192조의6 제2항). 세관장은 중소기업 및 중견기업에 대한 보세판매장의 특허를 받은 자에게 특허를 갱신받으려면 특허기간이 끝나는 날의 6개월 전까지 특허 갱신을 신청하여야 한다는 사실과 갱신절차를 특허기간이 끝나는 날의 7개월 전까지 휴대폰에 의한 문자전송, 전자메일, 팩스, 전화, 문서 등으로 미리 알려야 한다(영 제192조의6 제3항).

(5) 국회 소관 상임위원회 보고

기획재정부장관은 매 회계연도 종료 후 4개월 이내에 보세판매장별 매출액을 국회 소관 상임위원회에 보고하여야 한다(법 제176조의2 제7항). 관세청장은 기획재정부장관의 국회 소관 상임위원회에 대한 보고를 위하여 매 회계연도 종료 후 3월 말일까지 전국 보세판매장의 매장별 매출액을 기획재정부장관에게 보고하여야 한다(영 제192조의7).

(6) 보세판매장의 특허절차

인터넷 공고	관세청장은 기존 특허의 기간 만료, 취소 및 반납 등으로 인하여 보세판매장의 설치·운영에 관한 특허를 부여할 필요가 있는 경우에는 다음의 사항을 관세청의 인터넷 홈페이지 등에 공고하여야 한다(영 제192조의5 제1항). ① 특허의 신청 기간과 장소 등 특허의 신청절차에 관한 사항 ② 특허의 신청자격 ③ 특허장소와 특허기간 ④ 관세청장이 정하는 평가기준(세부평가항목과 배점을 포함한다)
신청서 제출	보세판매장의 설치·운영에 관한 특허를 받으려는 자는 공고된 신청 기간에 신청서를 세관장에게 제출하여야 한다(영 제192조의5 제2항).
특허심사위원회 제출	신청서를 제출받은 세관장은 신청서와 보세판매장 특허신청자가 요건을 갖추었는지에 대한 세관장의 검토의견에 대한 서류 또는 자료를 관세청장을 거쳐 특허심사위원회에 제출하여야 한다(영 제192조의5 제3항).
특허심사위원회 결과 통보	특허심사위원회는 제출받은 서류 또는 자료의 적정성을 검토한 후 평가기준에 따라 보세판매장 특허 신청자를 평가하고 보세판매장 특허 여부를 심의하며, 그 결과를 관세청장 및 해당 세관장에게 통보하여야 한다(영 제192조의5 제4항).
특허부여	결과를 통보받은 세관장은 선정된 보세판매장 특허 신청자에게 특허를 부여하고, 관세청장이 정하여 고시하는 바에 따라 모든 보세판매장 특허 신청자에게 해당 신청자의 평가 결과와 보세판매장 특허를 부여받을 자로 선정되었는지 여부 등을 통보하여야 한다(영 제192조의5 제5항).
특허결정여부 통보	관세청장은 특허심사위원회의 심의가 완료된 후 평가결과 등의 사항을 관세청장이 정하는 바에 따라 관세청의 인터넷 홈페이지 등을 통하여 공개하여야 한다. 다만, 보세판매장 특허를 부여받을 자로 선정되지 아니한 보세판매장 특허 신청자의 평가 결과는 해당 신청자가 동의한 경우에만 공개할 수 있다(영 제192조의5 제6항).
청렴 옴부즈만 제도 운영	관세청장은 보세판매장 특허 관련 업무를 수행하는 과정의 투명성 및 공정성을 높이기 위하여 특허심사위원회의 회의 및 그 심의에 참여하는 위원 선정 등의 과정을 참관하여 관련 비위사실 등을 적발하고 그에 따른 시정 또는 감사 요구 등을 할 수 있는 청렴 옴부즈만 제도를 운영할 수 있다(영 제192조의5 제7항). 이 경우 관세청장은 특허심사위원회의 심의에 참여한 위원의 명단이 공개되기 전까지 유출되지 아니하도록 적절한 조치를 하여야 한다.

관세청장 고시	보세판매장의 설치・운영에 관한 특허의 구체적인 절차는 관세청장이 정하여 고시한다(영 제192조의5 제8항).

(7) 보세판매장 특허심사위원회

보세판매장의 특허에 관한 다음의 사항을 심의하기 위하여 관세청에 보세판매장 특허심사위원회를 둔다(법 제176조의3 제1항).

① 보세판매장 특허 신청자의 평가 및 선정

② 그 밖에 보세판매장 운영에 관한 중요 사항

특허기간

보세구역	특허기간
보세창고, 보세공장, 보세판매장	10년 이내
보세전시장	해당 박람회 등의 기간을 고려하여 세관장이 정하는 기간
보세건설장	해당 건설공사의 기간을 고려하여 세관장이 정하는 기간

5) 장치기간

특허보세구역에 물품을 장치하는 기간은 다음과 같다(법 제177조 제1항). 세관장은 물품관리에 필요하다고 인정될 때에는 장치기간에도 운영인에게 그 물품의 반출을 명할 수 있다(법 제177조 제2항).

보세창고	외국물품 (정부비축용물품 등에 해당하는 물품은 제외)	1년의 범위에서 관세청장이 정하는 기간 다만, 세관장이 필요하다고 인정하는 경우에는 1년의 범위에서 그 기간을 연장가능
	내국물품 (정부비축용물품 등에 해당하는 물품은 제외)	1년의 범위에서 관세청장이 정하는 기간

	정부비축용물품	비축에 필요한 기간
	정부와의 계약이행을 위하여 비축하는 방위산업용 물품	
	장기간 비축이 필요한 수출용원재료와 수출품보수용 물품으로서 세관장이 인정하는 물품	
	국제물류의 촉진을 위하여 관세청장이 정하는 물품	
그 밖의 특허보세구역	해당 특허보세구역의 특허기간	

6) 반입정지 등과 특허의 취소

(1) 물품반입등 정지

세관장은 특허보세구역의 운영인이 다음의 어느 하나에 해당하는 경우에는 관세청장이 정하는 바에 따라 6개월의 범위에서 해당 특허보세구역에의 물품반입 또는 보세건설·보세판매·보세전시 등을 정지시킬 수 있다(법 제178조 제1항).

① 장치물품에 대한 관세를 납부할 자금능력이 없다고 인정되는 경우
② 본인이나 그 사용인이 관세법 또는 관세법에 따른 명령을 위반한 경우
③ 해당 시설의 미비 등으로 특허보세구역의 설치 목적을 달성하기 곤란하다고 인정되는 경우
④ 제207조에 따른 재고조사 결과 원자재소요량 관리가 적정하지 않은 경우
⑤ 1년 동안 계속하여 물품의 반입·반출 실적이 없거나, 6개월 이상 보세작업을 하지 않은 경우
⑥ 운영인이 최근 1년 이내에 법에 따른 절차 등을 위반한 경우 등 관세청장이 정하는 사유에 해당하는 경우

(2) 특허의 취소

세관장은 특허보세구역의 운영인이 다음의 어느 하나에 해당하는 경우에는 그 특허를 취소할 수 있다(법 제178조 제2항). 다만, ①, ② 및 ⑤에 해당하는 경우에는 특허를 취소하여야 한다.

① 거짓이나 그 밖의 부정한 방법으로 특허를 받은 경우

② 운영인의 결격사유의 어느 하나에 해당하게 된 경우. 다만, 피성년후견인과 피한정후견인, 파산선고를 받고 복권되지 아니한 자에 해당하는 사람을 임원으로 하는 법인이 3개월 이내에 해당 임원을 변경한 경우에는 그러하지 아니하다.
③ 1년 이내에 3회 이상 물품반입 등의 정지처분(과징금 부과처분을 포함한다)을 받은 경우
④ 2년 이상 물품의 반입실적이 없어서 세관장이 특허보세구역의 설치 목적을 달성하기 곤란하다고 인정하는 경우
⑤ 특허보세구역 운영인의 명의대여 금지규정을 위반하여 명의를 대여한 경우

(3) 과징금 부여

세관장은 물품반입 등의 정지처분이 그 이용자에게 심한 불편을 주거나 공익을 해칠 우려가 있는 경우에는 특허보세구역의 운영인에게 물품반입 등의 정지처분을 갈음하여 해당 특허보세구역 운영에 따른 매출액의 100분의 3 이하의 과징금을 부과할 수 있다(법 제178조 제3항).

(4) 과징금의 납부

세관장은 과징금을 부과하고자 할 때에는 그 위반행위의 종별과 해당 과징금의 금액을 명시하여 이를 납부할 것을 서면 또는 전자문서로 통지하여야 한다(영 제285조의7 제1항). 통지를 받은 자는 납부통지일부터 20일 이내에 과징금을 세관장이 지정하는 수납기관에 납부하여야 한다(영 제285조의7 제2항). 다만, 천재・지변 그 밖의 부득이한 사유로 인하여 그 기간내에 과징금을 납부할 수 없는 때에는 그 사유가 소멸한 날부터 7일 이내에 이를 납부하여야 한다. 과징금의 수납기관은 과징금을 수납한 때에는 그 사실을 세관장에게 서면 또는 전자문서로 지체없이 통지하여야 한다(영 제285조의7 제4항).

(5) 과징금 징수

과징금을 납부하여야 할 자가 납부기한까지 납부하지 아니한 경우 과징금의 징수에 관하여는 관세법에 규정된 것을 제외하고는 「국세기본법」과 「국세징수법」의 예에 따른다(법 제178조 제4항, 법 제26조).

7) 특허의 효력상실 및 승계

(1) 특허의 효력상실

특허보세구역의 설치・운영에 관한 특허는 다음의 어느 하나에 해당하면 그 효력을 상실한다(법 제179조 제1항).

① 운영인이 특허보세구역을 운영하지 아니하게 된 경우
② 운영인이 해산하거나 사망한 경우
③ 특허기간이 만료한 경우
④ 특허가 취소된 경우

(2) 특허의 승계

운영인이 특허보세구역을 운영하지 아니하게 된 경우나 운영인이 해산하거나 사망한 경우에는 운영인, 그 상속인, 청산법인 또는 합병・분할・분할합병 후 존속하거나 합병・분할・분할합병으로 설립된 법인("승계법인"이라 한다)은 지체 없이 세관장에게 그 사실을 보고하여야 한다(법 제179조 제2항). 또한 특허보세구역의 설치・운영에 관한 특허를 받은 자가 사망하거나 해산한 경우 상속인 또는 승계법인이 계속하여 그 특허보세구역을 운영하려면 피상속인 또는 피승계법인이 사망하거나 해산한 날부터 30일 이내에 특허 받을 수 있는 요건을 갖추어 세관장에게 신고하여야 한다(법 제179조 제3항). 신고를 받은 세관장은 이를 심사하여 신고일부터 5일 이내에 그 결과를 신고인에게 통보하여야 한다(영 제194조 제2항).

상속인 또는 승계법인이 신고를 하였을 때에는 피상속인 또는 피승계법인이 사망하거나 해산한 날부터 신고를 한 날까지의 기간동안 피상속인 또는 피승계법인의 특허보세구역의 설치・운영에 관한 특허는 상속인 또는 승계법인에 대한 특허로 본다(법 제179조 제4항).

8) 특허의 효력상실 시 조치 등

(1) 물품반출

특허보세구역의 설치・운영에 관한 특허의 효력이 상실되었을 때에는 운영인이나 그 상속인 또는 승계법인은은 해당 특허보세구역에 있는 외국물품을 지체 없이 다른 보세구역으로 반출하여야 한다(법 제182조 제1항).

(2) 특허 의제

특허보세구역의 설치·운영에 관한 특허의 효력이 상실되었을 때에는 해당 특허보세구역에 있는 외국물품의 종류와 수량 등을 고려하여 6개월의 범위에서 세관장이 지정하는 기간 동안 그 구역은 특허보세구역으로 보며, 운영인이나 그 상속인 또는 승계법인에 대하여는 해당 구역과 장치물품에 관하여 특허보세구역의 설치·운영에 관한 특허가 있는 것으로 본다(법 제182조 제2항).

9) 특허보세구역의 설치·운영에 관한 감독 등

세관장은 특허보세구역의 운영인을 감독한다(법 제180조 제1항). 세관장은 특허보세구역의 운영인에게 그 설치·운영에 관한 보고를 명하거나 세관공무원에게 특허보세구역의 운영상황을 검사하게 할 수 있다(법 제180조 제2항). 세관장은 특허보세구역의 운영에 필요한 시설·기계 및 기구의 설치를 명할 수 있다(법 제180조 제3항). 특허보세구역에 반입된 물품이 해당 특허보세구역의 설치 목적에 합당하지 아니한 경우에는 세관장은 해당 물품을 다른 보세구역으로 반출할 것을 명할 수 있다(법 제180조 제4항).

3 보세창고

1) 의의

보세창고는 외국물품이나 통관하려는 물품의 장치를 주된 기능으로 하는 구역이다. 보세창고는 외국물품을 장치해 두고 구매자를 물색하여 수입하는 경우에 활용되어 왔고 현재 중계무역을 위해 외국물품을 장치하기 위한 장소로 많이 활용된다.[7] 보세창고는 주로 외국물품을 장치하지만 세관장의 승인을 받으면 내국물품만을 장치할 수도 있다.

2) 장치물품

보세창고에는 외국물품이나 통관을 하려는 물품을 장치한다(법 제183조 제1항).

---

7) 이종익·박병목, 전게서, p. 483.

3) 내국물품 장치

운영인은 미리 세관장에게 신고를 하고 물품의 장치에 방해되지 아니하는 범위에서 보세창고에 내국물품을 장치할 수 있다(법 제183조 제2항). 다만, 동일한 보세창고에 장치되어 있는 동안 수입신고가 수리된 물품은 신고 없이 계속하여 장치할 수 있다. 보세창고에 반입된 후 수입신고를 한 물품은 외국물품이었으나 수입신고가 수리된 때 내국물품으로 지위가 변경된다. 즉, 처음부터 내국물품 상태가 아니었기 때문에 내국물품으로 지위가 변경된 경우라면 세관장에게 신고할 필요가 없다.

4) 세관장 승인

운영인은 보세창고에 1년(보세창고에 장치되어 있는 동안 수입신고가 수리된 물품은 6개월) 이상 계속하여 내국물품만을 장치하려면 세관장의 승인을 받아야 한다(법 제183조 제3항).

5) 장치기간 규정 적용 배제

세관장 승인을 받은 보세창고에 내국물품만을 장치하는 기간에는 장치기간의 규정을 적용하지 아니한다(법 제183조 제4항).

6) 장치기간이 지난 내국물품

외국물품과 함께 장치한 내국물품으로서 장치기간이 지난 물품은 그 기간이 지난 후 10일 내에 그 운영인의 책임으로 반출하여야 한다(법 제184조 제1항). 내국물품만의 장치 승인받은 내국물품도 그 승인기간이 지난 경우에는 동일하다(법 제184조 제2항).

4 보세공장

1) 의의

보세공장은 외국물품 상태로 물품을 생산하여 수출하거나 국내로 수입하여 가공무역을 진흥하기 위한 장소이다. 보세공장에서 생산된 물품이 해외로 수출되는 경우의 수출용 보세공장과 국내로 수입하는 경우의 내수용 보세공장으로 나뉜다.

일반적으로 외국원재료를 수입하여 이를 가공한 완제품을 수출하는 경우 외국원재료 수입시 납부했던 관세를 환급받게 된다. 이런 일련의 절차는 물품을 수출함에 있어 불필요한 시간과 비용을 낭비하게 되므로, 이러한 불편함을 해소하고 수출을 증진시킬 수 있도록 보세공장을 활용할 수 있다. 즉, 외국원재료가 보세공장으로 반입되면 수입통관절차를 거치지 않고 외국물품 상태로 가공하여 완제품을 수출통관 없이 반출할 수 있으므로 행정적인 절차가 완화된다.

내수용 보세공장은 외국원재료를 수입하는 경우 부과되는 관세가 외국원재료를 가공한 완제품을 국내에 수입할 때 부과되는 관세보다 높은 경우에 활용될 수 있다. 완제품이 감면대상인 경우 그리고 원재료와 완제품의 관세율이 동일할지라도 외국원재료를 가공하면 완제품의 중량이 현저하게 감소하는 경우 등에도 이러한 관세부담의 역전현상이 발생할 수 있다.[8] 결국 관세부담의 역전현상으로 인하여 발생하는 관세부담을 낮춤으로써 국내산업의 활발한 생산 활동에 기여할 수도 있으나 관세포탈의 부작용이 발생할 수도 있으므로 내수용 보세공장의 업종을 제한하고 있다.

2) 보세공장에서 보세작업

(1) 작업 대상

보세공장에서는 외국물품을 원료 또는 재료로 하거나 외국물품과 내국물품을 원료 또는 재료로 하여 제조·가공하거나 그 밖에 이와 비슷한 작업을 할 수 있다(법 제185조 제1항).

8) 김기인, 전게서, p. 630.

(2) 보세공장원재료의 범위

보세공장에서 보세작업을 하기 위하여 반입되는 원료 또는 재료("보세공장원재료"라 한다)는 다음의 하나에 해당하는 것을 말한다(영 제199조 제1항).

① 당해 보세공장에서 생산하는 제품에 물리적 또는 화학적으로 결합되는 물품
② 당해 보세공장에서 생산하는 제품을 제조·가공하거나 이와 비슷한 공정에 투입되어 소모되는 물품. 다만, 기계·기구 등의 작동 및 유지를 위한 물품 등 제품의 생산에 간접적으로 투입되어 소모되는 물품을 제외한다.
③ 당해 보세공장에서 생산하는 제품의 포장용품

3) 보세작업 제한

(1) 보세작업 원재료 제한

보세공장에서는 세관장의 허가를 받지 아니하고는 내국물품만을 원료로 하거나 재료로 하여 제조·가공하거나 그 밖에 이와 비슷한 작업을 할 수 없다(법 제185조 제2항). 세관장은 허가의 신청을 받은 날부터 10일 이내에 허가 여부를 신청인에게 통지하여야 하나(법 제185조 제3항), 세관장이 해당 기간 내에 허가 여부 또는 민원 처리 관련 법령에 따른 처리기간의 연장을 신청인에게 통지하지 아니하면 그 기간(민원 처리 관련 법령에 따라 처리기간이 연장 또는 재연장된 경우에는 해당 처리기간을 말한다)이 끝난 날의 다음 날에 허가를 한 것으로 본다(법 제185조 제4항).

보세작업에 사용하는 내국물품을 반입하는 때에는 물품의 반출입 규정(영 제176조)을 준용한다(영 제200조 제2항). 다만, 세관장은 보세공장의 운영실태, 작업의 성질 및 기간 등을 고려하여 물품을 반입할 때마다 신고를 하지 아니하고 작업개시 전에 그 작업기간에 소요될 것으로 예상되는 물품의 품명과 수량을 일괄하여 신고하게 할 수 있으며, 작업의 성질, 물품의 종류 등에 비추어 필요하다고 인정하는 때에는 신고서의 기재사항 중 일부를 생략하도록 할 수 있다.

(2) 보세공장 업종 제한

보세공장 중 수입하는 물품을 제조·가공하는 것을 목적으로 하는 보세공장의 업종은 다음에 규정된 업종을 제외한 업종으로 한다(법 제185조 제5항). 관세청장은 국내공급상황을 고려하여 필요하다고 인정되는 때에는 아래의 제한된 업종의

보세공장에 대하여는 외국물품의 반입을 제한할 수 있다(영 제201조).

① 국내외 가격차에 상당하는 율로 양허한 농·임·축산물을 원재료로 하는 물품을 제조·가공하는 업종

② 국민보건 또는 환경보전에 지장을 초래하거나 풍속을 해하는 물품을 제조·가공하는 업종으로 세관장이 인정하는 업종

4) 보세공장에서 사용하게 될 물품의 수입통관

세관장은 수입통관 후 보세공장에서 사용하게 될 다음의 물품에 대하여는 보세공장에 직접 반입하여 수입신고를 하게 할 수 있다(법 제185조 제6항).

5) 보세공장 외 작업 허가

세관장 허가	세관장은 가공무역이나 국내산업의 진흥을 위하여 필요한 경우에는 기간, 장소, 물품 등을 정하여 해당 보세공장 외에서 작업을 허가할 수 있다(법 제187조 제1항). 세관장은 허가의 신청을 받은 날부터 10일 이내에 허가 여부를 신청인에게 통지하여야 한다(법 제187조 제2항). 세관장이 해당 기간 내에 허가 여부 또는 민원 처리 관련 법령에 따른 처리기간의 연장을 신청인에게 통지하지 아니하면 그 기간(민원 처리 관련 법령에 따라 처리기간이 연장 또는 재연장된 경우에는 해당 처리기간을 말한다)이 끝난 날의 다음 날에 허가를 한 것으로 본다(법 제187조 제3항).
세관공무원의 검사	보세공장 외 작업 허가를 한 경우 세관공무원은 해당 물품이 보세공장에서 반출될 때에 이를 검사할 수 있다(법 제187조 제4항).
보세공장 장치 의제	보세공장 외 작업 허가를 받아 지정된 장소("공장외작업장"이라 한다)에 반입된 외국물품은 지정된 기간이 만료될 때까지는 보세공장에 있는 것으로 본다(법 제187조 제5항).
공장외작업장 반입	세관장은 허가를 받은 보세작업에 사용될 물품을 관세청장이 정하는 바에 따라 공장외작업장에 직접 반입하게 할 수 있다(법 제187조 제6항).
관세징수	지정된 기간이 지난 경우 해당 공장외작업장에 허가된 외국물품이나 그 제품이 있을 때에는 해당 물품의 허가를 받은 보세공장의 운영인으로부터 그 관세를 즉시 징수한다(법 제187조 제7항).

6) 사용신고

운영인은 보세공장에 반입된 물품을 그 사용 전에 세관장에게 사용신고를 하여

야 한다(법 제186조 제1항). 이 경우 세관공무원은 그 물품을 검사할 수 있다. 또한 사용신고를 한 외국물품이 허가・승인・표시 또는 그 밖의 조건을 갖출 필요가 있는 것일 때에는 해당 조건을 갖춘 것임을 증명하여야 한다(법 제186조 제2항).

7) 보세공장에서 수입하는 물품의 과세

내수용 보세공장에서 생산한 물품을 국내로 수입하는 경우 부과하는 관세는 제품과세 혹은 원료과세를 기준으로 산출한다.

(1) 제품과세

구분	내용
의의	외국물품을 원료로 하거나 재료로 하여 작업을 하는 경우 그로써 생긴 물품은 외국으로부터 우리나라에 도착한 물품으로 본다(법 제188조).
	관세 = 제품가격 × 제품세율
혼용승인	세관장의 승인을 받고 외국물품과 내국물품을 혼용하는 경우에는 그로써 생긴 제품 중 해당 외국물품의 수량 또는 가격에 상응하는 것은 외국으로부터 우리나라에 도착한 물품으로 본다(법 제188조). 세관장은 승인을 얻은 사항 중 혼용하는 외국물품 및 내국물품의 품명 및 규격이 각각 동일하고, 손모율에 변동이 없는 동종의 물품을 혼용하는 경우에는 새로운 승인신청을 생략하게 할 수 있다(영 제204조 제3항).
	$\text{관세} = \text{제품가격} \times \dfrac{\text{수입원재료가격}}{\text{수입원재료가격} + \text{국산원재료가격}} \times \text{제품세율}$

(2) 원료과세

구분	내용
원료과세의 과세표준	보세공장에서 제조된 물품을 수입하는 경우 사용신고 전에 미리 세관장에게 해당 물품의 원료인 외국물품에 대한 과세의 적용을 신청한 경우에는 사용신고를 할 때의 그 원료의 성질 및 수량에 따라 관세를 부과한다(법 제189조 제1항).
일괄 원료과세 신청	세관장은 다음의 기준에 해당하는 보세공장에 대하여는 1년의 범위에서 원료별, 제품별 또는 보세공장 전체에 대하여 원료과세 신청을 하게 할 수 있다(법 제189조 제2항). ① 최근 2년간 생산되어 판매된 물품 중 수출된 물품의 가격 비율이 100분의 50 이상일 것 ② 수출입 안전관리 우수업체로 공인된 업체가 운영할 것
관세	관세 = 수입원재료가격 × 수입원재료 세율

조심 2016관0194 (2017. 9. 25.)

– 보세공장 제조물품을 반출신고 없이 다른 보세공장에 판매하여 내국물품으로 반입된 경우를 '수입신고하지 않고 수입한 경우'로 보아 관세 등을 과세한 처분의 당부

청구법인은 외국으로부터 청구법인의 보세공장으로 반입된 금(Gold Ingot 등)을 사용하여 Gold Wire를 제조한 다음, 2011.7.29.부터 2015.5.29.까지 127회에 걸쳐 세관장에게 반출신고를 하지 아니하고 국내업체에 판매하기 위하여 쟁점물품을 청구법인의 보세공장으로부터 반출하여 다른 국내 보세공장에 판매 및 반입하였다.

이는「관세법」제2조에서 규정한 "수입"에 해당함에도 법 제241조에 따라 세관장에게 수입신고를 하지 아니하였다. 청구법인은 쟁점물품의 거래가 보세공장에 대한 판매일 뿐 수입판매거래가 아니라고 주장하나,「관세법」제213조에서 외국물품은 보세구역 간에 한정하여 외국물품 그대로 운송할 수 있고, 이때 보세구역 반출신고 및 보세운송 절차에 따른 경우에 한하여 보세공장 간 보세(외국물품)상태로 이동한 것으로 인정받을 수 있으며, 법 제217조에 따라 보세운송하는 외국물품이 지정된 기간 내에 목적지에 도착하지 아니한 경우 즉시 그 관세를 징수하도록 규정하고 있으므로 반출신고 누락은 관세 부과 유보의 원인이 해제되었다고 보는 것이 타당하다.

쟁점물품은 보세구역에서 무단으로 반출되어 수입신고 없이 우리나라에 수입되었고, 청구법인이 제시한 영세율 세금계산서는 쟁점물품이 보세공장에 판매되었다는 증빙에 불과하며, 쟁점물품의 판매처가 보세공장이라는 이유만으로 쟁점물품이 보세상태를 유지하였다고 볼 수 없다.

청구법인은 쟁점물품의 거래가 수입판매거래라고 하더라도 청구법인이 납세의무자가 아니라 쟁점물품을 구매한 거래업체가 납세의무자라고 주장하나,「관세법」제19조 제1항 제12호에서 같은 항 제1호부터 제11호까지 외의 물품인 경우에는 "그 소유자 또는 점유자"를 납세의무자로 규정하고 있다. 쟁점물품의 납세의무자는 쟁점물품이 우리나라로 수입될 때의 소유자인 청구법인이다.

조심 2016관0061 (2017. 6. 20.)

– 내·외국물품 혼용승인 이전에 보세공장에서 사용한 내국물품을 외국물품으로 보아 과세한 처분의 당부

보세공장 내·외국물품 혼용작업의 혼용승인을 얻고자 하는 자는 내·외국물품 혼용작업신청서를 세관장에게 제출하여야 하는 등 사전승인을 전제로 하여 세부적인 승인절차가 규정되어 있다. 그리고「보세공장 운영에 관한 고시」제21조 제1항 등에 따라 내·외국물품 혼용작업신청시에는 혼용할 외국물품과 내국물품의 정보를 작성하여 제출하도록 되어 있다.

이러한 행정행위는 원칙적으로 행정청의 행위를 기준으로 하여 장래에 그 효력이 발생되는 것이고, 소급효는 인정되지 않는다. 따라서 이 사건에서도 혼용작업을 개시한 후에 승인을 받았다면 그 승인의 효과는 승인 이후부터 발생되는 것으로 보아야 한다.
내·외국물품 혼용작업 사전 승인을 받지 않는다면, 세관장은 언제, 어떤 방법으로 혼용 작업이 이루어지는지 알 수 없고, 물품의 제조가 완료된 후 전적으로 업체가 제출한 자료만을 근거로 내·외국물품 혼용 여부, 비율 등을 판단하여야 하므로 정확한 과세가격을 산정할 수 없다. 처분청이 혼용작업을 한 보세공장으로부터 내국원재료에 대한 명세서 등을 제출받아 내·외국물품 금액 비율을 조정하여 과세가격을 산정한 점 등에 비추어 혼용승인 이전에 사용한 내국물품을 외국물품으로 보아 과세한 이 건 처분은 잘못이 없는 것으로 판단된다.

5 보세전시장

1) 의의

보세전시장에서는 박람회, 전람회, 견본품 전시회 등의 운영을 위하여 외국물품을 장치·전시하거나 사용할 수 있다(법 제190조).

2) 보세전시장안에서의 사용

박람회 등의 운영을 위한 외국물품의 사용에는 다음의 행위가 포함되는 것으로 한다(영 제208조).
① 당해 외국물품의 성질 또는 형상에 변경을 가하는 행위
② 당해 박람회의 주최자·출품자 및 관람자가 그 보세전시장 안에서 소비하는 행위

3) 보세전시장의 장치 제한

세관장은 필요하다고 인정되는 때에는 보세전시장안의 장치물품에 대하여 장치할 장소를 제한하거나 그 사용사항을 조사하거나 운영인으로 하여금 필요한 보고를 하게 할 수 있다(영 제209조 제1항).

보세전시장에 장치된 판매용 외국물품은 수입신고가 수리되기 전에는 이를 사용하지 못한다(영 제209조 제2항). 또한 보세전시장에 장치된 전시용 외국물품을 현장에서 직매하는 경우 수입신고가 수리되기 전에는 이를 인도하여서는 아니된다(영 제209조 제3항).

6 보세건설장

1) 의의

보세건설장에서는 산업시설의 건설에 사용되는 외국물품인 기계류 설비품이나 공사용 장비를 장치·사용하여 해당 건설공사를 할 수 있다(법 제191조). 보세건설장은 외국차관 또는 외자도입에 의하여 새로 건설될 제철, 석유화학 등 공사를 위하여 수입되는 원부자재 및 기계류·설비품 등을 보세상태에서 사용하여 건설하도록 지원하기 위하여 도입되었다. 이는 건설공사에 필요한 많은 외국산 원부자재, 기계류 등을 매 건마다 수입통관하는 것이 효율적이지 않기 때문에 과세단위의 시설물이 완성된 후 일괄 수입신고 수리함으로써 통관절차상 편의를 제공하기 위한 것이다.

2) 보세건설장 반입물품의 범위 및 장치의 제한

보세건설장에 반입할 수 있는 물품은 외국물품 및 이와 유사한 물품으로서 당해 산업시설의 건설에 필요하다고 세관장이 인정하는 물품에 한한다(영 제210조).

세관장은 보세건설장에 반입된 외국물품에 대하여 필요하다고 인정될 때에는 보세건설장 안에서 그 물품을 장치할 장소를 제한하거나 그 사용상황에 관하여 운영인으로 하여금 보고하게 할 수 있다(법 제193조).

3) 사용 전 수입신고

운영인은 보세건설장에 외국물품을 반입하였을 때에는 사용 전에 해당 물품에 대하여 수입신고를 하고 세관공무원의 검사를 받아야 한다(법 제192조). 다만, 세관공무원이 검사가 필요 없다고 인정하는 경우에는 검사를 하지 아니할 수 있다.

4) 건설공사 완료보고

보세건설장의 운영인은 수입신고를 한 물품을 사용한 건설공사가 완료된 때에는 지체없이 이를 세관장에게 보고하여야 한다(영 제211조).

5) 보세건설물품의 수입신고수리전 가동 제한

운영인은 보세건설장에서 건설된 시설을 수입신고가 수리되기 전에 가동하여서는 아니 된다(법 제194조). 보세건설장에서 건설된 시설로서 수입신고가 수리되기 전에 가동된 경우에는 부과고지 대상이다(법 제39조 제1항 2호).

6) 보세건설장 외 작업 허가

(1) 의의

세관장은 보세작업상 필요하다고 인정될 때에는 기간, 장소, 물품 등을 정하여 해당 보세건설장 외에서의 보세작업을 허가할 수 있다(법 제195조 제1항). 보세작업의 허가를 받고자 하는 자는 보세작업의 종료기한 및 작업장소 등의 사항을 기재한 신청서를 세관장에게 제출하여야 한다(영 제212조 제1항).

(2) 보세작업의 기간 또는 장소 변경

세관장은 재해 기타 부득이한 사유로 인하여 필요하다고 인정되는 때에는 보세건설장 운영인의 신청에 의하여 보세건설장 외에서의 보세작업의 기간 또는 장소를 변경할 수 있다(영 제212조 제2항).

보세건설장 수입통관 절차

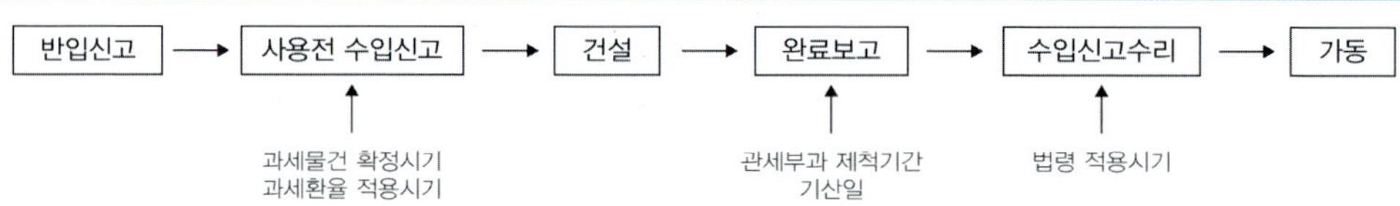

7 보세판매장

1) 의의

보세판매장[9]에서는 외국으로 반출하거나 외교관용 물품 등의 면세(법 제88조

9) "출국장면세점"이란 출국장에서 출국인 및 통과여객기(선)에 의한 임시체류인에게 판매하는 보세판매장을 말한다(보세판매장 운영에 관한 고시 제2조 제2호). 그리고 "시내면세점"이란 공항 및 항만의 보

제1항 제1호부터 제4호까지)규정에 따라 관세의 면제를 받을 수 있는 자가 사용할 것을 조건으로 외국물품을 판매[10]할 수 있다(법 제196조 제1항). 그럼에도 불구하고 공항 및 항만 등의 입국경로에 설치된 보세판매장[11]에서는 외국에서 국내로 입국하는 자에게 물품을 판매할 수 있다(법 제196조 제2항).

세관장은 보세판매장에서 판매할 수 있는 물품의 종류, 수량, 장치 장소 등을 제한할 수 있다(법 제196조 제3항).

2) 보세판매장 판매한도

입국경로에 설치된 보세판매장의 운영인이 외국에서 국내로 입국하는 사람에게 물품(술·담배·향수는 제외한다)을 판매하는 때에는 미화 800달러의 한도에서 판매해야 하며, 술·담배·향수는 별도면세범위에서 판매할 수 있다(시행규칙 제69조의4).

3) 보세판매장 판매 대상 물품

보세판매장에서 판매할 수 있는 물품은 다음과 같다(시행규칙 제69조의5).

① 외국으로 반출하는 것을 조건으로 보세판매장에서 판매할 수 있는 물품은 다음의 물품을 제외한 물품으로 한다.

가. 수출입 금지 물품

나. 「마약류 관리에 관한 법률」, 「총포·도검·화약류 등의 안전관리에 관한 법률」에 따른 규제대상 물품

② 외교관용 물품 등의 면세(법 제88조제1항제1호부터 제4호까지)규정에 따라 관세의 면제를 받을 수 있는 자가 사용하는 것을 조건으로 보세판매장에서 판매할 수 있는 물품은 별표 6과 같다.

③ 입국경로에 설치된 보세판매장에서 판매할 수 있는 물품은 다음의 물품을 제외한 물품으로 한다.

세구역 이외의 장소에서 출국인 및 통과여객기(선)에 의한 임시체류인에게 판매하는 보세판매장을 말한다(동 고시 제2조 제4호).

10) "외교관면세점"이란 「관세법」 제88조 제1항 제1호부터 제4호까지에 따라 관세의 면제를 받을 수 있는 자에게 판매하는 보세판매장을 말한다(동 고시 제2조 제1호).

11) "입국장면세점"이란 외국에서 국내로 입국하는 자에게 물품을 판매할 목적으로 공항, 항만 등의 입국경로에 설치된 보세판매장을 말한다(동 고시 제2조 제3호).

가. 수출입 금지 물품
나. 「마약류 관리에 관한 법률」, 「총포・도검・화약류 등의 안전관리에 관한 법률」에 따른 규제대상 물품
다. 「가축전염병 예방법」에 따른 지정검역물과 「식물방역법」에 따른 식물검역 대상물품
라. 「수산생물질병 관리법」에 따른 지정검역물

④ 입국장 인도장에서 인도하는 것을 조건으로 보세판매장에서 판매할 수 있는 물품은 다음의 물품을 제외한 물품으로 한다.
가. 법 제234조에 따른 수출입 금지 물품
나. 「마약류 관리에 관한 법률」, 「총포・도검・화약류 등의 안전관리에 관한 법률」에 따른 규제대상 물품
다. 「가축전염병 예방법」에 따른 지정검역물과 「식물방역법」에 따른 식물검역 대상물품
라. 「수산생물질병 관리법」에 따른 지정검역물

4) 시내보세판매장의 현장 인도 특례

보세판매장 중 공항 및 항만 등의 출입국경로의 보세구역 외의 장소에 설치되는 보세판매장(시내보세판매장)에서 해당 물품을 외국으로 반출할 것을 조건으로 외국인에게 내국물품을 판매하고 이를 판매 현장에서 인도하는 경우에는 대통령령으로 정하는 바에 따라 해당 물품을 인도할 수 있다(법 제196조의2 제1항).

세관장은 판매 현장에서 인도된 물품의 외국 반출 여부를 확인하기 위하여 물품 구매자의 출입국관리기록 등 대통령령으로 정하는 정보 또는 자료를 관계 중앙행정기관의 장에게 요청할 수 있다(법 제196조의2 제2항). 이 경우 요청을 받은 관계 중앙행정기관의 장은 정당한 사유가 없으면 이에 따라야 한다. 시내보세판매장의 운영인은 인도가 제한되는 사람의 명단으로 통보받은 사람에게 물품을 판매할 때에는 해당 물품을 판매 현장에서 인도하여서는 아니되고, 관세청장이 정하는 바에 따라 인도하여야 한다(법 제196조의2 제5항).

인천국제공항, 국내 최초 입국장 면세점 31일 개장

– 화장품·술 살 수 있고 담배는 불가 … 1터미널 2곳, 2터미널 1곳 등 3개소

기획재정부(장관 홍남기), 국토교통부(장관 김현미), 국무조정실(실장 노형욱), 인천국제공항공사(사장 구본환)는 국내 최초로 도입하는 입국장 면세점 개장 행사를 5월 31일(금) 제2여객터미널에서 개최했다. 이번 행사에는 홍남기 부총리 겸 기획재정부장관을 비롯하여 김경욱 국토교통부 제2차관, 김영문 관세청장, 이련주 국무조정실 규제조정실장 등 정부 인사와 박순자 국토교통위원회 위원장 및 유관기관 관계자 등 100여명이 참석하여 뜻깊은 자리를 함께 하였다.

그간 우리나라는 입국장 면세점 도입을 위한 관세법 개정안이 2003년에 최초 발의된 이후 6차례나 추가 발의 되었으나, 세관 및 검역의 통제기능 악화 우려 등으로 도입이 유보되어, 국민들의 불편이 가중되어 왔었다. 이에 문재인 대통령은 작년 8월 수석·보좌관 회의에서 "해외여행 3천만 시대를 눈앞에 두고 있는데도 입국장 면세점이 없어 시내 면세점이나 출국장 면세점에서 산 상품을 여행 내내 휴대해야 하는 불편을 겪고 있다"며 '국민이 체감할 수 있는 규제혁신'의 일환으로 입국장 면세점 도입검토를 지시('18.8.13)하였고, 정부는 대국민 의견수렴(8월), 범정부 차원의 관계부처 협의 및 혁신성장 관계장관회의(9월), 관세법 개정(12월), 운영사업자 계약 체결(4월) 등을 거쳐 인천공항에서 국내 최초로 입국장 면세점을 도입하게 되었다.

인천공항 입국장 면세점은 여객의 흐름 등을 고려하여 제1여객터미널 2개소, 제2여객터미널 1개소 등 총 3개 매장이 운영된다. 제1여객터미널은 1층 수하물 수취지역 중앙을 기준으로 동·서편 2개 매장(총 380㎡, 190㎡×2개)에서 중소사업자인 ㈜에스엠면세점이 운영할 예정이고, 제2여객터미널은 1층 중앙에 매장(326㎡)이 들어서고, 중견사업자인 ㈜엔타스듀티프리가 운영하게 된다. 구매할 수 있는 품목은 담배와 검역 대상 품목을 제외한, 향수·화장품·주류 등 고객의 선호가 높은 품목과 더불어 건강식품·패션 악세서리 등으로 구성되어 있다.

입국장 면세점 도입으로 출국장 면세점에서 구매한 면세품을 여행기간 내내 휴대했던 기존과는 달리, 앞으로는 입국할 때 면세품을 구매할 수 있다는 점에서 국민들이 느끼는 체감효과가 매우 클 것으로 전망된다.

아울러, 인천공항 입국장 면세점은 중소·중견기업을 육성하고 공기업의 사회적 책임을 이행하는 방향으로 운영된다. 운영사업자는 중소·중견사업자의 참여만 허용하였고, 사업자의 부담을 줄일 수 있도록 기본시설 등은 인천국제공항공사에서 조성하여 제공하였다. 또한 매장 면적의 20% 이상은 국내 중소·중견기업이 생산한 제품에 할애하도록 하여, 중소·중견기업 제품 홍보 및 유통망 확대 등을 지원할 예정이며, 연간 약 200억 규모의 인천공항 임대료 수입은 항공 산업의 일자리 창출 및 사회적 가치 창출 등 공익적 목적으로 사용될 예정이다.

홍남기 부총리 겸 기획재정부 장관은 "입국장 면세점 도입은 국민의 관점에서 국민 불편 해소를 위한 과감한 규제혁신의 결과"라고 평가하면서, 면세점에서 구매한 상품을 여행기간 내내 휴대해야 했던 국민의 불편함을 해소함과 동시에 해외소비의 국내전환을 통해 국제수지가 개선(약 347억원)되고, 이를 통해 국내에 600여개의 일자리(직·간접 포함)도 창출될 것이라고 기대한다고 밝혔다. 또한, "새로운 제도 도입에 따른 부작용이 발생하지 않도록 더 많은 노력과 관심이 필요하다"고 강조하면서, 불법물품 차단 및 입국장 혼잡 최소화를 위해 세관·검역·출입국·공항공사 등 유관기관들의 긴밀한 협조를 당부하였다.

아울러, "입국장 면세점 도입을 위한 규제혁신이 앞으로 서비스산업 혁신의 도화선이 될 수 있도록, 정부는 6월 중으로 「서비스산업 혁신전략」을 마련하여 발표하고 정부의 모든 역량을 집중해 추진하겠다"고 밝혔다.

김경욱 국토교통부 제2차관은 "인천공항과 경쟁중인 주변국의 국제공항들이 모두 입국장 면세점을 도입·확대하고 있는 상황에서, 이번 입국장 면세점 도입은 인천국제공항의 서비스 경쟁력을 한층 강화하는 계기가 될 것"이라면서, "개장과 동시에 운영을 안정화하여 국민편의를 증진하는 한편, 운영사업자 및 관련업계 종사자 모두가 상생할 수 있도록 지원해 나가겠다"고 밝혔다.

입국장 면세점 해외 운영 사례

- 전 세계 88개국(333개 공항; 국제공항협회 주관 ASQ(Airport Service Quality)평가 참가국 기준) 중 73개국(149개 공항)에서 여행객 편익 제공, 해외소비 국내전환 등을 목적으로 설치·운영 중
- 특히, 일본은 '17.4월 최초 도입하였고, 중국도 최근 대폭 확대
  * 일본 : '17.4월 재무성 지침으로 허용(현재 4개 공항에서 운영)
  ** 중국 : '08년 최초 허용(베이징·상해 2개) → '16년 19개 추가 허용

향후 정부는 인천공항에서 입국장 면세점 시범운영 및 평가(6개월) 후 전국의 주요 공항에 확대를 추진할 예정이다.

대한민국정책브리핑
국토교통부, 2019.5.31.

제6절 종합보세구역

1 의 의

종합보세구역에서는 보세창고·보세공장·보세전시장·보세건설장 또는 보세판매장의 기능 중 둘 이상의 기능("종합보세기능"이라 한다)을 수행할 수 있다(법 제197조 제2항). 종합보세구역은 외국인투자를 유치하고 물류원활화와 수출지원을 촉진하기 위한 목적으로 1998년에 도입된 제도이다.

2 종합보세구역의 지정

1) 관세청장의 지정

관세청장은 직권으로 또는 관계 중앙행정기관의 장이나 지방자치단체의 장 그 밖에 종합보세구역을 운영하려는 자("지정요청자"라 한다)의 요청에 따라 무역진흥에의 기여 정도, 외국물품의 반입·반출 물량 등을 고려하여 일정한 지역을 종합보세구역으로 지정할 수 있다(법 제197조 제1항).

관세청장은 직권으로 종합보세구역을 지정하고자 하는 때에는 관계중앙행정기관의 장 또는 지방자치단체의 장과 협의하여야 한다(영 제214조 제3항).

2) 종합보세구역 예정지의 지정

(1) 예정지역 지정

관세청장은 지정요청자의 요청에 의하여 종합보세기능의 수행이 예정되는 지역을 종합보세구역예정지역("예정지역"이라 한다)으로 지정할 수 있다(영 제214조의2 제1항). 관세청장은 예정지역의 개발이 완료된 후 지정요청자의 요청에 의하여 종합보세구역으로 지정할 수 있다(영 제214조의2 제3항).

(2) 지정기간

예정지역의 지정기간은 3년 이내로 한다(영 제214조의2 제2항). 다만, 관세청장은 당해 예정지역에 대한 개발계획의 변경 등으로 인하여 지정기간의 연장이 불가피하다고 인정되는 때에는 3년의 범위내에서 연장할 수 있다.

3 종합보세사업장의 설치 · 운영에 관한 신고

종합보세구역에서 종합보세기능을 수행하려는 자는 그 기능을 정하여 세관장에게 종합보세사업장의 설치 · 운영에 관한 신고를 하여야 한다(법 제198조 제1항). 그러나 운영인의 결격사유의 어느 하나에 해당하는 자는 종합보세사업장의 설치 · 운영에 관한 신고를 할 수 없다(법 제198조 제2항). 또한 종합보세사업장의 운영인은 그가 수행하는 종합보세기능을 변경하려면 세관장에게 이를 신고하여야 한다(법 제198조 제3항).

4 종합보세구역에의 물품의 반입 · 반출

1) 물품의 반입 · 반출 신고

종합보세구역에 물품을 반입하거나 반출하려는 세관장에게 신고하여야 한다(법 제199조 제1항). 종합보세구역에 반입 · 반출되는 물품이 내국물품인 경우에는 신고를 생략하거나 간소한 방법으로 반입 · 반출하게 할 수 있다(법 제199조 제2항).

2) 내국물품 반출입신고의 생략

세관장은 다음의 하나에 해당하지 아니하는 경우에는 반출입신고를 생략하게 할 수 있다(시행규칙 제70조).

① 세관장의 허가를 받고 내국물품만을 원료로 하여 제조 · 가공 등을 하는 경우 그 원료 또는 재료

② 보세공장에서 혼용작업에 소요되는 원재료

③ 보세판매장에서 판매하고자 하는 물품

④ 당해 내국물품이 외국에서 생산된 물품으로서 종합보세구역안의 외국물품과 구별되는 필요가 있는 물품(보세전시장의 기능을 수행하는 경우에 한한다)

3) 반출입물품의 범위

(1) 수입통관 후 소비 또는 사용하는 물품

종합보세구역에서 소비하거나 사용되는 물품으로서 다음의 물품은 수입통관 후 이를 소비하거나 사용하여야 한다(법 제200조 제1항).

① 제조·가공에 사용되는 시설기계류 및 그 수리용 물품

② 연료·윤활유·사무용품 등 제조·가공에 직접적으로 사용되지 아니하는 물품

(2) 장치기간

종합보세구역에 반입한 물품의 장치기간은 제한하지 아니한다(법 제200조 제2항). 다만, 보세창고의 기능을 수행하는 장소 중에서 관세청장이 수출입물품의 원활한 유통을 촉진하기 위하여 필요하다고 인정하여 지정한 장소에 반입되는 물품의 장치기간은 1년의 범위에서 관세청장이 정하는 기간으로 한다.

(3) 물품의 반입·반출 제한

세관장은 종합보세구역에 반입·반출되는 물품으로 인하여 국가안전, 공공질서, 국민보건 또는 환경보전 등에 지장이 초래되거나 종합보세구역의 지정 목적에 부합되지 아니하는 물품이 반입·반출되고 있다고 인정될 때에는 해당 물품의 반입·반출을 제한할 수 있다(법 제200조 제3항).

5 종합보세구역의 판매물품에 대한 관세 등의 환급

1) 관세 및 내국세 등의 환급

외국인 관광객 등 대통령령으로 정하는 자가 종합보세구역에서 구입한 물품을 국외로 반출하는 경우에는 해당 물품을 구입할 때 납부한 관세 및 내국세 등을 환급받을 수 있다(법 제199조의2 제1항).

2) 외국인관광객 등의 범위

"외국인관광객 등 대통령령으로 정하는 자"란 「외국환거래법」 제3조에 따른 비거주자("외국인관광객등"이라 한다)를 말한다. 다만, 다음의 자를 제외한다(영 제216

조의2 제1항).

① 법인

② 국내에 주재하는 외교관(이에 준하는 외국공관원을 포함한다)

③ 국내에 주재하는 국제연합군과 미국군의 장병 및 군무원

3) 종합보세구역에서의 물품판매

종합보세구역에서 외국인관광객 등에게 물품을 판매하는 자는 관세청장이 정하는 바에 따라 판매물품에 대한 수입신고 및 신고납부를 하여야 한다(영 제216조의3 제1항). 판매인은 수입신고가 수리된 경우에는 구매자에게 당해 물품을 인도하되, 국외반출할 목적으로 구매한 외국인관광객 등에게 판매한 경우에는 물품판매확인서를 교부하여야 한다(영 제216조의3 제2항).

4) 외국인관광객 등에 대한 관세 등의 환급

외국인관광객 등이 종합보세구역에서 물품을 구매할 때에 부담한 관세 등을 환급 또는 송금받고자 하는 경우에는 출국하는 때에 출국항을 관할하는 세관장("출국항 관할세관장"이라 한다)에게 판매확인서와 구매물품을 함께 제시하여 확인을 받아야 한다(영 제216조의4 제1항). 이때 출국항 관할세관장은 외국인관광객 등이 제시한 판매확인서의 기재사항과 물품의 일치여부를 확인한 후 판매확인서에 확인인을 날인하고, 외국인관광객 등에게 이를 교부하거나 판매인에게 송부하여야 한다(영 제216조의4 제2항).

외국인관광객 등이 판매확인서를 교부받은 때에는 환급창구운영사업자에게 이를 제시하고 환급 또는 송금받을 수 있다(영 제216조의4 제3항). 다만, 판매인이 제2항의 규정에 의하여 판매확인서를 송부받은 경우에는 그 송부받은 날부터 20일 이내에 외국인관광객 등이 종합보세구역에서 물품을 구매한 때 부담한 관세 등을 당해 외국인관광객 등에게 송금하여야 한다.

5) 판매인에 대한 관세 등의 환급

판매인은 종합보세구역에서 관세 및 내국세 등이 포함된 가격으로 물품을 판매한 후 다음에 해당하는 경우에는 관세 등을 환급받을 수 있다(영 제216조의5 제1

항). 판매인이 관세 등을 환급받고자 하는 경우에는 다음의 사항을 기재한 신청서에 세관장이 확인한 판매확인서 및 수입신고필증 그 밖에 관세 등의 납부사실을 증빙하는 서류와 환급 또는 송금사실을 증명하는 서류를 첨부하여 당해 종합보세구역을 관할하는 세관장에게 제출하여야 한다(영 제216조의5 제2항).

① 외국인관광객 등이 구매한 날부터 3월 이내에 물품을 국외로 반출한 사실이 확인되는 경우
② 판매인이 환급창구운영사업자를 통하여 당해 관세 등을 환급 또는 송금하거나 동항 단서의 규정에 따라 외국인관광객 등에게 송금한 것이 확인되는 경우

6) 증거서류 보관기간

환급금을 지급받은 판매인은 외국인관광객 등에 대하여 환급 또는 송금한 사실과 관련된 증거서류를 5년간 보관하여야 한다(영 제216조의5 제3항).

6 운영인의 물품관리

운영인은 종합보세구역에 반입된 물품을 종합보세기능별로 구분하여 관리하여야 한다(법 제201조 제1항). 운영인은 종합보세구역에 반입된 물품을 종합보세구역 안에서 이동·사용 또는 처분을 할 때에는 장부 또는 전산처리장치를 이용하여 그 기록을 유지하여야 한다(법 제201조 제3항). 이 경우 종합보세구역의 운영인 상호간에 이동하는 물품은 미리 세관장에게 신고하여야 한다(시행규칙 제72조).

또한 종합보세구역에 장치된 물품에 대하여 보수작업을 하거나 종합보세구역 밖에서 보세작업을 하려는 자는 세관장에게 신고하여야 한다(법 제202조 제2항).

7 장치물품의 매각

세관장은 종합보세구역에 장치된 물품 중 다음의 어느 하나에 해당하는 물품은 기간이 지나기 전이라도 공고한 후 매각할 수 있다(법 제201조 제2항).

㉠ 살아 있는 동식물
㉡ 부패하거나 부패할 우려가 있는 것

㉢ 창고나 다른 외국물품에 해를 끼칠 우려가 있는 것
㉣ 기간이 지나면 사용할 수 없게 되거나 상품가치가 현저히 떨어질 우려가 있는 것
㉤ 관세청장이 정하는 물품 중 화주가 요청하는 것

운영인은 종합보세구역에 장치된 물품 중 반입한 날부터 6개월 이상의 범위에서 관세청장이 정하는 기간이 지난 외국물품이 다음의 어느 하나에 해당하는 경우에는 관세청장이 정하여 고시하는 바에 따라 세관장에게 그 외국물품의 매각을 요청할 수 있다(법 제201조 제5항).

① 화주가 분명하지 아니한 경우
② 화주가 부도 또는 파산한 경우
③ 화주의 주소·거소 등 그 소재를 알 수 없는 경우
④ 화주가 수취를 거절하는 경우
⑤ 화주가 거절의 의사표시 없이 수취하지 아니한 경우

8 설비의 유지의무

운영인은 종합보세기능의 수행에 필요한 시설 및 장비 등을 유지하여야 한다(법 제202조 제1항). 설비가 천재·지변 기타 불가피한 사유로 인하여 일시적으로 기준에 미달하게 된 때에는 종합보세구역의 운영인은 관세청장이 정하는 기간 내에 이를 갖추어야 한다(영 제217조 제2항).

9 종합보세구역에 대한 세관의 관리

1) 물품 검사 및 시설설치

세관장은 관세채권의 확보, 감시·단속 등 종합보세구역을 효율적으로 운영하기 위하여 종합보세구역에 출입하는 인원과 차량 등의 출입을 통제하거나 휴대 또는 운송하는 물품을 검사할 수 있다(법 제203조 제1항). 또한 관세청장은 종합보세구역 안에 있는 외국물품의 감시·단속에 필요하다고 인정될 때에는 종합보세구역의 지정요청자에게 보세화물의 불법유출, 분실, 도난방지 등을 위한 시설을

설치할 것을 요구할 수 있다. 이 경우 지정요청자는 특별한 사유가 없으면 이에 따라야 한다(법 제203조 제3항).

2) 기록 검사 또는 조사

세관장은 종합보세구역에 반입·반출되는 물품의 반입·반출 상황, 그 사용 또는 처분 내용 등을 확인하기 위하여 장부나 전산처리장치를 이용한 기록을 검사 또는 조사할 수 있으며, 운영인으로 하여금 업무실적 등 필요한 사항을 보고하게 할 수 있다(법 제203조 제2항).

10 종합보세구역 지정의 취소 등

1) 지정 취소

관세청장은 종합보세구역에 반입·반출되는 물량이 감소하거나 다음의 사유로 종합보세구역을 존속시킬 필요가 없다고 인정될 때에는 종합보세구역의 지정을 취소할 수 있다(법 제204조 제1항).

① 종합보세구역의 지정요청자가 지정취소를 요청한 경우
② 종합보세구역의 지정요건이 소멸한 경우

2) 기능 중지

세관장은 종합보세사업장의 운영인이 다음의 어느 하나에 해당하는 경우에는 6개월의 범위에서 운영인의 종합보세기능의 수행을 중지시킬 수 있다(법 제204조 제2항).

① 운영인의 결격사유의 어느 하나에 해당하게 된 경우
② 운영인이 수행하는 종합보세기능과 관련하여 반입·반출되는 물량이 감소하거나 그 밖에 다음에 정하는 사유가 발생한 경우
  ㉠ 1년 동안 계속하여 외국물품의 반입·반출실적이 없는 경우
  ㉡ 운영인이 설비유지의무를 위반한 경우

3) 폐쇄

세관장은 종합보세사업장의 운영인이 다음의 어느 하나에 해당하는 경우에는 그 종합보세사업장의 폐쇄를 명하여야 한다(법 제204조 제3항).

① 거짓이나 그 밖의 부정한 방법으로 종합보세사업장의 설치·운영에 관한 신고를 한 경우

② 운영인의 결격사유의 어느 하나에 해당하게 된 경우. 다만, 제175조 제8호에 해당하는 경우로서 같은 조 제2호 또는 제3호에 해당하는 사람을 임원으로 하는 법인이 3개월 이내에 해당 임원을 변경한 경우에는 그러하지 아니하다.

③ 다른 사람에게 자신의 성명·상호를 사용하여 종합보세사업장을 운영하게 한 경우

제7절 유치 및 예치

1 의 의

유치와 예치는 통관보류라는 공통점은 있으나 유치는 여행자 혹은 승무원의 휴대품이 법령상의 조건을 갖추지 못하여 통관이 보류된 상태이며, 예치는 여행자 혹은 승무원이 자신들의 자발적 의사에 의하여 휴대품 통관을 보류한 상태를 말한다.

2 유치 및 예치 조건

여행자의 휴대품 또는 우리나라와 외국 간을 왕래하는 운송수단에 종사하는 승무원의 휴대품이 다음의 어느 하나에 해당하는 경우에는 세관장이 해당 물품을 유치할 수 있고(법 제206조 제1항) 수입할 의사가 없는 물품은 세관장에게 신고하여 일시 예치시킬 수 있다(법 제206조 제3항). 세관장이 물품을 유치 또는 예치한 때에는 유치증 또는 예치증을 교부하여야 한다(영 제219조 제2항).

① 필요한 허가·승인·표시 또는 그 밖의 조건이 갖추어지지 아니한 것
② 관세의 면제 기준을 초과하여 반입하는 물품에 대한 관세를 납부하지 아니한 경우
③ 지식재산권을 침해하는 물품을 수출하거나 수입하는 등 관세법에 따른 의무사항을 위반한 경우
④ 불법·불량·유해물품 등 사회안전 또는 국민보건을 해칠 우려가 있는 물품으로서 대통령령으로 정하는 경우

3 유치 및 예치의 해제

유치한 물품은 해당 사유가 해소되었거나 반송하는 경우에만 유치를 해제한다(법 제206조 제2항). 유치를 해제하거나 예치물품을 반환받고자 하는 자는 교부받은 유치증 또는 예치증을 세관장에게 제출하여야 한다(영 제219조 제3항)

4 유치 및 예치 물품의 보관

보관 장소	유치하거나 예치한 물품은 세관장이 관리하는 장소에 보관한다. 다만, 세관장이 필요하다고 인정할 때에는 그러하지 아니하다(법 제207조 제1항).
물품의 폐기	세관장은 유치 및 예치된 물품 중 다음의 어느 하나에 해당하는 것은 화주, 반입자, 화주 또는 반입자의 위임을 받은 자나 「국세기본법」 제38조부터 제41조까지의 규정에 따른 제2차 납세의무자("화주등"이라 한다)에게 이를 반송 또는 폐기할 것을 명하거나 화주등에게 통고한 후 폐기할 수 있다(법 제160조 제4항). 다만 급박하여 통고할 여유가 없는 경우에는 폐기한 추 즉시 통고하여야 한다. ① 사람의 생명이나 재산에 해를 끼칠 우려가 있는 물품 ② 부패하거나 변질된 물품 ③ 유효기간이 지난 물품 ④ 상품가치가 없어진 물품 ⑤ 위의 물품에 준하는 물품으로서 관세청장이 정하는 물품 통고를 할 때 화주등의 주소나 거소를 알 수 없거나 그 밖의 사유로 통고할 수 없는 경우에는 공고로써 이를 갈음할 수 있다(법 제160조 제5항). 세관장이 물품을 폐기하거나 화주등이 물품을 폐기 또는 반송한 경우 그 비용은 화주등이 부담한다(법 제160조 제6항).

유치 및 예치 기간	유치물품 및 습득물의 장치기간은 1개월로 하며, 예치물품의 장치기간은 예치증에 기재된 출국예정시기에 1개월을 가산한 기간으로 한다(보세화물장치기간 및 체화관리에 관한 고시 제4조 제4항). 다만, 유치물품은 화주의 요청이 있거나 세관장이 필요하다고 인정하는 경우 1개월의 범위에서 그 기간을 연장할 수 있다.
매각 통고	세관장은 유치되거나 예치된 물품의 원활한 통관을 위하여 필요하다고 인정될 때에는 관세청장이 정하는 바에 따라 해당 물품을 유치하거나 예치할 때에 유치기간 또는 예치기간 내에 수출·수입 또는 반송하지 아니하면 매각한다는 뜻을 통고할 수 있다(법 제207조 제3항)

제8절 장치기간경과물품의 매각

1 의 의

외국물품이 보세구역에 장치되는 것은 최종 목적지로 향하기 위한 일시적인 체류일 뿐이므로 외국물품이 보세구역에 계속 장치되어 있는 것은 보세구역의 원활한 이용에 방해가 된다. 따라서 보세구역에 장치할 수 있는 기간이 제한되어 있으므로 정해져 있는 기간 내에 물품이 반출되지 않으면 보세구역을 효율적으로 활용하고 관세를 징수하기 위하여 장치기간이 경과한 물품을 매각하여 처리하는 절차를 규정하고 있다.

2 매각대상

1) 매각대상

세관장은 보세구역에 반입한 외국물품의 장치기간이 지나면 그 사실을 공고한 후 해당 물품을 매각할 수 있다(법 제208조 제1항). 그러나 다음의 어느 하나에 해당하는 물품은 기간이 지나기 전이라도 공고한 후 매각할 수 있다(법 제208조 제1항). 다만 장치기간이 지난 물품이 다음에 해당하는 물품으로서 급박하여 공고할 여유가 없을 때에는 매각한 후 공고할 수 있다(법 제208조 제2항).

① 살아 있는 동식물
② 부패하거나 부패할 우려가 있는 것
③ 창고나 다른 외국물품에 해를 끼칠 우려가 있는 것
④ 기간이 지나면 사용할 수 없게 되거나 상품가치가 현저히 떨어질 우려가 있는 것
⑤ 관세청장이 정하는 물품 중 화주가 요청하는 것
⑥ 강제징수, 「국세징수법」 제30조에 따른 강제징수 및 「지방세징수법」 제39조의2에 따른 체납처분을 위하여 세관장이 압류한 수입물품(제2조 제4호 가목의 외국물품으로 한정한다)

2) 매각된 물품의 인도

매각된 물품의 질권자나 유치권자는 다른 법령에도 불구하고 그 물품을 매수인에게 인도하여야 한다(법 제208조 제3항).

3 매각대행기관에 의한 매각 절차

1) 매각대행기관에 의한 매각 대상

세관장은 매각을 할 때 다음의 어느 하나에 해당하는 경우에는 매각대행기관에 이를 대행하게 할 수 있다(법 제208조 제4항).
① 신속한 매각을 위하여 사이버몰 등에서 전자문서를 통하여 매각하려는 경우
② 매각에 전문지식이 필요한 경우
③ 그 밖에 특수한 사정이 있어 직접 매각하기에 적당하지 아니하다고 인정되는 경우

2) 매각대행기관

세관장이 장치기간경과물품의 매각을 대행하게 할 수 있는 기관은 다음의 기관·법인 또는 단체 중에서 관세청장이 지정하는 기관·법인 또는 단체로 한다(영 제220조).
① 「한국자산관리공사의 설립 등에 관한 법률」에 의하여 설립된 한국자산관리공사
② 「한국보훈복지의료공단법」에 의하여 설립된 한국보훈복지의료공단

③ 관세청장이 정하는 기준에 따라 전자문서를 통한 매각을 수행할 수 있는 시설 및 시스템 등을 갖춘 것으로 인정되는 법인 또는 단체

3) 매각대행의뢰서 송부 및 통지

세관장은 장치기간경과물품의 매각을 대행하게 하는 때에는 매각대행의뢰서를 매각대행기관에 송부하여야 한다(영 제221조 제1항). 그리고 세관장은 매각대행기관을 통한 매각대행의 사실을 화주 및 물품보관인에게 통지하여야 한다(영 제221조 제2항).

매각대행기관이 매각을 대행하는 경우(법 제211조 제6항에 따라 매각대금의 잔금처리를 대행하는 경우를 포함한다)에는 매각대행기관의 장을 세관장으로 본다(법 제208조 제5항).

4) 수수료 지급

세관장은 매각대행기관이 매각을 대행하는 경우에는 매각대행에 따른 실비 등을 고려하여 기획재정부령으로 정하는 바에 따라 수수료를 지급할 수 있다(법 제208조 제6항).

5) 매각대상물품의 인도

세관장이 점유하고 있거나 제3자가 보관하고 있는 매각대상물품은 이를 매각대행기관에 인도할 수 있다(영 제223조 제1항). 이 경우 제3자가 보관하고 있는 물품에 대하여는 그 제3자가 발행하는 당해 물품의 보관증을 인도함으로써 이에 갈음할 수 있다. 매각대행기관은 물품을 인수한 때에는 인계·인수서를 작성하여야 한다(영 제223조 제2항).

6) 매각대행의뢰의 철회요구

매각대행기관은 매각대행의뢰서를 받은 날부터 2년 이내에 매각되지 아니한 물품이 있는 때에는 세관장에게 당해 물품에 대한 매각대행의뢰의 철회를 요구할 수 있다(영 제224조 제1항). 세관장은 철회요구를 받은 때에는 특별한 사유가 없는

한 이에 응하여야 한다(영 제224조 제2항).

7) 매각대행의 세부사항

매각대행기관이 대행하는 매각에 관하여 필요한 사항으로서 정하지 아니한 것은 관세청장이 매각대행기관과 협의하여 정한다(영 제225조).

4 장치기간 경과 물품의 매각절차

1) 통고

세관장은 장치기간경과물품을 매각하려면 그 화주등에게 통고일부터 1개월 내에 해당 물품을 수출·수입 또는 반송할 것을 통고하여야 한다(법 제209조 제1항). 화주등이 분명하지 아니하거나 그 소재가 분명하지 아니하여 통고를 할 수 없을 때에는 공고로 이를 갈음할 수 있다(법 제209조 제2항).

2) 매각방법

매각은 일반경쟁입찰·지명경쟁입찰·수의계약·경매 및 위탁판매의 방법으로 하여야 한다(법 제210조 제1항).

(1) 경쟁입찰

경쟁입찰 간격	경쟁입찰의 방법으로 매각하려는 경우 매각되지 아니하였을 때에는 5일 이상의 간격을 두어 다시 입찰에 붙일 수 있으며 그 예정가격은 최초 예정가격의 100분의 10 이내의 금액을 입찰에 붙일 때마다 줄일 수 있다(법 제210조 제2항).
체감한도액	예정가격의 체감은 제2회 경쟁입찰 때부터 하되, 그 체감한도액은 최초예정가격의 100분의 50으로 한다(영 제222조 제1항). 다만, 관세청장이 정하는 물품을 제외하고는 최초예정가격을 기초로 하여 산출한 세액이하의 금액으로 체감할 수 없다.
수의계약	줄어들 예정가격 이상의 금액을 제시하는 응찰자가 있을 때에는 응찰가격의 순위에 따라 그 응찰자가 제시하는 금액으로 수의계약을 할 수 있다(법 제210조 제2항). 단독응찰자의 응찰가격이 다음 회의 입찰시에 체감될 예정가격보다 높은 경우 또는 공매절차가 종료한 물품을 최종 예정가격 이상의 가격으로 매수하려는 자가 있는 때에도 또한 같다(영 제222조 제2항).

재입찰시 예정가격	수의계약을 체결하지 못하고 재입찰에 붙인 때에는 직전입찰에서의 최고응찰가격을 다음 회의 예정가격으로 한다(영 제222조 제3항).
경쟁입찰 참가 제한	수의계약을 할 수 있는 자로서 그 체결에 응하지 아니하는 자는 당해 물품에 대한 다음 회 이후의 경쟁입찰에 참가할 수 없다(영 제222조 제4항).

(2) 경매 및 수의계약

다음의 어느 하나에 해당하는 경우에는 경매나 수의계약으로 매각할 수 있다(법 제210조 제3항).

① 2회 이상 경쟁입찰에 붙여도 매각되지 아니한 경우

② 매각물품의 성질・형태・용도 등을 고려할 때 경쟁입찰의 방법으로 매각할 수 없는 다음의 경우

㉠ 부패・손상・변질 등의 우려가 현저한 물품으로서 즉시 매각하지 아니하면 상품가치가 저하할 우려가 있는 경우

㉡ 물품의 매각예정가격이 50만원 미만인 경우

㉢ 경쟁입찰의 방법으로 매각하는 것이 공익에 반하는 경우

(3) 위탁판매

위탁판매 대상	경매나 수의계약으로도 매각되지 아니한 물품과 다음의 물품은 위탁판매의 방법으로 매각할 수 있다(법 제210조 제4항). ① 부패하거나 부패의 우려가 있는 물품 ② 기간경과로 사용할 수 없게 되거나 상품가치가 현저히 감소할 우려가 있는 물품 ③ 공매하는 경우 매각의 효율성이 저하되거나 공매에 전문지식이 필요하여 직접 공매하기에 부적합한 물품
판매가격	위탁판매하는 경우 판매가격은 당해 물품의 최종예정가격으로 하고, 위탁판매의 장소・방법・수수료 기타 필요한 사항은 관세청장이 정한다(영 제222조 제6항).

3) 매각공고

세관장은 매각할 때에는 매각 물건, 매각 수량, 매각 예정가격 등을 매각 시작 10일 전에 공고하여야 한다(법 제210조 제7항).

4) 과세가격

경쟁입찰·수의계약·경매 및 위탁판매의 방법에 따라 매각된 물품에 대한 과세가격은 과세가격결정방법(법 제30조부터 제35조)의 규정에도 불구하고 최초 예정가격을 기초로 하여 과세가격을 산출한다(법 제210조 제5항).

5) 조건부 매각

경쟁입찰·수의계약·경매 및 위탁판매의 방법으로 매각한 물품으로 다음의 하나에 해당하는 물품은 수출하거나 외화를 받고 판매하는 것을 조건으로 매각한다(영 제222조 제8항). 다만, ②의 물품으로서 관세청장이 필요하다고 인정하는 물품은 주무부장관 또는 주무부장관이 지정하는 기관의 장과 협의하여 수입하는 것을 조건으로 판매할 수 있다.

① 법률에 의하여 수입이 금지된 물품
② 기타 관세청장이 지정하는 물품

6) 잔금처리

<table>
<tr><td colspan="2">잔금교부</td><td>세관장은 매각대금을 그 매각비용, 관세, 각종 세금의 순으로 충당하고, 잔금이 있을 때에는 이를 화주에게 교부한다(법 제211조 제1항).</td></tr>
<tr><td rowspan="3">질권자와 유치권자에게 잔금교부</td><td>증명서류 제출</td><td>매각하는 물품의 질권자나 유치권자는 해당 물품을 매각한 날부터 1개월 이내에 그 권리를 증명하는 서류를 세관장에게 제출하여야 한다(법 제211조 제2항).</td></tr>
<tr><td>채권금액 교부</td><td>세관장은 매각된 물품의 질권자나 유치권자가 있을 때에는 그 잔금을 화주에게 교부하기 전에 그 질권이나 유치권에 의하여 담보된 채권의 금액을 질권자나 유치권자에게 교부한다(법 제211조 제3항).</td></tr>
<tr><td>배분순위</td><td>질권자나 유치권자에게 공매대금의 잔금을 교부하는 경우 그 잔금액이 질권이나 유치권에 의하여 담보된 채권액보다 적고 교부받을 권리자가 2인 이상인 경우에는 세관장은 「민법」이나 그 밖의 법령에 따라 배분할 순위와 금액을 정하여 배분하여야 한다(법 제211조 제4항).</td></tr>
<tr><td colspan="2">잔금교부 일시 보류</td><td>잔금의 교부는 관세청장이 정하는 바에 따라 일시 보류할 수 있다(법 제211조 제5항).</td></tr>
<tr><td colspan="2">매각대행기관 잔금처리</td><td>매각대행기관이 매각을 대행하는 경우에는 매각대행기관이 매각대금의 잔금처리를 대행할 수 있다(법 제211조 제6항).</td></tr>
</table>

7) 국고귀속

세관장은 매각되지 아니한 물품[강제징수, 「국세징수법」 제30조에 따른 강제징수 및 「지방세징수법」 제39조의2에 따른 체납처분을 위하여 세관장이 압류한 수입물품(제2조 제4호 가목의 외국물품으로 한정)은 제외]에 대하여는 그 물품의 화주 등에게 장치 장소로부터 지체 없이 반출할 것을 통고하여야 한다(법 제212조 제1항). 반출 통고일부터 1개월 내에 해당 물품이 반출되지 아니하는 경우에는 소유권을 포기한 것으로 보고 이를 국고에 귀속시킬 수 있다(법 제212조 제2항).

세관장은 강제징수, 「국세징수법」 제30조에 따른 강제징수 및 「지방세징수법」 제39조의2에 따른 체납처분을 위하여 세관장이 압류한 수입물품(제2조 제4호 가목의 외국물품으로 한정)이 매각되지 아니한 경우에는 납세의무자에게 1개월 이내에 대통령령으로 정하는 유찰물품의 가격에 상당한 금액을 관세 및 체납액(관세・국세・지방세의 체납액을 말한다) 충당금으로 납부하도록 통지하여야 한다(법 제212조 제3항). 이러한 통지를 받은 납세의무자가 그 기한 내에 관세 및 체납액 충당금을 납부하지 아니한 경우에는 유찰물품의 소유권을 포기한 것으로 보고 이를 국고에 귀속시킬 수 있다(법 제212조 제4항).

매각 절차

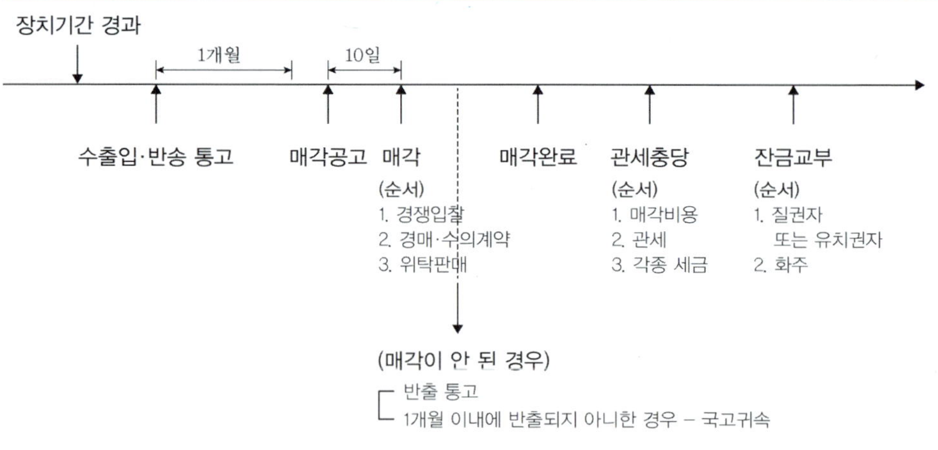

7

수출입통관

수출입통관에 대한 개관

제7장은 수출입통관 절차에 대하여 다루고 있다. 통관제도는 관련 법령에 따라 요건확인이 필요한 물품을 확인하여 물품의 반출입을 적법하게 하는 절차이다. 특히 FTA의 확산에 따른 특혜관세 적용시 원산지 확인은 중요한 문제로 대두되고 있으며, 지식재산권 보호에 대한 인식의 확산으로 인하여 지식재산권 침해에 대하여도 통관시 이를 저지하는 절차가 부각될 수 밖에 없다. 또한 물품의 기본적인 수출입통관의 절차적 규정과 수입신고수리전반출 혹은 즉시반출신고 등의 특례 규정, 그리고 우편물 통관 규정을 확인함으로써 상황에 따른 통관절차의 흐름과 그 성격을 파악하는 것이 중요하다.

제7장은 다음과 같이 구성되어 있다.

제1절 통관의 요건
제2절 품목분류
제3절 원산지의 확인
제4절 통관의 제한
제5절 통관절차 등의 국제협력
제6절 수출・수입 및 반송
제7절 우편물통관
제8절 세관장 등의 과세자료 요청
제9절 세관공무원의 물품검사

- **통관요건**
  - 허가승인 등의 증명 및 확인
- **품목분류**
  - HSK
  - 품목분류 사전심사
- **원산지확인**
  - 원산지확인기준
  - 직접운송원칙
  - 원산지증명서
- **통관의 제한**
  - 지식재산권 보호
  - 보세구역반입명령
  - 통관 후 유통이력관리
- **국제협력**
  - 무역원활화 기본계획 수립 및 시행
  - 세관정보 상호 교환
- **수출입·반송**
  - 수출입·반송신고 및 수리
  - 수입신고수리전 반출, 수입신고전 반출
  - 수출입 안전관리 우수공인업체
- **우편물통관**
  - 현장면세·과세 대상
  - 일반수입신고대상 우편물

7 수출입통관

제1절 통관의 요건

1 의의

관세법상 통관은 물품을 수출·수입·반송하는 것을 의미한다. 통관시 수출·수입 허용여부를 결정하기 위하여 통관대상물품이 갖추어야 할 요건을 수출입요건이라 하고, 관련 법령에 따라 수출입물품에 대한 허가·승인·표시나 그 밖의 조건을 확인·증명하는 수출입 관련 기관인 요건확인기관에서 요건확인을 받은 물품만 수출·수입이 가능하게 된다.

2 허가·승인 등의 증명 및 확인

수출입을 할 때 법령에서 정하는 바에 따라 허가·승인·표시 또는 그 밖의 조건을 갖출 필요가 있는 물품은 세관장에게 그 허가·승인·표시 또는 그 밖의 조건을 갖춘 것임을 증명하여야 한다(법 제226조 제1항). 통관을 할 때 구비조건에 대한 세관장의 확인[1]이 필요한 수출입물품에 대하여는 다른 법령에도 불구하고 그 물품과 확인방법[2], 확인절차 그 밖에 필요한 사항을 미리 공고하여야 한다(법 제226조 제2항).

---

1) "세관장확인"이란 세관장이 수출입신고자료의 심사과정에서 수출입요건 구비 여부를 확인하는 것을 말한다(관세법 제226조에 따른 세관장확인물품 및 확인방법 지정고시 제2조 제2호).

2) 요건확인기관의 장은 수출입요건 확인내역을 연계된 전산망을 통하여 관세청 통관시스템에 전자문서로 통보하여야 하며, 세관장은 통관시스템에 통보된 수출입요건 확인내역을 조회하여 세관장확인을 하여야 한다(동 고시 제9조 제1항, 제2항).

관세법 제226조의 규정에 의한 세관장확인물품 및 확인방법 지정고시

【별표2】

세관장확인대상 수입물품

가. 대상법령 및 물품의 범위와 구비요건

대상법령 및 물품의 범위	구비요건
(1) 「약사법」 해당물품 중 의약품 및 한약재 (가) 의약품 및 의약외품 (나) 자가 치료용 의약품 등(자가치료용, 구호용 등 의약품 등 안전에 관한 규칙 제57조 제6호에 따라 식품의약품안전처장이 정하는 품목에 한함) (다) 한약재 (라) 동물용 의약품	 • 한국의약품수출입협회장의 표준통관예정보고서 • 수입요건확인 면제 추천서 • 식품의약품안전평가원장 또는 식품의약품안전처장이 지정한 한약재품질검사기관장의 검사필증이나 검체수거증 또는 수입승인(요건확인)서 • 한국동물약품협회장의 표준통관예정보고서
(2) 「마약류관리에 관한 법률」 해당물품	• 식품의약품안전처장의 수입승인(요건확인)서
(3) 「수입식품안전관리 특별법」 해당물품 중 식품 및 식품첨가물, 식품용 기구 및 용기·포장, 수산물, 건강기능식품, 축산물	• 지방식품의약품안전청장의 수입식품등의 수입신고확인증
(4) (삭제)	
(5) 「식물방역법」 해당물품 중 식물, 종자, 원목, 원석, 가공목재	• 농림축산검역본부장의 수입식물검역증명서, 가공품목확인서 또는 금지품제외확인서
(6) 「사료관리법」 해당물품	• 농림축산식품부장관이 지정한 신고단체의 장(농협중앙회장, 한국사료협회장, 한국단미사료협회장)의 사료수입신고필증
(7) 「가축전염 예방법」 해당물품	• 농림축산검역본부장의 동물검역증명서
(8) (삭제)	
(9) 「전기용품 및 생활용품 안전 관리법」 해당물품 (가)안전인증대상 제품 (나)안전확인대상 제품 (다) 공급자 적합성 확인대상 제품	 • 안전인증기관의 장의 안전인증서 • 안전인증기관의 장의 안전확인신고 증명서 • 공급자 적합성 확인신고 확인증명서(단, 전기용품은 제품안전협회장의 공급자 적합성 확인 신고서)

(10)「폐기물의 국가간 이동 및 그 처리에 관한 법률」 해당물품	• 유역(지방)환경청장의 폐기물 수입허가(신고)확인서
(11)「오존층 보호를 위한 특정물질의 제조규제 등에 관한 법률」 해당물품 중 수입금지물질, 국제협약에 의한 수입쿼터 관리품목	• 한국정밀화학산업진흥회장의 수입확인서
(12)「외국환거래법」해당물품	• 세관장의 지급수단등의 수입신고필증 • 한국은행총재 또는 외국환은행장의 지급등의 방법(변경)신고서
(13)「방위사업법」 해당물품 중 군용 총포, 도검, 화약류	• 방위사업청장의 수입허가서
(14)「화학물질관리법」 해당물품 (가) 금지물질 (나) 제한물질 (다) 유독물질	 • 유역(지방)환경청장의 금지물질 수입(변경)허가증 • 유역(지방)환경청장의 제한물질 수입(변경)허가증 • 유역(지방)환경청장의 유독물질 수입(변경)신고증
(15)「석면안전관리법」 해당물품	• 유역(지방)환경청장의 석면함유가능물질 수입승인서
(16)「원자력안전법」 해당물품 (가) 핵물질 (나) 방사성동위원소 및 방사선발생장치	 • 원자력안전위원회의 수입요건확인서 • 한국방사선안전재단의 수입요건확인서
(17)「총포・도검・화약류 등의 안전관리에 관한 법률」 해당물품 (가) 권총・소총・기관총・포, 화약・폭약 (나) 그 외의 총 및 그 부분품, 도검, 화공품, 분사기, 전자충격기, 석궁	 • 경찰청장의 수입허가증 • 지방경찰청장의 수입허가증
(18)「야생생물 보호 및 관리에 관한 법률」 해당물품 (단, 쉽게 식별할 수 없는 가공품은 제외) (가) 야생동물 (나) 멸종위기에 처한 야생동식물(국제적 멸종위기종 포함) (다) 생태계교란 야생동식물	 • 시장・군수・구청장의 야생동물 수입허가증 • 유역(지방)환경청장의 멸종위기 야생동・식물(국제적 멸종위기종) 수입허가서 • 유역(지방)환경청장의 생태계교란 야생동식물 수입허가서
(19)「남북교류협력에 관한 법률」 해당물품	• 통일부장관의 반입승인서
(20)「비료관리법」해당물품 중 위해성검사 대상 물품	• 국립농업과학원장의 중금속 검사합격(면제)증명서

(21) 「먹는물관리법」해당물품 중 먹는 샘물, 수처리제	• 시 · 도지사의 수입신고필증
(22) 「종자산업법」 해당물품 (가)식량작물종자 (나)채소종자 (다)버섯종균 (라)약용종자 (마)목초 · 사료작물종자 또는 녹비종자	 • 농업기술실용화재단 이사장의 수입요건확인서 • 한국종자협회장의 수입요건확인서 • 한국종균생산협회장 또는 산림청장의 수입요건확인서 • 한국생약협회장 또는 산림청장의 수입요건확인서 • 농업협동조합중앙회장의 수입요건확인서
(23) 「화장품법」해당물품	• 한국의약품수출입협회장의 표준통관예정보고서
(24) (삭제)	
(25) 「의료기기법」 해당물품 (가) 의료기기 (나) 동물용 의료기기	 • 한국의료기기산업협회장의 표준통관예정보고서 • 한국동물약품협회장의 표준통관 예정보고서
(26) 「인체조직안전 및 관리 등에 관한 법률」 해당물품	• 한국의약품수출입협회장의 표준통관예정보고서
(27) (삭제)	
(28) 「통신비밀보호법」 해당물품 중 감청설비	• 과기정통부장관의 감청설비 인가서
(29) 「산업안전보건법」 해당물품 (가)석면함유제품 (나)제조등 금지물질 (다)안전인증대상제품	 • 지방고용노동관서장의 제조금지물질 수입승인서 또는 한국산업안전보건공단이사장의 확인서 • 지방고용노동관서장의 제조금지물질 수입승인서 • 안전인증기관의 안전인증확인서 또는 서면심사결과 적합확인서

나. 물품별 수출요건

(1) HSK 10단위로 연계되지 아니하는 물품의 수입요건

㉮ 〈삭제〉

(2) HSK 10단위로 연계되는 물품의 수입요건

대상법령 및 물품의 범위	구비요건
(30) 「화학무기 · 생물무기의 금지와 특정화학물질 · 생물작용제 등의 제조 · 수출입 규제 등에 관한 법률」해당물품 중 생물작용제, 독소	• 산업통상자원부장관의 수입허가서

(31) 「수산생물질병 관리법」 해당물품	• 국립수산물품질관리원장의 수입검역증명서
(32) (삭제)	
(33) 「전파법」 해당물품 (가) 적합성평가대상 또는 적합성평가시험 신청기자재 (나) 적합성평가면제 대상 기자재	• 국립전파연구원장의 적합성 평가확인 또는 사전통관확인서 • 국립전파연구원장의 적합성 평가 면제확인서(다만, 면제확인이 생략된 경우는 제외)
(34) 「감염병의 예방 및 관리에 관한 법률」 해당물품 중 고위험병원체	• 보건복지부 장관의 고위험병원체 반입허가 및 인수신고확인서
(35) 「고압가스 안전관리법」 해당물품 중 고압가스용기	• 한국가스안전공사의 용기검사신청확인서
(36) 「어린이제품 안전 특별법」 해당물품	• 안전인증기관 또는 자율안전확인신고기관의 공산품 동일모델 확인서 • 안전인증기관 또는 자율안전확인신고기관의 공산품 시료확인 및 사전통관 확인서
(37) 「계량에 관한 법률」 해당물품	• 형식승인기관의 형식승인확인서
(38) 「위생용품 관리법」 해당물품	• 지방식품의약품안전청장의 위생용품의 수입신고 확인증
(39) 「농약관리법」 해당물품	• 농촌진흥청장의 농약품목등록증 또는 농약수입허가증
(40) 「목재의 지속가능한 이용에 관한 법률」 해당물품	• 산림청장이 지정한 목재 규격·품질 검사기관의 목재제품 규격·품질검사결과 통지서 • 산림청장이 지정한 검사기관의 수입신고 확인증

3 의무 이행의 요구

1) 의의

세관장은 다른 법령에 따라 수입 후 특정한 용도로 사용하여야 하는 등의 의무가 부가되어 있는 물품에 대하여는 문서로써 해당 의무를 이행할 것을 요구할 수 있다(법 제227조 제1항). 의무의 이행을 요구받은 자는 특별한 사유가 없으면 해당 물품에 대하여 부가된 의무를 이행하여야 한다(법 제227조 제2항).

예를 들어 세관장은 다음의 어느 하나에 해당하는 원산지표시대상물품을 수입하는 자에게 수입신고수리 후 원산지표시 의무를 준수할 것을 통지하여야 한다

(원산지제도 운영에 관한 고시 제11조 제1항).

① 재포장되는 물품

② 분할포장되는 물품

③ 단순가공을 거치거나 다른 물품과 결합되는 물품

④ 현품에 원산지표시를 할 수 없는 물품으로서 낱개 포장되어 판매되는 물품

⑤ 산물

2) 의무의 면제

수입신고수리시에 부과된 의무를 면제받고자 하는 자는 다음의 하나에 해당하는 경우에 한하여 당해 의무이행을 요구한 세관장의 승인을 얻어야 한다(영 제234조).

① 법령이 정하는 허가·승인·추천 기타 조건을 구비하여 의무이행이 필요하지 아니하게 된 경우

② 법령의 개정 등으로 인하여 의무이행이 해제된 경우

③ 관계행정기관의 장의 요청 등으로 부과된 의무를 이행할 수 없는 사유가 있다고 인정된 경우

4 통관표지

세관장은 관세 보전을 위하여 필요하다고 인정할 때에는 다음의 하나에 해당하여 수입하는 물품에 통관표지를 첨부할 것을 명할 수 있다(법 제228조).[3] 그러나 현재 통관표지대상물품으로 지정된 것은 없다. 통관표지는 통관표지 첨부대상물품의 현품(개당)에 1장씩 첨부하되 세관공무원의 관리 감독하에 수입화주나 매입자의 비용과 책임으로 첨부하여야 하며, 입회한 세관공무원은 첨부 후 재사용이 불가능하도록 완전히 부착되었는지 여부를 확인하여야 한다(수입통관사무처리에 관한 고시 제118조 제1항, 제2항).

3) 다음의 어느 하나에 해당하는 물품은 통관표지의 첨부를 생략한다(동 고시 제116조 제2항).

① 수입신고수리 후 자가사용으로 인정되는 휴대품, 우편물, 탁송품이나 별송품

② 재수출조건부 면세대상 물품 등 일시수입물품

③ 우리나라에서 수출된 후 재수입되는 물품

④ 외교관 면세대상물품

⑤ 수출조건으로 공매낙찰된 물품

① 관세법에 의하여 관세의 감면 또는 용도세율의 적용을 받은 물품
② 시설기계류 등 관세의 분할납부승인을 얻은 물품
③ 부정수입물품과 구별하기 위하여 관세청장이 지정하는 물품

제2절 품목분류

1 정 의

HS(The International Convention on the Harmonized Commodity Description and Coding System and its Annex : 통일상품명 및 부호체계에 관한 국제협약과 그 부속서)는 Harmonized Commodity Description and Coding System(조화제도)라고 불린다. 이는 1983년 CCCN 총회에서 채택되고 1988년 발효된 HS 협약의 부속서로 작성된 것으로 "품목분류표" 이외에 "국제통일상품분류제도"란 의미로도 사용된다.

2 생성배경

통계목적의 SITC(Standard International Trade Classification : 표준국제무역분류)와 관세목적의 BTN(Brussels Tariff Nomenclature : 브뤼셀관세품목분류표)와 CCCN (Customs Cooperation Council Nomenclature)를 통합하여 1988년 1월 1일부터 관세, 무역, 통계, 운송, 보험분야 등에서 국제통일상품분류제도로서 사용하게 되었다. 최근 2012년 5월에 5차 개정되었다.

3 제정의 기본원칙

① 상품분류에 있어서 이중분류됨이 없도록 품목의 배열구조가 균형있게 작성되어야 한다.

② 국제무역에서 다목적으로 사용할 수 있어야 하며, 모든 무역거래되는 상품을 분류할 수 있어야 한다.

③ 용어는 간단하고 간명하여야 하며 6단위에 표기된 용어 표현만으로도 누구나 쉽게 알 수 있어야 한다.

④ 단어나 용어의 표현이 정확해야 하며 국제적으로 안정된 기술용어이거나 표준화된 용어만 사용함으로써 상품분류의 통일을 기해야 한다.

4 HS 구조

1) HS 기본구조

HS는 품목분류 전체의 분류원칙을 정한 통칙이 있고, 부–류–(절)–호–소호의 구조를 가지고 있다. 부는 21개, 류는 97개(2단위), 호는 4단위, 소호는 6단위이다. 절(28, 29, 39, 63, 69, 71, 72류에 존재)은 류의 참조의 편의상 설정한 것으로서 품목분류표 구조상 중요하지 않다. 통칙, 주, 호는 법적구속력을 갖는다.

2) 통칙

통칙은 품목분류의 통일성 확보를 위해 품목분류에 관한 기본원칙을 정해 놓은 것이다.

<table>
<tr><td>최우선 적용원칙</td><td>통칙 1</td><td colspan="2">호, 주의 최우선 적용원칙</td></tr>
<tr><td rowspan="6">종속적 적용원칙</td><td rowspan="2">통칙 2</td><td rowspan="2">호의 개념 확대</td><td>(가) 불완전, 미완성, 미조립, 분해물품의 분류원칙</td></tr>
<tr><td>(나) 혼합, 복합물품의 분류원칙</td></tr>
<tr><td rowspan="3">통칙 3</td><td rowspan="3">둘 이상의 호에 분류될 수 있는 경우 적용원칙</td><td>(가) 협의로 표현된 호 우선 분류원칙</td></tr>
<tr><td>(나) 본질적 특성 우선 고려 원칙</td></tr>
<tr><td>(다) 최종호 분류원칙</td></tr>
<tr><td>통칙 4</td><td colspan="2">유사물품 적용원칙</td></tr>
<tr><td rowspan="3">보조적 적용원칙</td><td rowspan="2">통칙 5</td><td rowspan="2">케이스, 포장재료 분류원칙</td><td>(가) 케이스 등의 분류원칙</td></tr>
<tr><td>(나) 포장재료, 포장용기 분류원칙</td></tr>
<tr><td>통칙 6</td><td colspan="2">소호의 분류원칙</td></tr>
</table>

3) 주(Legal Note)

주는 부, 류, 호, 소호의 정확한 범위와 분류한계를 결정함으로써 일물일처의 원칙을 실현시키도록 유도함을 목적으로 하고 다음과 같은 기능을 수행한다.

① 호나 소호의 분류범위에 관한 일반적 정의 또는 특정 용어에 대한 의미와 정의
② 소호, 호 또는 호의 그룹이 포괄하는 상품의 총괄적인 목록 제시
③ 경합물품의 소속명시 – 제외, 포함품목 명시 등

4) HSK(HS of Korea)

HS는 6단위 소호까지 규정하고 있으며 HS협약국은 이를 수용하여야 한다. 각국의 실정에 맞게 7단위 이상을 세분하여 사용할 수 있으며 우리나라는 10단위까지 세분하여 HSK를 운용하고 있다.

HS협약국은 자국의 관세품목분류표와 통계통합분류표를 HS체계에 일치시켜 사용하는 것을 의무화 하고 있으므로 우리나라도 HS체계에 맞춰 「관세법」 별표 관세율표를 사용하고 있다.

HSK의 구조

부	류	품목	부	류	품목
1부	1류	산동물	11부	50류	견
	2류	육과 실용설육		51류	양모·섬수모·조수모·마모사
	3류	어류갑각류 연체동물		52류	면
	4류	낙농품조란 천연꿀		53류	기타 식물성 방직용 섬유
	5류	다른 류에 분류되지 않는 동물성 생산품		54류	인조필라멘트
2부	6류	산수목, 인경, 뿌리		55류	인조스테이플섬유
	7류	식용의 채소, 뿌리		56류	워딩·펠트·부직포
	8류	식용의 과실, 견과류		57류	양탄자, 바닥깔개
	9류	커피, 차, 마태, 향신료		58류	레이스, 자수포
	10류	곡물		59류	침투·도포·피복한 방직용 섬유의 직물
	11류	제분공업 생산품, 맥아, 전분		60류	메리야스 편물과 뜨개질 편물
	12류	채유용에 적합한 종자, 과실		61류	의류와 그 부속품(메리야스편물 또는 뜨개질편물의 것에 한함)
	13류	락, 검, 수지		62류	의류와 그 부속품(메리야스편물 또는 뜨개질편물의 것을 제외함)
	14류	식물성 편조물용 재료		63류	방직용섬유의 기타물품, 세트, 사용하던 의류

부	류	품목	부	류	품목
3부	15류	동·식물성 유지	12부	64류	신발과 이들의 부분품
4부	16류	육류·어류·갑각류·연체동물 조제품		65류	모자와 그 부분품
	17류	당류와 설탕과자		66류	산류, 지팡이
	18류	코코아와 그 조제품		67류	조제우모와 그 제품, 조화, 인모제품
	19류	곡물, 전분, 밀크조제품, 베이커리제품	13부	68류	시멘트, 석면, 운모의 제품
	20류	채소·과실·견과류의 조제품		69류	도자제품
	21류	각종 조제 식료품		70류	유리와 유리제품
	22류	음료·알코올	14부	71류	천연·양식 진주, 귀석, 반귀석, 모조신변장식용품
	23류	식품공업에서 생기는 잔유물, 웨이스트, 조제사료	15부	72류	철강
	24류	담배		73류	철강의 제품
5부	25류	소금, 황, 석회, 시멘트		74류	동과 그 제품
	26류	광, 슬랙, 회		75류	니켈과 그 제품
	27류	광물성 연료 및 왁스		76류	알루미늄과 그 제품
6부	28류	무기화학품		77류	유보
	29류	유기화학품		78류	연과 그 제품
	30류	의료용품		79류	아연과 그 제품
	31류	비료		80류	주석과 그 제품
	32류	페인트, 잉크		81류	기타 비금속, 서메트 이들의 제품
	33류	정유, 화장품		82류	비금속제의 공구, 도구, 칼붙이, 스푼, 포크
	34류	비누, 조제세제, 인조왁스, 양초		83류	비금속제의 각종 제품
	35류	글루, 효소	16부	84류	원자로, 보일러와 기계류
	36류	화약류, 성냥		85류	전기기기와 그 부분품
	37류	사진용 또는 영화용 재료	17부	86류	철도 또는 궤도용의 기관차, 이들의 부분품
	38류	각종 화학공업 생산품		87류	철도 또는 궤도용 이외의 차량, 그 부분품
7부	39류	플라스틱과 그 제품		88류	항공기와 우주선 및 이들의 부분품
	40류	고무와 그 제품		89류	선박과 수상구조물
8부	41류	원피와 그 가죽	18부	90류	광학기기, 사진용기기, 영화용기기, 정밀기기
	42류	가죽제품		91류	시계와 그 부분품
	43류	모피, 인조모피와 이들의 제품		92류	악기 및 그 부분품
9부	44류	목재와 그 제품		93류	무기, 총포탄 및 이들의 부분품
	45류	코르크와 그 제품	20부	94류	가구, 침구, 매트리스, 램프, 조명기구
	46류	짚, 기타 조무재료의 제품		95류	완구, 운동용구 및 이들의 부분품
10부	47류	목재		96류	잡품
	48류	지와 판지, 제지용 펄프	21부	97류	예술품, 골동품
	49류	인쇄서적, 신문, 회화			

5 품목분류체계의 수정

기획재정부장관은 관세협력이사회로부터 협약의 품목분류에 관한 권고 또는 결정이 있거나 새로운 상품이 개발되는 등 법 별표 관세율표와 「세계무역기구협정 등에 의한 양허관세규정」·「특정국가와의 관세협상에 따른 국제협력관세의 적용에 관한 규정」 및 「최빈개발도상국에 대한 특혜관세 공여규정」에 의한 품목분류 및 품목분류표를 변경할 필요가 있는 때에는 그 세율을 변경함이 없이 법 별표 관세율표와 양허관세규정 등에 의한 품목분류 및 품목분류표를 변경고시할 수 있다(영 제98조 제2항).

관세법 제85조에 따른 품목분류의 적용기준에 관한 규칙 [별표]

품명	품목분류 적용기준
소뼈와 돼지뼈	가. 다음의 요건을 모두 충족하는 경우 소뼈는 「관세법」 별표 관세율표상의 번호(이하 "품목번호"라 한다) 제0201호 및 제0202호에 분류하고, 돼지뼈는 품목번호 제0203호에 분류한다. 1) 뼈에 고기가 붙어 있을 것 2) 관련 법령에 따라 식용에 적합한 것으로 확인된 것 나. 비식용 또는 공업용으로 사용하기 위하여 산(酸) 처리하거나 그 밖의 방법으로 가공처리한 것은 품목번호 제0506호에 분류한다.
냉동고추	가. 다음의 요건을 모두 충족하는 경우 품목번호 제0710호에 분류한다. 1) 고추 과육(果肉)의 내부까지 완전히 냉동되어 있을 것 2) 고추의 색깔 및 과형(果形), 과육의 조직이 신선한 고추로서의 특성을 유지하고 있을 것 3) 고추 자체의 수분 함유량이 전 중량의 100분의 80[작은 매운 고추(절단하지 않은 완전한 상태에서 꼭지를 제외한 전체 길이가 7센티미터 이하인 것으로 한정한다)는 수분 함유량이 전 중량의 100분의 70] 이상일 것 나. 가목1)의 요건을 충족하되, 가목2) 및 3) 요건을 충족하지 못하는 경우 품목번호 제0904호에 분류한다. 다. 가목 및 나목의 물품이 혼합된 경우로서 분리가 가능한 경우에는 각각 분리하여 해당 호에 분류한다.
견과류 등을 함유한 설탕과자	가. 포장상태, 중량, 표시 등으로 볼 때 소매용으로 판매되는 것이 인정되고 직접 식용에 적합한 것으로서 다음 1) 및 2)의 어느 하나에 해당하는 경우에는 품목번호 제1704호에 분류한다. 1) 견과류 등(부수었거나 잘게 부순 것은 제외한다)의 표면을 설탕으로 완전히 도포하여 외관상 견과류 등이 드러나 보이지 않을 것

	2) 설탕과 견과류 등을 혼합하여 성형하거나, 설탕 성형체(成形體)에 견과류 등을 도포하거나 접합시킨 것으로서 견과류 등이 외관상 드러나 보이는 물품의 경우에는 구성 성분 중 설탕 함유량이 전 중량의 100분의 65를 초과할 것 나. 페이스트상으로서 직접 설탕과자로 변형이 가능하고 다른 물품의 충전제로 사용되는 것으로 설탕함유량이 전 중량의 100분의 50을 초과하는 경우에는 품목번호 제1704호에 분류한다. [비고] "견과류 등"이란 관세율표 제8류의 견과류뿐만 아니라, 제12류의 대두·땅콩·참깨 등과 같은 씨나 종자를 포함하며, "설탕"이란 제1701호의 자당이나 제1701호의 자당 함유량이 전 중량의 100분의 50을 초과하는 당류 혼합물을 말한다.
고추 다진 양념	다음의 요건을 모두 충족하는 경우 품목번호 제2103호에 분류한다. 1) 구성 성분이 고르게 혼합되고, 상호분리가 불가능할 것 2) 전체 성분 중 고추(2밀리미터의 금속망 체를 통과하는 비율이 전 중량의 100분의 90을 초과하는 것으로 한정한다)의 중량 비율이 전 중량의 100분의 40 이하일 것 3) 전체 성분 중 마늘, 파, 양파, 생강 등 다진 양념의 특성을 부여하는 물품이 두 종류 이상 적정한 비율로 혼합되어 있어야 하고, 이들의 합의 중량비율이 전 중량의 100분의 10 이상일 것 4) 전체 성분 중 소금의 중량비율이 전 중량의 100분의 20 이하일 것 5) 전체 성분 중 총 수분(원료자체의 함유수분을 포함한다)의 중량비율이 전 중량의 100분의 45 이상일 것 [비고] 2)의 통과 중량 시험방법은 한국산업규격(KS) A 0507의 체가름시험방법 중 습식 체가름시험방법에 따른다.
로열 젤리를 첨가한 천연꿀	가. 다음의 요건을 모두 충족하는 경우 품목번호 제2106호에 분류한다. 1) 로열젤리의 함유량이 전 중량의 100분의 5 이상일 것* 2) 로열젤리와 천연꿀의 분리가 불가능할 것 나. 가목에 해당하지 않는 물품은 제0409호에 분류한다. [비고] 로열젤리를 구성하는 성분 중 하이드록시 데센산(10-HDA)의 함유량이 전 중량의 100분의 0.08 이상인 경우 로열젤리의 함유량이 전 중량의 100분의 5이상인 것으로 본다.

6 특정물품에 적용될 품목분류의 사전심사

1) 신청

물품을 수출입하려는 자, 수출할 물품의 제조자 및 「관세사법」에 따른 관세사·관세법인 또는 통관취급법인은 수출입신고를 하기 전에 다음의 서류를 갖추어 관세청장에게 해당 물품에 적용될 별표 관세율표상의 품목분류를 미리 심사하여 줄 것을 신청할 수 있다(법 제86조 제1항).

① 물품의 품명·규격·제조과정·원산지·용도·통관예정세관 및 신청사유 등을 기재한 신청서
② 신청대상물품의 견본
③ 그 밖의 설명자료

2) 품목분류 결정 통지

사전심사의 신청을 받은 관세청장은 해당 물품에 적용될 품목분류를 심사하여 사전심사 또는 재심사의 신청을 받은 날부터 30일(보정기간은 제외한다) 이내에 이를 신청인에게 통지하여야 한다(법 제86조 제2항). 다만, 관세청장은 제출된 신청서와 견본 및 그 밖의 설명 자료가 미비하여 품목분류를 심사하기가 곤란한 때에는 20일 이내의 기간을 정하여 보정을 요구할 수 있다(영 제106조 제2항). 관세청장은 품목분류를 심사할 때 신청인이 법 별표 관세율표에 따른 호 및 소호까지의 품목분류에 대한 심사를 요청하는 경우에는 해당 번호까지의 품목분류에 대해서만 심사하여 통지할 수 있다(영 제106조 제6항).

관세청장은 품목분류를 심사하여 신청인에게 통지하는 경우에는 통관예정세관장에게도 그 내용을 통지하면서 설명자료를 함께 송부하여야 한다(영 제106조 제5항).

3) 재심사 요청

품목분류 결정 통지를 받은 자는 통지받은 날부터 30일 이내에 위의 1)에 언급된 서류를 갖추어 관세청장에게 재심사를 신청할 수 있다(법 제86조 제3항). 이 경우 관세청장은 해당 물품에 적용될 품목분류를 재심사하여 신청을 받은 날부터

60일 이내에 이를 신청인에게 통지하여야 하며, 제출자료의 미비 등으로 품목분류를 심사하기 곤란한 경우에는 그 뜻을 통지하여야 한다(영 제106조 제7항). 또한 재심사를 신청한 물품이 다음의 어느 하나에 해당하는 경우에는 관세품목분류위원회[4]의 심의에 부쳐야 한다(영 제106조 제8항).

① 해당 물품의 품목분류가 변경될 경우 등 납세자(수출자를 포함한다)의 권리 및 의무에 중대한 영향을 미칠 수 있다고 판단되는 경우
② 법 별표 관세율표 및 품목분류 적용기준에 대하여 사전(事前)적 해석이 필요하다고 판단되는 경우
③ 그 밖에 위의 ① 및 ②와 유사한 경우로서 관세청장이 정하여 고시하는 경우

4) 신청 반려

관세청장은 사전심사 또는 재심사의 신청이 다음의 어느 하나에 해당하는 경우에는 해당 신청을 반려할 수 있다(영 제106조 제3항).

① 보정기간 내에 보정하지 아니한 경우
② 신청인이 사전심사 또는 재심사를 신청한 물품과 동일한 물품을 이미 수출입 신고한 경우
③ 신청인이 반려를 요청하는 경우
④ 이의신청 등 불복 또는 소송이 진행 중인 경우
⑤ 그 밖에 사전심사 또는 재심사가 곤란한 경우로서 기획재정부령으로 정하는 경우

5) 품목분류 고시

관세청장은 품목분류를 심사한 물품 및 재심사 결과 적용할 품목분류가 변경된 물품에 대하여는 해당 물품에 적용될 품목분류와 품명, 용도, 규격 그 밖에 필요한 사항을 고시 또는 공표하여야 한다(법 제86조 제4항). 다만, 신청인의 영

---

4) 다음의 사항을 심의하기 위하여 관세청에 관세품목분류위원회를 둔다(법 제85조 제2항).
1. 품목분류 적용기준의 신설 또는 변경과 관련하여 관세청장이 기획재정부장관에게 요청할 사항
2. 특정물품에 적용될 품목분류의 사전심사 및 재심사
3. 특정물품에 적용될 품목분류의 변경 및 재심사
4. 그 밖에 품목분류에 관하여 관세청장이 분류위원회에 부치는 사항

업 비밀을 포함하는 등 해당 물품에 적용될 품목분류를 고시 또는 공표하는 것이 적당하지 아니하다고 인정되는 물품에 대하여는 고시 또는 공표하지 아니할 수 있다.

6) 품목분류 적용

세관장은 수출입신고가 된 물품이 품목분류 사전심사 및 재심사 결과를 통지한 물품과 같을 때에는 그 통지 내용에 따라 품목분류를 적용하여야 한다(법 제86조 제5항).

이 경우 재심사 결과 적용할 품목분류가 변경되었을 때에는 신청인이 변경 내용을 통지받은 날과 품목분류를 심사한 물품 및 품목분류가 변경된 물품에 대한 고시 또는 공표일 중 빠른 날("변경일"이라 한다)부터 변경된 품목분류를 적용하되, 다음의 기준에 따라 달리 적용할 수 있다(법 제86조 제5항).

<table>
<tr><td>변경일부터 30일이 지나기 전에 우리나라에 수출하기 위하여 선적된 물품에 대하여 변경 전의 품목분류를 적용하는 것이 수입신고인에게 유리한 경우</td><td>변경 전의 품목분류 적용</td></tr>
<tr><td>거짓자료 제출 등 신청인에게 책임 있는 사유로 품목분류가 변경된 경우</td><td rowspan="2">변경일 전에 수출입신고가 수리된 물품에 대해서도 소급하여 변경된 품목분류 적용</td></tr>
<tr><td>다음의 어느 하나에 해당하는 경우로서 수출입신고인에게 유리한 경우
① 품목분류 사전심사 및 재심사에 따른 신청인에게 자료제출 미비 등의 책임 있는 사유가 없는 경우
② 품목분류 사전심사 및 재심사에 따른 신청인이 아닌 자가 관세청장이 결정하여 고시하거나 공표한 품목분류에 따라 수출입신고를 한 경우</td></tr>
</table>

7) 수수료 납부

관세청장은 품목분류를 심사 또는 재심사하기 위하여 해당 물품에 대한 구성재료의 물리적·화학적 분석이 필요한 경우에는 해당 품목분류를 심사 또는 재심사하여 줄 것을 신청한 자에게 기획재정부령으로 정하는 수수료를 납부하게 할 수 있다(법 제86조 제6항).

8) 유효기간

통지받은 품목분류 사전심사 결과 또는 재심사 결과의 품목분류가 변경되기 전까지 유효하다(법 제86조 제7항).

7 특정물품에 적용되는 품목분류의 변경 및 적용

관세청장은 품목분류의 사전심사 또는 재심사한 품목분류를 변경하여야 할 필요가 있거나[5] 그 밖에 관세청장이 직권으로 한 품목분류를 변경하여야 할 부득이한 사유가 생겼을 경우 등에는 해당 물품에 적용할 품목분류를 변경할 수 있고, 품목분류를 변경하였을 때에는 그 내용을 고시하고, 품목분류 사전심사 및 재심사 결과를 통지한 신청인에게는 그 변경된 내용을 통지하여야 한다(법 제87조 제1항, 제2항).

품목분류 사전심사 또는 재심사한 품목분류가 변경되거나 재심사 결과 품목분류가 변경된 경우 그 변경된 품목분류는 다시 변경되기 전까지 유효하다(법 제87조 제5항).

제3절 원산지의 확인

1 의 의

원산지란 물품이 생산, 제조 및 가공된 국가를 의미한다. 원산지규정을 두는 이유는 특혜적용을 위하여 혹은 비특혜 적용을 목적으로 한다. 통관대상이 되는

5) 품목분류를 변경할 수 있는 경우는 다음과 같다(영 제107조 제1항).
1. 관계법령의 개정에 따라 당해 물품의 품목분류가 변경된 경우
2. 법 제84조의 규정에 의하여 품목분류를 변경한 경우
3. 신청인의 허위자료제출 등으로 품목분류에 중대한 착오가 생긴 경우
4. 「통일상품명 및 부호체계에 관한 국제협약」에 따른 관세협력이사회의 권고 또는 결정 및 법원의 확정판결이 있는 경우
5. 동일 또는 유사한 물품에 대하여 서로 다른 품목분류가 있는 경우

물품에 특혜를 부여하는 경우는 대표적으로 FTA협상에 의하여 합의한 특혜관세를 적용하거나, 최빈개발도상국에 우리나라가 일방적으로 상대방 국가에 편익을 부여하는 경우 등이 이에 해당한다. 반면 비특혜를 목적으로 하는 경우에는 관세법상 덤핑방지관세, 상계관세, 긴급수입제한조치 등을 위한 규제가 필요한 경우라 할 수 있다.

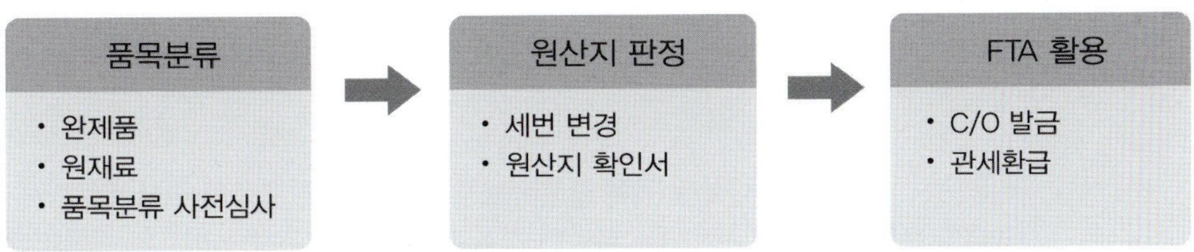

2 원산지 확인 기준

1) 의의

관세법, 조약, 협정 등에 따른 관세의 부과·징수, 수출입물품의 통관, 수입국가의 권한 있는 기관의 확인요청에 따른 조사 등을 위하여 원산지를 확인할 때에는 다음의 어느 하나에 해당하는 나라를 원산지로 한다(법 제229조 제1항). 그러나 수출물품에 대한 원산지 결정기준이 수입국의 원산지 결정기준과 다른 경우에는 수입국의 원산지 결정기준을 따를 수 있다(시행규칙 제74조 제6항).

① 해당 물품의 전부를 생산·가공·제조한 나라

② 해당 물품이 2개국 이상에 걸쳐 생산·가공 또는 제조된 경우에는 그 물품의 본질적 특성을 부여하기에 충분한 정도의 실질적인 생산·가공·제조 과정이 최종적으로 수행된 나라

2) 일반물품의 원산지결정기준

(1) 완전생산기준

완전생산기준에 의하여 원산지를 인정하는 물품은 다음과 같다(시행규칙 제74조 제1항).

① 당해 국가의 영역에서 생산된 광산물과 식물성 생산물

② 당해 국가의 영역에서 번식 또는 사육된 산 동물과 이들로부터 채취한 물품
③ 당해 국가의 영역에서의 수렵 또는 어로로 채집 또는 포획한 물품
④ 당해 국가의 선박에 의하여 채집 또는 포획한 어획물 기타의 물품
⑤ 당해 국가에서의 제조·가공의 공정 중에 발생한 부스러기
⑥ 당해 국가 또는 그 선박에서 위의 ① 내지 ⑤의 물품을 원재료로 하여 제조·가공한 물품

(2) 실질적 변형기준

세번변경기준	2개국 이상에 걸쳐 생산·가공 또는 제조된 물품의 원산지는 당해 물품의 생산과정에 사용되는 물품의 품목분류표상 6단위 품목번호와 다른 6단위 품목번호의 물품을 최종적으로 생산한 국가로 한다(시행규칙 제74조 제2항).
주요공정·부가가치에 의한 원산지기준	관세청장은 6단위 품목번호의 변경만으로 본질적 특성을 부여하기에 충분한 정도의 실질적인 생산과정을 거친 것으로 인정하기 곤란한 품목에 대하여는 주요공정·부가가치 등을 고려하여 품목별로 원산지기준을 따로 정할 수 있다(시행규칙 제74조 제3항). 관세청장은 품목별 원산지기준을 정하는 때에는 기획재정부장관 및 해당 물품의 관계부처의 장과 협의하여야 한다(시행규칙 제74조 제5항).
단순가공활동	다음의 하나에 해당하는 작업이 수행된 국가는 본질적 특성을 부여하는 작업을 수행한 국가로서의 원산지로 인정하지 아니한다(시행규칙 제74조 제4항). ① 운송 또는 보세구역장치 중에 있는 물품의 보존을 위하여 필요한 작업 ② 판매를 위한 물품의 포장개선 또는 상표표시 등 상품성 향상을 위한 개수작업 ③ 단순한 선별·구분·절단 또는 세척작업 ④ 재포장 또는 단순한 조립작업 ⑤ 물품의 특성이 변하지 아니하는 범위 안에서의 원산지가 다른 물품과의 혼합작업 ⑥ 가축의 도축작업

(3) 특수물품의 원산지결정기준

촬영된 영화용 필름, 부속품·예비부분품 및 공구와 포장용품은 다음의 구분에 따라 원산지를 인정한다(시행규칙 제75조 제1항). 그러나 수출물품에 대한 원산지 결정기준이 수입국의 원산지 결정기준과 다른 경우에는 수입국의 원산지 결정기준을 따를 수 있다(시행규칙 제75조 제2항).

① 촬영된 영화용 필름은 그 제작자가 속하는 국가
② 기계·기구·장치 또는 차량에 사용되는 부속품·예비부분품 및 공구로서 기계·기구·장치 또는 차량과 함께 수입되어 동시에 판매되고 그 종류 및 수량

으로 보아 통상 부속품·예비부분품 및 공구라고 인정되는 물품은 당해 기계·기구 또는 차량의 원산지

③ 포장용품은 그 내용물품의 원산지. 다만 품목분류표상 포장용품과 내용품을 각각 별개의 품목번호로 하고 있는 경우에는 그러하지 아니한다.

3 직접운송원칙

원산지를 결정할 때 해당 물품이 원산지가 아닌 국가를 경유하지 아니하고 직접 우리나라에 운송·반입된 물품인 경우에만 그 원산지로 인정한다(시행규칙 제76조). 그러나 다음의 어느 하나에 해당하는 물품인 경우에는 우리나라에 직접 반입한 것으로 본다(시행규칙 제76조).

모든 요건을 충족하는 물품	• 지리적 또는 운송상의 이유로 단순 경유한 것 • 원산지가 아닌 국가에서 관세당국의 통제하에 보세구역에 장치된 것 • 원산지가 아닌 국가에서 하역, 재선적 또는 그 밖에 정상 상태를 유지하기 위하여 요구되는 작업 외의 추가적인 작업을 하지 아니한 것
박람회 · 전시회 등 물품	박람회·전시회 및 그 밖에 이에 준하는 행사에 전시하기 위하여 원산지가 아닌 국가로 수출되어 해당 국가 관세당국의 통제하에 전시목적에 사용된 후 우리나라로 수출된 물품일 것

베트남 '포장만 베트남産' 중국 제품에 칼 뽑았다

베트남 정부가 중국산 제품을 베트남산인 것처럼 속이는 행위를 대대적으로 단속하고 나섰다. 미국이 중국에 부과한 고율 관세를 피하기 위해 중국 수출입 업체들이 중국산 제품을 베트남산으로 재포장하는 사례가 크게 늘어나고 있다.

10일(현지시간) 블룸버그통신 등에 따르면 베트남 세관총국은 전날 홈페이지에 성명을 내고 미국 수출을 위해 베트남으로 들여온 뒤 불법적으로 베트남산 상표를 단 중국산 제품에 높은 벌금을 부과할 계획이라고 밝혔다.

세관총국은 최근 미국의 고율 관세를 피하려는 중국 기업들의 가짜 원산지 증명서와 불법 운송장 등을 수십 건 발견했다고 설명했다. 적발된 품목은 중국산 알루미늄과 강철, 농산물, 섬유, 꿀, 목재 등 10여 종으로 모두 미국의 고율 관세 대상인 것으로 알려졌다. 중국 기업들이 제품을 베트남으로 보낸 뒤 베트남에서 재포장하는 과정에서 원산지를 바꿔치기한 것으로 파악된다. 베트남 원산지 증명서를 발급

받아 미국 등으로 수출했다는 얘기다. 미국 세관당국은 최근 중국산 합판이 베트남산으로 둔갑해 미국으로 수출된 사례를 베트남에 통보하기도 했다.

블룸버그통신은 미국과 중국의 무역전쟁이 격화하면서 중국 기업이 고율 관세를 우회해 미국에 수출하려는 시도가 늘어나고 있다고 보도했다. 이 우회 경로로 가장 많이 택하는 국가로 베트남이 꼽혔다. 베트남은 중국과 국경을 맞대고 있어 추가 운송비 등 우회 비용이 크지 않기 때문이다.

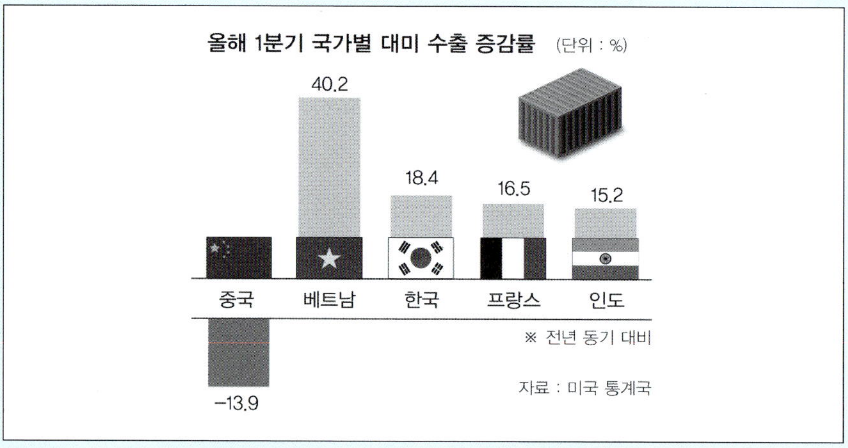

미국 통계국에 따르면 지난 1분기 중국의 대미 수출량은 전년 동기 대비 13.9% 줄었다. 반면 1분기 베트남의 대미 수출량은 40.2%나 증가했다. 수출 증가에는 이 같은 불법 행위가 일정 부분 영향을 미친 것으로 분석된다.

베트남 세관총국은 원산지 허위 기재 단속을 강화하고 관련 기업을 처벌할 계획이다. 도반신 베트남 의회 경제위원회 의원은 블룸버그통신에 "베트남산으로 위장한 중국산 제품이 미국에 수출되는 것을 용인했다는 이유로 미국이 베트남에 제재를 가할까 염려된다"고 말했다.

한국경제, 선한결 기자 입력 2019.6.11

조심 2014관0106 (2014.09.02)

– 제3국을 경유하여 운송된 물품에 대하여 수출참가국에서 발행한 통과선하증권이 제출되지 않았으므로 협정관세율 적용을 부인하여 관세 등을 과세한 처분의 당부

청구법인은 2010.3.10.~2012.10.29. 쟁점물품을 OOO을 경유하여 수입하면서, 원산지증명서 및 선하증권 등을 제출하고 「관세법」 제73조 및 「한-아세안 FTA」에 따른 협정관세 적용신청을 하였고, 통관지세관장은 이를 수리하였다.

처분청은 2013년 6월 쟁점물품의 원산지 확인을 위한 서면조사를 실시한 바, 쟁점물품의 수출국인 OOO에서 OOO을 경유하여 우리나라에 운송되었음에도 '수출 당사국에서 발행한 통과선하증권'이 제출되지 않아 원산지 규정에 충족되지 않는다고 보아, 2013.11.18. 관세, 부가가치세, 가산세 등 합계를 경정・고지하였다.

「한-아세안 FTA」협정 본문에 통과선하증권을 제출하여야 한다는 의무규정은 없으나, 「한-아세안 FTA 부속서3 부록1」 제19조에 제3국 경유 수입물품의 경우 수출당사국에서 발행한 통과선하증권을 수입 당사국 관련 정부당국에 제출하도록 규정하고 있다. 통과선하증권은 선사(Master B/L) 및 운송주선인(House B/L)이 최초 화물 인수시 발급하는데 통과선하증권은 선하증권의 일종으로서 운송화물을 목적지까지 운송하는 데 선주가 다른 선박회사의 선박을 이용하거나 해상에서 다른 해상을 경유하여 그 경유지에서 다른 선박으로 환적되어 운송된 경우 최초의 운송업자가 전구간의 운송에 대하여 발행하여 모든 책임을 지는 운송증권으로서 선하증권의 일종이다.

따라서 쟁점물품의 경우 전 운송구간이 기재되어 있는 수출국에서 발급된 통과선하증권을 제출하여야만 협정관세 적용이 가능하다고 하겠으므로 처분청이 기본관세율을 적용한 처분에 잘못이 있다고 보기는 어렵다고 판단된다.

4 허위표시물품의 통관제한

1) 원산지 허위표시물품 등의 통관 제한

세관장은 법령에 따라 원산지를 표시하여야 하는 물품이 다음의 어느 하나에 해당하는 경우에는 해당 물품의 통관을 허용하여서는 아니 된다(법 제230조). 다만, 그 위반사항이 경미한 경우에는 이를 보완・정정하도록 한 후 통관을 허용할 수 있다.

① 원산지 표시가 법령에서 정하는 기준과 방법에 부합되지 아니하게 표시된 경우
② 원산지 표시가 부정한 방법으로 사실과 다르게 표시된 경우
③ 원산지 표시가 되어 있지 아니한 경우

원산지 부적정표시 판정 예시

[원산지제도 운영에 관한 고시 별표6]

쉽게 보이지 않거나 확인이 어려운 위치에 원산지를 표시한 경우	- 선풍기, 소형스피커의 밑바닥에 표시 - 가방 안쪽의 주머니에 표시 - 가구, 냉장고, 전자렌지의 밑바닥에 표시 - 위생도기(소변기, 변기, 세면대 등)의 안쪽 깊숙한 곳 또는 밑바닥 또는 뒷면에 표시
원산지를 제대로 식별, 인지하기 어려운 경우 등	- 제품의 바탕색과 같거나 비슷한 색으로 인쇄하여 원산지를 표시 - 글자를 흘림체·그래픽체·필기체(직접 필기한 경우를 포함한다) 등으로 표시 - 원산지표시와 같은 줄에 다른 표시를 하여 원산지를 쉽게 인지하기 어렵도록 표시 - 불어, 포르투갈어, 스페인어, 일본어 또는 중국의 백화문자 등으로 표시 - 국가가 아닌 지역공동체 또는 도시명을 기재한 경우(Made in EU, NAFTA 등) - 국가명을 통상적으로 사용하지 않는 약자로 표시한 경우(Made in P.R.C, JPN 등) - 포장상태로 판매되는 물품으로 현품에는 원산지표시가 되었으나 포장에는 미표시 - 홍콩산 물품임에도 중국산으로 표시한 여성의류(제8조 제2호 관련) - 괌에서 만든 물품에「Made in USA」로 표시(제8조 제2호 관련)
제거하기 용이하게 표시한 경우	- 의류라벨을 길게 한 후 끝부분에 원산지를 표시하여 자르기 쉽게 한 경우 - 품질표시 라벨이 부착되어 있음에도 이 품질표시 라벨에는 원산지 표시를 하지 않고 별도로 부착한 라벨에 원산지를 표시한 경우 - 잘 떨어지는 스티커 또는 원산지만을 표시한 스티커로 표시한 경우 예) 라미네이팅 스티커 또는 접착력이 약한 스티커로 부착한 시계 등 기기 - 문질러 지워지는 잉크로 인쇄한 경우 예) 손톱으로 지워지는 골프채 원산지표시, 물로 지워지는 시계뒷면 인쇄

2) 품질등 허위 · 오인 표시물품의 통관 제한

세관장은 물품의 품질, 내용, 제조 방법, 용도, 수량을 사실과 다르게 표시한 물품 또는 품질등을 오인(誤認)할 수 있도록 표시하거나 오인할 수 있는 표지를 붙인 물품으로서 「부정경쟁방지 및 영업비밀보호에 관한 법률」, 「식품 등의 표시·광고에 관한 법률」, 「산업표준화법」 등 품질등의 표시에 관한 법령을 위반한 물품에 대하여는 통관을 허용하여서는 아니 된다(법 제230조의2).

조심 2017관0203 (2017.12.19.)

– 원산지표시 위반을 이유로 쟁점물품의 통관을 보류한 처분의 당부

쟁점물품은 우드 케이스에 담겨 수입되었고, 물품에는 'KOREA', 'OOO'가 양각으로 각인되어 있고 OOO산이라는 별도의 원산지표시는 없는 것으로 보인다. 처분청은 쟁점물품에 대한 물품검사를 실시하여 원산지가 오인표시 되었다는 이유로 2017.2.20. 조사의뢰하면서 쟁점물품에 대하여 통관보류(통지일은 2017.6.5.)하였다.

청구인은 쟁점물품을 수입하면서 원산지 오인표시로 조사를 받았으나 무혐의로 종결되어 「대외무역법」을 위반한 사실이 없으므로 처분청이 「관세법」 제230조를 근거로 한 이 건 처분은 법적 근거가 없는 위법한 처분이라고 주장한다.

그러나 「관세법」 제230조에 세관장은 법령에 따라 원산지를 표시하여야 하는 물품이 '원산지 표시가 법령에서 정하는 기준과 방법에 부합되지 아니하게 표시된 경우' 해당 물품의 통관을 허용하여서는 아니된다고 규정하고 있는데, 쟁점물품은 「대외무역법」 제33조 제3항, 같은 법 시행령 제56조 제3항 및 「대외무역관리규정」 제75조 제1항에 따라 쟁점물품이 HS 제OOO호 또는 HS 제OOO호에 분류되는지에 상관없이 원산지표시 대상물품에 해당하는 점,

쟁점물품에는 'KOREA', 'OOO'가 양각으로 각인되어 있는데, 관세청장의 「원산지제도 운영에 관한 고시」 [별표5]에 규정된 "원산지 오인표시 판정 예시" 중 '원산지 표시 없이 비원산지 국가언어·국가명·지역명·상표 등으로 원산지를 오인하도록 표시한 경우 등'에 해당하는 것으로 보이는 점 등에 비추어 볼 때, 청구인이 쟁점물품을 수입하면서 원산지를 오인표시하였다는 이유로 처분청이 쟁점물품에 대하여 「관세법」 제230조를 근거로 통관보류한 처분은 잘못이 없는 것으로 보인다.

5 환적물품 등에 대한 유치

세관장은 일시적으로 육지에 내려지거나 다른 운송수단으로 환적 또는 복합환적되는 외국물품 중 원산지를 우리나라로 허위 표시한 물품은 유치할 수 있다(법 제231조 제1항). 세관장은 외국물품을 유치할 때에는 그 사실을 그 물품의 화주나 그 위임을 받은 자에게 통지하여야 한다(법 제231조 제3항). 세관장은 유치에 대한 통지를 할 때 이행기간을 정하여 원산지 표시의 수정 등 필요한 조치를 명할 수 있다(법 제231조 제4항). 이 경우 지정한 이행기간 내에 명령을 이행하지 아니하면 매각한다는 뜻을 함께 통지하여야 하였으나 필요한 조치의 명령이 이행되지 아니한 경우에는 이를 매각할 수 있다(법 제231조 제6항). 반면 세관장은 필요한 조치의 명령이 이행된 경우에는 물품의 유치를 즉시 해제하여야 한다(법 제231조 제5항).

6 원산지증명서

1) 원산지증명서 제출

(1) 의의

관세법, 조약, 협정 등에 따라 원산지 확인이 필요한 물품을 수입하는 자는 해당 물품의 원산지를 증명하는 서류("원산지증명서"라 한다)를 제출하여야 한다(법 제232조 제1항). 다만, 다음 물품의 경우에는 그러하지 아니하다.

① 세관장이 물품의 종류·성질·형상 또는 그 상표·생산국명·제조자 등에 의하여 원산지를 확인할 수 있는 물품
② 우편물(수입신고해야 하는 것을 제외한다)
③ 과세가격(종량세의 경우에는 수량에 준하여 산출한 가격을 말한다)이 15만원 이하인 물품
④ 개인에게 무상으로 송부된 탁송품·별송품 또는 여행자의 휴대품
⑤ 수입된 물품의 하자보수용(유상수리를 제외한다) 물품
⑥ 개인이 자가소비용(영업용물품을 제외한다)으로 수입하는 물품
⑦ 국내 제조회사에서 반복적으로 수입하는 물품으로서 이미 원산지가 확인되어 원산지증명서 제출이 필요 없다고 세관장이 인정하는 물품

⑧ 원산지사전확인을 받은 날부터 3년 이내에 반입하는 물품(원산지사전확인 내용과 변동이 없는 경우로 한정한다)

⑨ 원산지증명서확인자료를 통해 수입물품의 원산지를 확인한 후 3년 이내에 수입되는 동일규격의 물품. 다만, 모델·제조공정·사용원재료의 변경 등으로 인하여 당해 물품의 원산지별 부품사용 내용 등이 변경되는 경우에는 그러하지 아니하다.

(2) 원산지증명서 제출자

다음의 어느 하나에 해당하는 자는 해당 물품의 수입신고 시에 그 물품의 원산지증명서를 세관장에게 제출하여야 한다(영 제236조 제1항).

① 법·조약·협정 등에 의하여 다른 국가의 생산(가공을 포함한다)물품에 적용되는 세율보다 낮은 세율을 적용받고자 하는 자로서 원산지확인이 필요하다고 관세청장이 정하는 자

② 관세율의 적용 기타의 사유로 인하여 원산지확인이 필요하다고 관세청장이 지정한 물품을 수입하는 자

(3) 원산지증명서 발급 요건

세관장에게 제출하는 원산지증명서는 다음의 하나에 해당하는 것이어야 한다(영 제236조 제3항).

① 원산지국가의 세관 기타 발급권한이 있는 기관 또는 상공회의소가 당해 물품에 대하여 원산지국가(지역을 포함한다)를 확인 또는 발행한 것

② 원산지국가에서 바로 수입되지 아니하고 제3국을 경유하여 수입된 물품에 대하여 그 제3국의 세관 기타 발급권한이 있는 기관 또는 상공회의소가 확인 또는 발행한 경우에는 원산지국가에서 당해 물품에 대하여 발행된 원산지증명서를 기초로 하여 원산지국가(지역을 포함한다)를 확인 또는 발행한 것[6]

③ 관세청장이 정한 물품의 경우에는 당해 물품의 상업송장 또는 관련서류에 생산자·공급자·수출자 또는 권한있는 자가 원산지국가를 기재한 것

6) 해당 수입물품이 원산지국가로부터 직접 수입되지 아니하고 비원산국을 통하여 수입되는 경우에는 원산국에서 발급한 원산지증명서를 기초로 하여 비원산국의 세관, 기타 관공서 또는 상공회의소가 발급한 것임이 증명되는 원산지증명서를 연결원산지증명서라 한다(원산지제도 운영에 관한 고시 제48조 제1항). 제출한 연결원산지증명서상에는 "원산국에서 발급한 원산지증명서의 번호·발급기관·발급일자와 함께 해당 증명서를 기초로 발급한 것" 이라는 내용이 기재되어 있어야 한다(동 고시 제48조 제2항).

(4) 원산지증명서 유효기간

원산지증명서에는 해당 수입물품의 품명, 수량, 생산지, 수출자 등 관세청장이 정하는 사항이 적혀 있어야 하며, 제출일부터 소급하여 1년 이내에 발행된 것이어야 하나 다음의 구분에 따른 기간은 제외한다(영 제236조 제4항).

원산지증명서 발행 후 1년 이내에 해당 물품이 수입항에 도착하였으나 수입신고는 1년을 경과하는 경우	물품이 수입항에 도착한 날의 다음 날부터 해당 물품의 수입신고를 한 날까지의 기간
천재지변, 그 밖에 이에 준하는 사유로 원산지증명서 발행 후 1년이 경과한 이후에 수입항에 도착한 경우	해당 사유가 발생한 날의 다음 날부터 소멸된 날까지의 기간

(5) 원산지증명서 제출 예외

원산지증명서를 제출하여야 하는 자로서 수입신고 전에 원산지증명서를 발급받았으나 분실 등의 사유로 수입신고 시에 원산지증명서를 제출하지 못한 경우에는 원산지증명서 유효기간 내에 해당 원산지증명서 또는 그 부본을 제출할 수 있다(영 제236조 제1항). 원산지증명서 또는 그 부본을 제출하는 경우에 경정청구서를 함께 제출하여야 한다(영 제236조 제5항).

2) 관세편익 적용 배제

세관장은 원산지 확인이 필요한 물품을 수입하는 자가 원산지증명서를 제출하지 아니하는 경우에는 관세법, 조약, 협정 등에 따른 관세율을 적용할 때 일반특혜관세・국제협력관세 또는 편익관세를 배제하는 등 관세의 편익을 적용하지 아니할 수 있다(법 제232조 제2항).

특혜관세 적용 대상국

[원산지제도 운영에 관한 고시 별표9]

적용	협정・규정	지 역	대 상 국
수출・입	아시아・태평양 무역협정(APTA)	아시아(5)	중국, 인도, 스리랑카, 방글라데시*, 라오스*

수출	일반특혜관세(GSP)	유럽(3)	노르웨이, 러시아연방, 우크라이나
		아메리카(1)	캐나다
		오세아니아(1)	뉴질랜드
		아시아(1)	카자흐스탄
수출・입	GATT 개발도상국간의 무역협상에 관한 의정서(TNDC)	아시아(3)	방글라데시, 터키, 파키스탄
		아메리카(5)	멕시코, 브라질, 우루과이, 칠레, 페루
		중동(2)	이스라엘, 이집트
		아프리카(1)	튀니지아
		유럽(1)	루마니아
수출・입	개발도상국간 특혜무역제도(GSTP)	아시아(12)	파키스탄, 베트남, 싱가포르, 인도, 인도네시아, 말레이시아, 스리랑카, 북한, 태국, 필리핀, 미얀마*, 방글라데시*
		아메리카(15)	페루, 쿠바, 니카라구아, 멕시코, 가이아나, 에콰도르, 볼리비아, 칠레, 트리니다드토바고, 아르헨티나, 브라질, 콜롬비아, 베네수엘라, 우루과이, 파라과이
		아프리카(13)	짐바브웨, 가나, 알제리아, 리비아, 나이지리아, 카메룬, 모로코, 튀니지아, 수단*, 기네아*, 베닌*, 모잠비크*, 탄자니아*
		중동(3)	이라크, 이집트, 이란
수출・입	남북교류협력에 관한 법률	아시아(1)	북한
수입	최빈개발도상국에 대한 특혜관세 공여규정	아시아(13)*	아프가니스탄, 방글라데시, 캄보디아, 미얀마,부탄, 키리바시, 라오스, 네팔, 투발루, 바누아투, 솔로몬군도, 예멘, 동티모르
		아프리카(34)*	앙골라, 베냉, 부르키나파소, 부룬디, 중앙아프리카공화국, 차드, 코모로, 지부티, 적도기니, 에리트레아, 에티오피아, 감비아, 기니, 기니비사우, 레소토, 라이베리아, 마다가스카르, 말라위, 말리, 모리타니, 모잠비크, 니제르, 르완다, 상투메프린시페, 시에라리온, 소말리아, 수단, 탄자니아, 토고, 우간다, 콩고민주공화국, 잠비아, 세네갈, 남수단
		아메리카(1)*	아이티

* 표시는 최빈개발도상국

3) 원산지증명서 확인자료 제출

세관장은 원산지 확인이 필요한 물품을 수입한 자로 하여금 제출받은 원산지 증명서의 내용을 확인하기 위하여 필요한 자료를 제출하게 할 수 있다(법 제232조 제3항). 이 경우 원산지 확인이 필요한 물품을 수입한 자가 정당한 사유 없이 원산지증명서확인자료를 제출하지 아니할 때에는 세관장은 수입신고 시 제출받은 원산지증명서의 내용을 인정하지 아니할 수 있다. 만일 원산지증명서확인자료를 제출한 자가 정당한 사유를 제시하여 그 자료를 공개하지 아니할 것을 요청한다면 세관장은 그 제출인의 명시적 동의 없이는 해당 자료를 공개하여서는 아니 된다(법 제232조 제4항).

4) 원산지 등에 대한 사전확인

(1) 사전확인 신청

원산지확인이 필요한 물품을 수입하는 자는 관세청장에게 다음의 하나에 해당하는 사항에 대하여 당해 물품의 수입신고를 하기 전에 미리 확인 또는 심사("사전확인"이라 한다)하여 줄 것을 신청할 수 있다(영 제236조의2 제1항).

① 원산지 확인기준의 충족여부

② 조약 또는 협정 등의 체결로 인하여 관련법령에서 특정물품에 대한 원산지 확인기준을 달리 정하고 있는 경우에 당해 법령에 따른 원산지 확인기준의 충족여부

③ 위의 ① 및 ②의 원산지 확인기준의 충족여부를 결정하기 위한 기초가 되는 사항으로서 관세청장이 정하는 사항

④ 그 밖에 관세청장이 원산지에 따른 관세의 적용과 관련하여 필요하다고 정하는 사항

(2) 사전확인서 교부

사전확인의 신청을 받은 경우 관세청장은 60일 이내에 이를 확인하여 그 결과를 기재한 서류("사전확인서"라 한다)를 신청인에게 교부하여야 한다(영 제236조의2 제2항). 다만, 제출자료의 미비 등으로 인하여 사전확인이 곤란한 경우에는 그 사유를 신청인에게 통지하여야 한다.

(3) 사전확인서 내용의 변경

관세청장은 사전확인서의 근거가 되는 사실관계 또는 상황이 변경된 경우에는 사전확인서의 내용을 변경할 수 있다(영 제236조의3 제1항). 이 경우 관세청장은 신청인에게 그 변경내용을 통지하여야 한다.

사전확인서의 내용을 변경한 경우에는 그 변경일 후에 수입신고되는 물품에 대하여 변경된 내용을 적용한다(영 제236조의3 제2항). 다만, 사전확인서의 내용변경이 자료제출누락 또는 허위자료제출 등 신청인의 귀책사유로 인한 때에는 당해 사전확인과 관련하여 그 변경일전에 수입신고된 물품에 대하여도 소급하여 변경된 내용을 적용한다.

(4) 관세의 경감 적용

세관장은 수입신고된 물품 및 원산지증명서의 내용이 사전확인서상의 내용과 동일하다고 인정되는 때에는 특별한 사유가 없는 한 사전확인서의 내용에 따라 관세의 경감 등을 적용하여야 한다(영 제236조의2 제3항).

(5) 이의제기

사전확인의 결과를 통지받은 자(사전확인서의 내용변경 통지를 받은 자를 포함한다)는 그 통지내용에 이의를 제기하려는 경우 그 결과를 통지받은 날부터 30일 이내에 신청서에 이의제기 내용을 확인할 수 있는 자료를 첨부하여 관세청장에게 제출하여야 한다(영 제236조의2 제4항). 관세청장은 이의제기를 받은 때에는 이를 심사하여 30일 이내에 그 결정 내용을 신청인에게 알려야 한다(영 제236조의2 제5항). 다만 관세청장은 이의제기의 내용이나 절차가 적합하지 아니하거나 보정할 수 있다고 인정되는 때에는 20일 이내의 기간을 정하여 보정하여 줄 것을 요구할 수 있다(영 제236조의2 제6항).

5) 원산지증명서의 발급

관세법, 조약, 협정 등에 따라 관세를 양허받을 수 있는 물품의 수출자가 원산지증명서의 발급을 요청하는 경우에는 세관장이나 그 밖에 원산지증명서를 발급할 권한이 있는 기관[7]은 그 수출자에게 원산지증명서를 발급하여야 한다(법 제

7) 관세양허대상 수출물품원산지증명서 발급기관은 세관, 상공회의소 및 대한상공회의소이다(동 고시 제

232조의2 제1항).

세관장은 발급된 원산지증명서의 내용을 확인하기 위하여 필요하다고 인정되는 경우에는 다음의 자로 하여금 원산지증명서확인자료(수출신고필증 등)를 제출하게 할 수 있다(법 제232조의2 제2항). 이 경우 자료의 제출기간은 세관장으로부터 원산지증명서 확인자료의 제출을 요구받은 날부터 30일을 말한다. 다만 제출을 요구받은 자가 부득이한 사유로 그 기간에 원산지증명서확인자료를 제출하기 곤란할 때에는 그 기간을 30일의 범위에서 한 차례만 연장할 수 있다(시행규칙 제77조).

① 원산지증명서를 발급받은 자
② 원산지증명서를 발급한 자
③ 해당 수출물품의 생산자 또는 수출자

6) 원산지증명서 등의 확인요청 및 조사

(1) 수입물품 원산지증명서 확인요청

세관장은 원산지증명서를 발급한 국가의 세관이나 그 밖에 발급권한이 있는 기관("외국세관등" 이라 한다)에 제출된 원산지증명서 및 원산지증명서확인자료의 진위 여부, 정확성 등의 확인을 요청할 수 있다. 이 경우 세관장의 확인요청은 해당 물품의 수입신고가 수리된 이후에 하여야 하며, 세관장은 확인을 요청한 사실 및 회신 내용과 그에 따른 결정 내용을 수입자에게 통보하여야 한다(법 제233조 제1항).

(2) 편익배제

세관장이 확인을 요청한 사항에 대하여 조약 또는 협정에서 다르게 규정한 경우를 제외하고 다음의 어느 하나에 해당하는 경우에는 일반특혜관세·국제협력관세 또는 편익관세를 적용하지 아니할 수 있다(법 제233조 제2항). 이 경우 세관장은 납부하여야 할 세액 또는 납부하여야 할 세액과 납부한 세액의 차액을 부과·징수하여야 한다.

① 외국세관등이 다음의 기간 이내에 그 결과를 회신하지 아니한 경우
　㉠ 국제협력관세로서 「아시아·태평양 무역협정」에 따른 국제협정관세를 적

26조 제1항). 다만, 마산 및 군산자유무역지역관리원 관할구역안의 입주업체에 대해서는 해당 자유무역지역관리원장을 발급기관으로 한다.

용하기 위하여 원산지증명서를 발급한 국가의 세관이나 그 밖에 발급권한이 있는 기관("외국세관등")에 원산지증명서 등의 확인을 요청한 경우 : 확인을 요청한 날부터 4개월

㉡ 최빈 개발도상국에 대한 일반특혜관세를 적용하기 위하여 외국세관등에 원산지증명서 등의 확인을 요청한 경우 : 확인을 요청한 날부터 6개월

② 세관장에게 신고한 원산지가 실제 원산지와 다른 것으로 확인된 경우

③ 외국세관등의 회신내용에 원산지증명서 및 원산지증명서확인자료를 확인하는데 필요한 정보가 포함되지 아니한 경우

(3) 수출물품 원산지증명서 확인요청에 따른 조사

세관장은 원산지증명서가 발급된 물품을 수입하는 국가의 권한 있는 기관으로부터 원산지증명서 및 원산지증명서확인자료의 진위 여부, 정확성 등의 확인을 요청받은 경우 등 필요하다고 인정되는 경우에는 원산지증명서를 발급받은 자등의 해당하는 자를 대상으로 서면조사 또는 현지조사를 할 수 있다(법 제233조 제3항).

7) 수출입물품의 원산지정보 수집 · 분석

관세청장은 관세법과 「자유무역협정의 이행을 위한 관세법의 특례에 관한 법률」 및 조약·협정 등에 따라 수출입물품의 원산지 확인·결정 또는 검증 등의 업무에 필요한 정보를 수집·분석할 수 있다(법 제233조의2 제1항).

관세청장은 정보를 효율적으로 수집·분석하기 위하여 필요한 경우 업무의 일부를 법인 또는 단체에 위탁할 수 있다(법 제233조의2 제2항). 이 경우 관세청장은 예산의 범위에서 위탁업무의 수행에 필요한 경비를 지원할 수 있다.

8) 원산지표시위반단속기관협의회

관세법, 「농수산물의 원산지 표시 등에 관한 법률」 및 「대외무역법」에 따른 원산지표시 위반 단속업무에 필요한 정보교류 등의 사항을 협의하기 위하여 관세청에 원산지표시위반단속기관협의회를 둔다(법 제233조의3 제1항).

제4절 통관의 제한

1 수출입의 금지

다음의 어느 하나에 해당하는 물품은 수출하거나 수입할 수 없다(법 제234조). 수출입금지 대상은 수출입통관요건에 상관없이 수출입 통관절차가 아예 진행될 수 없으므로 이를 밀수출입하는 경우 밀수출입죄에 해당하여 처벌을 받는다.

① 헌법질서를 문란하게 하거나 공공의 안녕질서 또는 풍속을 해치는 서적・간행물・도화, 영화・음반・비디오물・조각물 또는 그 밖에 이에 준하는 물품
② 정부의 기밀을 누설하거나 첩보활동에 사용되는 물품
③ 화폐・채권이나 그 밖의 유가증권의 위조품・변조품 또는 모조품

2 지식재산권 보호

WIPO에서는 지식재산권은 ① 문학, 예술 및 과학작품, ② 연출, 예술가의 공연, 음반 및 방송, ③ 인간 노력의 모든 분야에 있어서의 발명, ④ 과학적 발견, ⑤ 의장, ⑥ 등록상표, 서비스마크, 상표 및 기타명칭, ⑦ 부정경쟁에 대한 보호 등에 관한 권리와 산업, 과학 문학 또는 예술분야의 지적활동에서 발생하는 기타 모든 권리를 포함한다고 규정하고 있다. 이러한 지식재산권에 대하여 관세법에서 보호대상으로 삼고 있는 것은 6가지로 제한되어 있다. 수출입 통관시 관세법상의 보호대상인 지식재산권을 침해하는 물품은 통관보류나 유치의 대상이 된다.

1) 지식재산권 보호 대상

다음의 어느 하나에 해당하는 지식재산권을 침해하는 물품은 수출하거나 수입할 수 없다(법 제235조 제1항).

① 「상표법」에 따라 설정등록된 상표권
② 「저작권법」에 따른 저작권과 저작인접권("저작권등"이라 한다)
③ 「식물신품종 보호법」에 따라 설정등록된 품종보호권

④ 「농수산물품질관리법」에 따라 등록되거나 조약·협정 등에 따라 보호대상으로 지정된 지리적표시권 또는 지리적표시("지리적표시권등"이라 한다)
⑤ 「특허법」에 따라 설정등록된 특허권
⑥ 「디자인보호법」에 따라 설정등록된 디자인권

2) 지식재산권 신고

(1) 신고방법

관세청장은 지식재산권을 침해하는 물품을 효율적으로 단속하기 위하여 필요한 경우에는 해당 지식재산권을 관계 법령에 따라 등록 또는 설정등록한 자 등으로 하여금 해당 지식재산권에 관한 사항을 신고하게 할 수 있다(법 제235조 제2항). 지식재산권보호협회장은 신고가 있는 경우 신고서의 기재사항과 첨부 자료를 확인한 후 이상이 없을 경우 즉시 해당 신고사실을 지식재산권 정보시스템에 입력하고 그 결과를 지식재산권 신고서 처리결과 통보서로 신고인에게 통보하며, 월별 업무실적을 관세청장에게 보고하여야 한다(지식재산권 보호를 위한 수출입통관 사무처리에 관한 고시 제10조 제3항). 다만, 지식재산권 정보시스템을 통해 신고한 경우 신고인에 대한 접수통보는 전산통보로 갈음할 수 있다.

(2) 신고유효기간 및 갱신

권리보호신고는 통보를 한 날로부터 효력이 발생하며 권리보호신고의 유효기간은 10년으로 한다(동 고시 제11조 제2항). 다만, 지식재산권의 존속기간이 10년 이내에 만료되는 경우에는 존속기간 만료일까지로 한다. 유효기간을 갱신하려는 자는 유효기간 만료일 1년 전부터 10일 전까지 지식재산권 신고서에 의해 지식재산권보호협회장에게 갱신 신청을 하여야 한다(동 고시 제11조 제3항).

3) 지식재산권 침해사실 통보

세관장은 다음의 어느 하나에 해당하는 물품이 신고된 지식재산권을 침해하였다고 인정될 때에는 그 지식재산권을 신고한 자에게 해당 물품의 수출입, 환적, 복합환적, 보세구역 반입, 보세운송 또는 일시양륙의 신고 또는 통관우체국 도착 사실을 통보하여야 한다(법 제235조 제3항). 이 경우 통보를 받은 자는 세관장에게 담보를 제공하고 해당 물품의 통관 보류나 유치를 요청할 수 있다.

① 수출입신고된 물품
② 환적 또는 복합환적 신고된 물품
③ 보세구역에 반입신고된 물품
④ 보세운송신고된 물품
⑤ 일시양륙이 신고된 물품
⑥ 통관우체국에 도착한 물품

4) 통관보류 또는 유치 요청

지식재산권을 보호받으려는 자는 세관장에게 담보를 제공하고 해당 물품의 통관 보류나 유치를 요청할 수 있다(법 제235조 제4항). 지식재산권 권리자등은 통관보류 요청시 세관장에게 과세가격의 100분의 120에 상당하는 금액(「조세특례제한법」 제5조제1항에 따른 중소기업인 경우에는 100분의 40)을 담보로 제공하여야 한다(동 고시 제14조 제3항). 이 경우 통관보류 요청시 제공하는 담보는 포괄담보로 할 수 있다.

5) 통관보류 또는 유치

통관보류나 유치 요청을 받은 세관장은 특별한 사유가 없으면 해당 물품의 통관을 보류하거나 유치하여야 한다. 다만, 수출입신고등을 한 자 또는 통관우체국에 도착한 물품의 화주가 담보를 제공하고 통관 또는 유치 해제를 요청하는 경우에는 다음의 물품을 제외하고는 해당 물품의 통관을 허용하거나 유치를 해제할 수 있다(법 제235조 제5항). 또한 세관장은 위의 수출입신고된 물품 등에 해당하는 물품이 지식재산권을 침해하였음이 명백한 경우에는 대통령령으로 정하는 바에 따라 직권으로 해당 물품의 통관을 보류하거나 해당 물품을 유치할 수 있다(법 제235조 제7항). 이 경우 세관장은 해당 물품의 수출입신고등을 한 자 또는 통관우체국에 도착한 물품의 화주에게 그 사실을 즉시 통보하여야 한다(법 제235조 제7항). 이 경우 세관장은 해당 물품의 수출입신고등을 한 자에게 그 사실을 즉시 통보하여야 한다.

① 위조하거나 유사한 상표를 붙여 상표권을 침해하는 물품
② 불법복제된 물품으로서 저작권등을 침해하는 물품
③ 같거나 유사한 품종명칭을 사용하여 품종보호권을 침해하는 물품

④ 위조하거나 유사한 지리적표시를 사용하여 지리적표시권등을 침해하는 물품
⑤ 특허로 설정등록된 발명을 사용하여 특허권을 침해하는 물품
⑥ 같거나 유사한 디자인을 사용하여 디자인권을 침해하는 물품

세관장은 통관보류등을 요청한 자가 해당 물품에 대한 통관보류등의 사실을 통보받은 후 10일(휴일 및 공휴일을 제외한다) 이내에 법원에의 제소사실 또는 무역위원회에의 조사신청 사실을 입증하였을 때에는 해당 통관보류등을 계속할 수 있다(영 제239조 제3항). 이 경우 통관보류등을 요청한 자가 부득이한 사유로 인하여 10일 이내에 법원에 제소하지 못하거나 무역위원회에 조사신청을 하지 못하는 때에는 상기 입증기간은 10일간 연장될 수 있다.

6) 통관 또는 유치 해제 요청

수출입신고등을 한 자가 통관 또는 유치 해제를 요청하려는 때에는 신청서와 해당 물품이 지식재산권을 침해하지 아니하였음을 소명하는 자료를 세관장에게 제출하여야 하고(영 제240조 제1항), 세관장에게 해당 물품의 과세가격의 100분의 120에 상당하는 금액의 담보를 금전 등으로 제공하여야 한다(영 제241조 제1항). 담보 금액은 담보를 제공하여야 하는 자가 「조세특례제한법」 제6조 제1항에 따른 중소기업인 경우에는 해당 물품의 과세가격의 100분의 40에 상당하는 금액으로 한다(영 제241조 제2항).

해제 요청을 받은 세관장은 그 요청사실을 지체 없이 통관보류등을 요청한 자에게 통보하여야 하며, 그 통보를 받은 자는 침해와 관련된 증거자료를 세관장에게 제출할 수 있다(영 제240조 제2항). 세관장은 해제 요청이 있는 경우 해당 물품의 통관 또는 유치 해제 허용 여부를 요청일부터 15일 이내에 결정한다(영 제240조 제3항). 이 경우 세관장은 관계기관과 협의하거나 전문가의 의견을 들어 결정할 수 있다.

7) 적용의 배제

상업적 목적이 아닌 개인용도에 사용하기 위한 여행자휴대품으로서 품목당 1개, 전체 2개에 한하는 소량으로 수출입되는 물품에 대하여는 지식재산권 보호 규정을 적용하지 아니한다(영 제243조, 동 고시 제3조 제1항).

3 통관의 제한 및 보류

관세청장이나 세관장은 감시에 필요하다고 인정될 때에는 통관역·통관장 또는 특정한 세관에서 통관할 수 있는 물품을 제한할 수 있다(법 제236조). 또한 세관장은 다음의 어느 하나에 해당하는 경우에는 해당 물품의 통관을 보류할 수 있다(법 제237조).

① 수출·수입 또는 반송에 관한 신고서의 기재사항에 보완이 필요한 경우
② 수출·수입 또는 반송신고에 따른 제출서류 등이 갖추어지지 아니하여 보완이 필요한 경우
③ 관세법에 따른 의무사항을 위반하거나 국민보건 등을 해칠 우려가 있는 경우
④ 물품의 성분·품질 등에 대한 안전성 검사에 따른 안전성 검사가 필요한 경우
⑤ 「국세징수법」 제30조 및 「지방세징수법」 제39조의2에 따라 세관장에게 강제징수 또는 체납처분이 위탁된 해당 체납자가 수입하는 경우
⑥ 그 밖에 관세법에 따라 필요한 사항을 확인할 필요가 있다고 인정하여 대통령령으로 정하는 경우

4 보세구역 반입명령

통관절차가 완료된 물품 등이 사후에 관세법 등의 규정을 위반한 사실이 발견되는 경우에 세관이 감시할 수 있는 장소로 재반입하도록 명령하는 제도를 반입명령제도(Recall)라고 한다. 통관이 완료된 이후라 할지라도 위반 사항을 바로 잡기 위하여 보세구역에 다시 반입하도록 명령하는 것은 통관질서를 바로 잡고 국민보건 및 소비자 보호 등의 목적에 의한 것이다.

1) 보세구역 반입명령 대상

관세청장이나 세관장은 다음의 어느 하나에 해당하는 물품으로서 관세법에 따른 의무사항을 위반하거나 국민보건 등을 해칠 우려가 있는 물품에 대해서는 대통령령으로 정하는 바에 따라 화주(화주의 위임을 받은 자를 포함한다) 또는 수출입 신고인에게 보세구역으로 반입할 것을 명할 수 있다(법 제238조 제1항).

① 수출신고가 수리되어 외국으로 반출되기 전에 있는 물품

② 수입신고가 수리되어 반출된 물품

관세청장 또는 세관장은 수출입신고가 수리된 물품이 다음의 어느 하나에 해당하는 경우에는 해당 물품을 보세구역으로 반입할 것을 명할 수 있다(영 제245조 제1항). 다만, 해당 물품이 수출입신고가 수리된 후 3개월이 지났거나 관련 법령에 따라 관계행정기관의 장의 시정조치가 있는 경우에는 그러하지 아니하다.

① 다른 법령에 따라 수입 후 특정한 용도로 사용하여야 하는 등의 의무가 부가되어 있는 물품에 대하여 그 의무를 이행하지 아니한 경우
② 원산지 표시가 적법하게 표시되지 아니하였거나 수출입신고 수리 당시와 다르게 표시되어 있는 경우
③ 품질등의 표시(표지의 부착을 포함한다)가 적법하게 표시되지 아니하였거나 수출입신고 수리 당시와 다르게 표시되어 있는 경우
④ 지식재산권을 침해한 경우

2) 반입명령서 송달

관세청장 또는 세관장이 반입명령을 하는 경우에는 반입대상물품, 반입할 보세구역, 반입사유와 반입기한을 기재한 명령서를 화주 또는 수출입신고자에게 송달하여야 한다(영 제245조 제2항). 관세청장 또는 세관장은 명령서를 받을 자의 주소 또는 거소가 불분명한 때에는 관세청 또는 세관의 게시판 및 기타 적당한 장소에 반입명령사항을 공시할 수 있다(영 제245조 제3항). 이 경우 공시한 날부터 2주일이 경과한 때에는 명령서를 받을 자에게 반입명령서가 송달된 것으로 본다.

3) 보세구역 반입

반입명령서를 받은 자는 관세청장 또는 세관장이 정한 기한내에 수출입신고가 수리된 물품으로서 반입명령 대상에 해당하는 것으로서 명령서에 기재된 물품을 지정받은 보세구역에 반입하여야 한다(영 제245조 제4항). 다만, 반입기한내에 반입하기 곤란한 사유가 있는 경우에는 관세청장 또는 세관장의 승인을 얻어 반입기한을 연장할 수 있다.

5 통관의 예외 적용

1) 수입으로 보지 아니하는 소비 또는 사용

외국물품의 소비나 사용이 다음의 어느 하나에 해당하는 경우에는 이를 수입으로 보지 아니한다(법 제239조).

① 선박용품·항공기용품 또는 차량용품을 운송수단 안에서 그 용도에 따라 소비하거나 사용하는 경우
② 선박용품·항공기용품 또는 차량용품을 관세청장이 정하는 지정보세구역에서 「출입국관리법」에 따라 출국심사를 마치거나 우리나라에 입국하지 아니하고 우리나라를 경유하여 제3국으로 출발하려는 자에게 제공하여 그 용도에 따라 소비하거나 사용하는 경우
③ 여행자가 휴대품을 운송수단 또는 관세통로에서 소비하거나 사용하는 경우
④ 관세법에서 인정하는 바에 따라 소비하거나 사용하는 경우

2) 수출입의 의제

다음의 어느 하나에 해당하는 외국물품은 관세법에 따라 적법하게 수입된 것으로 보고 관세 등을 따로 징수하지 아니한다(법 제240조 제1항). 이들 물품은 관세를 징수할 실익이 없으며 각 사안에 따라 적법하게 처리되므로 별도의 통관절차를 이행하여야 하는 필요성이 없기 때문이다. 또한 체신관서가 외국으로 발송한 우편물은 관세법에 따라 적법하게 수출되거나 반송된 것으로 본다(법 제240조 제2항).

① 체신관서가 수취인에게 내준 우편물
② 관세법에 따라 매각된 물품
③ 관세법에 따라 몰수된 물품
④ 관세법에 따른 통고처분으로 납부된 물품
⑤ 법령에 따라 국고에 귀속된 물품
⑥ 몰수를 갈음하여 추징된 물품

6 통관 후 유통이력 관리

유통이력신고제도는 사회안전 또는 국민보건을 해칠 우려가 현저한 물품 등에 대하여 통관후 소매단계에 이르기까지 유통 내역을 신고하도록 하는 제도이다. 세관에서는 특정 물품의 유통 경로를 간접적으로나마 파악함으로써 불법행위를 차단하여 소비자를 보호하고 사회 안정을 기할 수 있게 된다.

1) 통관 후 유통이력 신고

외국물품을 수입하는 자와 수입물품을 국내에서 거래하는 자(소비자에 대한 판매를 주된 영업으로 하는 사업자는 제외한다)는 사회안전 또는 국민보건을 해칠 우려가 현저한 물품 등으로서 관세청장이 지정하는 물품("유통이력 신고물품"[8])에 대한 유통단계별 거래명세("유통이력")를 관세청장에게 신고하여야 한다(법 제240조의2 제1항). 유통이력 신고의 의무가 있는 자[9]는 유통이력을 장부에 기록(전자적 기록방식을 포함)하고, 그 자료를 거래일부터 1년간 보관하여야 한다(법 제240조의2 제2항).

관세청장은 유통이력 신고물품의 지정, 신고의무 존속기한 및 신고대상 범위 설정 등을 할 때 수입물품을 내국물품에 비하여 부당하게 차별하여서는 아니 되며, 이를 이행하는 유통이력 신고의무자의 부담이 최소화 되도록 하여야 한다(법 제240조의2 제4항).

8) 관세청장이 지정한 물품이 수입통관 후 재포장·분할포장·단순가공을 거쳐 「원산지표시제도 운영에 관한 고시」 제11조에 따라 원산지표시의무가 부여되는 때에는 그 물품을 포함한다. 자가사용목적 수입물품, 휴대반입물품, 수출 후 재수입물품 등은 유통이력관리대상에서 제외한다(수입물품 유통이력관리에 관한 고시 제2조 제10호).

9) 수입물품 유통이력관리에 관한 고시 제2조에 의하면 "유통이력신고의무자"란 유통단계별 거래내역을 관세청장에게 신고할 의무가 있는 자로서 수입자와 유통업자를 말하고 소매업자는 유통이력신고의무자에서 제외한다. 여기서 "유통업자"란 수입자로부터 유통이력대상물품을 양도받아 도매 또는 소매하는 자를 말하며, 도매·소매 또는 도매·소매·소비를 겸하는 자도 유통업자로 본다. 이 경우 유통이력대상물품을 단순가공하여 다른 유통업자 또는 최종소비자에게 양도하는 자도 유통업자로 본다.

유통이력신고 대상물품

[수입물품 유통이력관리에 관한 고시 별표1]

종류	품목번호	지정기간
에이치(H) 형강	7216.10-3000	2022.8.1.~2024.7.31
	7216.33-3000	
	7216.33-4000	
	7216.33-5000	
	7228.70-1010	
	7228.70-1090	
플랜지(Flange)	7307.21-0000	2022.8.1.~2024.7.31
	7307.91-0000	
맨홀뚜껑	7325.10-0000	7325.99-1000
	7325.99-1000	

2) 유통이력 조사

관세청장은 통관 후 유통이력 관리를 시행하기 위하여 필요하다고 인정할 때에는 세관공무원으로 하여금 유통이력 신고의무자의 사업장에 출입하여 영업 관계의 장부나 서류를 열람하여 조사하게 할 수 있다(법 제240조의3 제1항). 유통이력 신고의무자는 정당한 사유 없이 조사를 거부·방해 또는 기피하여서는 안 되고(법 제240조의3 제2항), 조사를 하는 세관공무원은 신분을 확인할 수 있는 증표를 지니고 이를 관계인에게 보여주어야 한다(법 제240조의3 제3항).

제5절 통관절차 등의 국제협력

1 무역원활화 기본계획의 수립 및 시행

기획재정부장관은 「세계무역기구 설립을 위한 마라케쉬협정」에 따라 관세법 및 관련법에서 정한 통관 등 수출입 절차의 원활화 및 이와 관련된 국제협력의 원활화("무역원활화"라 한다)를 촉진하기 위하여 다음의 사항이 포함된 무역원활화 기본계획을 수립·시행하여야 한다(법 제240조의4 제1항). 기획재정부장관은 기본계획을 시행하기 위하여 무역원활화에 관한 업무를 수행하는 기관 또는 단체에 필요한 지원을 할 수 있다(법 제240조의4 제2항).

① 무역원활화 정책의 기본 방향에 관한 사항
② 무역원활화 기반 시설의 구축과 운영에 관한 사항
③ 무역원활화의 환경조성에 관한 사항
④ 무역원활화와 관련된 국제협력에 관한 사항
⑤ 무역원활화와 관련된 통계자료의 수집·분석 및 활용방안에 관한 사항
⑥ 무역원활화 촉진을 위한 재원 확보 및 배분에 관한 사항
⑦ 그 밖에 무역원활화를 촉진하기 위하여 필요한 사항

2 상호주의에 따른 통관절차 간소화

국제무역 및 교류를 증진하고 국가 간의 협력을 촉진하기 위하여 우리나라에 대하여 통관절차의 편익을 제공하는 국가에서 수입되는 물품에 대하여는 상호 조건에 따라 간이한 통관절차를 적용할 수 있다(법 제240조의5). 간이한 통관절차를 적용받을 수 있는 국가는 다음의 국가로 한다(영 제245조의4 제1항).

① 우리나라와 통관절차의 편익에 관한 협정을 체결한 국가
② 우리나라와 무역협정 등을 체결한 국가

3 국가 간 세관정보의 상호 교환

1) 수출입 신고항목 및 화물식별번호 발급

관세청장은 물품의 신속한 통관과 관세법을 위반한 물품의 반입을 방지하기 위하여 세계관세기구에서 정하는 수출입 신고항목 및 화물식별번호를 발급하거나 사용하게 할 수 있다(법 제240조의6 제1항).

관세청장은 세계관세기구에서 정하는 수출입 신고항목 및 화물식별번호 정보를 다른 국가와 상호 조건에 따라 교환할 수 있다(법 제240조의6 제2항).

2) 수출입신고자료의 상호 교환

의의	관세청장은 관세의 부과와 징수, 과세 불복에 대한 심리 및 형사소추 및 수출입 신고의 검증을 위하여 수출입신고자료 등을 대한민국 정부가 다른 국가와 관세행정에 관한 협력 및 상호지원에 관하여 체결한 협정과 국제기구와 체결한 국제협약에 따라 다른 법률에 저촉되지 아니하는 범위에서 다른 국가와 교환할 수 있다(법 제240조의6 제3항).
수출입신고자료 제한	관세청장은 상호주의 원칙에 따라 상대국에 수출입신고자료 등을 제공하는 것을 제한할 수 있다(법 제240조의6 제4항).
신고인에게 통지	관세청장은 다른 국가와 수출입신고자료 등을 교환하는 경우 이를 신고인 또는 그 대리인에게 통지하여야 한다(법 제240조의6 제5항).
통지 기간	관세청장은 자료를 다른 국가와 교환한 경우에는 그 교환한 날부터 10일 이내에 자료의 교환 사실 및 내용 등을 해당 신고인 또는 그 대리인에게 통지하여야 한다(영 제245조의5 제2항).
통지의 유예	관세청장은 해당 통지가 다음의 어느 하나에 해당하는 경우에는 6개월의 범위에서 통지를 유예할 수 있다(영 제245조의5 제3항). 다만, ①에 해당하는 경우에는 6개월을 초과하여 유예할 수 있다. ① 사람의 생명이나 신체의 안전을 위협할 우려가 있는 경우 ② 증거인멸 등 공정한 사법절차의 진행을 방해할 우려가 있는 경우 ③ 질문·조사 등의 행정절차 진행을 방해하거나 지나치게 지연시킬 우려가 있는 경우 ④ 다른 국가로부터 해당 통지의 유예를 서면으로 요청받은 경우

제6절 수출 · 수입 및 반송

1 의 의

물품을 수출·수입 또는 반송하고자 하는 자는 세관장에게 수출·수입 또는 반송신고를 하고, 세관장은 신고 내용의 적법성을 확인한다. 특히 수출입요건대상인 경우 그러한 요건들을 획득하였는지를 확인하고 검역 또는 검사대상인 경우 검역 및 검사 후 그 결과를 토대로 신고를 수리한다. 신고가 수리된 물품은 반출 또는 반입하도록 하며 수입의 경우 수입신고수리일로부터 15일 이내에 관세를 납부하여야 한다.

수입통관 절차

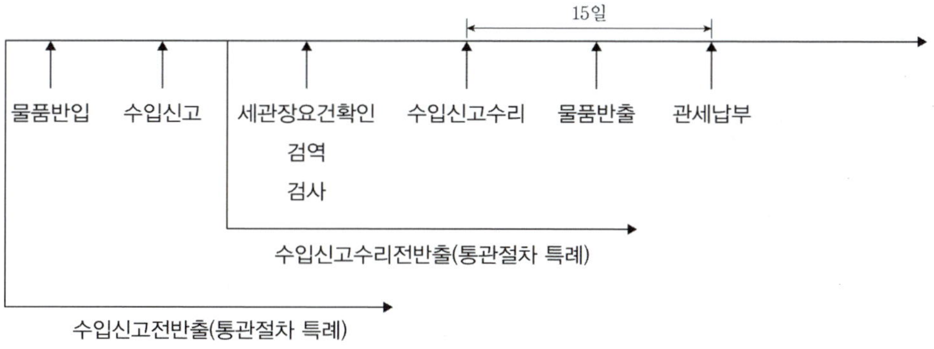

2 수입신고

1) 신고내용

물품을 수출·수입 또는 반송하려면 해당 물품의 품명·규격·수량 및 가격과 다음의 사항을 세관장에게 신고하여야 한다(법 제241조 제1항).

① 포장의 종류·번호 및 개수
② 목적지·원산지 및 선적지
③ 원산지표시 대상물품인 경우에는 표시유무·방법 및 형태

④ 상표
⑤ 납세의무자 또는 화주의 상호(개인의 경우 성명을 말한다)·사업자등록번호·통관고유부호와 해외공급자부호 또는 해외구매자부호
⑥ 물품의 장치장소
⑦ 그 밖의 참고사항

2) 간이신고

다음의 어느 하나에 해당하는 물품은 신고를 생략하게 하거나 관세청장이 정하는 간소한 방법으로 신고하게 할 수 있다(법 제241조 제2항).

① 휴대품·탁송품 또는 별송품
② 우편물
③ 종교용품등의 면세, 정부용품등의 면세, 특정물품의 면세, 소액물품 등의 면세, 여행자 휴대품 면세, 재수출면세되는 물품
④ 입항보고, 출항허가, 국경출입차량의 도착보고 및 출발허가의 대상이 되는 운송수단. 다만, 다음의 어느 하나에 해당하는 운송수단은 제외한다.
   가. 우리나라에 수입할 목적으로 최초로 반입되는 운송수단
   나. 해외에서 수리하거나 부품 등을 교체한 우리나라의 운송수단
   다. 해외로 수출 또는 반송하는 운송수단
⑤ 국제운송을 위한 컨테이너(별표 관세율표 중 기본세율이 무세인 것으로 한정한다)

신고를 생략하게 하는 물품은 다음의 하나와 같다(영 제246조 제4항). 다만, 보세운송신고를 하거나 승인을 얻어야 하는 물품을 제외한다.

① 여행자휴대품
② 승무원휴대품
③ 우편물(수입신고해야 하는 것을 제외한다)
④ 국제운송을 위한 컨테이너(법 별표 관세율표중 기본세율이 무세인 것에 한한다)
⑤ 기타 서류·소액면세물품 등 신속한 통관을 위하여 필요하다고 인정하여 관세청장이 정하는 탁송품 또는 별송품

3) 수입신고 기간

수입하거나 반송하려는 물품을 지정장치장 또는 보세창고에 반입하거나 보세구역이 아닌 장소에 장치한 자는 그 반입일 또는 장치일부터 30일 이내(유치된 여행자 휴대품에 해당하는 물품은 관세청장이 정하는 바에 따라 반송신고를 할 수 있는 날부터 30일 이내)에 신고를 하여야 한다(법 제241조 제3항).

4) 가산세

(1) 미신고 가산세

세관장은 물품의 신속한 유통이 긴요하다고 인정하여 보세구역의 종류와 물품의 특성을 감안하여 관세청장이 정하는 물품을 수입하거나 반송하는 자가 반입일 또는 장치일부터 30일 이내에 수입 또는 반송의 신고를 하지 아니한 경우에는 해당 물품 과세가격의 100분의 2에 상당하는 금액의 범위에서 다음의 율에 의하여 산출된 금액을 가산세로 징수한다(법 제241조 제4항). 가산세액은 500만원을 초과할 수 없다(영 제247조 제2항).

구분	가산세율
신고기한이 경과한 날부터 20일내에 신고를 한 때	당해 물품의 과세가격의 1천분의 5
신고기한이 경과한 날부터 50일내에 신고를 한 때	당해 물품의 과세가격의 1천분의 10
신고기한이 경과한 날부터 80일내에 신고를 한 때	당해 물품의 과세가격의 1천분의 15
위 이외의 경우	당해 물품의 과세가격의 1천분의 20

(2) 여행자 휴대품 등 미신고 가산세

세관장은 다음의 어느 하나에 해당하는 경우에는 가산세를 징수한다(법 제241조 제5항).

여행자나 승무원이 휴대품, 탁송품 또는 별송품(면세 적용되는 물품은 제외한다)을 신고하지 아니하여 과세하는 경우	• 납부할 세액(관세 및 내국세를 포함한다)의 100분의 40 • 반복적으로 자진신고를 하지 아니하는 경우 등 여행자나 승무원의 입국일을 기준으로 소급하여 2년 이내에 2회 이상 자진신고를 하지 아니하는 경우에는 납부할 세액의 100분의 60

우리나라로 거주를 이전하기 위하여 입국하는 자가 입국할 때에 수입하는 이사물품(면세적용되는 물품은 제외한다)을 신고하지 아니하여 과세하는 경우	납부할 세액의 100분의 20

5) 연속공급물품의 신고기간

전기·유류·가스 및 용수(用水)를 그 물품의 특성으로 인하여 전선이나 배관 등 해당하는 물품을 공급하기에 적합하도록 설계·제작된 일체의 시설 또는 장치 등을 이용하여 수출·수입 또는 반송하는 자는 1개월을 단위로 하여 해당 물품을 다음 달 10일까지 신고하여야 한다(법 제241조 제6항). 이 경우 기간 내에 수출·수입 또는 반송의 신고를 하지 아니하는 경우의 가산세 징수에 관하여는 미신고 가산세 규정을 준용한다.

6) 수입·반송 등의 신고인

수입·반송 신고는 화주 또는 관세사등의 명의로 하여야 한다(법 제242조). 다만, 수출신고의 경우에는 화주에게 해당 수출물품을 제조하여 공급한 자의 명의로 할 수 있다.

7) 신고 시의 제출서류

(1) 서류제출의 원칙

수출·수입 또는 반송의 신고를 하는 자는 과세가격결정자료 외에 다음의 서류를 제출하여야 한다(법 제245조 제1항). 신고인은 서류제출대상으로 선별된 수입신고건에 대하여는 수입신고서에 서류를 스캔 등의 방법으로 전자 이미지화하거나 무역서류의 전자제출을 이용하여 통관시스템에 전송하는 것을 원칙으로 한다(수입통관 사무처리에 관한 고시 제15조 제1항).

① 선하증권 사본 또는 항공화물운송장 사본
② 원산지증명서(원산지증명서를 제출하여야 하는 경우로 한정한다)
③ 기타 참고서류

(2) 서류제출의 예외

종이서류 제출	다음의 어느 하나에 해당하는 경우에는 종이서류를 제출하여야 한다(동 고시 제15조 제2항). ① 킴벌리프로세스증명서 제출대상물품(원본) ② 일시수입통관증서(A.T.A Carnet)에 의한 일시수입물품(원본) ③ SOFA 협정 적용대상물품(원본) ④ 사전세액심사 대상물품. 다만, 다음의 어느 하나에 해당하는 물품은 제외한다. 가.「부가가치세법」 제27조 제1호・제2호와 제15호(같은법 시행령 제56조 제22호 해당물품에 한함) 해당물품 나. 특급탁송물품으로서 소액면세대상물품 다. 세율불균형 감면대상 물품 라. 재수입면세대상 물품 마. 수출입물품의 포장용품 바. 개성공업지구로부터 반입되는 임가공물품 사. 관세청장이 정하는 물품 중 농축수산물을 제외한 물품 아. 관세를 분할납부하려는 물품 자. 관세를 체납하고 있는 자가 신고하는 물품 ⑤ 부과고지 대상물품 ⑥ 신고수리전 반출대상물품 ⑦ 위의 ①에서 ⑥ 이외의 경우로 첨부서류가 20매를 초과하는 경우. 다만 신고인이 원하는 경우 전자문서로 제출할 수 있다. ⑧ 전산장애 등으로 첨부서류 전송시스템을 이용할 수 없는 경우 ⑨ 관세청장이나 세관장이 종이서류 제출이 필요하다고 인정하는 경우
관세사등에 제출	서류를 제출하여야 하는 자가 해당 서류를 관세사등에게 제출하고, 관세사등이 해당 서류를 확인한 후 수출・수입 또는 반송에 관한 신고를 할 때에는 해당 서류의 제출을 생략하게 하거나 해당 서류를 수입신고 수리 후에 제출하게 할 수 있다(법 제245조 제2항).
장부나 관계자료 제출	서류의 제출을 생략하게 하거나 수입신고 수리 후에 서류를 제출하게 하는 경우 세관장이 필요하다고 인정하여 신고인에게 관세청장이 정하는 장부나 그 밖의 관계자료의 제시 또는 제출을 요청하면 신고인은 이에 따라야 한다(법 제245조 제3항).

8) 수입신고 시기

수입의 신고는 해당 물품을 적재한 선박이나 항공기가 입항된 후에만 할 수 있다(법 제243조 제2항). 그러나 수입하려는 자는 출항전신고, 입항전신고, 보세구역 도착전신고, 보세구역 장치후신고 중에서 필요에 따라 신고방법을 선택하여 수입신고할 수 있다(동 고시 제6조). 반송의 신고는 해당 물품이 관세법에 따른 장치

장소에 있는 경우에만 할 수 있다(법 제243조 제3항).

출항전신고	항공기로 수입되는 물품이나 일본, 중국, 대만, 홍콩으로부터 선박으로 수입되는 물품을 선(기)적한 선박과 항공기가 해당물품을 적재한 항구나 공항에서 출항하기 전에 수입신고하는 것을 말한다.
입항전신고	수입물품을 선(기)적한 선박 등이 물품을 적재한 항구나 공항에서 출항한 후 입항(「관세법」제140조에 따라 항공화물은 하기신고시점, 해상화물은 하선신고시점을 기준으로 한다)하기 전에 수입신고하는 것을 말한다.
보세구역 도착전신고	수입물품을 선(기)적한 선박 등이 입항하여 해당물품을 통관하기 위하여 반입하려는 보세구역(부두밖 컨테이너 보세창고와 컨테이너 내륙통관기지를 포함한다)에 도착하기 전에 수입신고하는 것을 말한다.
보세구역 장치후신고	수입물품을 보세구역에 장치한 후 수입신고하는 것을 말한다.

(1) 입항전 수입신고

의의	수입하려는 물품의 신속한 통관이 필요할 때에는 해당 물품을 적재한 선박이나 항공기가 입항하기 전에 수입신고를 할 수 있다(법 제244조 제1항). 이 경우 입항전수입신고가 된 물품은 우리나라에 도착한 것으로 본다.
수입신고 시기	입항전 수입신고는 당해 물품을 적재한 선박 또는 항공기가 그 물품을 적재한 항구 또는 공항에서 출항하여 우리나라에 입항하기 5일전(항공기의 경우 1일전)부터 할 수 있다(영 제249조 제1항).
검사결정	세관장은 입항전 수입신고를 한 물품에 대하여 물품검사의 실시를 결정하였을 때에는 수입신고를 한 자에게 이를 통보하여야 한다(법 제244조 제2항). 검사대상으로 결정된 물품은 수입신고를 한 세관의 관할 보세구역(보세구역이 아닌 장소에 장치하는 경우 그 장소를 포함한다)에 반입되어야 한다(법 제244조 제3항). 다만, 세관장이 적재상태에서 검사가 가능하다고 인정하는 물품은 해당 물품을 적재한 선박이나 항공기에서 검사할 수 있다.
수입신고 수리	검사대상으로 결정되지 아니한 물품은 입항 전에 그 수입신고를 수리할 수 있다(법 제244조 제4항).
관세환급	입항전수입신고가 수리되고 보세구역 등으로부터 반출되지 아니한 물품에 대하여는 해당 물품이 지정보세구역에 장치되었는지 여부에 관계없이 재해로 멸실되거나 변질 또는 손상되어 그 가치가 떨어졌을 때에는 그 관세의 전부 또는 일부를 환급할 수 있다(법 제244조 제5항).
우리나라 도착 후 수입신고	다음의 어느 하나에 해당하는 물품은 해당 물품을 적재한 선박 등이 우리나라에 도착된 후에 수입신고하여야 한다(영 제249조 제3항). ① 세율이 인상되거나 새로운 수입요건을 갖추도록 요구하는 법령이 적용되거나 적용될 예정인 물품

② 수입신고하는 때와 우리나라에 도착하는 때의 물품의 성질과 수량이 달라지는 물품으로서 다음의 물품
㉠ 농・수・축산물이나 그 가공품으로서 수입신고하는 때와 입항하는 때의 물품의 관세율표 번호 10단위가 변경되는 물품
㉡ 농・수・축산물이나 그 가공품으로서 수입신고하는 때와 입항하는 때의 과세단위(수량이나 중량)가 변경되는 물품

(2) 출항전 수입신고

출항부터 입항까지의 기간이 단기간인 경우 등 당해 선박 등이 출항한 후에 신고하는 것이 곤란하다고 인정되어 출항하기 전에 신고하게 할 필요가 있는 때에는 해당물품을 적재한 선박 등이 우리나라에 입항하기 5일전(항공기에 의한 경우에는 1일전)부터 수입신고할 수 있다(영 제249조 제2항, 동 고시 제7조 제1항).

3 수출신고

1) 의의

수출하려는 자는 해당 물품이 장치된 물품소재지를 관할하는 세관장에게 수출신고를 하여야 하며, 전자문서로 작성된 수출신고서 등 신고자료와 함께 송품장 등 관련 서류를 전자제출하거나 전자이미지로 통관시스템에 전송하여야 한다(수출통관 사무처리에 관한 고시 제4조, 제7조 제1항). 그러나 밀수출 등 불법행위가 발생할 우려가 높거나 감시단속상 필요하다고 인정하는 다음의 물품은 관세청장이 정하는 장소에 반입한 후 수출의 신고를 하게 할 수 있다(법 제243조 제4항).

① 도난우려가 높은 물품 등 국민의 재산권 보호를 위하여 수출관리가 필요한 물품
② 고세율 원재료를 제조・가공하여 수출하는 물품 등 부정환급 우려가 높은 물품
③ 국민보건이나 사회안전 또는 국제무역질서 준수 등을 위해 수출관리가 필요한 물품

2) 선상수출신고

수출하려는 물품이 다음의 어느 하나에 해당하는 경우에는 해당 물품을 선적한

후 선상에서 수출신고를 할 수 있다(동 고시 제32조 제1항). 다만 선상수출신고를 하려는 자는 사전에 수출신고수리전적재허가(신청)서를 세관장에 제출하고 허가를 받아야 한다(동 고시 제32조 제3항).

① 선적한 후 공인검정기관의 검정서(SURVEY REPORT)에 의하여 수출물품의 수량을 확인하는 물품(예 : 산물 및 광산물)

② 물품의 신선도 유지 등의 사유로 선상 수출신고가 불가피하다고 인정되는 물품(예 : 내항선에 적재될 수산물을 다른 선박으로 이적하지 아니한 상태로 외국무역선으로 자격변경하여 출항하고자 하는 경우)

③ 자동차운반전용선박에 적재하여 수출하는 신품자동차

3) 신고인

수출신고는 관세사, 「관세사법」 제17조에 따른 관세법인, 「관세사법」 제19조에 따른 통관취급법인 또는 수출 화주의 명의로 하여야 한다(동 고시 제5조). 다만, 수출신고의 경우에는 화주에게 해당 수출물품을 제조하여 공급한 자의 명의로 할 수 있다(법 제242조).

4 가격신고

1) 신고하여야 하는 가격

물품을 수출·수입 또는 반송시 세관장에게 신고하여야 하는 해당 물품의 가격은 다음과 같다(법 제241조의2, 영 246조 제3항).

① 수출·반송신고가격 : 해당 물품을 본선에 인도하는 조건으로 실제로 지급받았거나 지급받아야 할 가격으로서 최종 선적항 또는 선적지까지의 운임·보험료를 포함한 가격

② 수입신고가격 : 법 제30조부터 제35조까지의 규정에 따른 방법으로 결정된 과세가격(제1방법부터 제6방법까지)

③ 해외에서 수리하거나 부품 등을 교체한 우리나라의 운송수단을 수입신고하는 경우 : 해당 운송수단의 가격은 수리 또는 부품 등이 교체된 부분의 가격

2) 가격신고 시기

관세의 납세의무자는 수입신고를 할 때 수입관련거래에 관한 사항 등과 관련하여 세관장에게 해당 물품의 가격에 대한 신고("가격신고"라 한다)를 하여야 한다(법 제27조 제1항). 다만, 통관의 능률을 높이기 위하여 필요하다고 인정되는 경우에는 물품의 수입신고를 하기 전에 가격신고를 할 수 있다. 물품의 수입신고일 이전에 가격신고를 하고자 하는 자는 그 사유와 수입관련거래에 관한 사항 등을 기재한 신고서를 세관장에게 제출하여야 한다(영 제15조 제4항).

3) 과세가격결정자료 제출

가격신고를 할 때에는 과세가격의 결정에 관계되는 자료("과세가격결정자료"라 한다)를 제출하여야 한다(법 제27조 제2항). 가격신고를 할 때에 제출하여야 하는 과세자료는 다음과 같다(영 제15조 제5항).

① 송품장
② 계약서
③ 각종 비용의 금액 및 산출근거를 나타내는 증빙자료
④ 기타 가격신고의 내용을 입증하는 데에 필요한 자료

다만, 당해 물품의 거래의 내용, 과세가격결정방법 등에 비추어 과세가격결정에 곤란이 없다고 세관장이 인정하는 다음의 경우에는 자료의 전부 또는 일부를 제출하지 아니할 수 있다. 그러나 세관장은 가격신고를 하려는 자가 다음의 ①에 해당하는 경우에는 가격신고를 일정기간 일괄하여 신고하게 할 수 있다(영 제15조 제3항).

① 같은 물품을 같은 조건으로 반복적으로 수입하는 경우
② 수입항까지의 운임 및 보험료 외에 우리나라에 수출하기 위하여 판매되는 물품에 대하여 구매자가 실제로 지급하였거나 지급하여야 할 가격에 가산할 금액이 없는 경우
③ 그 밖에 과세가격결정에 곤란이 없다고 인정하여 관세청장이 정하는 경우

4) 가격신고 생략

(1) 가격신고 생략 물품

과세가격을 결정하기가 곤란하지 아니하다고 인정하는 다음의 물품에 대하여는 가격신고를 생략할 수 있다(법 제27조 제3항).

① 정부 또는 지방자치단체가 수입하는 물품
② 정부조달물품
③ 「공공기관의 운영에 관한 법률」 제4조에 따른 공공기관이 수입하는 물품
④ 관세 및 내국세등이 부과되지 아니하는 물품
⑤ 방위산업용 기계와 그 부분품 및 원재료로 수입하는 물품. 다만, 당해 물품과 관련된 중앙행정기관의 장의 수입확인 또는 수입추천을 받은 물품에 한한다.
⑥ 수출용 원재료
⑦ 「특정연구기관 육성법」의 규정에 의한 특정연구기관이 수입하는 물품
⑧ 과세가격이 미화 1만불 이하인 물품으로 관세청장이 정하는 물품. 다만, 개별소비세, 주세, 교통·에너지·환경세가 부과되는 물품과 분할하여 수입되는 물품은 제외한다.
⑨ 종량세 적용물품. 다만, 종량세와 종가세 중 높은 세액 또는 높은 세율을 선택하여 적용해야 하는 물품의 경우에는 제외한다.
⑩ 특수관계가 있는 자들 간에 거래되는 물품의 과세가격 결정방법의 사전심사 결과가 통보된 물품. 다만 잠정가격으로 가격신고를 할 수 있는 물품은 제외한다.

(2) 가격신고 생략 제외 물품

다음의 하나에 해당하는 물품은 가격신고생략물품에 해당하지 아니하는 것으로 한다(시행규칙 제2조 제2항).

① 과세가격을 결정함에 있어서 제1방법에 의하여 금액을 가산하여야 하는 물품
② 구매자가 실제로 지급하였거나 지급하여야 할 가격에 구매자가 해당 수입물품의 대가와 판매자의 채무를 상계(相計)하는 금액, 구매자가 판매자의 채무를 변제하는 금액, 그 밖의 간접적인 지급액이 포함되어 있는 경우에 해당하는 물품
③ 과세가격이 제2방법부터 제6방법에 따라 결정되는 경우에 해당하는 물품

④ 세관장이 관세를 부과·징수하는 물품
⑤ 잠정가격 신고 대상 물품
⑥ 관세를 체납하고 있는 자가 신고하는 물품(체납액이 10만원 미만이거나 체납기간 7일 이내에 수입신고하는 경우를 제외한다)
⑦ 납세자의 성실성 등을 참작하여 관세청장이 정하는 기준에 해당하는 불성실신고인이 신고하는 물품
⑧ 물품의 가격변동이 큰 물품 기타 수입신고수리후에 세액을 심사하는 것이 적합하지 아니하다고 인정하여 관세청장이 정하는 물품

5) 잠정가격의 신고

(1) 잠정가격 신고 대상

납세의무자는 가격신고를 할 때 신고하여야 할 가격이 확정되지 아니한 경우로서 다음의 경우에는 잠정가격으로 가격신고를 할 수 있다(법 제28조 제1항).
① 거래관행상 거래가 성립된 때부터 일정기간이 지난 후에 가격이 정하여지는 물품(기획재정부령으로 정하는 것으로 한정한다)으로서 수입신고일 현재 그 가격이 정하여지지 아니한 경우
② 과세가격결정 제1방법에 따라 조정하여야 할 금액이 수입신고일부터 일정기간이 지난 후에 정하여질 수 있음이 서류 등으로 확인되는 경우
③ 과세가격 결정방법의 사전심사를 신청한 경우
④ 특수관계가 있는 구매자와 판매자 사이의 거래 중 수입물품의 거래가격이 수입신고 수리 이후에 「국제조세조정에 관한 법률」 제8조에 따른 정상가격으로 조정될 것으로 예상되는 거래로서 기획재정부령으로 정하는 요건을 갖춘 경우
⑤ 계약의 내용이나 거래의 특성상 잠정가격으로 가격신고를 하는 것이 불가피하다고 세관장이 인정하는 경우

(2) 확정가격 신고

납세의무자는 잠정가격으로 가격신고를 하였을 때에는 2년의 범위 안에서 구매자와 판매자 간의 거래계약의 내용 등을 고려하여 세관장이 지정하는 기간내에 확정가격을 세관장에게 신고하여야 한다(법 제28조 제2항). 세관장은 납세의무자가 기간 내에 확정된 가격을 신고하지 아니하는 경우에는 해당 물품에 적용될 가

격을 확정할 수 있다(법 제28조 제3항). 다만, 납세의무자가 폐업, 파산신고, 법인 해산 등의 사유로 확정된 가격을 신고하지 못할 것으로 인정되는 경우에는 확정 가격 신고 기간 중에도 해당 물품에 적용될 가격을 확정할 수 있다.

세관장은 구매자와 판매자간의 거래계약내용이 변경되는 등 잠정가격을 확정할 수 없는 불가피한 사유가 있다고 인정되는 경우에는 납세의무자의 요청이 있는 경우에는 기획재정부령으로 정하는 바에 따라 신고기간을 연장할 수 있다(영 제16조 제4항). 이 경우 연장하는 기간은 지정한 신고기간의 만료일부터 2년을 초과할 수 없다.

(3) 정산

세관장은 확정된 가격을 신고받거나 세관장이 가격을 확정하였을 때에는 잠정가격을 기초로 신고납부한 세액과 확정된 가격에 따른 세액의 차액을 징수하거나 환급하여야 한다(법 제28조 제4항).

6) 가격조사 보고

(1) 과세가격 결정 자료 제출 요청

기획재정부장관 또는 관세청장은 과세가격을 결정하기 위하여 필요하다고 인정되는 경우에는 수출입업자, 경제단체 또는 그 밖의 관계인에게 과세가격 결정에 필요한 자료를 제출할 것을 요청할 수 있다(법 제29조 제1항). 이 경우 그 요청을 받은 자는 정당한 사유가 없으면 이에 따라야 한다.

(2) 수입물품의 평균 신고가격 등의 공표

관세청장은 다음의 어느 하나에 해당하는 경우 국민 생활에 긴요한 물품으로서 국내물품과 비교 가능한 수입물품[10)]의 평균 신고가격이나 반입 수량에 관한 자료를 집계하여 관세청의 인터넷 홈페이지를 통하여 공표할 수 있다(법 제29조 제2항). 이 경우 공표대상 수입물품의 선정기준 및 수입물품의 평균 신고가격이나 반입 수량에 관한 자료의 집계방법 등을 함께 공표하여야 한다(영 제16조의2 제1항).

10) 국내물품과 비교 가능한 수입물품은 다음의 요건을 모두 충족하는 것으로 한다(영 제16조의2 제2항).
① 관세·통계통합품목분류표상 품목번호에 해당할 것
② 해당 수입물품의 수입자가 2인 이상일 것

① 원활한 물자수급을 위하여 특정물품의 수입을 촉진시킬 필요가 있는 경우
② 수입물품의 국내가격을 안정시킬 필요가 있는 경우

(3) 공표 제외 사항

관세청장은 다음의 어느 하나에 해당하는 사항은 공표하여서는 아니 된다(영 제16조의2 제2항).

① 수입물품의 상표 및 상호
② 수입자의 영업상 비밀에 관한 사항
③ 그 밖에 공개될 경우 수입자의 정당한 이익을 현저히 침해할 우려가 있는 사항

7) 과세가격 결정방법의 사전심사

(1) 사전심사 신청

납세신고를 하여야 하는 자는 과세가격 결정과 관련하여 다음의 사항에 관하여 의문이 있을 때에는 가격신고를 하기 전에 대통령령으로 정하는 바에 따라 관세청장에게 미리 심사하여 줄 것을 신청할 수 있다(법 제37조 제1항). 또한 신청을 받은 관세청장은 다음의 기간 이내에 과세가격의 결정방법을 심사한 후 그 결과를 신청인에게 통보하여야 한다(법 제37조 제2항). 세관장은 관세의 납세의무자가 통보된 과세가격의 결정방법에 따라 납세신고를 한 경우 대통령령으로 정하는 요건을 갖추었을 때에는 그 결정방법에 따라 과세가격을 결정하여야 한다(법 제37조 제4항).

심사요청 사항	심사결과 통보 기간
관세평가 제1방법 적용에 관한 사항	1개월
관세평가 제1방법으로 과세가격을 결정할 수 없는 경우에 적용되는 과세가격 결정방법	
특수관계가 있는 자들 간에 거래되는 물품의 과세가격 결정방법	1년

(2) 재심사 신청

결과를 통보받은 자가 그 결과에 이의가 있는 경우에는 그 결과를 통보받은 날부터 30일 이내에 대통령령으로 정하는 바에 따라 관세청장에게 재심사를 신청할 수 있다(법 제37조 제3항). 이 경우 재심사의 기간 및 결과의 통보에 관하여는

사전심사의 기간 및 결과 통보기간을 준용한다.

(3) 보고서 제출

사전심사를 신청하여 결과를 통보받은 자는 심사결과 결정된 과세가격 결정방법을 적용하여 산출한 과세가격 및 그 산출과정 등이 포함된 보고서를 대통령령으로 정하는 바에 따라 관세청장에게 제출하여야 한다(법 제37조 제5항). 관세청장은 보고서를 제출하지 아니하는 등 대통령령으로 정하는 사유에 해당하는 경우에는 사전심사 결과를 변경, 철회 또는 취소할 수 있다(법 제37조 제6항). 이 경우 관세청장은 사전심사를 신청한 자에게 그 사실을 즉시 통보하여야 한다.

조심 2018관0070 (2019.01.24.)

– 확정가격신고일부터 5년 이내에 제기된 경정청구를 최초 납세신고일(수입신고일)부터 5년이 경과하였으므로 경정청구기간을 경과하였다고 보아 이를 거부한 처분의 당부

청구법인은 액화천연가스 수송선박의 건조를 발주하고 국적취득조건부 나용선계약(BBHCP, Bare Boat Charter Hire Purchase) 및 항해용선계약에 따라 쟁점운항선사를 통하여 쟁점선박으로 운송하고 있다.

쟁점운항선사는 청구법인에게 매 항차별로 예정수송물량 등에 따라 잠정적인 운임률을 적용하여 운임을 청구하였다가, 매년 말 실제 운송물량 및 소요비용 등이 확정되면 확정된 운임률을 적용하여 운임을 정산하는데, 쟁점운임을 구성하는 요소 중 쟁점선박 건조에 따른 자본비를 반기별 마지막 직전 항차의 운임에만 일괄반영하고, 나머지 비용들은 매 항차별 운임에 안분·반영하여 쟁점운임을 산출하였다.

청구법인은 2012.6.15. 처분청에 쟁점물품을 수입신고하면서 그 과세가격을 잠정가격으로 신고하였다가, 2013.12.13. 확정가격신고를 하고 부가가치세를 수정신고·납부하였고, 그 날부터 5년 이내인 2017.11.7. 부가가치세의 환급을 구하는 취지의 경정청구를 하였는데, 청구법인이 경정청구를 제기한 날은 수입신고일부터 5년이 경과한 것으로 나타난다.

처분청은 확정가격신고 절차에 따라 증액된 과세가격 및 추가 납부된 세액에 대해서만 감액변동 사실이 확인될 때 쟁점통칙에 따라 확정가격신고·납부일부터 경정청구기간을 기산하여야 하고, 그 외 확정가격신고 절차에 따라 과세가격 및 세액이 감액되거나 과세가격의 변동이 없는 경우에는 그 후에 감액변동 사실이 확인되더라도 「관세법」 제38조의3 제2항에 따라 최초로 납세신고를 한 날인 수입신고일부터 경정청구기간을 기산하여야 한다는 의견이다.

그러나 청구법인은 쟁점물품의 운임에 대하여 잠정·확정가격신고 절차를 통하여 가격신고를 하였고, 이 건 경정청구는 운임에 포함되는 쟁점자본비에 대한 것으로 보이는 점, 잠정가격신고를 한 물품은 확정가격신고를 하기 전에는 그 정확한 세액이 확정되지 아니하여 납세의무자가 경정청구권을 행사하기 어려운 점, 잠정가격신고제도는 수입신고시 잠정가격에 따라 잠정적인 세액을 납부하였다가, 확정가격신고 절차에 따라 확정가격 및 확정된 세액으로 신고납부하는 제도라 할 것인 점, 기획재정부장관은 2011.11.16. 잠정가격신고물품의 최초 납세신고일을 확정가격신고일로 보아 확정가격으로 신고납부된 물품의 보정신청기간을 확정가격 신고일부터 6개월로 기산하도록 유권해석 하였고, 관세청장은 이에 더하여 2016.10.17. (경정청구에 따른) 관세환급 가산금을 확정가격 신고일부터 기산하여 계산하도록 유권해석한 점, 쟁점통칙에서 확정가격신고·납부일부터 경정청구기간을 기산하는 대상을 "확정가격신고절차에 따라 세액을 신고납부한 후, 당해 물품에 대한 과세가격의 감액변동 사실이 확인되는 경우"로만 규정하고 있어, 처분청 의견과 같이 확정가격신고 절차에 따라 추가 납부된 세액에 대해서만 한정하여 쟁점통칙이 적용된다고 보기 어려운 점 등에 비추어 볼 때, 경정청구기간의 기산일을 최초 납세신고일인 수입신고일로 보아 청구법인의 경정청구를 거부한 쟁점처분은 잘못이 있는 것으로 판단된다.

5 물품의 검사

1) 의의

세관공무원은 수출·수입 또는 반송하려는 물품에 대하여 검사를 할 수 있다(법 제246조 제1항). 관세청장은 검사의 효율을 거두기 위하여 검사대상, 검사범위, 검사방법 등에 관하여 필요한 기준을 정할 수 있다(법 제246조 제2항). 화주는 수입신고를 하려는 물품에 대하여 수입신고 전에 관세청장이 정하는 바에 따라 확인을 할 수 있다(법 제246조 제3항).

2) 물품의 검사에 따른 손실보상

관세청장 또는 세관장은 세관공무원의 적법한 물품검사로 인하여 물품에 손실이 발생한 경우 그 손실을 입은 자에게 보상하여야 한다(법 제246조의2 제1항).

3) 물품에 대한 안전성 검사

관세청장은 중앙행정기관의 장의 요청을 받아 세관장으로 하여금 세관장의 확인이 필요한 수출입물품 등 다른 법령에서 정한 물품의 성분·품질 등에 대한 안전성 검사를 하게 할 수 있다(법 제246조의3 제1항). 다만, 관세청장은 세관장의 확인이 필요한 수출입물품에 대하여는 필요한 경우 해당 중앙행정기관의 장에게 세관장과 공동으로 안전성 검사를 할 것을 요청할 수 있다.

중앙행정기관의 장은 안전성 검사를 요청하는 경우 관세청장에게 해당 물품에 대한 안전성 검사 방법 등 관련 정보를 제공하여야 하고, 필요한 인력을 제공할 수 있다(법 제246조의3 제2항). 관세청장은 중앙행정기관의 장의 안전성 검사 요청을 받거나 중앙행정기관의 장에게 안전성 검사를 요청한 경우 해당 안전성 검사를 위하여 필요한 인력 및 설비 등을 고려하여 안전성 검사 대상 물품을 지정하여야 하고, 그 결과를 해당 중앙행정기관의 장에게 통보하여야 한다(법 제246조의3 제3항). 관세청장은 안전성 검사를 위하여 협업검사센터를 주요 공항·항만에 설치할 수 있고, 세관장에게 제3항에 따라 지정된 안전성 검사 대상 물품의 안전성 검사에 필요한 자체 검사 설비를 지원하는 등 원활한 안전성 검사를 위한 조치를 취하여야 한다(법 제246조의3 제4항). 세관장은 안전성 검사 대상 물품으로 지정된 물품에 대하여 중앙행정기관의 장과 협력하여 안전성 검사를 실시하여야 한다(법 제246조의3 제5항).

관세청장은 안전성 검사 결과 불법·불량·유해 물품으로 확인된 물품의 정보를 관세청 인터넷 홈페이지를 통하여 공개할 수 있다(법 제246조의3 제6항). 안전성 검사에 필요한 정보교류, 제264조의10에 따른 불법·불량·유해물품에 대한 정보 등의 제공 요청 등 대통령령으로 정하는 사항을 협의하기 위하여 관세청에 수출입물품안전관리기관협의회를 둔다(법 제246조의3 제7항).

4) 검사 장소

(1) 장치장소에서의 검사

물품에 대한 검사는 장치할 수 있는 장소(법 제155조)에서 한다(법 제247조 제1항). 수출신고물품에 대한 검사는 생략하지만 물품을 확인할 필요가 있어 검사를 하는 경우에는 해당 물품이 장치되어 있는 장소에서 검사한다(수출통관 사무처리에 관한 고시 제17조 제1항). 그러나 세관장은 효율적인 검사를 위하여 부득이하다고 인정될 때에는 관세청장이 정하는 바에 따라 해당 물품을 보세구역에 반입하게 한 후 검사할 수 있다(법 제247조 제2항).

(2) 선상검사

출항전신고·입항전신고한 물품이거나 보세구역도착전 신고물품으로서 정부에서 직접 수입하는 군수품과 물자수급계획상 긴급도입 물품과 선상에서의 검사가 가능하다고 세관장이 인정하는 물품은 선상에 적재한 상태로 검사할 수 있다(수입통관 사무처리에 관한 고시 제30조).

(3) 수수료 납부

검사 장소가 지정장치장이나 세관검사장이 아닌 경우 신고인은 수수료를 납부하여야 한다(법 제247조 제3항). 다만, 검사 장소가 보세창고인 경우로서 신고인이 운영인과 다른 경우, 검사 대상이 수출물품인 경우에는 수수료를 납부하지 아니한다.

6 신고의 처리

1) 신고의 수리

(1) 의의

세관장은 수출·수입 또는 반송신고가 관세법에 따라 적합하게 이루어졌을 때에는 이를 지체 없이 수리하고 신고인에게 신고필증을 발급하여야 한다(법 제248조 제1항). 다만, 국가관세종합정보망의 전산처리설비를 이용하여 신고를 수리하는 경우에는 관세청장이 정하는 바에 따라 신고인이 직접 전산처리설비를 이용하여 신고필증을 발급받을 수 있다. 수입물품 중 관세가 면제되거나 무세인 물품에 있어서는 그 검사를 마친 때에 당해 물품에 대한 수입신고가 수리된 것으로 본다(영 제246조 제5항).

신고수리 전에는 운송수단, 관세통로, 하역통로 또는 관세법에 따른 장치 장소로부터 신고된 물품을 반출하여서는 아니 된다(법 제248조 제3항).

수입신고수리	수출신고수리
세관장은 수입신고한 내용을 심사한 후 신고수리하는 것을 원칙으로 한다(수입통관 사무처리에 관한 고시 제35조 제1항). 다만, 출항전신고, 입항전신고, 보세구역 도착전신고 물품에 대하여는 다음의 요건이 완료된 때 신고수리한다. 1. 출항전신고나 입항전신고 물품은 「보세화물 입출항 하선 하기 및 적재에 관한 고시」에 따른 적하목록 심사가 완료된 때. 다만, 수입신고전에 적하목록 심사가 완료된 때에는 수입신고 심사가 완료된 때 2. 보세구역 도착전 신고물품은 보세운송 도착보고된 때(하역절차에 따라 하역장소로 반입되는 때에는 반입신고된 때)	수출신고의 수리는 다음의 구분에 의한 신고서 처리방법에 따른다(수출통관 사무처리에 관한 고시 제21조). 1. 자동수리대상은 통관시스템에서 자동으로 신고수리 2. 심사대상은 심사후 수리 3. 검사대상은 검사후 수리. 다만, 적재지검사 대상은 수출물품을 적재하기 전에 검사를 받는 조건으로 신고를 수리할 수 있다.

(2) 담보 제공

세관장은 관세를 납부하여야 하는 물품에 대하여는 수출·수입 또는 반송신고를 수리할 때에 다음의 어느 하나에 해당하는 자에게 관세에 상당하는 담보의 제공을 요구할 수 있다(법 제248조 제2항).

① 관세법 또는 「수출용원재료에 대한 관세 등 환급에 관한 특례법」 제23조를 위반하여 징역형의 실형을 선고받고 그 집행이 끝나거나(집행이 끝난 것으로 보는 경우를 포함한다) 면제된 후 2년이 지나지 아니한 자

② 관세법 또는 「수출용원재료에 대한 관세 등 환급에 관한 특례법」 제23조를 위반하여 징역형의 집행유예를 선고받고 그 유예기간 중에 있는 자

③ 밀수출입죄, 관세포탈죄, 가격조작죄, 미수범, 밀수품 취득죄, 체납처분면탈죄, 명의대여죄 또는 「수출용원재료에 대한 관세 등 환급에 관한 특례법」 제23조에 따라 벌금형 또는 통고처분을 받은 자로서 그 벌금형을 선고받거나 통고처분을 이행한 후 2년이 지나지 아니한 자

④ 수입신고일을 기준으로 최근 2년간 관세 등 조세를 체납한 사실이 있는 자

⑤ 수입실적, 수입물품의 관세율 등을 고려하여 다음에 해당하는 관세채권의 확보가 곤란한 경우에 해당하는 자

㉠ 최근 2년간 계속해서 수입실적이 없는 자

㉡ 파산, 청산 또는 개인회생절차가 진행 중인 자

ⓒ 수입실적, 자산, 영업이익, 수입물품의 관세율 등을 고려할 때 관세채권 확보가 곤란한 경우로서 관세청장이 정하는 요건에 해당하는 자

2) 수입신고의 취하 및 각하

(1) 취하

신고는 정당한 이유가 있는 다음의 경우에만 세관장의 승인을 받아 취하[11]할 수 있다(법 제250조 제1항). 다만, 수입 및 반송의 신고는 운송수단, 관세통로, 하역통로 또는 관세법에 규정된 장치 장소에서 물품을 반출한 후에는 취하할 수 없다. 세관장은 승인의 신청을 받은 날부터 10일 이내에 승인 여부를 신청인에게 통지하여야 한다(법 제250조 제4항). 세관장이 위의 기간 내에 승인 여부 또는 민원 처리 관련 법령에 따른 처리기간의 연장을 신청인에게 통지하지 아니하면 그 기간(민원 처리 관련 법령에 따라 처리기간이 연장 또는 재연장된 경우에는 해당 처리기간을 말한다)이 끝난 날의 다음 날에 승인을 한 것으로 본다(법 제250조 제5항). 수입 신고를 수리한 후 신고의 취하를 승인한 때에는 신고수리의 효력이 상실된다(법 제250조 제2항).

① 수입계약 내용과 상이한 물품, 오송물품, 변질·손상물품 등을 해외공급자 등에게 반송하기로 한 경우
② 재해 기타 부득이한 사유로 수입물품이 멸실되거나 세관의 승인을 얻어 폐기하려는 경우
③ 통관보류, 통관요건 불합격, 수입금지물품 등의 사유로 반송하거나 폐기하려는 경우
④ 그 밖에 위에 준하는 정당한 사유가 있다고 인정되는 경우

(2) 각하

세관장은 신고가 그 요건을 갖추지 못하였거나 부정한 방법으로 신고 되는 등 다음의 경우 해당 수입 신고를 각하할 수 있다(법 제250조 제3항).

① 사위 기타 부정한 방법으로 신고한 경우
② 멸각, 폐기, 공매·경매낙찰, 몰수확정, 국고귀속이 결정된 경우

11) '취하'는 신청하거나 제출한 것을 철회하는 것을 말하고, '취소'는 하자 있는 의사표시난 법률행위의 효력을 소급하여 소멸시키는 것이다(이종익·박병목, 전게서, p. 603).

③ 출항전신고나 입항전신고의 요건을 갖추지 아니한 경우
④ 출항전신고나 입항전신고한 화물이 도착하지 아니한 경우
⑤ 기타 수입신고의 형식적 요건을 갖추지 못한 경우

3) 수출신고수리의 취소 및 수출신고의 각하

(1) 수출신고수리의 취소

수출신고가 수리된 물품은 수출신고가 수리된 날부터 30일 이내에 운송수단에 적재하여야 한다(법 제251조 제1항). 다만, 1년의 범위에서 적재기간의 연장승인을 받은 것은 그러하지 아니하다.

세관장은 우리나라와 외국간을 왕래하는 운송수단에 적재하는 기간을 초과하는 물품에 대하여 수출신고의 수리를 취소하여야 한다(영 제255조 제1항). 다만, 다음의 하나에 해당하는 경우에는 그러하지 아니하다. 세관장은 수출신고의 수리를 취소하는 때에는 즉시 신고인에게 그 내용을 통지하여야 한다(영 제255조 제2항).

① 신고취하의 승인신청이 정당한 사유가 있다고 인정되는 경우
② 적재기간연장승인의 신청이 정당한 사유가 있다고 인정되는 경우
③ 세관장이 수출신고의 수리를 취소하기 전에 당해 물품의 적재를 확인한 경우
④ 기타 세관장이 수출신고가 수리된 날부터 30일 내에 적재하기 곤란하다고 인정하는 경우

(2) 수출신고의 각하

세관장은 다음의 어느 하나에 해당하는 경우에는 수출신고를 각하할 수 있다(수출통관 사무처리에 관한 고시 제30조). 이 경우 세관장은 즉시 통관시스템에 등록하고 그 사실을 신고인에게 통보하여야 한다. 수출신고를 수리한 후 신고의 취하를 승인한 때에는 신고수리의 효력이 상실된다(법 제250조 제2항).

① 거짓 또는 그 밖의 부정한 방법으로 신고한 경우
② 그 밖에 수출신고의 형식적 요건을 갖추지 못한 경우

7 통관절차의 특례

1) 수입신고수리전 반출

(1) 의의

수입신고를 한 물품을 세관장의 수리 전에 해당 물품이 장치된 장소로부터 반출하려는 자는 납부하여야 할 관세에 상당하는 담보를 제공하고 세관장의 승인을 받아야 한다(법 제252조).

(2) 담보제공 생략

정부 또는 지방자치단체가 수입하거나 담보를 제공하지 아니하여도 관세의 납부에 지장이 없다고 인정하는 다음의 물품에 대하여는 담보의 제공을 생략할 수 있다(법 제252조). 이하 ② 및 ③의 물품을 수입하는 자 중 관세 등의 체납, 불성실신고 등의 사유로 담보 제공을 생략하는 것이 타당하지 아니하다고 관세청장이 인정하는 자가 수입하는 물품에 대해서는 담보를 제공하게 할 수 있다(영 제256조 제3항).

① 국가, 지방자치단체, 「공공기관의 운영에 관한 법률」 제4조에 따른 공공기관, 「지방공기업법」 제49조에 따라 설립된 지방공사 및 같은 법 제79조에 따라 설립된 지방공단이 수입하는 물품

② 학술연구용품의 감면세를 적용받을 수 있는 국가기관, 지방자치단체, 학교, 공공의료기관 등이 수입하는 물품

③ 최근 2년간 법 위반(관세청장이 관세포탈죄, 허위신고죄 등에 따른 처벌을 받은 자로서 재범의 우려가 없다고 인정하는 경우를 제외한다) 사실이 없는 수출입자 또는 신용평가기관으로부터 신용도가 높은 것으로 평가를 받은 자로서 관세청장이 정하는 자가 수입하는 물품

④ 수출용원재료 등 수입물품의 성질, 반입사유 등을 고려할 때 관세채권의 확보에 지장이 없다고 관세청장이 인정하는 물품

⑤ 거주 이전(移轉)의 사유, 납부할 세액 등을 고려할 때 관세채권의 확보에 지장이 없다고 관세청장이 정하여 고시하는 기준에 해당하는 자의 이사물품

(3) 승인 대상

수입통관에 곤란한 사유가 없는 물품으로서 다음의 어느 하나에 해당하는 경우에는 세관장이 신고수리전반출을 승인할 수 있다(수입통관 사무처리에 관한 고시 제38조 제1항).

① 완성품의 세번으로 수입신고수리 받고자 하는 물품이 미조립상태로 분할선적 수입된 경우
② 「조달사업에 관한 법률」에 따른 비축물자로 신고된 물품으로서 실수요자가 결정되지 아니한 경우
③ 사전세액심사 대상물품(부과고지물품을 포함한다)으로서 세액결정에 오랜 시간이 걸리는 경우
④ 품목분류나 세율결정에 오랜 시간이 걸리는 경우
⑤ 수입신고시 원산지증명서를 세관장에게 제출하지 못한 경우

2) 수입신고전의 물품 반출

(1) 의의

수입하려는 물품을 수입신고 전에 운송수단, 관세통로, 하역통로 또는 관세법에 따른 장치 장소로부터 즉시 반출하려는 자는 세관장에게 즉시반출신고를 하여야 한다(법 제253조 제1항). 이 경우 세관장은 납부하여야 하는 관세에 상당하는 담보를 제공하게 할 수 있다.

(2) 즉시반출업체

즉시반출을 할 수 있는 자 및 물품은 다음의 하나에 해당하는 것 중 허가·승인·표시 또는 그 밖의 구비조건의 확인에 지장이 없는 경우로서 세관장이 지정하는 것에 한한다(영 제257조 제2항).

① 관세 등의 체납이 없고 최근 3년 동안 수출입실적이 있는 제조업자 또는 외국인투자자가 수입하는 시설재 또는 원부자재
② 위의 ①에 따른 제조업체나 「외국인투자촉진법」 제21조에 따른 외국인투자기업에 해당하는 경우로서 다음의 요건을 갖춘 자
   가. 포괄담보업체. 다만, 즉시반출업체 지정신청시 개별담보를 제공하려는 경우에는 포괄담보를 제공하지 아니하게 할 수 있다.

나. 최근 2년간 관세 등 제세의 체납이 없는 업체. 다만, 체납발생사유가 일시적인 자금사정이거나 업무착오인 경우에 해당하는 때는 제외한다.

다. 최근 2년간 밀수출입죄, 관세포탈죄, 가격조작죄, 미수범, 밀수전용운반기구 몰수, 범죄에 사용된 물품의 몰수, 밀수품 취득죄, 체납처분 면탈죄, 타인에 대한 명의대여죄, 허위신고죄, 과태료의 규정을 위반하거나 「환특법」 제23조 위반으로 처벌받은 사실이 없는 업체. 다만, 세관장이 재범의 우려가 없다고 인정하는 경우를 제외한다.

라. 최근 3년간 수출입실적 있는 업체

③ 다음의 어느 하나에 해당하는 자

가. 「관세 등에 대한 담보제공과 정산제도 운영에 관한 고시」 제5조 제1항 “제1호부터 제3호까지의” 정부기관 등

나. 「관세 등에 대한 담보제공과 정산제도 운영에 관한 고시」 제6조 및 제7조에 따라 사전에 담보제공 생략을 확인받거나 담보제공특례자로 지정된 자

(3) 수입신고

즉시반출신고를 하고 반출을 하는 자는 즉시반출신고를 한 날부터 10일 이내에 수입신고를 하여야 한다(법 제253조 제3항). 세관장은 즉시반출신고를 하고 반출을 한 자가 기간 내에 수입신고를 하지 아니하는 경우에는 관세 및 해당 물품에 대한 관세의 100분의 20에 상당하는 금액을 가산세로 부과·징수하고, 즉시반출할 수 있는 자 및 물품에 대한 지정을 취소할 수 있다(법 제253조 제4항).

3) 전자상거래[12)]물품 등의 특별통관

(1) 의의

관세청장은 전자상거래물품에 대하여 대통령령으로 정하는 바에 따라 수출입신고·물품검사 등 통관에 필요한 사항을 따로 정할 수 있다(법 제254조 제1항). 관세청장은 관세의 부과·징수 및 통관을 위하여 필요한 경우 사이버몰을 운영하는 구매대행업자, 「전자상거래 등에서의 소비자보호에 관한 법률」에 따른 통신판매업자 또는 통신판매중개를 하는 자에게 전자상거래물품의 주문·결제 등과 관

12) “전자상거래”란 물품의 주문, 대금결제 등 거래의 전부 또는 일부가 전자문서에 의하여 처리되는 상거래를 말한다(전자상거래물품 등의 특별통관 절차에 관한 고시 제2조 제2호).

련된 거래정보로서 대통령령으로 정하는 정보를 수입신고 전에 제공하여 줄 것을 요청할 수 있다(법 제254조 제2항).

관세청장은 납세자의 권리 보호를 위하여 화주에게 전자상거래물품의 통관 및 납세와 관련된 사항으로서 대통령령으로 정하는 사항을 안내할 수 있다(법 제254조 제4항).

(2) 수입신고

전자상거래물품의 수입신고는 다음과 같이 한다(전자상거래물품 등의 특별통관 절차에 관한 고시 제7조).

① 수입신고하는 때에는 수입을 대행한 전자상거래업체의 상호와 특별통관 대상업체 신고번호를 수입신고서에 기재
② 특급탁송으로 물품을 수입하는 때에는 화물운송장, 송품장, 통관목록에 특별통관대상업체 신고번호를 기재
③ 전자상거래업체는 자신의 물품을 운송하는 특송업체에게 특별통관대상업체 신고번호를 사전에 통보

4) 탁송품의 특별통관

(1) 목록통관

여행자 탁송품으로서 자가사용물품 또는 면세되는 상업용 견본품 중 물품가격이 미화 150달러 이하의 물품은 운송업자(외국무역선·외국무역기 또는 국경출입차량을 이용하여 상업서류나 그 밖의 견본품 등을 송달하는 것을 업으로 하는 자로서 관세청장 또는 세관장에게 등록한 자를 말한다. "탁송품 운송업자"라 한다)가 다음에 해당하는 사항이 적힌 목록("통관목록"이라 한다)을 세관장에게 제출함으로써 수입신고를 생략할 수 있다(법 제254조의2 제1항). 탁송품 운송업자는 통관목록을 사실과 다르게 제출하여서는 아니 된다(법 제254조의2 제2항).

① 물품의 발송인 및 수신인의 성명, 주소, 국가
② 물품의 품명, 수량, 중량 및 가격
③ 탁송품의 통관목록에 관한 것으로 다음의 사항

가. 운송업자명
나. 선박편명 또는 항공편명

다 선하증권 번호

라. 물품수신이의 통관고유번호

마. 그 밖에 관세청장이 정하는 사항

(2) 신고구분

특송물품에 대한 통관절차는 다음에 따른다(특송물품 수입통관 사무처리에 관한 고시 제8조 제1항).

① 국내거주자가 수취하는 자가사용물품 또는 면세되는 상업용 견본품 중 물품가격이 미화 150달러(미합중국과의 협정에 따른 특송물품 통관의 특례에 해당하는 물품은 미화 200달러) 이하에 해당하는 물품("목록통관특송물품")은 특송업체가 통관목록을 세관장에게 제출함으로써 수입신고를 생략할 수 있다.

② 물품가격이 미화 150달러(미합중국과의 협정에 따른 특송물품 통관의 특례에 해당하는 물품은 미화 200달러)를 초과하고 2,000달러 이하인 물품("간이신고특송물품")은 간이한 방법으로 신고할 수 있다.[13)]

③ 물품가격이 미화 2,000달러를 초과하는 물품("일반수입신고특송물품")은 수입신고를 하여야 한다.

(3) 배송주소지 제출

탁송품 운송업자는 제출한 통관목록에 적힌 물품수신인의 주소지가 아닌 곳에 탁송품을 배송하거나 배송하게 한 경우(「우편법」 제31조 단서에 해당하는 경우는 제외한다)에는 배송한 날이 속하는 달의 다음달 15일까지 실제 배송한 주소지를 세관장에게 제출하여야 한다(법 제254조의2 제3항).

(4) 통관절차 적용 배제

세관장은 탁송품 운송업자가 위의 규정을 위반하거나 관세법에 따라 통관이 제한되는 물품을 국내에 반입하는 경우에는 통관절차의 적용을 배제할 수 있다(법 제254조의2 제4항).

13) 간이신고특송물품을 수입통관하려는 때에는 첨부서류없이 인터넷·EDI 등을 이용하여 전자서류로 수입신고하여야 한다(동 고시 제9조 제2항). 다만, 검사대상으로 선별된 물품은 수입신고서에 송품장, 선하증권 또는 항공화물운송장 등을 첨부하여 세관장에게 제출하여야 한다.

(5) 탁송품 검사

관세청장 또는 세관장은 탁송품에 대하여 세관공무원으로 하여금 검사하게 하여야 하며, 탁송품의 통관목록의 제출시한, 실제 배송지의 제출, 물품의 검사 등에 필요한 사항은 관세청장이 정하여 고시한다(법 제254조의2 제5항).

(6) 통관장소

세관장은 관세청장이 정하는 절차에 따라 별도로 정한 지정장치장에서 탁송품을 통관하여야 한다(법 제254조의2 제6항). 다만, 세관장은 탁송품에 대한 감시・단속에 지장이 없다고 인정하는 경우 탁송품을 해당 탁송품 운송업자가 운영하는 보세창고 또는 시설(「자유무역지역의 지정 및 운영에 관한 법률」 제11조에 따라 입주허가를 받아 입주한 업체가 해당 자유무역지역에서 운영하는 시설에 한정한다)에서 통관할 수 있다. 그러나 세관장은 통관목록을 제출하여 통관절차가 적용되지 아니하는 탁송품으로서 검사를 마치고 탁송품에 대한 감시・단속에 지장이 없다고 인정하는 경우에는 관세청장이 정하는 보세구역 등에서 탁송품을 통관하게 할 수 있다(법 제254조의2 제7항).

5) 수출입 안전관리 우수 공인업체

(1) 의의[14)]

AEO는 “Authorized Economic Operator”의 약자로서 “수출입안전관리우수공인업체”를 의미하며 관세청에서 법규준수, 내부통제시스템, 재무건전성, 안전관리의 공인기준에 따라 적정성 여부를 심사하여 공인한 우수업체를 뜻한다.

세계관세기구(WCO)에서는 오래 전부터 생산자에서 최종 소비자까지 국제적 물류흐름에 대한 안전, 즉 수출입공급망 안전(Supply Chain Security)에 관한 논의를 지속하여 오던 중 2001년 미국 9.11 테러가 발생하였으며, 많은 희생을 가져왔던 이 사태 이후 미국은 무역안전을 위한 새로운 물류보안제도와 규정을 시행하였다. 초창기 이 제도는 보안에만 중점을 두었기 때문에 리드타임을 지연시키는 비관세장벽으로 작용하였기에 WCO에서는 이러한 문제점을 보완하여 2005년 6월 “무역안전과 원활화에 관한 국제규범(WCO SAFE Framework)”을 수립하였고 이

14) 관세청, https://www.customs.go.kr/kcs/cm/cntnts/cntntsView.do?mi=10238&cntntsId=839.

국제규범의 핵심 개념이 바로 AEO이다. 세관당국은 공인기준에 따라 AEO업체를 공인하며, AEO업체와 非AEO업체에 대해서는 차별적인 위험관리를 실시한다. WCO 회원국 중 170여개 국가가 제도이행 의향서를 제출하였으며, 현재 미국, 일본, EU 등 주요 선진국이 도입·시행 중에 있다. 우리나라 또한 글로벌 관세환경 변화에 발맞춰 제도연구, 법령제정, 시범사업 등 준비과정을 거쳐 2009년 4월 정식으로 AEO제도를 시행하였고 수출업체, 수입업체, 관세사, 보세구역운영인, 보세운송업자, 화물운송주선업자, 선사, 항공사, 하역업자 총 9개 분야에서 인증을 받고 있다.

(2) 수출입 안전관리 우수업체 공인

관세청장은 수출입물품의 제조·운송·보관 또는 통관 등 무역과 관련된 자가 시설, 서류 관리, 직원 교육 등에서 이 법 또는 「자유무역협정의 이행을 위한 관세법의 특례에 관한 법률」 등 수출입에 관련된 법령에 따른 의무 또는 절차와 재무 건전성 등 다음의 안전관리 기준을 충족하는 경우 수출입 안전관리 우수업체로 공인할 수 있다(법 제255조의2 제1항).

① 「관세법」, 「자유무역협정의 이행을 위한 관세법의 특례에 관한 법률」, 「대외무역법」 등 수출입에 관련된 법령을 성실하게 준수하였을 것
② 관세 등 영업활동과 관련한 세금을 체납하지 않는 등 재무 건전성을 갖출 것
③ 수출입물품의 안전한 관리를 확보할 수 있는 운영시스템, 거래업체, 운송수단 및 직원교육체계 등을 갖출 것
④ 그 밖에 세계관세기구에서 정한 수출입 안전관리에 관한 표준 등을 반영하여 관세청장이 정하는 기준을 갖출 것

(3) 심사

관세청장은 수출입 안전관리 우수업체로 공인받으려고 심사를 요청한 자에 대하여 안전관리 기준을 충족하는지 여부를 심사하고 이를 충족하는 업체에 대해 공인증서를 교부하여야 한다(영 제259조의3 제4항). 또한 관세청장은 다음의 등급별 기준 및 수출입안전관리우수업체 심의위원회의 심의결과를 고려하여 수출입안전관리우수업체의 등급을 결정한다(수출입 안전관리 우수업체 공인 및 운영에 관한 고시 제5조 제1항).

① A등급 : 법규준수도가 80점 이상인 업체

② AA등급 : 법규준수도가 90점 이상인 업체

③ AAA등급 : 수출입안전관리우수업체 중 종합심사 결과 법규준수도가 95점 이상 이상이고, 다음의 어느 하나에 해당하는 업체

가. 수출입 안전관리와 관련하여 다른 업체에 확대하여 적용할 수 있는 우수사례가 있는 업체. 이 경우 해당 우수사례는 공인등급을 상향할 때에 한 번만 유효하다.

나. 중소기업이 수출입 안전관리 우수업체로 공인을 받는데 지원한 실적이 우수한 업체

(4) 통관절차상 혜택

수출입 안전관리 우수업체로 공인된 업체에 대하여는 수출입 물품에 대한 검사의 완화 또는 수출입 신고 및 납부 절차의 간소화의 통관절차상 혜택을 제공할 수 있다(법 제255조의3 제1항). 또한 관세청장은 다른 국가의 수출입 안전관리 우수 공인업체에 대하여 상호 조건에 따라 통관절차상의 혜택을 제공할 수 있다(법 제255조의3 제2항).

그러나 관세청장은 수출입안전관리우수업체가 자율 평가 결과를 보고하지 아니하는 등 대통령령으로 정하는 사유에 해당하는 경우 6개월의 범위에서 혜택의 전부 또는 일부를 정지할 수 있다(법 제255조의3 제3항).

(5) 공인 취소

관세청장은 수출입 안전관리 우수 공인업체가 다음의 어느 하나에 해당하는 경우에는 공인을 취소할 수 있다(법 제255조의5). 다만, ①에 해당하는 경우에는 공인을 취소하여야 한다.

① 거짓이나 그 밖의 부정한 방법으로 공인을 받거나 공인을 갱신받은 경우

② 수출입안전관리우수업체가 양도, 양수, 분할 또는 합병 등으로 공인 당시의 업체와 동일하지 아니하다고 관세청장이 판단하는 경우

③ 안전관리 기준을 충족하지 못하는 경우

④ 정지 처분을 공인의 유효기간 동안 5회 이상 받은 경우

⑤ 시정명령을 정당한 사유 없이 이행하지 아니한 경우

⑥ 그 밖에 수출입 관련 법령을 위반한 경우로서 대통령령으로 정하는 경우

안전관리 기준을 충족하지 못하게 되는 경우

(6) 지원사업 실행

관세청장은 「중소기업기본법」 제2조에 따른 중소기업 중 수출입물품의 제조·운송·보관 또는 통관 등 무역과 관련된 기업을 대상으로 수출입안전관리우수업체로 공인을 받거나 유지하는 데에 필요한 상담·교육 등의 지원사업을 할 수 있다(법 제255조의6).

(7) 준수도 측정·평가 및 활용

관세청장은 수출입 안전관리 우수 공인업체로 공인받기 위한 신청 여부에 관계없이 수출입물품의 제조·운송·보관 또는 통관 등 무역과 관련된 운영인, 납세의무자, 선박회사 또는 항공사 등을 대상으로 안전관리 기준을 준수하는 정도를 연 4회의 범위에서 측정·평가한다(법 제255조의7 제1항). 또한 관세청장은 수출입 안전관리 우수 공인업체가 안전관리 기준을 충족하는지 여부를 주기적으로 확인하여야 하며, 수출입 안전관리 우수 공인업체에게 이를 자율적으로 평가하도록 하여 그 결과를 보고하게 할 수 있다(법 제255조의4 제1항, 제2항).

관세청장은 준수도 측정·평가의 결과를 다음의 사항에 활용할 수 있다(영 제259조의6 제2항).

① 간이한 신고 방식의 적용 등 통관 절차의 간소화

② 검사 대상 수출입물품의 선별

③ 그 밖에 업체 및 화물 관리의 효율화를 위하여 기획재정부령으로 정하는 사항

(8) 양도, 양수, 분할 또는 합병 보고

수출입안전관리우수공인업체가 양도, 양수, 분할 또는 합병하거나 그 밖에 관세청장이 정하여 고시하는 변동사항이 발생한 경우에는 그 변동사항이 발생한 날부터 30일 이내에 그 사항을 관세청장에게 보고하여야 한다(법 제255조의4 제3항). 다만, 그 변동사항이 수출입안전관리우수공인업체의 유지에 중대한 영향을 미치는 경우로서 관세청장이 정하여 고시하는 사항에 해당하는 경우에는 지체 없이 그 사항을 보고하여야 한다.

(9) 공인의 유효기간

공인의 유효기간은 5년으로 하되, 갱신할 수 있다(법 제255조의2 제5항).

관세청 AEO 인증업체들, 작년 3,577억 경제적 혜택 누려

관세청은 수출입안전관리 우수공인업체(AEO*)인증을 받은 298개 수출입기업이 지난 한해 약 3577억원의 경제적 혜택을 누렸다고 29일 밝혔다. AEO 인증기업은 국내뿐 아니라 '상호인정약정'(AEO MRA**)을 체결한 미국 중국 인도 등 20개 주요 수출국에서도 통관절차상 다양한 혜택을 누릴 수 있다.

AEO인증을 받은 '수입기업'은 검사비용 절감 등 기업당 연간 약 10억3000만원의 혜택을 받은 것으로 조사됐다. 최소 50% 이상 기업들이 수입검사율 축소로 검사 비용 등을 절약한데 따른 것이다. '수출기업'의 경우 현지 통관비용 절감 등 기업당 연간 약 7억4000만원의 혜택을 받았다. 수출 상대국의 수입검사율 50% 이하 축소 등으로 인해 현지 통관비용이 절감됐기 때문이다. 또 97개 기업이 MRA체결국으로 새롭게 수출을 시작하고, 현지 통관시간 감소로 12억6000만달러 수출증대 효과를 창출했다. 실제로 한 자동차부품 제조 중소기업은 AEO인증 이후, 신규 해외매출 66억 증가로 '2천만불 수출의 탑'을 수상하고, 미국으로 수출시 월 평균 2~3회 수입검사를 받았으나, 인증 후 수입검사가 생략돼 연간 물류 검사비가 3억1000만원 절감됐다.

김영문 청장은 "기업과의 협력관계를 통한 수출 지원이 매우 중요하다. 앞으로도 AEO인증과 상호인정약정 체결 확대를 적극 추진해 나갈 계획"이라고 밝혔다.

* AEO(Authorized Economic Operator, 수출입안전관리 우수공인업체) : 관세당국이 법규 준수, 안전관리 등을 심사해 공인한 우수업체로, 신속통관 등의 혜택이 부여됨.

**AEO MRA(AEO Mutual Recognition Arrangement, 상호인정약정) : 자국에서 인정한 AEO 업체를 상대국에서도 인정하고 상호합의한 세관절차상 혜택을 제공하는 관세 당국 간 약정.

뉴스1, 박찬수 기자
2019.4.29

제7절 우편물통관

1 의 의

수출・수입 또는 반송하려는 우편물(서신은 제외한다)은 통관우체국을 경유하여야 한다(법 제256조 제1항). 통관우체국은 체신관서 중에서 관세청장이 지정하는데 국제우편물류센터와 부산국제우체국이 있다(법 제256조 제2항, 국제우편물 수입통관 사무처리에 관한 고시 제4조). 국제우편물의 통관지 세관은 다음과 같다.

① 항공으로 반입된 국제우편물은 인천공항국제우편세관

② 해상으로 반입된 국제우편물은 부산국제우편세관비즈니스센터

2 우편물의 검사

통관우체국의 장이 우편물을 접수하였을 때에는 세관장에게 우편물목록을 제출하고 해당 우편물에 대한 검사를 받아야 하고(법 제257조) 통관우체국의 장은 검사를 받는 때에는 소속공무원을 참여시켜야 한다(영 제260조 제1항).

세관장은 수입하려는 우편물이 통관우체국에 도착하였을 때에 검사는 X-ray 검색기 검사를 원칙으로 하나, X-Ray 검색기 검사가 부적합하다고 인정되는 우편물이나 X-Ray검색기 검사결과 사회안전 위해물품 및 지식재산권 침해 의심물품 등 현품확인이 필요하다고 인정되는 경우에는 현품검사를 실시할 수 있다.(동 고시 제11조).

통관우체국의 장은 세관공무원이 당해 우편물의 포장을 풀고 검사할 필요가 있다고 인정되는 때에는 그 우편물의 포장을 풀었다가 다시 포장해야 한다(영 제260조 제2항).

3 우편물통관

1) 현장면세통관

현장면세통관이란 다음의 어느 하나에 해당하는 우편물에 대하여 수입신고를 생략하고, 관세 및 내국세 등의 부과·징수없이 곧바로 면세로 통관하는 것을 말한다(동 고시 제2조 제7호).

① 관세가 면제되는 소액물품 등 관세 및 내국세 등 각종 세금이 부과되지 아니하는 물품 소액물품등의 면세에 해당하는 물품

② 세액이 1만원 미만으로 세액을 징수하지 않는 물품

2) 현장과세통관

현장과세통관이란 수입신고를 생략하고, 간이통관 신청여부와 관계없이 곧바로 세관장으로부터 부과고지 받아 통관하는 것을 말한다.(동 고시 제2조 제5호). 현장과세통관대상 우편물은 간이통관대상 우편물 중 다음의 요건을 모두 갖춘 물품을 말한다(동 고시 제2조 제6호).

① 현품, 만국우편연합 세관신고서, 우편물목록 등을 확인하여 과세가격 결정에 어려움이 없는 물품

② 수취인의 주소·성명이 명확한 물품

3) 간이통관

간이통관이란 수입신고를 생략하고, 국제우편물 간이통관 신청서 및 가격자료 등 통관에 필요한 자료를 제출하고 통관지세관장으로부터 부과고지 받아 통관하는 것을 말한다(동 고시 제2조 제3호). 세관장은 간이통관대상 우편물에 대하여 부과고지하려는 경우에는 미리 해당 우편물이 간이통관대상이라는 사실을 통관우체국장에게 전산으로 통보하여야 한다(동 고시 제22조 제1항). 통보를 받은 통관우체국장은 해당 우편물이 간이통관대상이라는 사실과 간이통관 신청절차를 진행해야 한다는 사실을 세관장 명의로 수취인에게 등기우편 또는 전자문서로 통지해야 한다(동 고시 제22조 제2항).

간이통관대상 우편물은 수입신고대상 우편물을 제외한 다음의 어느 하나에 해

당하는 우편물을 말한다(동 고시 제2조 제4호).

① 판매목적이 아닌 다른 목적으로 수입하는 물품으로서 대가를 지급하였거나 지급하여야 할 물품 중 물품가격 미화 1,000달러 이하의 물품

② 선물 등 판매목적이 아닌 다른 목적으로 수입하면서 대가를 지급하지 않는 물품 중 과세가격 5백만원 이하의 물품

3) 수입신고대상 우편물

우편물이 「대외무역법」 제11조에 따른 수출입의 승인을 받은 것이거나 다음에 해당하는 것일 때에는 해당 우편물의 수취인이나 발송인은 수출·수입 또는 반송신고를 하여야 한다(법 제258조 제2항).

① 법령에 따라 수출입이 제한되거나 금지되는 물품

② 허가·승인·표시 또는 그 밖의 조건에 따라 세관장의 확인이 필요한 물품

③ 판매를 목적으로 반입하는 물품 또는 대가를 지급하였거나 지급하여야 할 물품(통관허용여부 및 과세대상여부에 관하여 관세청장이 정한 기준에 해당하는 것으로 한정한다)

④ 가공무역을 위하여 우리나라와 외국간에 무상으로 수입하는 물품 및 그 물품의 원·부자재

⑤ 그 밖에 수출입신고가 필요하다고 인정되는 물품으로서 다음의 물품

가. 판매를 목적으로 반입하는 물품

나. 대가를 지급하였거나 지급하여야 할 물품 중 물품가격이 미화 1,000달러를 초과하는 물품 또는 수취인이 수입신고하려는 물품

다. 선물 등 판매목적이 아닌 다른 목적으로 수입하면서 대가를 지급하지 않는 물품으로서 과세가격 5백만원 초과 물품

4 세관장의 통지

통관우체국의 장은 세관장이 우편물에 대하여 수출·수입 또는 반송을 할 수 없다고 결정하였을 때에는 그 우편물을 발송하거나 수취인에게 내줄 수 없다(법 제258조 제1항). 세관장은 우편물에 대하여 수출·수입 또는 반송을 할 수 없다고 결정을 한 경우에는 그 결정사항을, 관세를 징수하려는 경우에는 그 세액을 통관

우체국의 장에게 통지하여야 한다(법 제259조 제1항).

세관장의 통지를 받은 통관우체국의 장은 우편물의 수취인이나 발송인에게 그 결정사항을 통지하여야 한다(법 제259조 제2항). 관세를 징수하려는 경우의 통지는 세관이 발행하는 납부고지서로 갈음한다(영 제262조 제2항).

5 우편물의 납세절차

우편물에 대하여 수출·수입 또는 반송을 할 수 없다는 결정이나 관세 징수하는 경우에 그 세액의 통지를 받은 자는 해당 관세를 수입인지 또는 금전으로 납부하여야 한다(법 제260조 재1항). 관세를 징수하려는 경우의 세관이 발행하는 납세고지서로써 통지된 경우에는 세관장에게, 기타의 경우에는 체신관서에 각각 금전으로 이를 납부하여야 한다(영 제263조).

체신관서는 관세를 징수하여야 하는 우편물은 관세를 징수하기 전에 수취인에게 내줄 수 없다(법 제260조 재2항).

자동차 부품 상자 열었더니 권총 실탄 제조기가…밀수의 진화

감시 느슨한 저가 수입품 위장해 불법 무기 반입

관세청 부산본부세관은 올해 1월 희귀한 밀수품 하나를 적발했다. 자동차 부품으로 신고됐으나, 자세히 살펴보니 권총 실탄 제조기였다. 용의자들은 150달러 미만의 저가 수입품은 통관 검사가 느슨하다는 점을 악용했다. 세관의 통보를 받은 경찰은 이들을 체포해 검찰에 넘겼고, 검찰은 이들을 기소했다. 관세청 관계자는 "권총 실탄 제조기를 밀수하는 일당이 있다는 것은 권총을 소지한 범인이 있다고 볼 수 있어 서둘러 경찰에 검거를 요청했다"고 당시 상황을 설명했다.

국경을 넘어 불법 물품을 은밀히 들여오는 밀수 행위가 갈수록 똑똑해지고 있다. X선 투시 장치에 걸리지 않기 위해 두꺼운 철제 공작기계에 마약류를 넣는가 하면, 통관 검사가 느슨한 소액·전자상거래 물품으로 위장해 밀반입을 시도한다. 정보기술(IT)이 발전하면서 인터넷 해외 직구(직접 구매)를 통한 마약 밀수도 증가하고 있다.

해외 직구 위장한 '국제우편' 밀수 269% 증가

24일 관세청에 따르면 지난 5월 말 기준 밀반입된 마약 단속 실적은 총 221건, 11만3111g에 달했다. 이는 지난해 같은 기간에 비해 15%(중량 기준) 늘어난 수치다. 여행자나 특송 화물 등을 통한 밀수 적발 건수는 줄었다. 그러나 유일하게 늘어난 경로는 해외 직구 물품 등으로 위장한 '국제우편'으로 269% 증가한 것으로 집계됐다.

'아편 → 생필품 → 사치품' 경제 규모 따라 밀수도 진화

시기별 밀수 품목과 형태를 나열해 보면, 압축 성장한 한국 경제의 역사가 반영돼 있다. 19세기 영국과 중국 간의 제2차 아편전쟁(1857년)이 한창이던 개항(19세기 후반) 전·후에는 한국에서도 아편이 주요 밀수품 중 하나였다. 그러다 생활 물자가 부족했던 해방 이후에는 고추·콩·담배 등 생필품들이 중국 등으로부터 밀반입됐다. 치솟은 국내 물가 탓에 생필품 밀수업자들이 극성을 부린 것이다.

1950년대 한국전쟁 이후에는 특공대식 밀수 조직도 등장했다. 일명 '대마도 밀수 특공대'다. 이들은 자금 담당부터 해상 운반·양륙·육상 운반·보관·판매 담당 등 분업화한 조직도 갖췄고 세관감시선을 따돌릴 만큼 빠른 5~10t급 소형 선박도 밀수에 동원했다. 이들이 일본으로부터 밀반입한 생필품들은 부산 국제시장에 집하된 뒤 시중에 유통됐다. 1980년대 여행자유화로 일본 단체 관광객에 의한 '코끼리표 밥솥' 밀수가 사회 문제로 대두되기도 했다. 1980년대에는 경제 성장으로 사치품 소비가 증가하면서 가짜 명품 시계가 밀수 적발 '단골' 품목이었다. 1990년대 이후에는 발기부전치료제 비아그라 등이 밀수되기도 했다.

고도 성장기인 70~80년대에는 밀수 방식도 '고급화' 했다. 국민 소득이 가파르게 늘자 다이아몬드 등 보석류와 밍크코트, 가짜 명품 시계 등 사치품도 들어오기 시작했다. 78년 7월 마산항에선 세관원을 피해 바다 밑으로 숨었다가 다리와 겨드랑이에 찬 시계 무게(15kg)를 이기지 못해 밀수범이 익사하는 사건도 있었다. 해외여행이 자유화된 80년대에는 여행자에 의한 밀수 사건도 잦았다. 83년에 부산 주부교실 여행자들이 일본 '코끼리 밥솥'을 단체로 밀수한 사건이 일본 언론에 보도되기도 했다. 고도성장의 과실을 누렸던 90년대에도 골프채와 상아, 비아그라 등 발기부전 치료제 등도 주요 밀수품으로 등장했다.

관세청 "내시경 카메라·인공지능 기술 활용해 대응 강화"

2000년대 이후에는 의자 다리에 홈을 파 마약을 숨기거나 검사가 느슨한 국제우편 등을 이용하는 등 밀수도 지능적 형태로 진화하고 있다. 관세청은 빅데이터·인공지능(AI) 등 검사 기술을 강화해 이에 대응할 방침이다.

이종욱 관세청 통관기획과장은 "내년부터 세관원이 휴대할 수 있는 소형 투시 장비나 내시경 카메라 등을 실전 배치할 수 있도록 할 것"이라며 "의심 물품은 입항한 뒤 국내로 반입하는 모든 과정을 추적할 수 있는 시스템도 마련 중"이라고 설명했다.

중앙일보, 김도년 기자

입력 2019.6.25

제8절 세관장 등의 과세자료 요청

1 운송수단의 출발 중지

관세청장이나 세관장은 관세법 또는 관세법에 따른 명령을 집행하기 위하여 필요하다고 인정될 때에는 운송수단의 출발을 중지시키거나 그 진행을 정지시킬 수 있다(법 제262조).

2 서류의 제출 또는 보고 등의 명령

관세청장이나 세관장은 관세법(「수출용원재료에 대한 관세 등 환급에 관한 특례법」을 포함한다) 또는 관세법에 따른 명령을 집행하기 위하여 필요하다고 인정될 때에는 물품·운송수단 또는 장치 장소에 관한 서류의 제출·보고 또는 그 밖에 필요한 사항을 명하거나, 세관공무원으로 하여금 수출입자·판매자 또는 그 밖의 관계자에 대하여 관계 자료를 조사하게 할 수 있다(법 제263조). 또한 관세청장은 국가기관 및 지방자치단체 등 관계 기관 등에 대하여 관세의 부과·징수 및 통관에 관계되는 자료 또는 통계를 요청할 수 있다(법 제264조).

3 과세자료제출기관의 범위

과세자료를 제출하여야 하는 기관 등은 다음과 같다(법 제264조의2).

① 「국가재정법」에 따른 중앙관서(중앙관서의 업무를 위임받거나 위탁받은 기관을 포함한다)와 그 하급행정기관 및 보조기관
② 지방자치단체(지방자치단체의 업무를 위임받거나 위탁받은 기관과 지방자치단체조합을 포함한다)
③ 공공기관, 정부의 출연·보조를 받는 기관이나 단체, 「지방공기업법」에 따른 지방공사·지방공단 및 지방자치단체의 출연·보조를 받는 기관이나 단체
④ 「민법」 외의 다른 법률에 따라 설립되거나 국가 또는 지방자치단체의 지원을

받는 기관이나 단체로서 그 업무에 관하여 제1호나 제2호에 따른 기관으로부터 감독 또는 감사·검사를 받는 기관이나 단체, 그 밖에 공익 목적으로 설립된 기관이나 단체 중 대통령령으로 정하는 기관이나 단체

⑤ 「여신전문금융업법」에 따른 신용카드업자와 여신전문금융업협회

⑥ 「금융실명거래 및 비밀보장에 관한 법률」에 따른 금융회사등

4 과세자료의 범위

과세자료제출기관이 제출하여야 하는 과세자료는 다음의 어느 하나에 해당하는 자료로서 관세의 부과·징수와 통관에 직접적으로 필요한 자료로 한다(법 제264조의3 제1항).

① 수입하는 물품에 대하여 관세 또는 내국세등을 감면받거나 낮은 세율을 적용받을 수 있도록 허가, 승인, 추천 등을 한 경우 그에 관한 자료

② 과세자료제출기관이 법률에 따라 신고·제출받거나 작성하여 보유하고 있는 자료(각종 보조금·보험급여·보험금 등의 지급 현황에 관한 자료를 포함한다) 중 제27조, 제38조, 제241조에 따른 신고내용의 확인 또는 제96조에 따른 관세 감면 여부의 확인을 위하여 필요한 자료

③ 허가·승인·표시 또는 그 밖의 조건을 증명할 필요가 있는 물품에 대하여 과세자료제출기관이 허가 등을 갖추었음을 확인하여 준 경우 그에 관한 자료

④ 관세법에 따라 체납된 관세 등의 징수를 위하여 필요한 자료

⑤ 중앙관서 중 중앙행정기관 외의 기관이 보유하고 있는 자료로서 관세청장이 관세의 부과·징수와 통관에 필요한 최소한의 범위에서 해당 기관의 장과 미리 협의하여 정하는 자료

⑥ 거주자의 「여신전문금융업법」에 따른 신용카드등의 대외지급(물품구매 내역에 한한다) 및 외국에서의 외국통화 인출 실적

5 과세자료의 제출방법

1) 과세자료 제출시기

과세자료제출기관의 장은 분기별로 분기만료일이 속하는 달의 다음 달 말일까지 관세청장 또는 세관장에게 과세자료를 제출하여야 한다(법 제264조의4 제1항). 다만, 과세자료의 발생빈도와 활용시기 등을 고려하여 그 과세자료의 제출시기를 달리 정할 수 있다. 과세자료제출기관의 장이 과세자료를 제출하는 경우에는 그 기관이 접수하거나 작성한 자료의 목록을 함께 제출하여야 한다(법 제264조의4 제2항).

2) 보완요청

과세자료의 목록을 제출받은 관세청장 또는 세관장은 이를 확인한 후 제출받은 과세자료에 누락이 있거나 보완이 필요한 경우 그 과세자료를 제출한 기관에 대하여 추가하거나 보완하여 제출할 것을 요청할 수 있다(법 제264조의4 제3항).

과세자료제출기관의 장은 관세청장 또는 세관장으로부터 과세자료의 추가 또는 보완을 요구받은 경우에는 정당한 사유가 없으면 그 요구를 받은 날부터 15일 이내에 그 요구에 따라야 한다(영 제263조의2 제2항).

6 과세자료의 수집에 관한 협조

관세청장 또는 세관장으로부터 과세자료의 제출을 요청받은 기관 등의 장은 다른 법령에 특별한 제한이 있는 경우 등 정당한 사유가 없으면 이에 협조하여야 한다(법 제264조의5 제1항).

관세청장 또는 세관장은 요청받은 자료 외의 자료로서 관세의 부과·징수 및 통관을 위하여 필요한 경우에는 해당 자료를 보유하고 있는 과세자료제출기관의 장에게 그 자료의 수집에 협조하여 줄 것을 요청할 수 있다(법 제264조의5 제2항).

7 과세자료의 관리 및 활용

관세청장은 관세법에 따른 과세자료의 효율적인 관리와 활용을 위한 전산관리 체계를 구축하는 등 필요한 조치를 마련하여야 한다(법 제264조의6 제1항). 관세청장은 관세법에 따른 과세자료의 제출·관리 및 활용 상황을 수시로 점검하여야 한다(법 제264조의6 제2항).

8 과세자료제출기관의 책임

과세자료제출기관의 장은 그 소속 공무원이나 임직원이 관세법에 따른 과세자료의 제출 의무를 성실하게 이행하는지를 수시로 점검하여야 한다(법 제264조의7 제1항). 관세청장은 과세자료제출기관 또는 그 소속 공무원이나 임직원이 관세법에 따른 과세자료의 제출 의무를 이행하지 아니하는 경우 그 기관을 감독 또는 감사·검사하는 기관의 장에게 그 사실을 통보하여야 한다(법 제264조의7 제2항).

9 비밀유지의무

관세청 및 세관 소속 공무원은 제출받은 과세자료를 타인에게 제공 또는 누설하거나 목적 외의 용도로 사용하여서는 아니 된다(법 제264조의8 제1항). 다만, 다음의 경우에는 그러하지 아니하다.

① 국가기관이 관세에 관한 쟁송이나 관세범에 대한 소추(訴追)를 목적으로 과세정보를 요구하는 경우
② 법원의 제출명령이나 법관이 발부한 영장에 따라 과세정보를 요구하는 경우
③ 세관공무원 상호간에 관세를 부과·징수, 통관 또는 질문·검사하는 데에 필요하여 과세정보를 요구하는 경우
④ 다른 법률에 따라 과세정보를 요구하는 경우

관세청 및 세관 소속 공무원은 비밀유지의무를 위반하는 과세자료의 제공을 요구받으면 이를 거부하여야 한다(법 제264조의8 제2항). 과세자료를 제공받은 자는 이를 타인에게 제공 또는 누설하거나 목적 외의 용도로 사용하여서는 아니 된

다(법 제264조의8 제3항).

10 과세자료 비밀유지의무 위반에 대한 처벌

과세자료를 타인에게 제공 또는 누설하거나 목적 외의 용도로 사용한 자는 3년 이하의 징역 또는 1천만원 이하의 벌금에 처한다(법 제264조의9 제1항). 비밀유지의무 위반에 대한 징역과 벌금은 병과할 수 있다(법 제264조의9 제2항).

제9절 세관공무원의 물품검사

1 물품 또는 운송수단 등에 대한 검사

세관공무원은 관세법 또는 관세법에 따른 명령(대한민국이 체결한 조약 및 일반적으로 승인된 국제법규에 따른 의무를 포함한다)을 위반한 행위를 방지하기 위하여 필요하다고 인정될 때에는 물품, 운송수단, 장치 장소 및 관계 장부·서류를 검사 또는 봉쇄하거나 그 밖에 필요한 조치를 할 수 있다(법 제265조).

2 물품분석

세관공무원은 다음의 물품에 대한 품명, 규격, 성분, 용도, 원산지 등을 확인하거나 품목분류를 결정할 필요가 있을 때에는 해당 물품에 대하여 물리적·화학적 분석을 할 수 있다(법 제265조의2).

① 물품에 대한 안전성 검사의 대상인 수출·수입 또는 반송하려는 물품
② 관세법 또는 관세법에 따른 명령을 위반한 행위를 방지하기 위하여 검사하는 물품
③ 「사법경찰관리의 직무를 수행할 자와 그 직무범위에 관한 법률」에 따른 범죄와 관련된 물품

3 장부 또는 자료의 제출

1) 장부 등 관계자료 제출 요구

세관공무원은 관세법에 따른 직무를 집행하기 위하여 필요하다고 인정될 때에는 수출입업자・판매업자 또는 그 밖의 관계자에 대하여 질문하거나 문서화・전산화된 장부, 서류 등 관계 자료 또는 물품을 조사하거나, 그 제시 또는 제출을 요구할 수 있다(법 제266조 제1항). 또한 관세청장이나 세관장은 관세법 또는 관세법에 따른 명령을 집행하기 위하여 필요하다고 인정될 때에는 상설영업장의 판매자나 그 밖의 관계인으로 하여금 영업에 관한 보고를 하게 할 수 있다(법 제266조 제3항).

2) 증명자료 비치 대상

상설영업장을 갖추고 외국에서 생산된 물품을 판매하는 자로서 다음에 해당하는 자는 해당 물품에 관하여 「부가가치세법」 제32조 및 제35조에 따른 세금계산서나 수입 사실 등을 증명하는 자료를 영업장에 갖춰 두어야 한다(법 제266조 제2항).

① 백화점

② 최근 1년간 수입물품의 매출액이 5억원 이상인 수입물품만을 취급하거나 수입물품을 할인판매하는 상설영업장

③ 통신판매하는 자로서 최근 1년간 수입물품의 매출액이 10억원 이상인 상설영업장

④ 관세청장이 정하는 물품을 판매하는 자로서 최근 1년간 수입물품의 매출액이 전체 매출액의 30퍼센트를 초과하는 상설영업장

⑤ 상설영업장의 판매자 또는 그 대리인이 최근 3년 이내에 「관세법」 또는 「관세사법」 위반으로 처벌받은 사실이 있는 경우 그 상설영업장

4 총기의 휴대 및 사용

관세청장이나 세관장은 직무를 집행하기 위하여 필요하다고 인정될 때에는 그 소속 공무원에게 무기를 휴대하게 할 수 있다(법 제267조 제1항). 여기서 "무기"란

「총포·도검·화약류 등의 안전관리에 관한 법률」에 따른 총포(권총 또는 소총에 한정한다), 도검, 분사기 또는 전자충격기를 말한다(법 제267조 제2항). 세관공무원은 그 직무를 집행할 때 특히 자기나 다른 사람의 생명 또는 신체를 보호하고 공무집행에 대한 방해 또는 저항을 억제하기 위하여 필요한 상당한 이유가 있는 경우 그 사태에 응하여 부득이하다고 판단될 때에는 무기를 사용할 수 있다(법 제267조 제3항).

5 관계 기관의 장에 대한 원조 요구

세관공무원은 해상에서 직무를 집행하기 위하여 필요하다고 인정될 때에는 다음의 어느 하나에 해당하는 자에게 협조를 요청할 수 있다(법 제267조의2 제1항). 협조 요청을 받은 자는 밀수 관련 혐의가 있는 운송수단에 대하여 추적감시 또는 진행정지명령을 하거나 세관공무원과 협조하여 해당 운송수단에 대하여 검문·검색을 할 수 있으며, 이에 따르지 아니하는 경우 강제로 그 운송수단을 정지시키거나 검문·검색을 할 수 있다(법 제267조의2 제2항).

① 육군·해군·공군의 각 부대장
② 국가경찰관서의 장
③ 해양경찰관서의 장

6 명예세관원

관세청장은 밀수감시단속 활동의 효율적인 수행을 위하여 필요한 경우에는 수출입 관련 분야의 민간종사자 등을 명예세관원으로 위촉하여 다음의 활동을 하게 할 수 있다(법 제268조 제1항).

① 공항·항만에서의 밀수 감시
② 정보 제공과 밀수 방지의 홍보

■ 자유무역협정의 이행을 위한 관세법의 특례에 관한 법률 시행규칙 [별지 제12호서식]

아세안회원국과의 협정에 따른 원산지증명서의 서식

(앞쪽)

Original(Duplicate/Triplicate)

1. Goods Consigned from(Exporter's business name, address, country)	Reference No. **KOREA-ASEAN FREE TRADE AREA PREFERENTIAL TARIFF CERTIFICATE OF ORIGIN** (Combined Declaration and Certificate) FORM AK Issued in ______________ (country) See Notes Overleaf
2. Goods Consigned to(Consignee's name, address, country)	
3. Means of transport and route(as far as known) Departure date: Vessel's name/Aircraft etc.: Port of Discharge	4. For Official Use □ Preferential Treatment Given Under KOREA-ASEAN Free Trade Area Preferential Tariff ____________________ □ Preferential Treatment Not Given (Please state reason/s) ____________________ .... Signature of Authorised Signatory of the Importing Country

5. Item number	6. Marks and numbers on packages	7. Number and type of packages, description of goods(including quantity where appropriate and HS number of the importing country)	8. Origin Criterion (See Notes overleaf)	9. Gross weight or other quantity and Value (FOB only when RVC criterion is used)	10. Number and date of Invoices

11. Declaration by the exporter The undersigned hereby declares that the above details and statement are correct; that all goods were produced in .... (Country) and that they comply with the origin requirements specified for these goods in the KOREA-ASEAN Free Trade Area Preferential Tariff for the goods exported to .... (Importing Country) .... Place and date, signature of authorised signatory	12. Certification It is hereby certified, on the basis of control carried out, that the declaration by the exporter is correct .... Place and date, signature and stamp of certifying authority
13. □ Third Country Invoicing □ Exhibition □ Back-to-Back CO	

■ 관세법 시행규칙 [별지 제1호의3서식] <신설 2016.3.9.>

관세청 인터넷통관포탈(portal.customs.go.kr)에서도 신청할 수 있습니다.

UNI-PASS

수 입 신 고 서

*처리기간 3일 (3쪽 중 제1쪽)

①신고번호	②신고일	③세관. 과	⑥입항일	⑦전자인보이스 제출번호
④B/L(AWB) 번호	⑤화물관리번호	⑧반입일	⑨징수형태	

⑩신 고 인		⑮통관계획	⑲원산지증명서유무	㉑총중량
⑪수 입 자		⑯신고구분	⑳가격신고서유무	㉒총포장갯수
⑫납세의무자	(통관고유부호-사업자등록번호)	⑰거래구분	㉓국내도착항	㉔운송형태
	(주소)	⑱종류	㉕적출국	
	(상호)			
	(전화번호)		㉖선기명	
	(이메일주소)			
	(성명)			
⑬운송주선인				
⑭해외거래처		㉗Master B/L(AWB)		㉘운수기관부호
㉙검사(반입)장소				

● 품명・규격

㉚품 명 ㉛거래품명			㉜상 표	
㉝모델・규격	㉞성분	㉟규격수량	㊱단가	㊲금액
㊳품목번호		㊵순중량	검사여부	㊸사후확인기관
㊴과세가격	(미화) (원화)	㊶수량 ㊷환급물량	㊹원산지	㊺특수세액근거
㊻수입요건확인 (발급서류명)				

㊼세목	㊽세율	㊾감면율	㊿세액	(51)감면분납부호	감면액	내국세목부호

(52)결제금액(인도조건-통화종류-금액-결제방법)				(55)환 율
(53)총 과세가격	(미화)	(54)운임	(57)가산금액	납부(고지)서 번호
	(원화)	(56)보험료	(58)공제금액	(62)총 부가가치세과표

세 목	(59)세 액	(61)신고인기재란	세관기재란
관 세		「관세법」 제241조에 따라 위와같이 신고합니다.	
개 소 세		년 월 일	
교 통 세		신고인 : (서명/인)	
주 세		○○세관장 귀하	
교 육 세			
농 특 세			
부 가 세			
신고지연가산세			
미신고가산세			
(61)총 세액합계		담당자	접수일시 / 수리일자

210mm×297mm[백상지(80g/㎡) 또는 중질지(80g/㎡)]

가격신고서(A) - 실제거래가격(제1방법)

<참고사항> : 이 가격신고서는 2면으로 구성되어 있습니다. 가격신고서를 작성하기 전에 <별표 제6호> 작성요령을 참고하시어 성실히 작성해 주시기 바랍니다.

1. 납세의무자 상호 및 사업자등록번호(가격신고자)	※ 수입신고번호
2. 판매자의 이름과 주소(수출자와 다른 경우에만 기재)	※세관기재란(심사담당자가 특이사항 기재)
3. 구매자의 이름과 주소(납세의무자와 다른 경우에만 기재)	
4. 송품장번호와 발행일	
5. 계약번호와 계약일	

6. 구매주문서(Purchase Order) 번호와 주문일	적용되는 칸에 ∨ 표기
7. (a) 구매자와 판매자는 관세법 시행령 제23조 제1항중 특수관계에 해당합니까? (해당하지 않으면, (b), (c), (d), (e)는 기재하지 마세요)	□ 예 □ 아니오
(b) 질문7 (a)에서 특수관계에 해당한다면 관세법 시행령 제23조 제1항중 어느 특수관계에 해당합니까? ① 구매자와 판매자가 상호 사업상의 임원 또는 관리자인 경우 ② 구매자와 판매자가 상호 법률상의 동업자인 경우 ③ 구매자와 판매자가 고용관계에 있는 경우 ④ 특정인이 구매자 및 판매자의 의결권 있는 주식을 직접 또는 간접으로 5퍼센트 이상 소유하거나 관리하는 경우 ⑤ 구매자 및 판매자중 일방이 상대방에 대하여 법적으로 또는 사실상으로 지시나 통제를 할 수 있는 위치에 있는 등 일방이 상대방을 직접 또는 간접으로 지배하는 경우 ⑥ 구매자 및 판매자가 동일한 제3자에 의하여 직접 또는 간접으로 지배를 받는 경우 ⑦ 구매자 및 판매자가 동일한 제3자를 직접 또는 간접으로 공동지배하는 경우 ⑧ 구매자와 판매자가 「국세기본법 시행령」 제1조의2제1항 각 호의 어느 하나에 해당하는 친족관계에 있는 경우	[①~⑧ 택1]
(c) 특수관계가 수입물품의 가격 결정에 영향을 미쳤습니까?	□ 예 □ 아니오
(d) 거래가격이 관세법시행규칙 제5조의 비교가격에 근접합니까?(선택적 기재)	□ 예 □ 아니오
(e) 특수관계자간 거래시 수입물품의 가격결정방법은 어느 것입니까? ① 비교가능제3자가격법 ② 재판매가격법 ③ 원가가산법 ④ 이익분할법 ⑤ 거래순이익률법(영업이익률) ⑥ 거래순이익률법(총원가가산율) ⑦ 거래순이익률법(Berry Ratio) ⑧ 기타 ( )	[①~⑧ 택1]
8. (a) 수입물품의 처분 또는 사용에 있어서 다음 각 호 이외의 제한이 있는가? - 수입국의 법령에 의한 강제 또는 의무 이행 - 상품판매 지역의 제한 - 상품가격에 실질적으로 영향을 미치지 아니하는 제한	□ 예 □ 아니오
(b) 상품가격 이외 판매 또는 가격과 관련한 조건 또는 사정이 있습니까? (만일 위 질문에 '예'라면 상세한 정보를 별도 제출하시오)	□ 예 □ 아니오

9. (a) 수입물품의 거래조건으로 직접 또는 간접 지급되었으나 실제지급금액에 포함되지 아니한 로열티나 권리사용료가 있습니까? (b) 수입물품의 사용 또는 재판매 수익의 일부가 직접 또는 간접으로 판매자에게 귀속됩니까? (만일 각각 질문의 답변이 '예'라면, 상세한 조건들과 영향의 환산 금액을 질문15, 16번에 기재하시오)	□ 예 □ 아니오 □ 예 □ 아니오

10. 잠정가격신고의 경우

(a) 잠정가격신고번호 ____________ (b) 잠정가산율 ____________

(c) 잠정가산되어야 할 금액 ____________ (d) 가격확정예정시기(분할확정시기)____________

(e) 관련수입거래 계약기간 ____________

(f) 잠정가격신고 사유(Y, N)

수수료	[ ]	중개료	[ ]	용기 비용	[ ]
포장노무비	[ ]	포장자재비	[ ]	생산지원비용	[ ]
권리사용료	[ ]	사후귀속이익	[ ]	보험료	[ ]
운임	[ ]	운송관련비용	[ ]	실제지급금액	[ ]

원유, 곡물, 광석 등 1차산품으로서 수입신고일 현재 가격이 정해지지 않은 경우 [ ]

특수관계자간 거래가격 결정방법 사전심사(ACVA) 신청업체인 경우 [ ]

<u>특수관계자간 거래 중 법 제30조제1항 본문에 따른 수입물품의 거래가격이 수입신고 수리 이후에「국제조세 조정에 관한 법률」 제5조에 따른 정상가격으로 조정될 것으로 예상되는 경우</u> [ ]

국내판매가격에 기초로 한 과세가격 결정(제4방법)으로 가격결정에 장시간 소요되는 경우 [ ]

턴키방식 플랜트 등 물품의 최초 발주 이후 상당기간 후 인도 완료되는 경우 [ ]

기타 [ ] 기타의 경우 사유 [ ]

※ 기타는 수입 이전에 최종가격 산출공식이 확정되고, 산출공식은 수입이후 발생 변수에 근거하며, 그 변수는 거래당사자가 통제할 수 없는 경우에 한함(수입물품 과세가격 결정에 관한 고시 제49조①항3호 참고)

11. 가격신고서 작성 책임자(대표이사, 재무이사, 구매관리자 등) 연락처	
(a) 부서 및 직위	(b) 성 명
(c) 전화번호	
12. 가격신고서 작성 실무자 연락처	
(a) 부서 및 직위	(b) 성 명
(c) 작성일자	(d) 전화번호

8

벌칙 및 조사와 처분

벌칙 및 조사와 처분에 대한 개관

제8장은 벌칙 및 조사와 처분에 대한 규정을 다루고 있다. 관세법은 관세행정의 효율적인 집행을 위해 제한 규정을 두고 이를 위반한 경우 처벌하도록 하는데, 이를 관세행정벌이라 하고 '밀수출입죄', '관세포탈죄', '허위신고죄' 등이 대표적이다. 더 나아가 제8장은 관세범에 대한 죄의 존부와 범위를 확정하기 위해 관세법상의 조사를 통해 형을 확정하고 그에 따라 관세범을 처분하는 절차에 대하여 규정하고 있다.

제8장은 다음과 같이 구성되어 있다.

제1절 관세형벌

제2절 관세질서벌

제3절 조 사

제4절 처 분

- **관세형벌**
  - 전자문서 위조·변조죄 등
  - 밀수출입죄
  - 관세포탈죄
  - 미수범등
  - 밀수품취득죄
  - 허위신고죄
- **관세질서벌**
  - 과태료
- **조사와 처분**
  - 공소제기
  - 조서작성
  - 수색 및 압수
  - 통고처분
  - 즉시고발

8 벌칙 및 조사와 처분

제1절 관세형벌

1 의 의

행정벌은 행정법상의 의무위반에 대하여 일반통치권에 근거하여 과하는 벌을 말한다. 행정벌은 행정형벌과 행정질서벌로 구분되는데, 행정형벌은 「형법」상의 형벌이 적용되지만 행정질서벌은 의무위반에 대해 과태료를 부과함으로써 금전적 제재를 부과하는 것이다.

관세법도 관세법상의 의무위반자에 대하여 관세형벌과 관세질서벌로서 관세범을 제재하기 위한 규정을 두고 있다.

2 전자문서 위조 · 변조죄 등

1) 전자문서의 위조 또는 변조죄

국가관세종합정보망이나 전자문서중계사업자의 전산처리설비에 기록된 전자문서 등 관련 정보를 위조 또는 변조하거나 위조 또는 변조된 정보를 행사한 자는 1년 이상 10년 이하의 징역 또는 1억원 이하의 벌금에 처한다(법 제268조의2 제1항).

2) 전자문서와 관련된 범죄

다음의 어느 하나에 해당하는 자는 5년 이하의 징역 또는 5천만원 이하의 벌금에 처한다(법 제268조의2 제2항).

① 국가관세종합정보망 운영사업자 지정을 받지 아니하고 국가관세종합정보망을 운영하거나 전자문서중계사업자의 지정을 위반하여 관세청장의 지정을 받지 아니하고 전자문서중계업무를 행한 자
② 국가관세종합정보망 또는 전자문서중계사업자의 전산처리설비에 기록된 전자문서 등 관련 정보를 훼손하거나 그 비밀을 침해한 자
③ 업무상 알게 된 전자문서 등 관련 정보에 관한 비밀을 누설하거나 도용한 국가관세종합정보망 운영사업자 또는 전자문서중계사업자의 임직원 또는 임직원이었던 사람

3 밀수출입죄

1) 수출입금지물품 수출입죄

수출입금지물품을 수출하거나 수입한 자는 7년 이하의 징역 또는 7천만원 이하의 벌금에 처한다(법 제269조 제1항).

2) 밀수입죄

다음의 어느 하나에 해당하는 자는 5년 이하의 징역 또는 관세액의 10배와 물품원가 중 높은 금액 이하에 상당하는 벌금에 처한다(법 제269조 제2항).
① 수입·반송신고 또는 입항전수입신고를 하지 아니하고 물품을 수입한 자. 다만, 반출신고를 한 자는 제외한다.
② 수입·반송신고 또는 입항전수입신고를 하였으나 해당 수입물품과 다른 물품으로 신고하여 수입한 자

3) 밀수출죄

다음의 어느 하나에 해당하는 자는 3년 이하의 징역 또는 물품원가 이하에 상당하는 벌금에 처한다(법 제269조 제3항).
① 수출·반송신고를 하지 아니하고 물품을 수출하거나 반송한 자
② 수출·반송신고를 하였으나 해당 수출물품 또는 반송물품과 다른 물품으로 신고하여 수출하거나 반송한 자

4 관세포탈죄

1) 관세포탈죄

수입신고 또는 입항전수입신고를 한 자 중 다음의 어느 하나에 해당하는 자는 3년 이하의 징역 또는 포탈한 관세액의 5배와 물품원가 중 높은 금액 이하에 상당하는 벌금에 처한다(법 제270조 제1항). 이 경우 ①의 물품원가는 전체 물품 중 포탈한 세액의 전체 세액에 대한 비율에 해당하는 물품만의 원가로 한다.

① 세액결정에 영향을 미치기 위하여 과세가격 또는 관세율 등을 거짓으로 신고하거나 신고하지 아니하고 수입한 자
② 세액결정에 영향을 미치기 위하여 거짓으로 서류를 갖추어 제86조 제1항・제3항에 따른 사전심사・재심사 및 제87조 제3항에 따른 재심사를 신청한 자
③ 법령에 따라 수입이 제한된 사항을 회피할 목적으로 부분품으로 수입하거나 주요 특성을 갖춘 미완성・불완전한 물품이나 완제품을 부분품으로 분할하여 수입한 자

2) 부정수입죄

수입신고 또는 입항전수입신고를 한 자 중 법령에 따라 수입에 필요한 허가・승인・추천・증명 또는 그 밖의 조건을 갖추지 아니하거나 부정한 방법으로 갖추어 수입한 자는 3년 이하의 징역 또는 3천만원 이하의 벌금에 처한다(법 제270조 제2항).

3) 부정수출죄

수출신고를 한 자 중 법령에 따라 수출에 필요한 허가・승인・추천・증명 또는 그 밖의 조건을 갖추지 아니하거나 부정한 방법으로 갖추어 수출한 자는 1년 이하의 징역 또는 2천만원 이하의 벌금에 처한다(법 제270조 제3항).

4) 부정감면죄

부정한 방법으로 관세를 감면받거나 관세를 감면받은 물품에 대한 관세의 징

수를 면탈한 자는 3년 이하의 징역에 처하거나, 감면받거나 면탈한 관세액의 5배 이하에 상당하는 벌금에 처한다(법 제270조 제4항).

5) 부정환급죄

부정한 방법으로 관세를 환급받은 자는 3년 이하의 징역 또는 환급받은 세액의 5배 이하에 상당하는 벌금에 처한다(법 제270조 제5항). 이 경우 세관장은 부정한 방법으로 환급받은 세액을 즉시 징수한다.

5 가격조작죄

다음의 신청 또는 신고를 할 때 부당하게 재물이나 재산상 이득을 취득하거나 제3자로 하여금 이를 취득하게 할 목적으로 물품의 가격을 조작하여 신청 또는 신고한 자는 2년 이하의 징역 또는 물품원가와 5천만원 중 높은 금액 이하의 벌금에 처한다(법 제270조의2).

① 보정신청
② 수정신고
③ 수출・수입・반송신고
④ 입항전수입신고

6 미수범 등

1) 교사범과 종범

그 정황을 알면서 밀수출입 및 관세포탈에 따른 행위를 교사하거나 방조한 자는 정범(正犯)에 준하여 처벌한다(법 제271조 제1항).

2) 미수범

전자문서 위조・변조죄, 밀수출입죄 및 관세포탈죄의 미수범은 본죄에 준하여 처벌한다(법 제271조 제2항).

3) 예비범

전자문서 위조·변조죄, 밀수출입죄 및 관세포탈죄를 저지를 목적으로 그 예비를 한 자는 본죄의 2분의 1을 감경하여 처벌한다(법 제271조 제3항).

7 밀수 전용 운반기구의 몰수

밀수출입죄에 전용(專用)되는 선박·자동차나 그 밖의 운반기구는 그 소유자가 범죄에 사용된다는 정황을 알고 있고, 다음의 어느 하나에 해당하는 경우에는 몰수한다(법 제272조).

① 범죄물품을 적재하거나 적재하려고 한 경우
② 검거를 기피하기 위하여 권한 있는 공무원의 정지명령을 받고도 정지하지 아니하거나 적재된 범죄물품을 해상에서 투기·파괴 또는 훼손한 경우
③ 범죄물품을 해상에서 인수 또는 취득하거나 인수 또는 취득하려고 한 경우
④ 범죄물품을 운반한 경우

8 범죄에 사용된 물품의 몰수 등

밀수출입에 사용하기 위하여 특수한 가공을 한 물품은 누구의 소유이든지 몰수하거나 그 효용을 소멸시킨다(법 제273조 제1항).

밀수출입죄에 해당되는 물품이 다른 물품 중에 포함되어 있는 경우 그 물품이 범인의 소유일 때에는 그 다른 물품도 몰수할 수 있다(법 제273조 제2항).

9 밀수품의 취득죄 등

다음의 어느 하나에 해당되는 물품을 취득·양도·운반·보관 또는 알선하거나 감정한 자는 3년 이하의 징역 또는 물품원가 이하에 상당하는 벌금에 처한다(법 제274조 제1항).

① 밀수출입에 해당되는 물품
② 법령에 따라 수입이 제한된 사항을 회피할 목적으로 부분품으로 수입하거나

주요 특성을 갖춘 미완성·불완전한 물품이나 완제품을 부분품으로 분할하여 수입되는 물품, 부정수입죄 및 부정수출죄에 해당되는 물품

위의 밀수품 취득 등 죄의 미수범은 본죄에 준하여 처벌한다(법 제274조 제2항). 밀수품 취득 등의 죄를 저지를 목적으로 그 예비를 한 자는 본죄의 2분의 1을 감경하여 처벌한다(법 제274조 제3항).

10 강제징수면탈죄 등

1) 강제징수면탈죄

납세의무자 또는 납세의무자의 재산을 점유하는 자가 강제징수를 면탈할 목적 또는 면탈하게 할 목적으로 그 재산을 은닉·탈루하거나 거짓 계약을 하였을 때에는 3년 이하의 징역 또는 3천만원 이하의 벌금에 처한다(법 제275조의2 제1항).

2) 압수물건 등 은닉죄

압수물건의 보관자 또는 「국세징수법」 제48조에 따른 압류물건의 보관자가 그 보관한 물건을 은닉·탈루, 손괴 또는 소비하였을 때에도 3년 이하의 징역 또는 3천만원 이하의 벌금에 처한다(법 제275조의2 제2항).

3) 방조죄

위의 1)과 2)의 사정을 알고도 이를 방조하거나 거짓 계약을 승낙한 자는 2년 이하의 징역 또는 2천만원 이하의 벌금에 처한다(법 제275조의2 제3항).

11 타인에 대한 명의대여죄

관세(세관장이 징수하는 내국세등을 포함한다)의 회피 또는 강제집행의 면탈을 목적으로 하거나 재산상 이득을 취할 목적으로 다음의 행위를 한 자는 1년 이하의 징역 또는 1천만원 이하의 벌금에 처한다(법 제275조의3).

① 타인에게 자신의 명의를 사용하여 제38조에 따른 납세신고를 하도록 허락한 자
② 타인의 명의를 사용하여 제38조에 따른 납세신고를 한 자

12 허위신고죄 등

1) 물품원가 또는 2천만원 중 높은 금액 이하의 벌금

다음의 어느 하나에 해당하는 자는 물품원가 또는 2천만원 중 높은 금액 이하의 벌금에 처한다(법 제276조 제2항).

① 종합보세사업장의 설치·운영에 관한 신고를 하지 아니하고 종합보세기능을 수행한 자
② 세관장의 중지조치를 위반하여 종합보세기능을 수행한 자
③ 보세구역 반입명령에 대하여 반입대상 물품의 전부 또는 일부를 반입하지 아니한 자
④ 수출·수입·반송신고 또는 입항전수입신고를 할 때 신고 사항을 신고하지 아니하거나 허위신고를 한 자
⑤ 보정신청 또는 수정신고를 할 때 신고 사항을 허위로 신청하거나 신고한 자
⑥ 신고수리 전에는 운송수단, 관세통로, 하역통로 또는 이 법에 따른 장치 장소로부터 신고된 물품을 반출한 자

2) 2천만원 이하의 벌금

다음의 어느 하나에 해당되는 자는 2천만원 이하의 벌금에 처한다(법 제276조 제3항). 다만, 과실로 ②, ③, ④ 또는 ⑤에 해당하게 된 경우에는 300만원 이하의 벌금에 처한다.

① 부정한 방법으로 적하목록을 작성하였거나 제출한 자
② 신고서류보관기간(신고필증을 보관하지 아니하는 경우는 제외한다), 재수출감면세 용도 외 사용금지, 다른 법령 등에 따른 감면물품의 용도 외 사용 및 양도시 세관장 확인(수입자와 동일한 용도에 사용하려는 자에게 양도한 경우는 제외한다), 개항출입, 출항허가시 목록제출, 국경출입차량의 관세통로 경유, 국경출입차량의 도착절차, 보세등록업자 등록(외국무역선이나 외국무역기에 준하는 선박이나

항공기를 포함한다) 또는 보세화물취급 선박회사 또는 항공사 세관장 신고를 위반한 자

③ 용도세율 적용물품의 용도 외 사용 또는 양도금지, 외교관용 물품등의 면세 적용 물품의 용도 외 사용 또는 양도금지, 재수출면세 적용 물품의 용도 외 사용 또는 양도금지 및 사후관리받는 관세감면 적용받는 물품의 용도외 사용 또는 양도금지를 위반한 자. 다만, 수입자와 동일한 용도에 사용하려는 자에게 양도한 자는 제외한다.

④ 특허보세구역의 설치 · 운영에 관한 특허를 받지 아니하고 특허보세구역을 운영한 자

⑤ 다른 법령에 따라 수입 후 특정한 용도로 사용하여야 하는 등의 의무가 부가되어 있는 물품에 대하여 세관장의 의무 이행 요구를 이행하지 아니한 자

⑥ 납부세액 자율심사 결과를 거짓으로 작성하여 제출한 자

⑦ 특허보세구역에 대하여 거짓이나 그 밖의 부정한 방법으로 특허를 받은 경우와 명의를 대여한 경우 및 보세운송업자가 거짓이나 그 밖의 부정한 방법으로 등록을 한 경우에 해당하는 자

3) 1천만원 이하의 벌금

다음의 어느 하나에 해당하는 자는 1천만원 이하의 벌금에 처한다(법 제276조 제4항). 다만, 과실로 ②부터 ④까지의 규정에 해당하게 된 경우에는 200만원 이하의 벌금에 처한다.

① 세관공무원의 질문에 대하여 거짓의 진술을 하거나 그 직무의 집행을 거부 또는 기피한 자

② 입항보고를 거짓으로 하거나 출항허가를 거짓으로 받은 자

③ 입항보고(외국무역선이나 외국무역기에 준하는 선박이나 항공기를 포함하며 과실로 여객명부 또는 승객예약자료를 제출하지 아니한 자는 제외한다), 출항허가(외국무역선이나 외국무역기에 준하는 선박이나 항공기를 포함한다), 제137조의2 제1항 각 호 외의 부분 후단(과실로 여객명부 또는 승객예약자료를 제출하지 아니한 자는 제외한다), 입항절차 후 하역 또는 환적 · 하역신고 · 허가에 의하여 외국무역선이나 외국무역기에는 내국물품을 적재, 내항선이나 내항기에는 외국물품을 적재(외국무역선이나 외국무역기에 준하는 선박이나 항공기를 포함한다), 세관장 신

고 후 외국물품을 운송수단으로부터 일시적으로 육지에 하역·외국물품을 적재한 운송수단에서 다른 운송수단으로 물품을 환적 또는 복합환적하거나 사람을 이동시키는 경우(외국무역선이나 외국무역기에 준하는 선박이나 항공기를 포함한다), 항외하역 허가(외국무역선이나 외국무역기에 준하는 선박이나 항공기를 포함한다), 세관장 승인에 의한 외국무역선의 내항선으로의 전환(외국무역선이나 외국무역기에 준하는 선박이나 항공기를 포함한다), 국경출입차량의 출입절차, 통관역이나 통관장에서 물품하역 또는 보세운송신고를 위반한 자

④ 여객명부·적하목록 등을 입항하기 전 제출(외국무역선이나 외국무역기에 준하는 선박이나 항공기를 포함하며 과실로 여객명부 또는 승객예약자료를 제출하지 아니한 자는 제외한다), 종합보세구역 반출입물품 제한, 종합보세구역 출입하는 인원과 차량 제한 또는 관세청장 또는 세관장의 조치를 위반하거나 검사를 거부·방해 또는 기피한 자

⑤ 부정한 방법으로 신고필증을 발급받은 자

⑥ 서류의 제출·보고 또는 그 밖에 필요한 사항에 관한 명령을 이행하지 아니하거나 거짓의 보고를 한 자

⑦ 물품 또는 운송수단 등에 대한 검사 등 세관장 또는 세관공무원의 조치를 거부 또는 방해한 자

⑧ 세관공무원의 장부 또는 자료의 제시요구 또는 제출요구를 거부한 자

4) 500만원 이하의 벌금

보세사의 세관장 등록 규정을 위반한 자는 500만원 이하의 벌금에 처한다(법 제276조 제5항).

13 양벌 규정

법인의 대표자나 법인 또는 개인의 대리인, 사용인 그 밖의 종업원이 그 법인 또는 개인의 업무에 관하여 관세법 제11장에서 규정한 벌칙(과태료는 제외한다)에 해당하는 위반행위를 하면 그 행위자를 벌하는 외에 그 법인 또는 개인에게도 해당 조문의 벌금형을 과(科)한다(법 제279조 제1항). 다만, 법인 또는 개인이 그 위반행위를 방지하기 위하여 해당 업무에 관하여 상당한 주의와 감독을 게을리하지

아니한 경우에는 그러하지 아니하다.

여기서 개인은 다음의 어느 하나에 해당하는 사람으로 한정한다(법 제279조 제2항).

㉠ 특허보세구역 또는 종합보세사업장의 운영인

㉡ 수출(「수출용원재료에 대한 관세 등 환급에 관한 특례법」 제4조에 따른 수출등을 포함한다)·수입 또는 운송을 업으로 하는 사람

㉢ 관세사

㉣ 국제항 안에서 물품 및 용역의 공급을 업으로 하는 사람

㉤ 국가관세종합정보망 운영사업자 및 전자문서중계사업자

14 몰수 · 추징

수출입금지품을 수출입 한 경우에는 그 물품을 몰수한다(법 제282조 제1항). 또한 밀수출입죄 또는 밀수품 취득죄의 경우에는 범인이 소유하거나 점유하는 그 물품을 몰수한다(법 제282조 제2항). 다만, 밀수입죄의 경우로서 다음의 어느 하나에 해당하는 물품은 몰수하지 아니할 수 있다.

① 보세구역에 반입신고를 한 후 반입한 외국물품

② 세관장의 허가를 받아 보세구역이 아닌 장소에 장치한 외국물품

③ 「폐기물관리법」 제2조 제1호부터 제5호까지의 규정에 따른 폐기물

④ 그 밖에 몰수의 실익이 없는 물품으로서 대통령령으로 정하는 물품

위의 ①과 ②에서 몰수할 물품의 전부 또는 일부를 몰수할 수 없을 때에는 그 몰수할 수 없는 물품의 범칙 당시의 국내도매가격에 상당한 금액을 범인으로부터 추징한다(법 제282조 제3항). 다만, 밀수입 물품을 감정한 자는 제외한다. 양벌규정의 개인 및 법인은 위의 규정을 적용할 때에는 이를 범인으로 본다(법 제282조 제4항).

제2절 관세질서벌

1 의 의

관세질서벌은 관세행정벌의 하나로서 의무위반자에게 행해지는 제재이나 「형법」상에 형명이 없는 과태료를 부과하는 것을 의미한다. 관세질서벌의 처분 대상은 단순한 의무태만 등에 대한 제재로서 그 위반정도가 비교적 경미한 것들이다.

2 과태료

다음의 과태료는 세관장이 부과・징수한다(법 제277조 제6항).

1) 2억원 이하 과태료

특수관계자 수입물품 과세가격결정자료 제출을 요구받은 자가 그 요구를 받은 날부터 30일 이내에 자료를 제출하지 아니하여 위반한 자에게는 2억원 이하의 과태료를 부과한다(법 제277조 제2항).

2) 1억원 이하 과태료

과세가격결정자료등의 제출을 요구받은 특수관계에 있는 자가 정당한 사유 없이 정한 기한까지 자료를 제출하지 아니하거나 거짓의 자료를 제출하는 경우에는 1억원 이하의 과태료를 부과한다(법 제277조 제1항). 이 경우 허위신고죄 등에는 적용되지 아니한다.

3) 1천만원 이하 과태료

다음의 어느 하나에 해당하는 자에게는 1천만원 이하의 과태료를 부과한다(법 제277조 제3항).

① 외국기착의 보고위반(외국무역선 또는 외국무역기 외의 선박이나 항공기로서 외국

에 운항하는 선박 또는 항공기를가 국무역선 또는 외국무역기 규정을 준용하는 경우를 포함한다), 선용품 및 기용품의 하역허가 위반(외국무역선 또는 외국무역기 외의 선박이나 항공기로서 외국에 운항하는 선박 또는 항공기를가 국무역선 또는 외국무역기 규정을 준용하는 경우를 포함한다), 도로차량의 국경출입 증명서류 발급, 외국물품의 보세구역장치, 보세구역 외 장치 허가, 보세작업의 세관장 허가, 보세구역 장치물품의 폐기 승인, 견본품 반출 허가, 보세공장 반입물품의 사용신고(종합보세구역에서 준용하는 경우를 포함한다), 보세건설장 반입물품의 사용전 수입신고(종합보세구역에서 준용하는 경우를 포함한다), 종합보세구역에서 소비 또는 사용할 물품의 수입통관 후 소비 또는 사용, 반입물품의 종합보세기능별 구분 관리 및 전산처리장치를 이용한 기록유지, 조난물품 운송 시 승인 또는 상설영업장에서 외국에서 생산된 물품 판매시 세금계산서 등 비치 규정을 위반한 자

② 보세공장 외 작업허가(세율불균형 물품 면세 적용을 위해 지정된 공장에서 준용하는 규정의 경우를 포함한다) 또는 보세건설장 외 작업허가에 따른 허가를 받지 아니하거나 종합보세구역에서 보수작업이나 종합보세구역 이외의 장소에서 보세작업에 따른 신고를 하지 아니하고 보세공장·보세건설장·종합보세구역 또는 지정공장 외의 장소에서 작업을 한 자

3) 500만원 이하의 과태료

다음의 어느 하나에 해당하는 자에게는 500만원 이하의 과태료를 부과한다(법 제277조 제4항).

① 유통이력을 신고하지 아니하거나 거짓으로 신고한 자
② 유통이력 신고 의무가 있는 자가 장부기록 자료를 보관하지 아니한 자
③ 밀수출 등 불법행위가 발생할 우려가 높거나 감시단속상 필요하다고 인정하여 대통령령으로 정하는 물품을 관세청장이 정하는 장소에 반입하지 아니하고 수출의 신고를 한 자

4) 200만원 이하의 과태료

다음의 어느 하나에 해당하는 자에게는 200만원 이하의 과태료를 부과한다(법 제277조 제5항).

① 특허보세구역의 특허사항을 위반한 운영인

② 납세신고한 세액의 자율심사, 용도세율 적용, 분할납부 승인받은 자가 용도를 변경하거나 양도하는 경우 세관장 승인, 하역통로 제한, 보세구역에 물품 반출입시 세관장 신고, 보수작업시 세관장 승인 및 보수작업 재료로 외국물품이 사용 제한, 지정장치장에서 화물관리비용 화주에게 징수, 보세건설물품의 가동 제한(종합보세구역에서 준용하는 경우를 포함한다), 종합보세기능 변경시 세관장 신고, 종합보세구역 물품 반출입시 세관장 신고, 종합보세기능 수행시 필요한 시설 및 장비 유지, 보세운송 신고인, 보세운송 도착 보고(조난물품 운송 및 내국운송 신고 규정에서 준용하는 경우를 포함한다), 보세운송 기간(조난물품 운송 및 내국운송 신고 규정에서 준용하는 경우를 포함한다), 내국운송 신고, 보세운송업자의 영업보고 및 서류 제출, 보세화물을 취급하는 선박회사 또는 항공사의 주소변경 시 신고 또는 수출신고수리물품의 적재 기간을 위반한 자

③ 용도세율 사후관리, 외교관용 물품의 사후관리, 재수출 면세의 사후관리, 관세감면물품의 사후관리 및 다른 법령 등에서의 관세감면 물품의 사후관리 규정을 위반한 자 중 해당 물품을 직접 수입한 경우 관세를 감면받을 수 있고 수입자와 동일한 용도에 사용하려는 자에게 양도한 자

④ 입항절차 또는 과실로 여객명부 또는 승객예약자료를 제출하지 아니한 자

⑤ 해체 절단 등의 작업명령, 특허보세구역의 운영에 필요한 시설·기계 및 기구의 설치 명령(종합보세구역에서 준용하는 경우를 포함한다), 보세판매장 판매물품 제한, 보세운송통로 제한(조난물품 운송 및 내국운송 신고 규정에서 준용하는 경우를 포함한다), 화물운송주선업자의 업무 보고, 선박회사 또는 항공사의 업무보고, 통관표지 첨부 또는 상설영업장 판매자의 업무보고에 따른 관세청장 또는 세관장의 조치를 위반한 자

⑥ 물품취급시간을 위반하여 운송수단에서 물품을 취급한 자

⑦ 보세구역에 물품을 반입하지 아니하고 거짓으로 반입신고를 한 자

5) 100만원 이하의 과태료

다음의 어느 하나에 해당하는 자에게는 100만원 이하의 과태료를 부과한다(법 제277조 제6항).

① 적재물품과 일치하지 아니하는 적하목록을 작성하였거나 제출한 자. 다만, 다

음의 어느 하나에 해당하는 자가 투입 및 봉인한 것이어서 적하목록을 제출한 자가 해당 적재물품의 내용을 확인하는 것이 불가능한 경우에는 해당 적하목록을 제출한 자는 제외한다.

㉠ 종합보세사업장의 설치·운영에 관한 신고를 하지 아니하고 종합보세기능을 수행한 자

㉡ 적재물품을 수출한 자

㉢ 다른 선박회사·항공사 및 화물운송주선업자

② 신고필증을 보관하지 아니한 자

③ 확정가격신고를 하지 아니한 자

④ 분할납부를 승인받은 법인이 합병·분할·분할합병 또는 해산을 하거나 파산선고를 받은 경우 그 사유의 세관장 신고, 용도세율을 적용받거나 관세의 감면 또는 분할납부를 승인받은 자가 필요한 서류를 세관장에 제출, 재해나 기타 부득이한 사유의 신고 및 세관장에 경과 보고, 해당 운송수단의 여객·승무원 또는 운전자가 아닌 자가 타려는 경우 세관장 신고, 수입신고수리물품의 반출, 물품취급자에 대한 단속, 특허의 승계사실 보고, 특허효력 상실 시 물품 반출(종합보세구역에서 준용하는 경우를 포함한다), 내국물품장치시 세관장 승인, 장치기간 지난 내국물품(종합보세구역에서 준용하는 경우를 포함한다), 보세공장에서 제조·가공 작업 허가(종합보세구역에서 준용하는 경우를 포함한다), 신고시 제출서류 또는 통관목록에 적힌 수하인의 주소지가 아닌 곳에 탁송품을 배송하거나 배송하게 한 경우 실제 배송한 주소지 세관장에게 제출 규정을 위반한 자

⑤ 장치물품 폐기명령(유치 및 예치물품 보관 규정에서 준용하는 경우를 포함한다)에 따른 세관장의 명령을 이행하지 아니한 자

⑥ 장치기간 중 반출명령(종합보세구역에서 준용하는 경우를 포함한다), 다른 보세구역으로 반출 명령(종합보세구역에서 준용하는 경우를 포함한다) 또는 신고사항의 보완에 따른 세관장의 명령이나 보완조치를 이행하지 아니한 자

⑦ 특허보세구역의 운영인 감독(종합보세구역에서 준용하는 경우를 포함한다)·특허보세구역 운영인의 설치·운영 보고(세율불균형물품 면세 규정에서 준용하는 경우를 포함한다), 반입물품의 장치제한(종합보세구역에서 준용하는 경우를 포함한다) 또는 종합보세구역에 반입·반출되는 물품의 반입·반출 상황 등을 확인하기 위하여 장부나 전산처리장치를 이용한 기록을 검사 또는 조사에 따른 세관장

의 감독・검사・보고지시 등을 따르지 아니한 자

6) 비밀유지 의무 위반에 대한 과태료

관세청장은 과세정보를 타인에게 제공 또는 누설하거나 그 목적 외의 용도로 사용한 자에게 2천만원 이하의 과태료를 부과・징수한다(법 제277조의3 제1항). 다만, 「형법」 등 다른 법률에 따라 형사처벌을 받은 경우에는 과태료를 부과하지 아니하고, 과태료를 부과한 후 형사처벌을 받은 경우에는 과태료 부과를 취소한다.

제3절 조 사

1 의 의

범죄가 성립되는 기준과 확정된 범죄에 대하여 어떠한 형벌을 부과할 것인지에 대한 규정을 형사실체법이라 하고 형사실체법상의 범죄에 이르게 된 때에 형벌을 집행하는 절차를 형사절차법이라 한다. 관세법상의 관세범은 관세법을 위반하는 행위를 한 자로서 그 범죄에 대한 조사와 처분의 절차를 거쳐 관세법상의 형벌이 과해진다. 관세범에 대하여는 관세법에 특별한 규정이 있는 것을 제외하고 「형사소송법」을 준용한다. 관세범에 대한 조사는 관세법상의 처분을 할 것인지의 여부를 결정하기 위해 그 범죄에 대한 증거를 수집 및 확보함으로써 범죄를 명백히 밝히는 절차이다. 관세범에 대한 조사는 세관공무원이 행한다.

2 관세범

관세법에서 "관세범"이란 관세법 또는 관세법에 따른 명령을 위반하는 행위로서 관세법에 따라 형사처벌되거나 통고처분되는 것을 말한다(관세법 제283조 제1항). 관세범에 관한 조사・처분은 세관공무원이 한다(관세법 제283조 제2항).

3 공소의 요건

관세범에 관한 사건에 대하여는 관세청장이나 세관장의 고발이 없으면 검사는 공소를 제기할 수 없다(법 제284조 제1항). 그러하기에 다른 기관이 관세범에 관한 사건을 발견하거나 피의자를 체포하였을 때에는 즉시 관세청이나 세관에 인계하여야 한다(법 제284조 제2항).

4 관세범에 관한 서류

관세범에 관한 서류에는 연월일을 적고 서명날인하여야 한다(법 제285조).

5 조사처분에 관한 서류

관세범의 조사와 처분에 관한 서류에는 장마다 간인(間印)하여야 한다(법 제286조 제1항). 문자를 추가하거나 삭제할 때와 난의 바깥에 기입할 때에는 날인(捺印)하여야 한다(법 제286조 제2항). 반대로 문자를 삭제할 때에는 그 문자 자체를 그대로 두고 그 글자수를 적어야 한다(법 제286조 제3항).

6 조서의 서명

관세범에 관한 서류에 서명날인하는 경우 본인이 서명할 수 없을 때에는 다른 사람에게 대리서명하게 하고 도장을 찍어야 한다(법 제287조 제1항). 이 경우 도장을 지니지 아니하였을 때에는 손도장을 찍어야 한다. 다른 사람에게 대리서명하게 한 경우에는 대리서명자가 그 사유를 적고 서명날인하여야 한다(법 제287조 제2항).

7 서류의 송달 및 수령증

관세범에 관한 서류는 인편이나 등기우편으로 송달한다(법 제288조). 관세범에 관한 서류를 송달하였을 때에는 수령증을 받아야 한다(법 제289조).

8 관세범의 조사

세관공무원은 관세범이 있다고 인정할 때에는 범인, 범죄사실 및 증거를 조사하여야 한다(법 제290조). 세관공무원은 관세범 조사에 필요하다고 인정할 때에는 피의자·증인 또는 참고인을 조사할 수 있다(법 제291조).

9 조서작성

1) 조서작성 방법

세관공무원이 피의자·증인 또는 참고인을 조사하였을 때에는 조서를 작성하여야 한다(법 제292조 제1항). 조서는 세관공무원이 진술자에게 읽어 주거나 열람하게 하여 기재 사실에 서로 다른 점이 있는지 물어보아야 한다(법 제292조 제2항). 진술자가 조서 내용의 증감 변경을 청구한 경우에는 그 진술을 조서에 적어야 한다(법 제292조 제3항). 또한 조서에는 연월일과 장소를 적고 다음의 사람이 함께 서명날인하여야 한다(법 제292조 제4항).

① 조사를 한 사람
② 진술자
③ 참여자

2) 조서의 대용

현행범인에 대한 조사로서 긴급히 처리할 필요가 있을 때에는 그 주요 내용을 적은 서면으로 조서를 대신할 수 있다(법 제293조 제1항). 조서를 대신하는 서면에는 연월일시와 장소를 적고 조사를 한 사람과 피의자가 이에 서명날인하여야 한다(법 제293조 제2항).

10 출석 요구

세관공무원이 관세범 조사에 필요하다고 인정할 때에는 피의자·증인 또는 참고인의 출석을 요구할 수 있다(법 제294조 제1항). 또한 세관공무원이 관세범 조사에 필요하다고 인정할 때에는 지정한 장소에 피의자·증인 또는 참고인의 출석이나 동행을 명할 수 있다(법 제294조 제2항). 피의자·증인 또는 참고인에게 출석 요구를 할 때에는 출석요구서를 발급하여야 한다(법 제294조 제3항).

11 사법경찰권

세관공무원은 관세범에 관하여 「사법경찰관리의 직무를 수행할 자와 그 직무범위에 관한 법률」에서 정하는 바에 따라 사법경찰관리의 직무를 수행한다(법 제295조).

12 수색·압수영장

관세법에 따라 수색·압수를 할 때에는 관할 지방법원 판사의 영장을 받아야 한다(법 제296조 제1항). 다만, 긴급한 경우에는 사후에 영장을 발급받아야 한다. 또한 소유자·점유자 또는 보관자가 임의로 제출한 물품이나 남겨둔 물품은 영장 없이 압수할 수 있다(법 제296조 제2항).

13 현행범의 체포 및 인도

세관공무원이 관세범의 현행범인을 발견하였을 때에는 즉시 체포하여야 한다(법 제297조). 관세범의 현행범인이 그 장소에 있을 때에는 누구든지 체포할 수 있고(법 제298조 제1항) 범인을 체포한 자는 지체 없이 세관공무원에게 범인을 인도하여야 한다(법 제298조 제2항).

14 압수물품의 국고귀속

세관장은 압수된 물품에 대하여 그 압수일부터 6개월 이내에 해당 물품의 소유자 및 범인을 알 수 없는 경우에는 해당 물품을 유실물로 간주하여 유실물 공고를 하여야 한다(법 제299조 제1항). 공고일부터 1년이 지나도 소유자 및 범인을 알 수 없는 경우에는 해당 물품은 국고에 귀속된다(법 제299조 제2항).

15 검증수색

세관공무원은 관세법 조사에 필요하다고 인정할 때에는 선박·차량·항공기·창고 또는 그 밖의 장소를 검증하거나 수색할 수 있다(법 제300조).

16 신변 수색

1) 신변 수색 방법

세관공무원은 범죄사실을 증명하기에 충분한 물품을 피의자가 신변(身邊)에 은닉하였다고 인정될 때에는 이를 내보이도록 요구하고, 이에 따르지 아니하는 경우에는 신변을 수색할 수 있다(법 제301조 제1항). 여성의 신변을 수색할 때에는 성년의 여성을 참여시켜야 한다(법 제301조 제2항).

2) 참여

세관공무원이 수색을 할 때에는 다음의 어느 하나에 해당하는 사람을 참여시켜야 한다(법 제302조 제1항). 다만, 이들이 모두 부재중일 때에는 공무원을 참여시켜야 한다. ② 및 ③에 따른 사람은 성년자이어야 한다(법 제302조 제2항).

① 선박·차량·항공기·창고 또는 그 밖의 장소의 소지인·관리인
② 동거하는 친척이나 고용된 사람
③ 이웃에 거주하는 사람

17 압수 절차

1) 압수와 보관

(1) 압수

세관공무원은 관세법 조사에 의하여 발견한 물품이 범죄의 사실을 증명하기에 충분하거나 몰수하여야 하는 것으로 인정될 때에는 이를 압수할 수 있다(법 제303조 제1항).

(2) 보관

압수물품은 편의에 따라 소지자나 시・군・읍・면사무소에 보관시킬 수 있다(법 제303조 제2항). 관세청장이나 세관장은 압수물품이 다음의 어느 하나에 해당하는 경우에는 피의자나 관계인에게 통고한 후 매각하여 그 대금을 보관하거나 공탁할 수 있다(법 제303조 제3항). 다만, 통고할 여유가 없을 때에는 매각한 후 통고하여야 한다.

① 부패 또는 손상되거나 그 밖에 사용할 수 있는 기간이 지날 우려가 있는 경우
② 보관하기가 극히 불편하다고 인정되는 경우
③ 처분이 지연되면 상품가치가 크게 떨어질 우려가 있는 경우
④ 피의자나 관계인이 매각을 요청하는 경우

(3) 준용 규정

통고 및 매각에 관하여는 통고를 할 때 화주등의 주소나 거소를 알 수 없거나 그 밖의 사유로 통고할 수 없는 경우에는 공고로써 이를 갈음하며 몰수품 처분 규정(법 제326조)을 준용한다(법 제303조 제4항).

2) 압수물품의 폐기

관세청장이나 세관장은 압수물품 중 다음의 어느 하나에 해당하는 것은 피의자나 관계인에게 통고한 후 폐기할 수 있다(법 제304조 제1항). 다만, 통고할 여유가 없을 때에는 폐기한 후 즉시 통고하여야 한다. 통고를 할 때 화주등의 주소나 거소를 알 수 없거나 그 밖의 사유로 통고할 수 없는 경우에는 공고로써 이를 갈음한다(법 제304조 제1항).

① 사람의 생명이나 재산을 해칠 우려가 있는 것
② 부패하거나 변질된 것
③ 유효기간이 지난 것
④ 상품가치가 없어진 것

3) 압수조서 등의 작성

검증·수색 또는 압수를 하였을 때에는 조서를 작성하여야 한다(법 제305조 제1항). 압수조서는 세관공무원이 진술자에게 읽어 주거나 열람하게 하여 기재 사실에 서로 다른 점이 있는지 물어보아야 하며 진술자가 조서 내용의 증감 변경을 청구한 경우에는 그 진술을 조서에 적어야 한다(법 제305조 제2항).

현행범인에 대한 조사로서 긴급히 처리할 필요가 있을 때에는 그 주요 내용을 적은 서면으로 조서를 대신할 수 있다(법 제293조 제1항). 압수조서를 대신하는 서면에는 연월일시와 장소를 적고 조사를 한 사람과 피의자가 이에 서명날인하여야 한다(법 제293조 제2항).

18 야간집행의 제한

해 진 후부터 해 뜨기 전까지는 검증·수색 또는 압수를 할 수 없다. 다만, 현행범인 경우에는 그러하지 아니하다. 이미 시작한 검증·수색 또는 압수는 야간집행이 제한되었음에도 불구하고 계속할 수 있다(법 제306조 제2항).

19 조사 중 출입금지

세관공무원은 피의자·증인 또는 참고인에 대한 조사·검증·수색 또는 압수 중에는 누구를 막론하고 그 장소에의 출입을 금할 수 있다(법 제307조).

20 신분 증명

세관공무원은 조사·검증·수색 또는 압수를 할 때에는 제복을 착용하거나 그 신분을 증명할 증표를 지니고 그 처분을 받을 자가 요구하면 이를 보여 주어야 한다(법 제308조 제1항). 세관공무원이 제복을 착용하지 아니한 경우로서 그 신분을 증명하는 증표제시 요구를 따르지 아니하는 경우에는 처분을 받을 자는 그 처분을 거부할 수 있다(법 제308조 제2항).

21 경찰관의 원조

세관공무원은 조사·검증·수색 또는 압수를 할 때 필요하다고 인정하는 경우에는 경찰공무원의 원조를 요구할 수 있다(법 제309조).

22 조사 결과의 보고

세관공무원은 조사를 종료하였을 때에는 관세청장이나 세관장에게 서면으로 그 결과를 보고하여야 한다(법 제310조 제1항). 세관공무원은 결과 보고를 할 때에는 관계 서류를 함께 제출하여야 한다(법 제310조 제2항).

제4절 처 분

1 의 의

관세범에 대한 처분은 관세범에 대한 조사의 결과로써 범죄가 확증된 때에는 통고처분이나 고발하는 조치를, 혹은 범죄 혐의가 없는 경우에는 무혐의 처분을 내리는 일련의 조치를 의미한다.

2 통고처분

1) 의의

관세청장이나 세관장은 관세범을 조사한 결과 범죄의 확증을 얻었을 때에는 그 이유를 구체적으로 밝히고 다음에 해당하는 금액이나 물품을 납부할 것을 통고할 수 있다(법 제311조 제1항). 통고처분은 법원에 의하여 자유형 또는 재산형에 처하는 과벌제도에 갈음하여 행정관청이 법규위반자에게 금전적 제재를 통고하고 이를 이행한 경우 해당 위반행위에 대한 소추를 면하게 하는 행정처분이다.[1)]

① 벌금에 상당하는 금액
② 몰수에 해당하는 물품
③ 추징금에 해당하는 금액

2) 예납

관세청장이나 세관장은 통고처분을 받는 자가 벌금이나 추징금에 상당한 금액을 예납(豫納)하려는 경우에는 이를 예납시킬 수 있다(법 제311조 제2항).

3) 신용카드 등에 의한 납부

통고처분을 받은 자는 납부하여야 할 금액을 대통령령으로 정하는 통고처분납부대행기관을 통하여 신용카드, 직불카드 등으로 납부할 수 있다(법 제311조 제4항). 신용카드등으로 납부하는 경우에는 통고처분납부대행기관의 승인일을 납부일로 본다(법 제311조 제5항).

4) 공소시효의 정지

통고가 있는 때에는 공소의 시효는 정지된다(법 제311조 제3항).

---

1) 이종익 · 박병목, 전게서, p. 743.

5) 통고서의 작성

통고처분을 할 때에는 통고서를 작성하여야 한다(법 제314조 제1항). 통고서에는 다음의 사항을 적고 처분을 한 자가 서명날인하여야 한다(법 제314조 제2항).

① 처분을 받을 자의 성명, 나이, 성별, 직업 및 주소
② 벌금에 상당한 금액, 몰수에 해당하는 물품 또는 추징금에 상당한 금액
③ 범죄사실
④ 적용 법조문
⑤ 이행 장소
⑥ 통고처분 연월일

6) 통고서의 송달

통고처분의 고지는 통고서를 송달하는 방법으로 하여야 한다(법 제315조).

7) 통고의 불이행과 고발

관세범인이 통고서의 송달을 받았을 때에는 그날부터 15일 이내에 이를 이행하여야 하며, 이 기간 내에 이행하지 아니하였을 때에는 관세청장이나 세관장은 즉시 고발하여야 한다(법 제316조). 다만, 15일이 지난 후 고발이 되기 전에 관세범인이 통고처분을 이행한 경우에는 그러하지 아니하다.

8) 통고처분 면제

관세청장이나 세관장은 통고처분 대상자의 연령과 환경, 법 위반의 동기와 결과, 범칙금 부담능력과 그 밖에 정상을 고려하여 관세범칙조사심의위원회의 심의·의결을 거쳐 통고처분을 면제할 수 있다(법 제311조 제8항). 이 경우 관세청장이나 세관장은 관세범칙조사심의위원회의 심의·의결 결과를 따라야 한다.

통고처분 면제는 다음의 요건을 모두 갖춘 관세범을 대상으로 한다(법 제311조 제9항).

① 벌금에 상당하는 금액이 30만원 이하일 것
② 몰수에 해당하는 물품의 가액과 추징금에 해당하는 금액을 합한 금액이 100만원 이하일 것

3 즉시 고발

관세청장이나 세관장은 범죄의 정상이 징역형에 처해질 것으로 인정될 때에는 즉시 고발하여야 한다(법 제312조).

4 압수물품의 반환

의의	관세청장이나 세관장은 압수물품을 몰수하지 아니할 때에는 그 압수물품이나 그 물품의 환가대금(換價代金)을 반환하여야 한다(법 제313조 제1항).
공고	물품이나 그 환가대금을 반환받을 자의 주소 및 거소가 분명하지 아니하거나 그 밖의 사유로 반환할 수 없을 때에는 그 요지를 공고하여야 한다(법 제313조 제2항).
국고 귀속	공고를 한 날부터 6개월이 지날 때까지 반환의 청구가 없는 경우에는 그 물품이나 그 환가대금을 국고에 귀속시킬 수 있다(법 제313조 제3항).
관세 징수	압수물품에 대하여 관세가 미납된 경우에는 반환받을 자로부터 해당 관세를 징수한 후 그 물품이나 그 환가대금을 반환하여야 한다(법 제313조 제1항).

5 일사부재리

관세범인이 통고의 요지를 이행하였을 때에는 동일사건에 대하여 다시 처벌을 받지 아니한다(법 제317조).

6 무자력 고발

관세청장이나 세관장은 다음의 어느 하나의 경우에는 즉시 고발하여야 한다(법 제318조).

① 관세범인이 통고를 이행할 수 있는 자금능력이 없다고 인정되는 경우
② 관세범인의 주소 및 거소가 분명하지 아니하거나 그 밖의 사유로 통고를 하기 곤란하다고 인정되는 경우

7 준 용

관세법에 관하여는 관세법에 특별한 규정이 있는 것을 제외하고는 「형사소송법」을 준용한다(법 제319조).

찾아보기

ㄱ

ㄴ

ㄷ

민 주 희

- 강원대학교 무역학과
- 2001년 관세사
- The University of Nottingham, School of Law, LLM
- 성균관대학교 경영학박사

- 현) 강원대학교 국제무역학과 부교수

저자와의
협의하에
인지생략

핵심정리
관세법 [제2판]

2019년 8월 16일 1판 1쇄 발행
2023년 2월 23일 2판 1쇄 인쇄
2023년 2월 28일 2판 1쇄 발행

저 자 민 주 희
발행인 고 성 익

05027
발행처 서울특별시 광진구 아차산로 335 삼영빌딩
도서출판 三 英 社
등 록 1972년 4월 27일 제2013-21호
전 화 737-1052 · 734-8979 FAX 739-2386

정가 29,000원

ISBN 978-89-445-0562-1-93320